高等院校"十四五"会计专业系列教材

企业税收实务

主　编　王　芬　曹　菁
副主编　黄烨炜　谢玉娟　王　颖
　　　　荣国萱　谌种华　李欣瑞

微信扫码　查看更多资源

 南京大学出版社

图书在版编目(CIP)数据

企业税收实务 / 王芬, 曹菁主编. —— 南京：南京大学出版社, 2025.1. —— ISBN 978-7-305-28555-4

Ⅰ. F810.423

中国国家版本馆 CIP 数据核字第 2024PV4049 号

出版发行	南京大学出版社		
社　　址	南京市汉口路 22 号	邮　编	210093

书　　名　企业税收实务
　　　　　QIYE SHUISHOU SHIWU
主　　编　王　芬　曹　菁
责任编辑　陈　嘉　　　　　　　编辑热线 025 - 83592315
照　　排　南京开卷文化传媒有限公司
印　　刷　南通印刷总厂有限公司
开　　本　787 mm×1092 mm　1/16 开　印张 17.5　字数 459 千
版　　次　2025 年 1 月第 1 版
印　　次　2025 年 1 月第 1 次印刷
ISBN　　978 - 7 - 305 - 28555 - 4
定　　价　49.00 元

网　　址：http://www.njupco.com
官方微博：http://weibo.com/njupco
微信服务号：njuyuexue
销售咨询热线：(025)83594756

* 版权所有，侵权必究
* 凡购买南大版图书，如有印装质量问题，请与所购
　图书销售部门联系调换

前　言

党的二十大报告描绘了以中国式现代化全面推进中华民族伟大复兴的宏伟蓝图，为税法领域的改革与发展提供了根本遵循。在当今社会，税法在国家经济与社会发展中扮演着举足轻重的角色。它不仅是国家筹集财政收入的主要途径，还是调节经济活动、促进社会公平的关键工具。随着经济的持续增长和税收政策的不断优化，掌握税法知识对于税务工作者、会计从业人员、企业管理人员以及广大纳税人而言，其重要性日益凸显。税法、税收与会计紧密相连，共同作用于经济发展的大局之中。近年来，我国税收制度经历了诸多重大变革，这些变革随着我国市场经济的蓬勃发展，正愈发深刻地影响着人们的社会经济活动。

本教材专为应用型本科经济类专业及高职高专的会计、税务、财务管理、财政等专业设计，旨在培养技术应用型人才。同时，它紧密结合税收会计工作的岗位职责要求，具有鲜明的针对性和实用性。在编写过程中，本教材主要体现了以下几个特点：

第一，体现了内容的时效性。本教材紧密结合最新的税收法律制度和政策变化，力求全面反映我国税制建设的最新成果，使读者能够及时了解和掌握税法领域的最新动态。

第二，体现了内容的专业性。本教材增加了税收会计处理的知识点，对会计学原理、中级财务会计等课程中关于应交税费未深入讲解的部分进行了详尽补充，有效弥补了会计类专业主干课程的知识短板。

第三，体现了内容的衔接性。本教材对企业会计准则、会计制度与税收、税法制度之间的差异进行了细致对比分析，帮助学生更全面、更深刻地理解税收年终汇算清缴、纳税调整等内容；同时，这种对比分析还有助于学生将不同课程内容进行有机融合，形成系统的知识体系。

第四,体现了德育元素。本教材通过业务拓展专题,引导学生认识到诚信纳税是纳税人的基本职责,并深刻体会到违反税收税法规定应承担的法律责任,从而培养学生的法治意识和诚信品质。

为适应 AI 趋势下的应用型高校 1+X 人才培养模式,本教材的编写参照了税务师、注册会计师全国统一考试指定的税法教材,以及有关财政学、国家税收的著作。本教材引用的税收法律制度和相关数据均截至 2024 年 10 月底,因此在实际运用时,学习者应关注最新的政策变动。此外,本教材配有电子复习材料,以提升学习者的实践能力和学习效果。

本教材由江西财经大学现代经济管理学院王芬、曹菁担任主编;江西财经大学现代经济管理学院黄烨炜、谢玉娟、王颖,信阳农林学院荣国萱,江西农业大学南昌商学院谌种华,陕西工业职业技术学院李欣瑞担任副主编。编写过程中得到了学院及兄弟院校老师的支持与帮助,在此一并表示感谢!

鉴于税法体系庞大且不断变化,尽管编委组成员在编写过程中力求准确、全面,但难免存在不足之处。敬请广大读者提出宝贵意见和建议,以便我们在后续的修订中不断完善。

本书编委组
2024 年 10 月

目　录

第一章　税法与税收概论 ··· 1
　　知识能力目标 ·· 1
　　案例导入 ··· 1
　　第一节　税法基础 ·· 1
　　第二节　税收概述 ··· 15
　　业务拓展专题——"税收"历史典故 ··· 20
　　本章小结 ·· 21

第二章　增值税纳税实务 ·· 22
　　知识能力目标 ··· 22
　　案例导入 ·· 22
　　第一节　增值税税法基础 ··· 22
　　第二节　增值税税收要素 ··· 26
　　第三节　增值税应纳税额的计算 ··· 33
　　第四节　增值税的会计处理 ·· 48
　　第五节　增值税征收管理 ··· 66
　　业务拓展专题——税收与经济发展的关系 ····································· 69
　　本章小结 ·· 69

第三章　消费税纳税实务 ·· 71
　　知识能力目标 ··· 71
　　案例导入 ·· 71
　　第一节　消费税税法基础 ··· 71
　　第二节　消费税税收要素 ··· 74
　　第三节　消费税计税依据 ··· 81

第四节　消费税应纳税额的计算 84
　　第五节　消费税的会计核算 92
　　第六节　消费税征收管理 95
　　业务拓展专题——代购补缴税费 96
　　本章小结 97

第四章　城市维护建设税和教育费附加纳税实务 98
　　知识能力目标 98
　　案例导入 98
　　第一节　城市维护建设税法 98
　　第二节　教育费附加和地方教育附加 102
　　业务拓展专题——城市维护建设税 103
　　本章小结 103

第五章　关税纳税实务 104
　　知识能力目标 104
　　案例导入 104
　　第一节　关税税法基础 105
　　第二节　关税应纳税额的计算 117
　　第三节　关税的会计核算 121
　　第四节　关税征收管理 123
　　业务拓展专题——关税壁垒经典案例介绍 124
　　本章小结 125

第六章　企业所得税纳税实务 126
　　知识能力目标 126
　　案例导入 126
　　第一节　企业所得税税法基础 127
　　第二节　企业所得税应纳税所得额的确定 132
　　第三节　资产的税务处理 141
　　第四节　税收优惠 146
　　第五节　特别纳税调整事项 151
　　第六节　企业所得税应纳税额的计算 154

  第七节 企业所得税的会计处理 ································· 161
  第八节 企业所得税征收管理 ····································· 167
  业务拓展专题——企业所得税税收风险识别与防范 ··················· 169
  本章小结 ··· 169

第七章 个人所得税纳税实务 ··· 170
  知识能力目标 ··· 170
  案例导入 ··· 170
  第一节 个人所得税税法基础 ····································· 170
  第二节 个人所得税税收要素 ····································· 173
  第三节 个人所得税专项附加扣除 ································· 178
  第四节 个人所得税应纳税额的计算 ····························· 181
  第五节 个人所得税的会计处理 ····································· 191
  第六节 个人所得税纳税申报 ··· 194
  业务拓展专题——范某某"阴阳合同"等偷逃税问题 ··············· 195
  本章小结 ··· 197

第八章 资源税纳税实务 ··· 198
  知识能力目标 ··· 198
  案例导入 ··· 198
  第一节 资源税税法基础 ··· 199
  第二节 资源税应纳税额的计算及会计处理 ····················· 203
  业务拓展专题——山西煤炭资源税改革 ······························· 206
  本章小结 ··· 209

第九章 其他税税法 ··· 210
  知识能力目标 ··· 210
  案例导入 ··· 210
  第一节 房产税 ··· 210
  第二节 契 税 ··· 214
  第三节 土地增值税 ··· 217
  第四节 城镇土地使用税 ··· 223
  第五节 耕地占用税 ··· 225

第六节　车船税……………………………………………………………… 227

　　第七节　车辆购置税…………………………………………………………… 231

　　第八节　印花税………………………………………………………………… 235

　　第九节　环境保护税…………………………………………………………… 243

　　第十节　烟叶税………………………………………………………………… 246

　　第十一节　船舶吨税…………………………………………………………… 247

　　业务拓展专题——房产税之争………………………………………………… 250

　　本章小结………………………………………………………………………… 254

第十章　税收征收管理法………………………………………………………… 255

　　知识能力目标…………………………………………………………………… 255

　　第一节　总　　则……………………………………………………………… 255

　　第二节　税务管理……………………………………………………………… 256

　　第三节　税务检查和法律责任………………………………………………… 264

　　业务拓展专题——金税四期税收管理系统…………………………………… 268

　　本章小结………………………………………………………………………… 269

参考文献…………………………………………………………………………… 271

第一章 税法与税收概论

知识能力目标

1. 理解税法的分类、税法构成要素以及共享税的划分比例;
2. 掌握税收的概念、税收的职能与特征;
3. 理解税法与税收的关联;
4. 了解税法与会计制度的差异;
5. 正确区分起征点和免征额;
6. 正确区别征税对象、征税范围、税目和计税依据;
7. 能够对不同的税种进行分类。

案例导入

英国麦克尔公司(英国居民纳税人)派遣律师到中国为境内方泰公司就其产品在英国的法务问题提供法律咨询服务,咨询费收入折合人民币为212万元,各自按税法承担各自的税费。

思考: 试分析该境外企业在提供该法律咨询服务过程中涉及的中国税收。

分析: 案例中,英国麦克尔公司在此次劳务收费中涉及增值税、附加税、企业所得税以及派遣律师在境内的个人所得税。

第一节 税法基础

有人说,人的一生有两件事不可避免:一是死亡,二是纳税。税收缴纳与分配是国民经济活动中的重要组成部分,从税收发展史上看,合理的税收能够促进经济发展,反之则会抑制经济发展,甚至成为经济崩溃的主要原因之一。我们认为,正确处理好税收与经济发展的关系,应以科学发展观为核心,树立税收与经济紧密联系的理念,在大力促进经济发展的基础上,适度增加税收收入,通过税收促进经济发展,如此循环往复,螺旋式上升,坚持税收政策、法律法规、具体措施彼此配合协调,最终实现税收与经济增长的良性互动。

一、税法的含义

税法是税收法律制度,是国家权力机关制定的用以调整税收分配过程中形成的权利义务关系的法律法规总和。

税法是以宪法为依据，调整国家与社会成员在征纳税上的权利与义务关系，维护社会经济秩序和税收秩序，保障国家利益和纳税人合法权益的一种法律规范，是国家税务机关及一切纳税单位和个人依法征税的行为规则。

广义的税法，指国家制定的用以调节国家与纳税人之间在征纳税方面的权利及义务关系的法律规范的总称；狭义的税法，特指由全国人民代表大会及其常务委员会制定和颁布的税收法律，也是严格意义上的税法。本书中的税法指广义上的税法，亦即通常所说的税制。

二、税法的分类

税法分类是在税法体系中，按一定的标准把性质、内容、特点相同或相似的税法归为一类的方法。按照不同的标准可分成不同类型的税法。

(一) 按税法功能作用不同的标准分类

按照税法的功能作用的不同，税法可分为税收基本法和税收普通法；税收普通法按调整对象又分为税收实体法和税收程序法两大类。

1. 税收基本法

税收基本法是税收领域的根本大法，在整个税收法律体系中居于母法地位，对各实体法和程序法起着统帅作用。要把各个单行税法的共同性问题和一些不宜由单行税法规定而在宪法中又没有具体说明的问题做一个集中的概括说明。目前，我国还没有制定统一的税收基本法，但随着我国社会主义市场经济的发展和税收法制的不断完善，研究与实施税收基本法已为期不远。在国家的整个法律体系中，基本法起着把宪法和单行税法连接起来的桥梁作用，有利于改善宪法和单行税法脱节的现状。制定税收基本法，可以填补中国法律体系中宪法和单行税法之间的空白，有利于实现税法体系的系统化、规范化，是健全中国法律体系的重要组成部分、提高中国税收法律的等级和级次、加速税收法制化建设的根本途径。

2. 税收实体法

税收实体法是规定税收法律关系主体的实体权利、义务的法律规范的总称。其主要内容包括纳税主体、征税客体、计税依据、税目、税率、减免税等内容的法律规范，如《中华人民共和国增值税暂行条例》(简称《增值税暂行条例》)、《中华人民共和国消费税暂行条例》(简称《消费税暂行条例》)、《中华人民共和国企业所得税法》(简称《企业所得税法》)和《中华人民共和国车船税法》(简称《车船税法》)等，就属于税收实体法。

3. 税收程序法

税收程序法是税收实体法的对称，指以国家税收活动中所发生的程序关系为调整对象的税法。其内容主要包括税收确定程序、税收征收程序、税收检查程序和税务争议的解决程序，如《中华人民共和国税收征收管理法》《税务稽查工作规程》和《税务行政复议规则》等法律、法规，就属于税收程序法的范畴。

(二) 按征税对象不同的标准分类

目前，我国现行的税收实体法体系包括18个税种，按照税法规定的征税对象的不同，可分为流转税法、所得税法、资源税法、财产税法和行为目的税法五大类。

1. 流转税法

流转税是指对销售商品或提供劳务的流转额征收的一类税收。其特点是与商品生产、流通、消费有着密切的联系，不受成本费用的影响，其作用具有"刚性"功效。例如，增值税、消费税和关税等都属于流转税。

流转税法是调整以商品流转额和非商品流转额为征税对象的一系列税收关系的法律、法规的总称。

2. 所得税法

所得税法是指调整所得税征纳关系的法律规范的总称,如企业所得税法和个人所得税法。所得税按照纳税人负担能力(即所得)的大小和有无来确定税收负担,实行"所得多的多征,所得少的少征,无所得的不征"的原则。其特点是可直接调节纳税人的收入水平,发挥税收公平税负和调整分配关系的作用。例如,企业所得税法和个人所得税法。

3. 资源税法

资源税法是指调整资源税征纳关系的法律规范的总称,如资源税、城镇土地使用税等的税法。其特点是调节由自然资源或客观原因,而非经过主观努力形成的级差收益,征为国家所有,避免资源浪费,保护和合理使用国家自然资源。

4. 财产税法

财产税法是指调整财产税征纳关系的法律规范的总称,如契税、车船税、房产税等的税法。其特点是课征财产富有者来平均社会财富,促进财产的节约和合理利用。

5. 行为目的税法

行为目的税法是规定对某些特定行为及为实现国家特定政策目的征税的法律规范,如印花税、城市维护建设税、车辆购置税、土地增值税、烟叶税、环境保护税、船舶吨税、耕地占用税等的税法。一般是国家为实现某些经济政策、限制特定行为,并达到一定目的而制定的;其特点是征税范围广,设置和废止比较灵活,有利于国家因时因地制定具体征管办法。

(三) 按税收收入归属不同的标准分类

按照税收收入归属和征管权限的不同,税法可分为中央税法、地方税法和共享税法。中央税是中央政府征收、管理和支配的一类税收,是国家制定的税收法律制度,又称国家税。在实行中央与地方分税制的国家,通常是将一些收入充足和稳定的税种作为中央税。在我国现行实体税法体系中,中央税包括消费税、关税、车辆购置税、船舶吨税,这4个税种收入归属中央财政。地方税,是中央税的对称,由地方政府征收、管理和支配的一类税收,是各级地方政府制定的税收法律制度。其包括城镇土地使用税、耕地占用税、土地增值税、房产税、车船税、契税、烟叶税、环境保护税,这8个税种收入归属地方财政。共享税,亦称"中央地方共享税",由中央和地方政府按一定方式分享收入的一类税收。共享税包括增值税、资源税、个人所得税、企业所得税、印花税和城市维护建设税,这6个税种收入归属中央和地方共享。共享税的分享方式主要有附加式、分征式、比例分成式等。

(四) 按税收立法或法律效力不同的标准分类

按照税收立法或法律效力不同,税法可以划分为有关税收的宪法性规范、税收法律、税收行政法规、税收规章、地方性税收法规和国际税收协定等。

知识链接:共享税的具体划分规定

根据我国实行的分税制财政管理体制,我国共享税的具体规定如下:国内增值税("营改增"之后),中央政府分享50%,地方政府分享50%;企业所得税,中国铁路总公司、各银行总行及海洋石油企业缴纳的部分归中央政府,其他部分,中央政府分享60%,地方政府分享40%;个人所得税,除储蓄存款利息所得的部分归中央政府外(目前,对个人储蓄的利息所得暂不征收个人所得税),其余部分,中央政府分享60%,地方政府分享40%;资源税,海洋石油企业缴纳的部分归中央政府,其余部分归地方政府;城市维护建设税,中国铁路总公司、各银行总行、各保险总公司集中缴纳的部分归中央政府,其他的归地方政府;印花税,税收收入归地方政府,其中证券交易印花税收入的94%上缴中央财政,6%归属地方财政。由于各国税收管理体制不同,中央税的划分和规模各有不同的特点。一些国家(如美国和日本),中央税占全部税收收入的60%以上。有些财权更为集中的国家(如英国和法国),中央税高达80%。

三、税收实体法与税收程序法

(一) 税收实体法

税收实体法是规定税收法律关系主体的实体权利、义务的法律规范的总称。其主要内容包括纳税主体、征税客体、计税依据、税目、税率、减税、免税等,是国家向纳税人行使征税权和纳税人负担纳税义务的要件,只有具备这些要件时,纳税人才负有纳税义务,国家才能向纳税人征税。税收实体法直接影响国家与纳税人之间权利义务的分配,是税法的核心部分,没有税收实体法,税法体系就不能成立。

税收实体法的结构具有规范性和统一性的特点,主要表现在以下两个方面。一是税种与税收实体法的一一对应性,一税一法。由于各税种的开征目的不同,国家一般按单个税种立法,使征税有明确的、可操作的标准和法律依据。二是税收要素的固定性。虽然各单行税种法的具体内容有别,但就每一部单行税种法而言,税收的基本要素(如纳税人、课税对象、税率、计税依据等)是必须予以规定的。我国税收实体法内容主要包括:① 货物劳务税法,是调整以货物劳务额为课税对象的税收关系的法律规范的总称,货物劳务税具体指增值税、消费税、关税等;② 所得税法,是调整所得额之税收关系的法律规范的总称,即以纳税人的所得额或收益额为课税对象的一类税,所得税具体指个人所得税、企业所得税等;③ 财产税法,是调整财产税关系的法律规范的总称,财产税是以法律规定的纳税人的某些特定财产的数量或价值额为课税对象的税,具体指房产税、契税、车船税等;④ 行为税法,是以某种特定行为的发生为条件,对行为人加以课税的一类税,具体指耕地占用税等。本书主要介绍税收实体法的构成要素。

税收实体法的构成要素主要包括以下内容。

1. 纳税义务人

纳税义务人简称"纳税人",是税法中规定的直接负有纳税义务的单位和个人,也称"纳税主体"。无论征收什么税,其税负总要由有关的纳税人来承担。一种税都有关于纳税义务人的规定,通过规定纳税义务人落实税收法律责任。纳税义务人一般分为自然人和法人两种。

自然人,指依法享有民事权利,并承担民事义务的公民个人。例如,在我国从事工商业活动的个人,以及工资薪金和劳务报酬的获得者等,都是以个人身份来承担法律规定的民事责任及纳税义务。

法人,指依法成立,能够独立地支配财产,并能以自己的名义享受民事权利和承担民事义务的社会组织。例如,我国的国有企业、集体企业、合资企业等,都是以其社会组织的名义承担民事责任的,称为法人。法人同自然人一样,负有依法向国家纳税的义务。

实际纳税过程中,与纳税义务人相关的概念如下:

负税人。纳税人与负税人是两个既有联系又有区别的概念。纳税人是直接向税务机关缴纳税款的单位和个人,负税人是实际负担税款的单位和个人。纳税人如果能够通过一定途径把税款转嫁或转移出去,纳税人就不再是负税人。否则,纳税人同时也是负税人。如某些商品供不应求时,纳税人可以通过提高价格把税款转嫁给消费者,从而使纳税人与负税人不一致。

代扣代缴义务人。代扣代缴义务人,是指有义务从持有的纳税人收入中扣除其应纳税款并代为缴纳的企业、单位或个人。对税法规定的扣缴义务人,税务机关应向其颁发代扣代缴证书,明确其代扣代缴义务。代扣代缴义务人必须严格履行扣缴义务。对不履行扣缴义务的,税务机关应视情节轻重予以适当处置,并责令其补缴税款。如《个人所得税法》规定,个人所得税以所得人为纳税义务人,以支付所得的单位或个人为扣缴义务人。

代收代缴义务人。代收代缴义务人,是指有义务借助与纳税人的经济交往而向纳税人收取应纳税款并代为缴纳的单位,如《中华人民共和国消费税暂行条例》(简称《消费税暂行条例》)规定,委托加工的应税消费品,除受托方为个人外,由受托方在向委托方交货时代收代缴税款。

代收代缴义务人不同于代扣代缴义务人。代扣代缴义务人直接持有纳税人的收入,可以从中扣除纳税人的应纳税款;代收代缴义务人不直接持有纳税人的收入,只能在与纳税人的经济往来中收取纳税人的应纳税款并代为缴纳。

代征代缴义务人。代征代缴义务人,是指因税法规定,受税务机关委托而代征税款的单位和个人。由代征代缴义务人代征税款,不仅便利了纳税人税款的缴纳,有效地保证了税款征收的实现,还能有效地杜绝和防止税款流失。如进口环节增值税、消费税由海关代征。

纳税单位。纳税单位,是指申报缴纳税款的单位,是纳税人的有效集合。所谓有效,就是为了征管和缴纳税款的方便,可以允许在法律上负有纳税义务的同类型纳税人作为一个纳税单位,填写一份申报表纳税。

2. 课税对象

课税对象又称征税对象,是税法中规定的征税的目的物,是国家据以征税的依据。通过规定课税对象,解决对什么征税这一问题。

每一种税都有自己的课税对象。被列为课税对象的,就属于该税种的征收范围;未被列为课税对象的,就不属于该税种的征收范围。例如,我国增值税的课税对象包括货物和应税劳务;所得税的课税对象是企业利润和个人工资、薪金等;房产税的课税对象是房屋;等等。总之,每一种税首先要选择确定它的课税对象,因为它体现着不同税种征税的基本界限,决定着不同税种名称的由来以及各个税种在性质上的差别,并对税源、税收负担问题产生直接影响。

课税对象随着社会生产力的发展变化而变化。自然经济中,土地和人丁是主要的课税对象。商品经济中,商品的流转额、企业利润和个人所得成为主要的课税对象。在可以作为课税对象的客体比较广泛的情况下,选择课税对象一般应遵循有利于保证财政收入、有利于调节经济和适当简化的原则。要保证财政收入,就必须选择经常而普遍存在的经济活动及其成果作为课税对象。要调节国民经济中的生产、流通、分配和消费环节,课税对象就不能是单一的,应该多样化。但为了节省税收成本和避免税收负担的重复,又必须注意适当简化。

课税对象是构成税收实体法诸要素中的基础性要素,其原因有三个。第一,课税对象是一种税区别于另一种税的最主要标志。也就是说,税种的不同主要起因于课税对象的不同。正是这一原因,各种税的名称通常都是根据课税对象确定的。例如,增值税、所得税、房产税、车船税等。第二,课税对象体现着各种税的征税范围。第三,其他要素的内容一般都是以课税对象为基础确定的。例如,国家开征一种税,之所以要选择这些单位和个人作为纳税人,而不选择其他单位和个人作为纳税人,是因为这些单位和个人拥有税法或税收条例中规定的课税对象,或者是发生了规定的课税行为。可见,纳税人同课税对象相比,课税对象是第一性的。凡拥有课税对象或发生了课税行为的单位和个人,才有可能成为纳税人。又如税率这一要素,也是以课税对象为基础确定的。税率本身表示对课税对象征税的比率或征税数额,没有课税对象,也就无从确定税率。此外,纳税环节、减税免税等,也都是以课税对象为基础确定的。与课税对象相关的概念有计税依据、税源和税目。

(1) 计税依据。

计税依据又称税基,是指税法中规定的据以计算各种应征税款的依据或标准。正确掌握计税依据,是税务机关贯彻执行税收政策、法令,保证国家财政收入的重要工作,也是纳税人正确履行纳税义务,合理负担税收的重要标志。

不同税种的计税依据是不同的。我国增值税的计税依据是货物和应税劳务的增值额,所得税的计税依据是企业和个人的利润、工资或薪金所得额,消费税的计税依据是应税产品的销售额等。需要注意的是,计税依据在表现形态上一般有两种。一种是价值形态,即以征税对象的价值作为计税依据。在这种情况下,课税对象和计税依据一般是一致的,如所得税的课税对象是所得额,计税依据也是所得额。另一种是实物形态,就是以课税对象的数量、重量、容积、面积等作为计税依据。在这种情况下,课税对象和计税依据一般是不一致的,如我国的车船税,它的课税对象是各种车辆、船舶,而计税依据则是车船的吨位等。

课税对象与计税依据的关系是:课税对象是指征税的目的物,计税依据则是在目的物已经确定的前提下,对目的物据以计算税款的依据或标准;课税对象是从质的方面对征税所作的规定,而计税依据则是从量的方面对征税所作的规定,是课税对象量的表现。

(2) 税源。

税源,是指税款的最终来源,或者税收负担的最终归宿。税源的大小体现着纳税人的负担能力。纳税人缴纳税款的直接来源是一定的货币收入,而一切货币收入都是由社会产品价值派生出来的。在社会产品价值中,能够成为税源的只能是国民收入分配中形成的各种收入,如工资、奖金、利润、利息等。当某些税种以国民收入分配中形成的各种收入为课税对象时,税源和课税对象就是一致的,如对各种所得课税。但是,很多税种的课税对象并不是或不完全是国民收入分配中形成的各种收入,如消费税、房产税等。可见,只有在少数的情况下,课税对象同税源才是一致的。对于大多数税种来说两者并不一致,税源并不等于课税对象。课税对象是据以征税的依据,税源则表明纳税人的负担能力。

(3) 税目。

税目是课税对象的具体化,反映具体的征税范围,代表征税的广度。不是所有的税种都规定税目,有些税种的征税对象简单、明确,没有另行规定税目的必要,如房产税、土地增值税等。但是,从大多数税种来看,一般课税对象都比较复杂,且税种内部不同课税对象之间又需要采取不同的税率档次进行调节。这样就需要对课税对象做进一步的划分,做出具体的界限规定,这个规定的界限范围,就是税目。一般来说,在只有通过划分税目才能够明确本税种内部哪些项目征税、哪些项目不征税,并且只有通过划分税目,才能对课税对象进行归类并按不同类别和项目设计高低不同的税率,平衡纳税人负担的情况下,对这类税种才有必要划分税目。

划分税目的主要作用有两个。一是进一步明确征税范围。凡列入税目的都征税,未列入的不征税,如消费税。二是解决课税对象的归类问题,并根据归类确定税率。每一个税目都是课税对象的一个具体类别或项目,通过这种归类可以为确定差别税率打下基础。实际工作中,确定税目和确定税率是同步考虑的,并以"税目税率表"的形式将税目和税率统一表示出来。例如,消费税税目税率表、资源税税目税率表等。

税目一般可分为列举税目和概括税目。

列举税目。列举税目就是将每一种商品或经营项目采用一一列举的方法,分别规定税目,必要时还可以在税目之下划分若干个细目。制定列举税目的优点是界限明确,便于征管人员掌握;缺点是税目过多,不便于查找,不利于征管。

在我国现行税法中,列举税目的方法可分为两类。一类是细列举,即在税法中按每一产品或项目设计税目,本税目的征税范围仅限于列举的产品或项目,属于本税目列举的产品或项目,则按照本税目适用的税率征税。否则,就不能按照本税目适用的税率征税,如消费税中的"小汽车"等税目。另一类是粗列举,即在税种中按两种以上产品设计税目,本税目的征税范围不体现为单一产品,而是列举的两种以上产品都需按本税目适用的税率征税,如消费税中的"鞭炮、焰火"税目。

概括税目。概括税目就是按照商品大类或行业采用概括方法设计税目。制定概括税目的优点是税目较少,查找方便;缺点是税目过粗,不便于贯彻合理负担政策。

在我国现行税法中,概括税目可分为两类。一类是小概括,即在本税目下属的各个细目中,凡不属于规定细目内的征税范围,但又同本税目征税范围的产品,在材质、用途或生产工艺方法上相近的,则另增列一个细目,把其划归为本细目的征收范围,如消费税"酒"税目中的"其他酒"等。另一类是大概括,即在本税种下属的各个税目中,凡不属于规定税目内的征税范围,但又确属本税种征税范围的产品,则另增列一个税目,将其全部划归为本税目的征税范围,如消费税中的"其他贵重首饰和珠宝玉石"税目。在税法中适当采用概括性税目,可以大大简化税种的复杂性,但过于概括,又不利于充分发挥税收的经济杠杆作用。所以,在具体运用上,应注意把概括税目同列举税目有机地结合起来。

3. 税率

税率是应纳税额与计税依据之间的比例,是计算税额的尺度,代表课税的深度,关系着国家的收入多少和纳税人的负担程度。

各税种的职能作用,主要是通过税率来体现的,因此,税率是税收制度的核心和灵魂。合理地设计税率,正确地执行有关税率的规定,是依法治税的重要内容。我国税率设计的总体原则是合理负担,取之适度。不同税种之间,税率的设计原则并不完全一致,但总的设计原则是一致的,即税率的设计要体现国家政治、经济政策,如消费税税率设计原则之一是体现国家消费政策,限制某些商品的消费;税率的设计要公平、简化。

税率是一个总的概念,在实际应用中可分为两种形式:一种是按绝对量形式规定的固定征收额度,即定额税率,它适用于从量计征的税种;另一种是按相对量形式规定的征收比例,这种形式又可分为比例税率和累进税率,它适用于从价计征的税种。

(1) 比例税率。

比例税率,是指对同一征税对象或同一税目,不论数额大小只规定一个比例,都按同一比例征税,税额与课税对象呈正比例关系。

在具体运用上，比例税率又可分为以下几种：

① 产品比例税率，即一种（或一类）产品采用一个税率。我国现行的消费税、增值税等都采用这种税率形式。分类、分级、分档比例税率是产品比例税率的特殊形式，是按课税对象的性质、用途、质量、设备、生产能力等规定不同的税率。如消费税中，酒按类设计税率，卷烟按级设计税率，小汽车依照排气量分档设计税率等。

② 行业比例税率，即对不同行业采用不同的税率。如增值税中，交通运输业、有形动产租赁服务适用不同税率。

③ 地区差别比例税率，即对同一课税对象，按照不同地区的生产建设水平和收益水平，采用不同的税率，如城市维护建设税。

④ 有幅度的比例税率，即对同一课税对象，税法只规定最低税率和最高税率，在这个幅度内，各地区可以根据自己的实际情况确定适当的税率，如资源税。

比例税率的基本特点是税率不随课税对象数额的变动而变动。这就便于按不同的产品设计不同的税率，有利于调整产业（产品）结构，实现资源的合理配置。同时，课税对象数额越大，纳税人相对税负越轻，从而在一定程度上推动经济的发展。但是，从另一个角度来看，这种情况有悖于税收公平的原则。这表明比例税率调节纳税人收入的能力不及累进税率，这是它的不足。比例税率的另一个优点是计算简便，其道理是显而易见的。

（2）累进税率。

累进税率，是指对于同一课税对象，随着数量的增大，征收比例也随之增高的税率，表现为将课税对象按数额大小分为若干等级，不同等级适用由低到高的不同税率，包括最低税率、最高税率和若干等级的中间税率，一般多在收益课税中使用。它可以更有效地调节纳税人的收入，正确处理税收负担的纵向公平问题。按照税率累进依据的性质，我国现行税制中，累进税率分为"额累"和"率累"两种。额累是按课税对象数量的绝对额分级累进，如所得税一般按所得额大小分级累进。率累是按与课税对象有关的某一比率分级累进，如我国目前征收的土地增值税就是按照增值额与扣除项目金额的比率实行四级超率累进税率。

额累和率累按累进依据的构成又可分为"全累"和"超累"。如额累分为全额累进和超额累进，率累分为全率累进和超率累进。全累是对课税对象的全部数额，都按照相应等级的累进税率征税。超累是对课税对象数额超过前级数额的部分，分别按照各自对应的累进税率计征税款。两种方式相比，全累的计算方法比较简单，但在累进分界点上税负呈跳跃式递增，不够合理。超累的计算方法复杂一些，但累进程度比较缓和，因而比较合理。

全额累进税率，是以课税对象的全部数额为基础计征税款的累进税率。它有两个特点：① 对具体纳税人来说，在应税所得额确定以后，相当于按照比例税率计征，计算方法简单；② 税收负担不合理，特别是在各级征税对象数额的分界处负担相差悬殊，甚至会出现增加的税额超过增加的课税对象数额的现象，不利于鼓励纳税人增加收入。

超额累进税率，是分别以课税对象数额超过前级的部分为基础计算应纳税的累进税率。采用超额累进税率征税的特点有三个：① 计算方法比较复杂，征税对象数量越大，包括等级越多，计算步骤也越多。② 累进幅度比较缓和，税收负担较为合理。特别是在征税对象级次分界点上下，只就超过部分按高一级税率计算，一般不会发生增加的税额超过增加的征税对象数额的不合理现象，有利于鼓励纳税人增产增收。③ 边际税率和平均税率不一致，税收负担的透明度较差。

目前，我国个人所得税对经营所得、综合所得（包括工资薪金所得、劳务报酬所得、稿酬所得、特许权使用费所得）实行超额累进税率。为解决超额累进税率计算税款比较复杂的问题，在实际工作中引进了"速算扣除数"这个概念，通过预先计算出的速算扣除数，即可直接计算应纳税额，不必再分级分段计算。

速算扣除数是为简化计税程序，而按全额累进税率计算超额累进税额时所使用的扣除数额，反映的具体内容是按全额累进税率和超额累进税率计算的应纳税额的差额。采用速算扣除数方法计算的应纳税额同分级分段计算的应纳税额，其结果完全一样，但方法简便得多。通常，速算扣除数事先计算出来后，附在税率表中，并与税率表一同颁布。

超率累进税率，是指以课税对象数额的相对率为累进依据，按超累方式计算应纳税额的税率。采用超率累进税率，首先需要确定课税对象数额的相对率，如在对利润征税时以销售利润率为相对率，对工资征税时以工资增长率为相对率，然后再把课税对象的相对率从低到高划分为若干级次，分别规定不同的税率。计税时，先按各级相对率计算出应税的课税对象数额，再按对应的税率分别计算各级税款，最后汇总求出全部应纳税额。现行税制中的土地增值税即采用超率累进税率计税。

超倍累进税率，是指以课税对象数额相当于计税基数的倍数为累进依据，按超累方式计算应纳税额的税率。采用超倍累进税率，首先必须确定计税基数，然后把课税对象数按相当于计税基数的倍数划分为若干级次，分别规定不同的税率，再分别计算应纳税额。计税基数可以是绝对数，也可以是相对数。当是绝对数时，超倍累进税率实际上是超额累进税率，因为可以把递增倍数换算成递增额；当是相对数时，超倍累进税率实际上是超率累进税率，因为可以把递增倍数换算成递增率。我国曾实行的个人收入调节税采用过此税率方式。

(3) 定额税率。

定额税率又称固定税额。这种税率是根据课税对象计量单位直接规定固定的征税数额。课税对象的计量单位可以是重量、数量、面积、体积等自然单位，也可以是专门规定的复合单位。例如，现行税制中的城镇土地使用税、耕地占用税分别以"平方米"和"亩"这些自然单位为计量单位，消费税中的汽油、柴油分别以"升"为计量单位。按定额税率征税，税额的多少只同课税对象的数量有关，同价格无关。当价格普遍上涨或下跌时，仍按固定税额计税。定额税率适用于从量计征的税种。

定额税率在表现形式上可分为单一定额税率和差别定额税率两种。在同一税种中只采用一种定额税率的，为单一定额税率；同时采用几个定额税率的，为差别定额税率。差别定额税率，又有以下几种形式：

① 地区差别定额税率，即对同一课税对象按照不同地区分别规定不同的征税数额。该税率具有调节地区之间级差收入的作用。现行税制中的城镇土地使用税、耕地占用税等都属于这种定额税率，而且又是有幅度的地区差别税率。

② 分类分项定额税率，即首先按某种标志把课税对象分为几类，每一类再按一定标志分为若干项，然后对每一项分别规定不同的征税数额。现行税制中的车船税采用此税率方式。

定额税率的基本特点是：税率与课税对象的价值量脱离了联系，不受课税对象价值量变化的影响。这使它适用于对价格稳定、质量等级和品种规格单一的大宗产品征税的税种。同时对某些产品采用定额税率，有助于提高产品质量或改进包装。但是，如果对价格变动频繁的产品采用定额税率，由于产品价格变动的总趋势是上升的，因此，产品的税负就会呈现累退性。

从宏观上看,将无法保证国家财政收入随国民收入的增加而持续稳定地增长。

(4) 其他有关税率的概念。

① 名义税率与实际税率。

名义税率与实际税率是分析纳税人负担时常用的概念。名义税率是指税法规定的税率。实际税率是指实际负担率,即纳税人在一定时期内实际缴纳税额占其计税依据实际数额的比例。由于某些税种中计税依据与征税对象不一致、减免税政策的享受等,实际税率常常低于名义税率。这时,区分名义税率和实际税率,确定纳税人的实际负担水平和税负结构,以为设计合理可行的税制提供依据是十分必要的。

② 边际税率与平均税率。

边际税率,是指在增加一些收入时,增加的这部分收入所纳税额同增加收入之间的比例。在这里,平均税率是相对于边际税率而言的,它是指全部税额与全部收入之比。在比例税率条件下,边际税率等于平均税率。在累进税率条件下,边际税率往往要大于平均税率。边际税率的提高还会带动平均税率的上升。边际税率上升的幅度越大,平均税率提高就越多,调节收入的能力也就越强,但对纳税人的反激励作用也越大。因此,通过两者的比较易于表明税率的累进程度和税负的变化情况。

③ 零税率与负税率。

零税率是以零表示的税率,表明课税对象的持有人负有纳税义务,但无须缴纳税款。通常适用于两种情况:一是在所得课税中,对部分所得规定税率为零,目的是保证所得少者的生活和生产需要;二是在商品税中,对出口商品规定税率为零,即退还出口商品的产、制和流转环节已缴纳的商品税,使商品以不含税价格进入国际市场,以增强商品在国际市场上的竞争力。

负税率,是指政府利用税收形式对所得额低于某一特定标准的家庭或个人予以补贴的比例。负税率主要用于负所得税的计算。所谓负所得税,是指现代一些西方国家把所得税和社会福利补助制度结合的一种主张和试验,即对那些实际收入低于维持一定生活水平所需费用的家庭或个人,按一定比例给付所得税。负税率的确定是实施负所得税计划的关键。西方经济学家一般认为,负税率的设计必须依据社会意愿加以运用的社会福利函数来衡量。百分之百负税率,将会严重削弱人们对于工作的积极性,成为阻碍工作的因素。因此,确定负税率必须适度,应使其对工作的阻碍作用降到最低点。

4. 减税、免税

减税、免税是对某些纳税人或课税对象的鼓励或照顾措施。减税是从应征税款中减征部分税款,免税是免征全部税款。减税、免税规定是为了解决按税制规定的税率征税时所不能解决的具体问题而采取的一种措施,是在一定时期内给予纳税人的一种税收优惠,同时也是税收的统一性和灵活性相结合的具体体现。正确制定并严格执行减免税规定,可以更好地贯彻国家的税收政策,发挥税收调节经济的作用。按照《税收征管法》的规定,减税、免税依照法律的规定执行,法律授权国务院的,依照国务院制定的行政法规的规定执行。

(1) 减免税的基本形式。

① 税基式减免,即通过直接缩小计税依据的方式实现的减税、免税。具体包括起征点、免征额、项目扣除以及跨期结转等。其中,起征点是征税对象达到一定数额开始征税的起点,免征额是在征税对象的全部数额中免予征税的数额。起征点与免征额同为征税与否的界限,对纳税人来说,在其收入没有达到起征点或没有超过免征额的情况下,都不征税。但是,它们又

有明显的区别。其一,当纳税人收入达到或超过起征点时,就其收入全额征税;而当纳税人收入超过免征额时,则只就超过的部分征税。其二,当纳税人的收入恰好达到起征点时,就要按其收入全额征税;而当纳税人收入恰好与免征额相同时,则免予征税。两者相比,享受免征额的纳税人就要比享受同额起征点的纳税人税负轻。此外,起征点只能照顾一部分纳税人,而免征额则可以照顾适用范围内的所有纳税人。项目扣除,是指在课税对象中扣除一定项目的数额,以其余额作为依据计算税额。跨期结转是将以前纳税年度的经营亏损等在本纳税年度经营利润中扣除,也等于直接缩小了税基。

② 税率式减免,即通过直接降低税率的方式实行的减税、免税。具体包括重新确定税率、选用其他税率等形式。

③ 税额式减免,即通过直接减少应纳税额的方式实行的减税、免税。具体包括全部免征、减半征收、核定减免率、抵免税额以及另定减征税额等。

上述三种形式中,税基式减免使用范围最广泛,从原则上说它适用于所有生产经营情况;税率式减免比较适用于对某个行业或某种产品"线"上的减免,所以货物劳务税中运用最多;税额式减免适用范围最窄,它一般仅限于解决"点"上的个别问题,往往在特殊情况下才使用。

(2) 减免税的分类。

① 法定减免,凡是由各种税的基本法规定的减税、免税都称为法定减免。它体现了该种税减免的基本原则规定,具有长期的适用性。法定减免必须在基本法规中明确列举减免税项目、减免税的范围和时间。如《中华人民共和国增值税暂行条例》(简称《增值税暂行条例》)明确规定,农业生产者销售的自产农产品等免税。

② 特定减免,是根据社会经济情况发展变化和发挥税收调节作用的需要而规定的减税、免税。特定减免主要有两种情况:一是在税收的基本法确定以后,随着国家政治经济情况的发展变化所作的新的减免税补充规定;二是在税收基本法中,不能或不宜一一列举,而采用补充规定的减免税形式。

以上两种特定减免,通常是由国务院或作为国家主管业务部门的财政部、国家税务总局、海关总署作出规定。特定减免可分为无限期的和有限期的两种。大多数的特定减免都是有限期的,减免税到了规定的期限,就应该按规定恢复征税。

③ 临时减免,又称"困难减免",是指除法定减免和特定减免以外的其他临时性减税、免税,主要是为了照顾纳税人的某些特殊的暂时的困难,而临时批准的一些减税、免税。它通常是定期的减免税或一次性的减免税。

国家之所以在税法中规定减税、免税,是因为各税种的税收负担是根据经济发展的一般情况下的社会平均负担能力来考虑的,税率基本上是按平均销售利润率来确定的,而在实际经济生活中,不同的纳税人之间或同一纳税人在不同时期,由于受各种主、客观因素的影响,在负担能力上会出现一些差别,在有些情况下这些差别比较悬殊,因此,在统一税法的基础上,需要有某种与这些差别相适应的灵活的调节手段,即减税、免税政策来加以补充,以解决一般规定所不能解决的问题,照顾经济生活中的某些特殊情况,从而达到调节经济和促进生产发展的目的。

5. 税收附加与加成

减税、免税是减轻税负的措施。相反,税收附加和税收加成是加重纳税人负担的措施。

税收附加也称为地方附加,是地方政府按照国家规定的比例随同正税一起征收的列入地方预算外收入的一种款项。正税是指国家正式开征并纳入预算内收入的各种税收。税收附加由地方财政单独管理并按规定的范围使用,不得自行变更。例如,教育费附加只能用于发展地方教育事业。税收附加的计算方法是以正税税款为依据,按规定的附加率计算附加额。

税收加成,是指根据税法规定的税率征税以后,再以应纳税额为依据加征一定成数的税额。加征一成相当于纳税额的10%,加征成数一般规定在一成到十成之间。和加成相对应的还有税收加倍,即在应纳税额的基础上加征一定倍数的税款。加成和加倍没有实质性区别。税收加成或加倍实际上是税率的延伸,但因这种措施只是针对个别情况,所以没有采取提高税率的办法,而是以已征税款为基础再加征一定的税款。

无论税收附加还是税收加成,都增加了纳税人的负担,但这两种加税措施的目的是不同的。实行地方附加是为了给地方政府筹措一定的机动财力,用于发展地方建设事业;实行税收加成则是为了调节和限制某些纳税人获取的过多收入,或者是对纳税人违章行为进行处罚。

6. 纳税环节

纳税环节,是指税法上规定的课税对象从生产到消费的流转过程中应当缴纳税款的环节。纳税环节有广义和狭义之分。广义的纳税环节指全部课税对象在再生产中的分布情况。例如,资源税分布在生产环节,商品税分布在流通环节,所得税分布在分配环节,等等。狭义的纳税环节是指应税商品在流转过程中应纳税的环节,具体指每一种税的纳税环节,是商品课税中的特殊概念。商品经济条件下,商品从生产到消费要经过许多环节。例如,工业品一般要经过产制、批发和零售环节,农产品一般要经过产制、收购、批发和零售环节。这些环节都存在商品流转额,都可以成为纳税环节。但是,为了更好地发挥税收促进经济发展、保证财政收入的作用,以及便于征收管理,国家对不同的商品课税往往确定不同的纳税环节。按照纳税环节的多少,可将税收课征制度划分为两类:一次课征制和多次课征制。

一次课征制,是指同一税种在商品流转的全过程中只选择某一环节课征的制度,是纳税环节的一种具体形式,如车辆购置税。实行一次课征制,纳税环节多选择在商品流转的必经环节和税源比较集中的环节,这样既避免重复课征,又避免税款流失。多次课征制,是指同一税种在商品流转全过程中选择两个或两个以上环节课征的制度,如消费税中的卷烟。

7. 纳税期限

纳税期限是纳税人向国家缴纳税款的法定期限。国家开征的每一种税都有纳税期限的规定。合理确定和严格执行纳税期限,对于保证财政收入的稳定性和及时性有重要作用。不同性质的税种以及不同情况的纳税人,其纳税期限也不相同。这主要是由以下两个因素决定的:① 税种的性质。不同性质的税种,其纳税期限也不同。例如,货物劳务税,据以征税的是经常发生的销售收入或营业收入,故纳税期限比较短;所得税,据以征税的是企业利润和个人的工资、奖金等各项所得,企业利润通过年终决算才能确定,个人所得一般是按月或按次计算,因此,企业所得税是按年征收,个人所得税是按月或按次征收。② 应纳税额的大小。同一种税,纳税人生产经营规模大、应纳税额多的,纳税期限短,反之则纳税期限长。

我国现行税制的纳税期限有三种形式:① 按期纳税,即根据纳税义务的发生时间,通过确定纳税间隔期,实行按日纳税。《增值税暂行条例》规定,增值税按期纳税的纳税期限分别为1日、3日、5日、10日、15日、1个月或者1个季度。② 按次纳税,即根据纳税行为的发生次数确定纳税期限。例如,车辆购置税、耕地占用税、临时经营者发生应税行为、个人所得税中的劳务报酬所得等均采取按次纳税的办法。③ 按年计征,分期预缴或缴纳。例如,企业所得税按规定的期限预缴税款,年度结束后汇算清缴,多退少补;房产税、城镇土地使用税实行按年计算、分期缴纳。这是为了对按年度计算税款的税种及时、均衡地取得财政收入而采取的一种形式。分期预缴一般是按月或按季预缴。

采取哪种形式的纳税期限缴纳税款,同课税对象的性质有着密切关系。一般来说,商品课税大多采取"按期纳税"形式,所得课税采取"按年计征,分期预缴"形式。无论采取哪种形式,如纳税期限的最后一天是法定假日,或期限内有连续3日以上法定节假日,都可以顺延。

(二)税收程序法

1. 税收程序法概述

税收程序法,也称税收行政程序法,是指规范税务机关和税务行政相对人在行政程序中权利义务的法律规范的总称,即只要是与税收程序有关的法律规范,不论其存在于哪个法律文件中,都属于税收程序法的范畴。如有关行政处罚、行政许可、行政强制的法律规定,同样适用于税收行政行为,并对其产生约束力。

税收程序法的作用主要表现在:

(1)保障实体法的实施,弥补实体法的不足。

税收实体法规定了税收行政法律关系主体的权利义务,但这些权利义务不会自动实现,必须通过一定的程序动作才能成为现实,表现为:一是税收程序法通过规定税务机关履行职责的具体步骤、方式、顺序、时限等,将税收实体法内容具体化为可操作的程序,使税收实体法的实施有章可循;二是税收程序法规定了征纳双方的程序权力(利)和义务,从而为权力(利)的实现提供了可靠的保障;三是税收程序法中规定有一系列的证据规则,有助于税务机关正确认定事项,准确适用法律,从而保证税收实体法的正确实施。此外,税收程序法还可以弥补实体法的不足。由于社会现象极其繁杂,事物发展较快,税收实体法又具有相对稳定性,实体法的内容可能就会存在相对滞后的问题,如原有实体性内容无法覆盖新事物,出现课税范围的不完全现象,这可以通过必要的税收程序法加以弥补。

(2)规范和控制行政权的行使。

只有对权力进行制约,才能保护权力作用对象的权利。这一作用表现有三点:一是可以规范行政权力的行使。税收程序法规定了税务机关履行职权的步骤、形式、时限和顺序等,也就意味着制约税务机关的一切活动,并将税务机关的行政行为始终置于公开、公正的标准上,通过在税务机关的职权中附加程序义务,实现了依法治权。二是以权力和权利制约权力。行政程序法以行政权力为规范对象。行使税收执法权,首先受到权力的制约。一方面,来自上级税务机关和专门行政机关的监督和制约;另一方面,司法机关对税务机关的具体执法行为是否符合法定程序要进行审查,制约税务机关的权力行使。此外,立法机关通过法的创设,制约税收执法权的行使。其次还以权利制约权力,税收程序法的基本制度规定如听证、说明理由等,以相对人的程序权利制约税收执法权,确保税收执法权公正行使。三是可以控制自由裁量权的行使。法律赋予执法者一定的自由裁量权,这不仅是提高行政效率的需要,还是法律调整各种社会关系的需要,但在行使过程中可能会导致滥用。实体法的控制能力不足,只有健全的行政法律程序和自由裁量权的过程控制才是根本。

(3)保障纳税人合法权益。

就其实质而言,税收程序法是从程序角度限制税收执法行为的法律规范,其目的在于保护纳税人的合法权利。一方面,税收程序法肯定了纳税人在行政活动中的主体地位,明确了纳税人的基本权利,并通过一系列程序制度的规定,对税收执法权予以制约,在规范和控制税收执法权的同时,保护了纳税人的合法权益;另一方面,税收程序法对纳税人权利保障的救济制度向事前、事中扩展,体现在行政活动的参与上。

(4) 提高执法效率。

税收程序法通过统一、明确各执法主体执法的规则、制度、时限要求,提高了行政效率,并通过简易程序等的设计,使征纳双方的权利、义务更加明确,从而全面提高执法效率。

2. 税收程序法的主要制度

(1) 表明身份制度。

表明身份制度,是指税务机关及其工作人员在进行税务行政行为时,向税务行政相对人出示履行职权证明的制度。这一制度不仅是为了防止假冒、诈骗,还是为了防止税务机关及其工作人员超越职权、滥用职权。《税收征管法》第五十九条规定:"税务机关派出的人员进行税务检查时,应当出示税务检查证和税务检查通知书,并有责任为被检查人保守秘密;未出示税务检查证和税务检查通知书的,被检查人有权拒绝检查。"

(2) 回避制度。

回避制度,是指税务人员同所处理的税务事务有利害关系的,应由税务机关另行指定其他税务人员处理该事务的制度。这是实现公正原则的一项重要制度。《税收征管法》第十二条规定:"税务人员征收税款和查处税收违法案件,与纳税人、扣缴义务人或者税收违法案件有利害关系的,应当回避。"

(3) 职能分离制度。

职能分离制度,直接调整的不是税务机关与纳税人的关系,而是税务机关内部的机构和人员的关系。该制度要求将税务机关内部的某些相互联系的职能加以分离,使之分属于不同的机关或不同的工作人员掌管和行使。该制度的法律意义在于保障税务行政的公平、公正,加强对税务行政权的制约和监督,保护纳税人的合法权益。《税收征管法》第十一条规定:"税务机关负责征收、管理、稽查、行政复议的人员的职责应当明确,并相互分离、相互制约。"

(4) 听证制度。

听证制度,是指税务机关在做出影响纳税人合法权益的决定之前,向纳税人告知决定理由和听证权利,纳税人随之向税务机关表达意见,提供证据以及税务机关听取其意见,采纳其证据的程序所构成的一种法律制度。听证制度被公认为现代行政程序法基本制度的核心,对于行政程序的公开、公正和公平起到重要的保障作用。《中华人民共和国行政处罚法》首次确立听证制度,该法于2021年1月修订,自2021年7月15日起施行,其第六十三条规定,行政机关拟作出下列行政处罚决定,应当告知当事人有要求听证的权利,当事人要求听证的,行政机关应当组织听证:① 较大数额罚款;② 没收较大数额违法所得、没收较大价值非法财物;③ 降低资质等级、吊销许可证件;④ 责令停产停业、责令关闭、限制从业;⑤ 其他较重的行政处罚;⑥ 法律、法规、规章规定的其他情形。

税务机关对公民作出2 000元以上(含本数)罚款或者对法人或者其他组织作出1万元以上(含本数)罚款的行政处罚之前,应当向当事人送达《税务行政处罚事项告知书》,告知当事人已经查明的违法事实、证据、行政处罚的法律依据和拟将给予的行政处罚,并告知有要求举行听证的权利。

(5) 时限制度。

时限制度,是指税务行政行为的全过程或其中某些阶段受到时间限制的制度。《中华人民共和国税收征收管理法实施细则》（简称《税收征管法实施细则》）第四十二条第二款规定："税务机关应当自收到申请延期缴纳税款报告之日起 20 日内作出批准或者不予批准的决定；不予批准的，从缴纳税款期限届满之日起加收滞纳金。"

第二节　税收概述

一、税收的含义

税收是以实现国家公共财政职能为目的，凭借其政治权力参与国民收入分配，所取得的财政收入。国家取得财政收入的方法有很多种，如税收、发行国债、行政事业性收费、国有资本经营收入等。税收由政府征收，是国家最主要的一种财政收入形式。

二、税收的起源

税收的起源和发展经历了漫长的过程，司马迁《史记·夏本纪》——"自虞、夏时，贡赋备矣"。我国第一个奴隶制国家——夏代出现以后，即产生了贡法。夏代的贡是夏代王室对其所属部落及本国平民的土特产品和土地的一种强制课征。一般认为，税收起源于夏禹时期。春秋时期，我国由奴隶社会向封建社会转变，为了顺应社会历史转变，税收制度也发生了巨大的变革。鲁国的"初税亩"改革尤为突出，标志着我国农业税收制度从初级阶段进入高级阶段。这之后经历了四次大变革：祖庸调制、两税法、一条鞭法和摊丁入亩。

中华人民共和国自成立以来已经逐步建立起一套现行的税法体系，大体上经历了新中国税制的建立、税制建设中的简并、新时期的税制建设、1994 年的税制改革和 21 世纪以来的税制改革五个阶段，并将伴随经济发展、产业结构调整以及国内国外经济形式环境的变化而不断调整和改变。所以，税改远未结束，税改仍在不断进行。自古以来，尽管税经历过捐、赋、贡、徭、役、税等不同的称谓和实物、劳务及金钱等不同的形式，可到了商品货币经济的时代，税收的缴纳都归结到了货币这一形态。而且，越是现代化的国家，财政对税收的依赖越强；越是全球化的国家，税收征管的范围越宽；越是民主化的国家，税法对征纳双方的规定越详细；越是法治化的国家，税收征管的执行力越严。

三、税收的职能

税收的职能是指税收所具有的内在功能。税收的作用则是税收职能在一定条件下的具体体现。税收的职能一般有三种：财政职能、经济职能和监督职能。

（一）财政职能

财政职能亦称"收入手段职能"。国家为了实现其职能，需要大量的财政资金。税收作为国家依照法律规定参与剩余产品分配的活动，承担起筹集财政收入的重要任务。税收自产生之日起，就具备了筹集财政收入的职能，并且是最基本的职能。

（二）经济职能

经济职能亦称"调节手段职能"。国家为了执行其管理社会和干预经济的职能，除需筹集必要的财政资金作为其物质基础外，还要通过制定一系列正确的经济政策，以及体现并执行诸政策的各种有效手段,才能得以实现。税收作为国家强制参与社会产品分配的主要形式,在筹集财政收入的同时,也改变了各阶级、阶层、社会成员及各经济组织的经济利益。物质利益的多寡,诱导着他们的社会经济行为。因此,国家有目的地利用税收体现其有关的社会经济政策,通过对各种经济组织和社会成员的经济利益的调节,使他们的微观经济行为尽可能符合国家预期的社会经济发展方向,以有助于社会经济的顺利发展,从而使税收成为国家调节社会经济活动的重要经济杠杆。税收自产生之日起,就具备了调节社会经济杠杆的功能。但它的实现,却受到一定社会形态下国家政治经济状况及国家任务的影响。社会主义市场经济体制下国家宏观调控体系的建立,对实现税收调节社会经济生活的职能,既提出了强烈要求,也提供了可能的条件。

(三) 监督职能

税收政策体现着国家的意志,税收制度是纳税人必须遵守的法律准绳,它约束纳税人的经济行为,使之符合国家的政治要求。因此,税收成为国家监督社会经济活动的强有力工具。税收监督社会经济活动的广泛性与深入性,是随商品经济发展和国家干预社会经济生活的程度而发展的。一般地说,商品经济越发达,经济生活越复杂,国家干预或调节社会经济生活的必要性就越强烈,税收监督也就越广泛而深入。

筹集财政收入的职能是基本的,是实现调节社会经济生活和监督社会经济生活两项职能的基础条件。随着市场经济的发展,调节社会经济生活和监督社会经济生活的职能,也变得越来越重要。

四、税收的特征

税收的特征,是指税收分配形式区别于其他财政收入分配形式的质的规定性。税收特征是由税收的本质决定的,其本质是国家为满足社会公共需要而对剩余产品进行的集中分配。它与其他财政收入形式相比,具有强制性、无偿性、固定性等形式特征,习惯上称为"三性"。

(一) 强制性

强制性指国家以社会管理者身份,用法律形式对征、纳双方权利与义务的制约。国家征税不受财产直接所有权归属的限制,国家对不同所有者都可以行使征税权。负有纳税义务的单位和个人必须依法履行纳税义务,否则属于违法行为,应受到法律相应的处罚与制裁。

(二) 无偿性

国家征税以后,税款成为国家所有而不再归还给纳税人,也不需要支付任何报酬。但在总体上,税收又具有间接的返还性,体现在税收"取之于民、用之于民"这一基本特点上。

(三) 固定性

固定性是指税收按照国家法令规定的标准征收,即纳税人、征税对象、税目、税率、计价办法和期限等,都是税收法令预先规定的,有一个比较稳定的使用期间,是一种固定的连续收入。对于税收预先规定的标准,征、纳税双方都必须共同遵守,非经国家法令修订或调整,征纳双方都不得违背或改变这些规定。

五、税收的分类

税收分类是指按照一定的标准对各种税收所进行的归类。即把相同或相似的税归为同一类,把不同的税归入不同类。它是研究税收特殊性和普遍性的一种方法,根据不同的研究需要和标准,可以产生不同的分类方法。税收分类,有利于研究税制结构和税收负担,有利于分析研究税制的发展演变过程,有利于加强税收管理。

税收分类的方法主要有以下几种:

(1) 以征税对象为标准,分为流转税、所得税、资源税、财税与行为目的税。

(2) 以课征环节为标准,分为生产环节征税、流通环节征税、分配环节征税、消费环节征税、投资环节征税与财产环节征税。

(3) 以计税依据为标准,分为从价税和从量税。

(4) 以计税依据与价格的关系为标准,分为价外税和价内税。

(5) 以税收的管理和支配权限的归属为标准,分为中央税、地方税和中央地方共享税。

(6) 以税收负担是否易于转嫁为标准,分为直接税与间接税。

六、税收与税法的关系

税收是国家财政收入的主要来源,是一种经济活动,属于经济基础范畴;税法是保障税收的法律手段,是一种法律制度,属于上层建筑。税收必须遵守税法的规定,税法是税收制度的法律表现形式。同时,税收又是税法存在的理由和基础,两者相辅相成。

七、税法与会计制度的关系

一方面,税法与会计制度同属规范经济行为的专业领域,但二者分别遵循不同的规则,规范不同的对象。随着会计制度的确立和不断完善,以及以税收法律、税收法规、税收政策为主体的税制框架的构建和不断拓展,形成了既各自独立又相互影响的两大维护经济秩序的法律规范。二者不断地变革、调整和改进,满足了市场经济对规范的制度体系的需要,但也导致了会计目标与税收目标的渐行渐远,税法与会计制度的差异也逐步扩大。例如,对于会计要素中的资产、负债、所有者权益、收入、费用、利润等,二者在核算内容、涉税事项处理方法上均有不同之处。

(一) 税法与会计制度的差异成因

(1) 从内容上看,税法规范征税行为和纳税行为,体现社会财富在国家与纳税人之间的分配,具有强制性和无偿性。而会计制度注重会计核算行为规范,要求真实、完整地提供会计信息,以满足有关各方面了解财务状况和经营成果的需要。

(2) 从处理方法看,会计制度规定必须在收付实现制与权责发生制中选择一种作为会计核算基础,且一经选定,不得随意更改。而税法在计算应税所得额时既要保证纳税人有立即支付货币资金的能力和税务机关有征收当前收入的必要性,又要考虑征收管理方便,即税法是收付实现制与权责发生制的结合。

(3) 从制定目的看,会计制度为了反映企业的财务状况、经营成果和现金流量,为投资人、债权人、企业管理者、政府部门等提供真实、完整的财务信息,让投资者或潜在的投资者了解企业资产的真实性和盈利可能性,其所提供的基础性会计资料也是纳税的主要依据。而税法是为了保证国家的强制、无偿、固定地取得财政收入,利用税收杠杆进行宏观调控,引导社会投资,对会计制度的规定有所约束和控制。

(二) 税法与会计制度的差异表现

1. 在资产要素中,存在入账价值、折旧与摊销、收入处理、减值准备等方面的差异

(1) 资产入账价值的差异。会计处理通常按实际支出或实际价值作为资产的入账价值,而

税法除按实际支出作为资产的入账价值外,还强调按完全价值作为资产的入账价值。例如,企业在接受投资、接受捐赠时取得的固定资产及盘盈的固定资产,会计处理均按实际价值入账,税法上则要求按完全价值入账;又如,以债务重组方式或非货币性交易方式取得的资产,会计处理一般按原资产的账面价值入账,而税法上要求一般应按取得资产的公允价值或市场价值入账。

(2) 资产折旧与摊销的差异。会计处理通常强调加速折旧与提前摊销资产,而税法则要加上一些限制性条件。例如,固定资产折旧,会计上规定折旧方法、折旧年限和残值估计、应提折旧的固定资产范围等企业可以自主决定,而税法明确规定,企业的会计处理如与税法规定不一致,计税时应按税法规定调整;又如,待摊费用,会计上规定如果待摊费用的项目不能为企业带来经济利益,应全部计入当期损益,而税法则强调要按规定期限如实摊销;又如无形资产,要是合同和法律没有规定受益年限,会计处理摊销期限没有超过十年,税法则规定摊销期限不得少于十年;还有待处理财产损失,会计处理强调期末必须处理完毕,税法则强调应报经批准后处理,未经批准不得处理。

(3) 资产收益处理的差异。例如,投资收益,会计上对与投资相关的收入要求区分不同情况,有的作为收回债权处理,有的作为收回投资成本处理,有的作为当期损益处理,视情况而定;而税法一般都要求作当期投资收益处理,并按规定计算纳税。

(4) 资产减值准备的差异。例如,发现资产减值或贬损应计提减值准备,包括坏账准备、持有至到期投资减值准备、存货跌价准备、长期股权投资减值准备、委托贷款减值准备、固定资产减值准备、在建工程减值准备、无形资产减值准备等八项,税法上未经核定的减值准备都不允许在税前扣除。

2. 在负债要素中,存在预计负债、放弃债权、借款费用等方面的差异

(1) 预计负债的差异。它包括企业对外提供担保、商业承兑票据贴现、未决诉讼、产品质量保证等很可能产生的负债。会计上要求企业应按照规定项目和确认标准,合理地计提各项很可能发生的负债;而税法则坚持实际支付原则,不予确认可能发生的负债。

(2) 放弃债权的差异。会计处理对债权人主动放弃的债权或者债务人无法偿还的债权,作为债务人的企业应按账面价值转为资本公积,增加所有者权益;而按税法规定应作为营业外收入处理并按规定计算应纳税所得额。

(3) 借款费用的差异。它包括借款利息、汇兑损益和其他借款费用。会计处理仅限于购建固定资产的借款费用,而税法则包括购建固定资产、购置无形资产和借入资金投资的借款费用;会计处理强调以固定资产达到预定可使用状态为标准划分借款费用资本化或费用化,而税法则以资产交付使用为标准划分借款费用资本化或费用化;会计处理强调必须按实际投入购建固定资产的借款金额和规定的利率计算确认应资本化的借款费用,而税法对此没有明确要求。

3. 在所有者权益要素中,处理接受资产捐赠、转增资本业务上存在差异

(1) 接受资产捐赠的差异。会计上规定内资企业接受现金捐赠和非现金资产捐赠,要按确认的价值直接作为资本公积入账,分别记入接受现金捐赠项目和接受捐赠非现金资产准备项目,外商投资企业按确认的价值先记入"待转资产价值"科目,期末再按规定计算应纳所得税并结转资本公积;而税法则没有明确内资企业接受现金捐赠是否应纳税,对接受非现金资产捐赠明确规定接受时不纳税,待接受的捐赠资产出售或清理时再按规定计算纳税,外商投资企业和外国企业接受现金和非现金资产捐赠都应按规定计算缴纳企业所得税。

(2) 转增资本的差异。会计上企业以资本公积、盈余公积和未分配利润转增实收资本或

股本,只需按确定的金额直接转账,而税法则对属于个人所得税征税所得的部分,要求企业按规定计算代扣代缴个人所得税税额并做相应的账务处理。

4. 在收入要素中,主要存在收入、销售额、应税收入、收入确认等方面的差异

(1) 收入的差异。会计上的收入是指企业销售商品、提供劳务及让渡资产使用权等日常活动中形成的主营业务收入和其他业务收入,而税法上的收入在计算流转税时与会计上的收入口径基本相同,在计算企业所得税时属于广义的收入概念,包括生产经营收入、财产转让收入、利息收入、租赁收入、特许权使用费收入、股息收入和其他收入等内容。

(2) 销售额的差异。会计上的销售额是指销售商品、提供劳务而取得的价款,不包括为第三方或客户代收的款项,而税法上的应税销售额包括价款和价外费用,其中价外费用部分包括代垫款项和代收款项等多方面的内容。

(3) 应税收入的差异。会计上的商品销售收入或劳务收入是指企业对外销售商品或提供劳务而取得的收入,税法上的应税收入既包括企业对外销售商品或提供劳务取得的收入,还包括税法规定应视同销售行为确认的应税收入。例如,现行增值税规定的八种视同货物销售行为应确认的应税收入,会计上大量的非货币性交易和非现金资产抵偿债务按税法规定应确认的应税收入等,消费税、企业所得税等税种也有视同销售的规定。

(4) 收入确认的差异。会计上规定商品销售收入的确认必须是企业已将商品所有权上的主要风险和报酬转移给购货方;企业既没有保留通常与所有权相联系的继续管理权,也没有对已售出商品实施控制;与交易相关的经济利益能够流入企业;相关的收入和成本能够可靠地计量等四个条件同时存在,劳务收入的确认应区分当年和跨年劳务、劳务的结果能否可靠计量、劳务的成本能否补偿等情况,而税法上通常根据交易的结算方式确认应税收入或是纳税义务发生时间,也就没有顾及会计上的确认标准。

5. 在费用要素中,存在营业成本、销售费用、管理费用和财务费用等方面的差异

(1) 营业成本的差异。会计处理按实际发生额计列工资及相关费用,而税法则规定纳税人的工资费用除另有规定外,应按合理的工资等相关费用扣除。

(2) 销售费用的差异。会计处理对广告费、宣传费和佣金支出等项目按实际发生额列支,而税法上有的规定明确不得扣除,有的规定按限定标准扣除。

(3) 管理费用的差异。会计处理对业务招待费、保险费、差旅费、会议费等项目按实际发生额列支,而税法上有的规定扣除限额,有的强调必须有相关证明方可扣除,否则不得扣除。

(4) 财务费用的差异。会计处理一般按实际发生额列支,税法上通常只能按合理的标准并依据相关证明扣除。

6. 在利润要素中,主要存在应纳税所得额增加项目和减少项目两方面的差异

(1) 应纳税所得额增加项目的差异。会计处理对赞助费、捐赠支出、罚款罚金、滞纳金支出及与取得应税收入无关的支出等项目在营业外支出中按实列支,而税法则对这些项目或是明确不得扣除,或是规定只能按限定标准扣除。例如,捐赠支出,会计处理按实际捐赠价值列作营业外支出;而按增值税、企业所得税等规定,需要先区分货币捐赠与实物捐赠、公益救济性捐赠与非公益救济性捐赠、直接捐赠与间接捐赠、限定比例内捐赠与限定比例外捐赠后,再确定是否要按规定缴纳增值税,是否准予所得税前扣除及准予扣除的数额。

(2) 应纳税所得额减少项目的差异。会计处理对已计入利润总额而按税法规定可以免予征税或不需征税的项目,如"三废"产品利润(五年内免征)和国债利息等单项免税或不征税项目、其

他单位分得不需征税的税后利润、所得税前追加扣除的研究开发费用,以及所得税前弥补以前年度经营亏损等项目。这些项目按税法规定均可在会计利润中依法扣除后再计算征收所得税。

(三) 税法与会计制度的处理方法协调

当前我国处在经济体制变革的关键时期,在会计制度中强调给予企业更多的理财自主权的同时,也要考虑组织税收收入的现实需要,正确处理好执行会计制度和税法对国家宏观利益的影响。

1. 会计要素确认、计量、记录和报告的协调

(1) 会计制度对由于时间性差异而产生的递延所得税的确认、计量、记录与报告进行了规范,但税法对此却未做明确规定,应做出相应调整;只要对所得税收入影响不大,或者只要不对政策执行和所得税征管有大的妨碍,就尽可能将所得税政策与会计政策协调一致。

(2) 企业在会计核算时,应当按照会计制度及相关准则的规定对各项会计要素进行确认、计量、记录和报告,会计制度及相关准则规定的确认、计量标准与税法不一致的,不得自行调整会计账簿记录和会计报表相关项目的金额,应采用年终纳税调整方法处理。

(3) 企业在计算当期应缴所得税时,应在按照会计制度及相关准则计算的利润总额的基础上,加减会计制度及相关准则与税法规定就某项收益、费用或损失确认和计量等的差异后,调整为应纳税所得额,并据以计算当期应纳所得税。

2. 会计处理方法的选择与协调

(1) 由于现实经济生活中不确定因素很多,会计估算的不确定性和计算应纳税所得额所需的确定性之间存在较大的差距,需要运用税收规定予以协调。对于众多的非公有制小型企业,可以严格按税法的规定选择会计处理方法,或者提供可以保持一致的备选方法,如取消八项减值准备和预计负债,实行资产报损和预计负债经税务部门批准后据实入账的方法,这样可以消除时间性差异。固定资产的折旧方法和折旧年限,原先的行业会计制度及其他相关制度都有明确规定,但实际执行中大多数小型企业偏向于采用税法规定允许的标准,以避免纳税调整。

(2) 消除有可能形成期末资产价值的支出因会计制度与税法上确认标准不同而产生的复杂差异;尽量缩小会计处理方法的选择范围,规范明细记录,减少备查调整事项,规范会计收益与应税收益差异的调整方法,简化税款的计算,如所得税体系中应税收入确认标准应采用权责发生制,成本费用扣除应采用据实扣除制等。

业务拓展专题——"税收"历史典故

历史上,在国家产生的同时,也就出现了保证国家实现其职能的财政。在我国古代的第一个奴隶制国家夏朝,最早出现的财政征收方式是"贡",即臣属将物品进献给君主。当时,虽然臣属必须履行这一义务,但由于贡的数量、时间尚不确定,所以,"贡"只是税的雏形。而后出现的"赋"与"贡"不同。西周,征收军事物资称"赋";征收土产物资称"税"。

春秋后期,赋与税统一按田亩征收。"赋"原指军赋,即君主向臣属征集的军役和军用品。但事实上,国家征集的收入不仅限于军赋,还包括用于国家其他方面支出的产品。此外,国家对关口、集市、山地、水面等征集的收入也称"赋"。所以,当时"赋"不仅指国家征集的军用品,而且具有了"税"的含义。清末,租税成为多种捐税的统称。农民向地主交纳实物曰租,向国家交纳货币曰税。

有历史典籍可查的对土地产物的直接征税,始于公元前594年(鲁宣公十五年)鲁国实行

了"初税亩",按平均产量对土地征税。后来,"赋"和"税"就并用了,统称赋税。自战国以来,中国封建社会的赋役制度主要有四种:战国秦汉时期的租赋制(征收土地税和人头税)、魏晋至隋唐的租调制(征收土地税、人头税和劳役税)、中唐至明中叶的两税法(征收资产税和土地税)、明中叶至鸦片战争前的一条鞭法和地丁合一(征收土地税)。

表1-1为2017—2022年中国税负情况一览表。

表1-1 2017—2022年中国税负情况一览表　　　　　单位:亿元

年　份	税收总收入	居民可支配收入	个税总收入	居民总收入	税　负
2017	144 369	363 629	11 966	375 595	38.43%
2018	156 402	395 192	13 871	409 063	38.23%
2019	158 000	430 259	10 388	440 647	35.85%
2020	154 312	450 632	11 568	462 200	33.38%
2021	172 735	491 792	13 992	505 784	34.15%
2022	166 620	516 362	14 922	531 284	31.36%

数据来源:据中国统计年鉴数据整理所得。

根据上述资料,试分析和讨论中国税负水平高低。

本章小结

税法是国家制定的用以调整国家与纳税人之间征纳活动的权利与义务关系的法律规范的总称,有基本法和普通法。目前,我国只有税法普通法,包括实体法和程序法。

税法构成要素一般是指实体法构成要素,主要包括总则、纳税人、征税对象、税率、纳税环节、纳税期限、税收优惠、征收方法、纳税地点、罚则、附则等要素,其中,纳税人、征税对象和税率是三大基本要素,而税率又是最核心的要素。

税收是国家凭借其政治权力强制、无偿地参与国民收入分配而取得的一种财政收入,是税法经济形式的体现。税收与税法两者相辅相成。

税法与会计制度的异同,税法的目的是保证税源收入,保护税收的公平性;会计制度的规定是为了客观、公允地反映企业的经济活动及成果。两者的目标存在一定差异性,所以导致有些经济业务存在税会差异,年末企业所得税汇算清缴时,会引起相关纳税调整。

本章练习题

扫二维码进行查看,下载。

第二章　增值税纳税实务

知识能力目标

1. 理解增值税的基本原理；
2. 熟练掌握判定一般纳税人和小规模纳税人的标准；
3. 熟练掌握增值税应纳税额的计算；
4. 熟练掌握运用增值税"免抵退"办法计算增值税应退税额；
5. 能确定增值税的纳税义务发生时间、纳税期限和纳税地点。

案例导入

企业业务应纳税种的确认

2024年1月1日，江西南昌××有限公司取得江西南昌市工商局颁发的法人营业执照，当月发生如下业务：

1月2日，购进三层木器加工厂房；
1月8日，受南洋公司委托，代为加工20张办公桌椅；
1月10日，进口一台车床；
1月18日，出租三辆货车；
1月15日，销售给南昌市华南城家具商城200套家具。

思考：上述业务中涉及增值税的有哪些？如果在2016年5月1日之前，上述业务中涉及增值税的是哪些业务？

第一节　增值税税法基础

一、增值税的含义

增值税是以商品或劳务在流转过程中产生的增值额作为征税对象的一种流转税。增值税最早在1954年诞生于法国，目前世界上已有100多个国家开征增值税，增值税已经成为具有世界意义的流转税。我国于1979年引进增值税并实施试点，1984年9月18日，国务院发布了《中华人民共和国增值税暂行条例（草案）》，标志着增值税作为一个独立的法定税种在我国正式建立。为了进一步完善增值税,消除重复征税,避免征税环节的断裂,经国务院批准,从 2012 年 1 月 1 日起,在上海针对交通运输业和部分现代服务业开展营业税改征增值税试点。"营改增"取得了良好成效,经过逐步扩大试点城市和试点行业,2016 年 5 月 1 日,在全国范围内全面推开营业税改征增值税,增值税已成为目前我国税收收入规模最大的税种。

从计税原理看,增值税是对商品和劳务在生产和流通过程中各个环节的增值额进行征税,然而,由于增值额在商品流通过程中是一个难以计算精准的数据,因此,在增值税的实际缴纳以及会计处理过程中,都采用间接计算法。即纳税人根据销售环节的销售额,按照规定的税率计算应交税款,然后从中扣除上一环节已纳增值税税款,其余额即为纳税人应缴纳的增值税税额。这种间接计算法,同样体现了增值税对增值额计税的原理。

二、增值额的理解

增值额是商品或劳务在流转过程中产生的新增价值。可以从以下三个方面理解增值额(新增价值)。

(一) 理论上的增值额

根据马克思的劳动价值理论,增值额相当于 $c+v+m$ 中的 $v+m$ 部分。c 是商品生产过程中消耗掉的生产资料转移价值,产品销售后作为成本收回,用于购买生产资料,维持再生产的正常进行,它不是税收的征税对象;v 是工资,是劳动者为自己创造的价值;m 是剩余价值或盈利,是劳动者为社会创造的价值,$v+m$ 就属于劳动者(活劳动)创造的价值,从内容上看相当于净产值或国民收入。

(二) 单个生产经营单位的增值额

就一个生产经营单位来讲,增值额是这个单位商品销售额或收入额扣除非增值性项目(一般来讲,主要是指物化生产资料,如外购的原材料、燃料、动力、包装物和低值易耗品及固定资产折旧等)价值后的余额,相当于这个生产经营单位活劳动创造的价值。这是理论增值额。但是,一个国家,根据不同时期的经济发展水平、财政状况不同等,往往会制定出与理论增值额计算标准不一致的法定增值额。

(三) 单个商品的增值额

就单个商品而言,不论经历几个环节,其最后的销售额,应等于该商品从生产到流通的各个环节的增值额之和(见表 2-1)。

表 2-1 单个商品生产经营过程中增值额情况表 单位:万元

生产流通环节	本环节销售额	本环节采购额	本环节增值额
剪羊毛	50	0	50
纺纱	70	50	20
织布	100	70	30
批发环节	120	100	20
零售环节	150	120	30
合 计	—	—	150

三、增值税的特点

(一)税收中性
根据增值税的计税原理,流转额中的增值额是征税对象,因此,无论产品经过多少个流转环节,只要增值额相同,税负就一致,不会对产品的生产结构、组织结构等产生影响;另一方面,增值税是对应税商品普遍征收增值税,而非对部分产品征收,不会改变消费者对产品的采购偏好。所以,增值税的征收,不会对生产者和消费者的行为产生扭曲,具有中性特征。

(二)道道征收
增值税的征税按照产品从生产、批发到最后进入消费领域的流程,每经过一个环节征一次税,是一个多环节连续征税的税种。

(三)税不重征(实行税款抵扣制度)
增值税在道道征收的基础上,实行税款抵扣制度,按照商品或劳务销售收入计算的应纳税额中扣除上一个环节已纳税款,亦即本环节只针对未征税的那部分纳税。因此,增值税能有效克服流转环节造成的税负不公等弊端。

(四)税收负担由最终消费者承担
在商品或劳务的所有流转过程中道道征税,本环节的税负负担包括:本环节应缴纳税款和之前环节的已纳税款。因此,所有环节的税负负担都在最后一个环节实际承担了。

(五)实行价外计征
在计算增值税应纳税额时,作为计税依据的销售额中不包含增值税税额,税收的变动不直接影响商品的价格和企业利润,税收透明度高,税收负担转嫁明显,税负负担由消费者承担。

(六)税基广阔
具有征收的普遍性和连续性。

四、增值税的类型

我国增值税以法定增值额为标准进行分类(表现在会计处理上:外购固定资产处理方式的不同),可划分为生产型增值税、收入型增值税和消费型增值税。

(一)生产型增值税
生产型增值税以纳税人的销售收入减去用于生产、经营的外购原材料、燃料、动力等物质资料价值后的余额作为法定的增值额,在间接计算法下,外购原材料、燃料和动力等物资的已纳增值税额在会计处理中可抵扣,但对购入的固定资产及其折旧的已纳税额均不能抵扣。因此,其课征范围与国民生产总值相一致,故称为生产型增值税。在生产型增值税的标准下,法定增值额大于理论增值额,对于纳税人来讲,实际承担的增值税税负高于理论上应承担的增值税税负。

(二)收入型增值税
收入型增值税,以纳税人的销售收入减去用于生产、经营的外购原材料、燃料、动力及固定资产折旧后的余额作为法定增值额,是在生产型增值税增值额的基础上,允许扣除固定资产中已折旧部分的价值(折旧的固定资产也是已耗物资)。在间接计算法下,已折旧固定资产的已纳增值税额在会计处理中可抵扣。因此,其课税范围相当于国民收入,故称为收入型增值税。收入型增值税的法定增值额和理论增值额是一致的。

(三) 消费型增值税

消费型增值税,以纳税人的销售收入减去用于生产、经营的外购原材料、燃料、动力及固定资产等价值后的余额作为法定增值额,是在生产型增值税增值额基础上,允许扣除全部固定资产(不仅仅是折旧部分)的价值。在间接计算法下,外购固定资产的已纳增值税额在会计处理中可抵扣。即纳税企业用于生产的全部外购生产资料都不在课税之列,从全社会来看,增值税的征税范围只相当于消费资料部分,故称为消费型增值税。在消费型增值税的标准下,法定增值额小于理论增值额,对于纳税人来讲,实际承担的增值税税负低于理论上应承担的增值税税负。实行增值税的国家较多采用此种类型,我国此前采用的是生产型增值税,直到2009年,改革实行消费型增值税。

五、增值税的税收优惠

(一) 增值税起征点的规定

增值税起征点的适用范围仅限个人,指单个自然人、其他个人和以小规模纳税人标准纳税的个体工商户(不包括认定为一般纳税人的个体工商户和小规模纳税人)。自2011年1月1日起施行的增值税起征点的幅度规定如下:

销售货物的,起征点为月销售额5 000～20 000元;

销售应税劳务的,起征点为月销售额5 000～20 000元;

按次纳税的,起征点为每次销售额300～500元。

起征点的调整由财政部和国家税务总局规定。省、自治区、直辖市财政厅(局)和国家税务局应在规定的幅度内,根据实际情况确定本地区适用的起征点,并报财政部、国家税务总局备案。

(二) 增值税税法规定的免税项目

免税政策,是指对货物或应税劳务在本生产环节的应纳税额全部免缴增值税,免税只免征本环节的应纳税额,对货物在以前生产流通环节所缴纳的税款不予退还,因此,免税货物仍然负担一定的增值税税负。

根据《增值税暂行条例》的规定,现行免征增值税的项目主要有:农业生产者销售自产农产品;避孕药品和用具;古旧图书;直接用于科学研究、科学试验和教学的进口仪器、设备;外国政府、国际组织无偿援助的进口物资和设备;由残疾人组织直接进口供残疾人专用的物品;销售自己使用过的物品(自己是指个体工商户以外的其他个人)。

(三) 小微企业普惠性增值税税收优惠政策

按照《财政部 税务总局关于实施小微企业普惠性税收减免政策的通知》(财税〔2019〕13号)的规定,小规模纳税人月销售额10万元以下(含本数)的情况,实行免征增值税政策。具体规定如下:

(1) 小规模纳税人发生增值税应税销售行为,合计月销售额未超过10万元(以1个季度为1个纳税期的,季度销售额未超过30万元,下同)的,免征增值税。

小规模纳税人发生增值税应税销售行为,合计月销售额超过10万元,但扣除本期发生的销售不动产的销售额后未超过10万元的,其销售货物、劳务、服务、无形资产取得的销售额免征增值税。

(2) 适用增值税差额征税政策的小规模纳税人,以差额后的销售额确定是否可以享受本公告规定的免征增值税政策。

(3) 小规模纳税人月销售额未超过10万元的,当期因开具增值税专用发票已经缴纳的税款,在增值税专用发票全部联次追回或者按规定开具红字专用发票后,可以向主管税务机关申请退还。

(4) 小规模纳税人2019年1月份销售额未超过10万元(以1个季度为1个纳税期的,2019年第一季度销售额未超过30万元),但当期因代开普通发票已经缴纳的税款,可以在办理纳税申报时向主管税务机关申请退还。

上述规定自2019年1月1日起施行。

第二节 增值税税收要素

一、增值税纳税义务人

(一) 一般性规定

增值税纳税义务人是指在中国境内销售货物、进口货物和提供加工、修理修配劳务以及提供应税行为的单位和个人。一般规定具体如下:

(1) 单位。在中国境内从事销售货物、进口货物或提供应税劳务的单位,都是增值税纳税义务人。单位是指企业、行政单位、事业单位、军事单位和其他单位等。

(2) 个人。在中国境内从事销售货物、进口货物或提供应税劳务的个人。一般是指个体工商户和其他个人。

(3) 承租、承包人。在中国境内从事销售货物、进口货物或提供应税劳务,单位租赁或承包给其他单位和个人经营的,以承租人或承包人为纳税义务人。注意,单位以承包、承租、挂靠方式经营的,承包人、承租人以发包人、出租人的名义对外经营的并由发包人承担相关法律责任的,这种情况应以发包人为纳税义务人。否则,以承包人为纳税义务人。

(4) 扣缴义务人。境外的单位或个人在境内提供应税劳务或服务,在境内未设立经营机构的,以境内代理人为扣缴义务人;在境内没有代理人的,以购买方或接受方为扣缴义务人("营改增"后的跨境劳务)。

(5) 代征义务人。采取由代征代缴义务人代征税款的征收方法,是税务机关为了加强征收管理,方便群众纳税,对于不便直接征收,而有关单位又能控制的税源的一种有效征管形式。代征代缴义务人有两种类型:

① 海关代征。对进口的货物和物品应纳的增值税、消费税,由税务机关委托海关于办理报关进口计征关税的同时,代征代缴应纳的增值税和消费税。

② 委托代征单位。为了加强对零星分散税款的源泉控管,方便纳税人缴税,对边远地区的零星税源,一般委托乡、村和信用社等单位代征税款。

规范化增值税的计算方法要求有健全的会计核算,实行凭增值税专用发票抵扣税款的制度,所以要求纳税人会计核算健全。但是在实践中,我国目前纳税人的会计核算水平参差不齐,而且某些经营规模小的单位和个人销售货物或提供劳务,所面对的对象是最终消费者而无须开具增值税专用发票。为了严格增值税的征收管理,便于增值税的推行,《增值税暂行条例》将纳税人划分为小规模纳税人和一般纳税人,其划分标准主要是生产经营规模和会计核算健全与否。

（二）增值税小规模纳税人的认定

根据《增值税暂行条例》的划分标准，判定为增值税小规模纳税人的情况如下：

为深化增值税改革，2018年5月1日起，企业小规模纳税人标准由年销售额50万元、80万元、500万元三个不同标准，统一调整为年应征增值税销售额500万元。

（三）增值税一般纳税人的认定

一般纳税人是指年应税销售额超过财政部、国家税务总局规定的小规模纳税人认定标准，且会计核算健全的企业、企业性单位和个体工商户。小规模纳税人以外的纳税人应当向主管税务机关申请资格认定，具体认定方法由国务院税务主管部门制定。具体规定如下：

年应税销售额未超过小规模认定标准的纳税人，同时符合两项条件（一是有固定的生产经营场所；二是能够按照国家统一的会计制度设置账簿，健全会计核算并能提供准确税务资料）的情况下，可向主管税务机关申请认定为一般纳税人。不得申请为一般纳税人的情况：个体工商户以外的其他个人；选择小规模纳税人身份的非企业性单位（军事单位、社会团体）以及不经常发生应税行为的企业。

小规模纳税人身份符合条件的情况下，可转登记为一般纳税人。除国家税务总局另有规定外，纳税人一经认定为一般纳税人，一般情况下，不得转为小规模纳税人。但是，按照《财政部 税务总局关于实施小微企业普惠性税收减免政策的通知》（财税〔2019〕13号）文件的规定，转登记日前连续12个月（以1个月为1个纳税期）或者连续4个季度（以1个季度为1个纳税期）累计销售额未超过500万元的一般纳税人，在2019年12月31日前，可选择转登记为小规模纳税人（对装备制造等先进制造业、研发等现代服务业符合条件的企业和电网企业在转为小规模登记时，在一定时期内未抵扣完的进项税额予以一次性退还）。

（四）两种纳税人身份的异同

一般情况下，增值税一般纳税人可凭采购时取得的有效可抵扣凭证，到税务局做增值税进项抵扣认证；而小规模纳税人即使获取了进项可抵扣凭证，仍不能做认证抵扣。同时一般纳税人适用税率为13%，小规模纳税人征收率为3%。一般纳税人可自行开具增值税专用发票，而小规模纳税人则使用增值税普通发票，需要的情况下可提出申请，由税务机关代开增值税专用发票。为了贯彻落实党中央、国务院决策部署，进一步优化营商环境，支持民营经济和小微企业发展，便利纳税人开具和使用增值税发票。根据国家税务总局公告（2019年第8号）文件，将小规模纳税人自行开具增值税专用发票试点范围由住宿业，鉴证咨询业，建筑业，工业，信息传输、软件和信息技术服务业，扩大至租赁和商务服务业，科学研究和技术服务业，居民服务、修理和其他服务业。上述8个行业小规模纳税人（以下称"试点纳税人"）发生增值税应税行为，需要开具增值税专用发票的，可以自愿使用增值税发票管理系统自行开具。试点纳税人销售其取得的不动产，需要开具增值税专用发票的，应当按照有关规定向税务机关申请代开。

二、增值税征税范围与征税对象

（一）增值税征税范围的一般规定

增值税的征税范围为在中国境内销售货物、进口货物或提供加工、修理修配劳务及销售服务、销售无形资产和销售不动产(后三者简称应税行为)。

(二) 境内销售的界定

1. 境内销售货物

境内销售货物,是指货物的起运地或所在地在境内。

2. 境内销售服务、无形资产或不动产

在境内销售服务、无形资产或不动产,是指:

(1) 服务(租赁不动产除外)或者无形资产(自然资源使用权除外)的销售方或购买方在境内。

(2) 所销售或者租赁的不动产在境内。

(3) 所销售自然资源使用权的自然资源在境内。

(4) 财政部和国家税务总局规定的其他情形。

(三) 增值税征税范围的特殊规定

增值税征税范围的特殊规定,主要体现在特殊征税项目和特殊征税行为两个方面。

1. 特殊项目

增值税征税范围的特殊项目分为征收增值税项目和不征收增值税项目。

(1) 征收增值税的项目。

① 货物期货(包括商品期货和贵金属期货),应当征收增值税,在期货的实物交割环节纳税,其中,交割时采取由期货交易所开具发票的,以期货交易所为纳税人。

② 银行销售金银的业务,应当征收增值税。

③ 典当业的死当物品销售业务和寄售业代委托人销售寄售物品的业务,均应征收增值税。

④ 集邮商品(如邮票、首日封等)的生产、调拨、销售,均应征收增值税。

(2) 不征收增值税的项目。

① 代为收取的同时满足以下条件的政府性基金或行政事业性收费。

第一,由国务院或财政部批准设立的政府性基金,由国务院或省级人民政府及其财政、价格主管部门批准设立的行政事业性收费;

第二,收取时开具省级以上(含省级)财政部门监(印)制的财政票据;

第三,所收款项全额上缴财政。

② 单位或个体工商户聘用的员工为本单位或者雇主提供取得工资的服务。

③ 单位或个体工商户为聘用的员工提供服务。

④ 各党派、共青团、工会、妇联、中科协、青联、台联、侨联收取党费、团费、会费,以及政府间国际组织收取会费,属于非经营活动,不征收增值税。

⑤ 存款利息。

⑥ 被保险人获得的保险赔付。

⑦ 财政部和国家税务总局规定的其他情形。

2. 特殊行为

(1) 视同销售货物行为。销售货物的主要标志是货物所有权的转变,并带来相应收益。但实务中,有些货物的转移,并未引起所有权的转变或并没有实际获利,会计上认为这些行为不符合常规会计上的收入确认标准,不需作为收入科目做账务处理。也就是说,不符合税法关于销售货物"有偿转让货物所有权"的定义,或者不符合财务会计制度规定的"收入"确认条件。但是,为了保证增值税流转环节上链条的完整性,同时为了填补增值税的征税漏洞,保证税负公平,需要将这些行为进一步延伸视同销售进行征税。也可以理解为:视同销售是会计法规、准则与税法税收条例不一致的产物。

目前,税法将以下 8 种行为归入视同销售货物行为:

① 将货物交付他人代销;
② 销售代销货物;
③ 非同一县(市),将货物从一个机构移送至其他机构用于销售(不包含原材料和半成品);
④ 将自产或委托加工的货物用于非增值税应税项目;
⑤ 将自产或委托加工的货物用于集体福利或个人消费;
⑥ 将自产、委托加工或购进的货物分配给股东或投资者;
⑦ 将自产、委托加工或购进的货物作为投资,提供给其他单位或个体工商户;
⑧ 将自产、委托加工或购进的货物无偿赠送其他单位或者他人。

将上述行为确定为视同销售货物行为的目的:① 保证增值税税款抵扣制度的实施和抵扣环节的衔接;② 避免因上述行为而逃避纳税的现象发生;③ 有些产品的流出行为实质上已获利。注意:外部来源的货物用于内部消费(比如集体福利)或个人消费时,税法上不需作为视同销售处理(与进项税额不可抵扣的情况相连接:用于集体福利和个人消费的外购,其进项税额不准予抵扣,如果前期做了进项税额处理,那么后期做进项税额转出)。

(2) 视同销售应税行为。① 单位或个体工商户向其他单位和个人无偿提供应税劳务行为,但以公益活动为目的或者以社会公众为对象的除外;② 财政部和税务总局规定的其他情形。

知识链接:混合销售、混业经营和兼营销售的联系和区别

混合销售是"营改增"之前的概念,是指一项销售行为既涉及货物又涉及非增值税应税劳务,货物和劳务之间有因果关联。如果纳税人同时,但非在同一销售行为中,提供增值税应税事项和营业税应税事项,则属于"兼营"的概念。兼营销售中的增值税应税事项和营业税应税事项之间没有从属关系。这是混合销售和兼营销售最本质的区别。"营改增"之后(自 2016 年 5 月 1 日起),原来的某些"混合销售"行为、"兼营销售"行为,已经不再符合"混合销售"和"兼营销售"的概念,而更像是"营改增"试点制度中的"混业经营"。混业经营,是指纳税人"兼有"不同税率或者征收率的销售货物、提供加工修理修配劳务或者"营改增"应税劳务的行为。"兼有",既包括在同一销售行为中同时涉及"销售货物、提供加工修理修配劳务或者应税服务",也包括"兼营"适用不同税率或者征收率的销售货物、提供加工修理修配劳务或者"营改增"应税劳务的行为。

纳税人从事"混业经营"的,应分别核算适用不同税率或征收率的销售额,未分别核算销售额的,按以下方法从高适用税率或征收率:

(1) 兼有不同税率的销售货物、提供加工修理修配劳务或者应税服务的,从高适用税率。
(2) 兼有不同征收率的销售货物、提供加工修理修配劳务或者应税服务的,从高适用征

收率。

（3）兼有不同税率和征收率的销售货物、提供加工修理修配劳务或者应税服务的,从高适用税率。

纳税人兼有上述适用不同税率或征收率的增值税应税事项,但未能对上述事项分别核算的,则根据其实际经营的应税事项中适用最高一档的税率或征收率进行征收。

（四）增值税征税对象

增值税征税对象是指商品、劳务在流转过程中的增值额,是增值税计税依据的另一种表现形式。增值额包括两种:法定增值额和理论增值额。理论增值额是一成不变的,而法定增值额会随着具体计算办法改变而发生改变。理论上来讲,应该以理论增值额为征税对象,但是,国家会根据不同时期的经济发展需要,制定相应的法定增值额计算办法。所以,在不同时期,会有不同法定增值额的计算标准和方法。增值税征税对象和计税依据是以法定增值额为标准,而非理论增值额。

三、税率与征收率

（一）增值税税率

我国现行增值税税率的设计遵循了中性和简便的原则,结合经济发展需要,设置了差别比例税率:13%、9%和6%以及优惠税率0%。具体详见表2-2。

表2-2 增值税税目税率表

序号	行业内容	税率	
		2019年4月1日之前	2019年4月1日之后
1	销售或进口货物,除第2项规定外	16%	13%
2	① 粮食、食用植物油、牛奶(鲜奶) ② 自来水、暖气、冷气、热水、煤气、石油液化气、天然气、沼气和居民用煤炭制品 ③ 图书、报纸、杂志 ④ 饲料、化肥、农药、农机和农膜 ⑤ 初级农产品(含粮食) ⑥ 音像制品 ⑦ 电子出版物 ⑧ 二甲醚 ⑨ 食用盐 ⑩ 国务院规定的其他货物	10%	9%
3	出口货物,国务院另有规定的除外	0%	0%
4	提供加工、修理修配劳务	16%	13%
5	提供有形动产租赁服务	16%	13%

续 表

序号	行业内容	税率	
		2019年4月1日之前	2019年4月1日之后
6	提供交通运输、邮政、基础电信、建筑、不动产租赁服务,销售不动产,转让土地使用权	10%	9%
7	提供增值电信服务、金融服务、现代服务(租赁服务除外)、生活服务和土地使用权以外的其他无形资产	6%	6%
8	境内单位和个人发生的跨境应税行为,具体范围由财政部和国家税务总局另行规定	0%	0%

知识链接:零税率和免税的区别

零税率表示"税率为零",是指不仅纳税人在本环节不纳税,而且以前各环节传递过来的税款须退还,比如出口退税。而免税,是指对某个课税对象和某个纳税环节,免除其本身负担的应纳税额,而之前环节(如外购环节)的已纳税款是含税的,不予退回。

(二)增值税征收率

1. 增值税的征收率的基本规定

一般纳税人销售货物、提供加工和修理修配劳务以及应税服务(进项税率不易确认和计量)可按简易办法(无进项抵扣)计算增值税。一般纳税人选择按照简易办法计算缴纳增值税的,36个月内不得变更。同时,征收率还适用于小规模纳税人,因为小规模纳税人经营规模小,且会计核算不健全,难以按照增值税税率计税和使用增值税专用发票抵扣进项税额。因此,适用按销售额与征收率计算应纳税额的简易办法。

2. 一般纳税人适用的征收率

一般纳税人适用的征收率(即可按简易计税方法计税),主要包括以下几个方面:

(1)适用5%的征收率的情况:

一般纳税人销售其2016年4月30日之前取得(含自建)的不动产,按照销售额与5%的征收率计算应纳税额。自建不动产以取得的全部价款和价外费用为销售额;非自建的以取得的全部价款和价外费用减去该项不动产购置原价后的余额,作为销售额。

(2)适用3%的征收率的情况:

① 一般纳税人提供物业管理服务,向服务接受方收取的自来水水费,以扣除纳税人支付的自来水水费后的余额为销售额,按照简易计税方法依照3%的征收率计算缴纳增值税;

② 一般纳税人提供非学历教育服务,可以选择适用简易计税方法按照3%的征收率计算缴纳增值税;

③ 一般纳税人以清包工方式提供的建筑服务,可以选择适用简易计税方法按照3%的征收率计算缴纳增值税;

④ 一般纳税人为甲供工程提供的建筑服务,可以选择适用简易计税方法按照3%的征收率计算缴纳增值税;

⑤ 一般纳税人为建筑工程老项目提供的建筑服务,可以选择适用简易计税方法按照3%

的征收率计算缴纳增值税；

⑥ 建筑工程总承包单位为房屋建筑的地基与基础、主体结构提供工程服务，建设单位自行采购全部或部分钢材、混凝土、砌体材料、预制构件的，适用简易计税方法计税，依照3%的征收率计算缴纳增值税；

⑦ 一般纳税人销售电梯的同时提供安装服务，其安装服务可以按照甲供工程选择适用简易计税方法计税，依照3%的征收率计算缴纳增值税；

⑧ 公路经营企业中的一般纳税人收取试点前开工的高速公路的车辆通行费，可以选择适用简易计税方法，减按3%的征收率计算应纳税额；

⑨ 资管产品管理人运营资管产品过程中发生的增值税应税行为，暂适用简易计税方法，按照3%的征收率缴纳增值税；

⑩ 农村信用社、村镇银行、农村资金互助社、由银行业机构全资发起设立的贷款公司、法人机构在县（县级市、区、旗）及县以下地区的农村合作银行和农村商业银行提供金融服务收入，可以选择适用简易计税方法按照3%的征收率计算缴纳增值税；

⑪ 对中国农业银行纳入"三农金融事业部"改革试点的各省、自治区、直辖市、计划单列市分行下辖的县域支行和新疆生产建设兵团分行下辖的县域支行（也称县事业部），提供农户贷款、农村企业和农村各类组织贷款取得的利息收入，可以选择适用简易计税方法按照3%的征收率计算缴纳增值税；

⑫ 一般纳税人提供公共交通运输服务（包括轮客渡、公交客运、地铁、城市轻轨、出租车、长途客运、班车），可选择按照简易办法依照3%征收率计算缴纳增值税；

⑬ 一般纳税人购进或者自制的有形动产为标的物提供的经营租赁服务，可选择按照简易办法依照3%征收率计算缴纳增值税；

⑭ 至2017年12月31日，被认定为动漫企业的一般纳税人，为开发动漫产品提供的动漫脚本编撰、形象设计、背景设计、动画设计、分镜、动画制作、摄制、描线、上色、画面合成、配音、配乐、音效合成、剪辑、字幕制作、压缩转码（面向网络动漫、手机动漫格式适配）服务，以及在境内转让动漫版权（包括动漫品牌、形象或者内容的授权及再授权），可选择按照简易办法依照3%征收率计算缴纳增值税；

⑮ 一般纳税人提供电影放映服务、仓储服务、装卸搬运服务和收派服务，可选择按照简易办法依照3%征收率计算缴纳增值税；

⑯ 一般纳税人兽用药品经营企业销售兽用生物制品，可以选择简易办法按照兽用生物制品销售额和3%的征收率计算缴纳增值税；

⑰ 县级及县级以下小型水力发电单位[装机容量为5万（含）千瓦以下]销售生产的电力，可选择按照简易办法依照3%征收率计算缴纳增值税；

⑱ 一般纳税人生产建筑用和生产建筑材料所用的砂、土、石料，可选择按照简易办法依照3%征收率计算缴纳增值税；

⑲ 一般纳税人以自己采掘的砂、土、石料或其他矿物连续生产的砖、瓦、石灰（不含黏土实心砖、瓦），可选择按照简易办法依照3%征收率计算缴纳增值税；

⑳ 一般纳税人销售自产的用微生物、微生物代谢产物、动物毒素、人或动物的血液或组织制成的生物制品，可选择按照简易办法依照3%征收率计算缴纳增值税；

㉑ 一般纳税人销售自来水，可选择按照简易办法依照3%征收率计算缴纳增值税；

㉒ 一般纳税人销售自产的商品混凝土(仅限于以水泥为原料生产的水泥混凝土),可选择按照简易办法依照3%征收率计算缴纳增值税;

㉓ 一般纳税人单采血浆站销售非临床用人体血液,可以按照简易办法依照3%征收率计算应纳税额,但不得对外开具增值税专用发票。

㉔ 一般纳税人寄售商店代销寄售物品(包括居民个人寄售的物品在内),暂按简易办法依照3%征收率计算缴纳增值税;

㉕ 典当业销售死当物品,暂按简易办法依照3%征收率计算缴纳增值税;

㉖ 经国务院或国务院授权机关批准的免税商店零售的免税品,暂按简易办法依照3%征收率计算缴纳增值税。

(3) 适用3%征收率减按2%征收的情况:

一般纳税人销售其使用过的未抵扣进项税额的固定资产(2009年1月1日以前购进的固定资产),按3%征收率减按2%征收(注意:销售企业使用过的在本地区扩大增值税抵扣范围试点以后购进或者自制的固定资产,按照适用税率征收增值税)。小规模纳税人销售其使用过的固定资产,按3%征收率减按2%计算应纳税额。

一般纳税人和小规模纳税人销售旧货,适用3%减按2%征收率计算缴纳增值税。旧货是指进入二次流通的具有部分使用价值的货物(含旧汽车、旧摩托车和旧游艇),但不包括自己使用过的物品。

需要注意的是,增值税一般纳税人选择适用简易办法计算缴纳增值税,一经选择,36个月内不得变更。

第三节 增值税应纳税额的计算

一、一般计税方法下应纳税额的计算

增值税的计税方法,主要包括一般计税法和简易计税法。我国目前对一般纳税人采用一般计税方法,即国际上通行的购进扣税法。增值税一般纳税人的应纳税额等于本期销项税额减本期进项税额。计算公式为:

$$应纳增值税税额＝本期销项税额－本期进项税额$$

境外单位或个人在境内提供加工修理修配劳务,在境内未设经营机构的,以其境内代理人为扣缴义务人;在境内没有代理人的,以购买方为扣缴义务人。扣缴义务人按下列公式计算应扣缴税额:

$$应扣缴税额＝购买方支付的价款÷(1＋税率)×税率$$

(一) 增值税销项税额的计算

1. 一般销售方式下销售额的确定

在增值税税率确定的情况下,计算销项税额的关键在于正确、合理地确定增值税销项税的税基,即销售额。根据《增值税暂行条例》第六条的规定,销售额为纳税人销售货物或者应税劳务(也包括视同销售情况)向购买方收取的全部价款和价外费用,但是不包括收取的销项税额。

价外费用,是指销售方向购买方收取的手续费、补贴、基金、集资费、返还利润、奖励费、违约金(延期付款利息)、包装费、包装物租金、包装物押金、储备费、优质费、运输装卸费、代收款项、代垫款项及其他各种性质的价外收费。但是下列项目不包括在内:

(1) 受托方受托加工应征消费税的消费品,所收取的代收代缴消费税;

(2) 销售货物时,收取的代办保险费以及向购买方收取的代替购买方缴纳的车辆购置税、车辆牌照费。

代垫运杂费同时符合以下两个条件,可以不作为价外费用计算:第一,承运部门的运输费用发票开具给购买方(发票单位抬头是购买方);第二,纳税人将该发票转交给购买方。

代为收取的政府性基金或行政事业性收费,同时符合以下条件的情况下,可以不作为价外费用:第一,由国务院或财政部批准设立的政府性基金,由国务院或省级人民政府及其财政、价格主管部门批准设立的行政事业性收费;第二,收取时开具省级以上财政部门印制的财政票据;第三,所收款项全额上缴财政。

税法规定所有符合条件的价外费用都需并入销售额中作为计税依据计算应纳税额,目的是防止用各种名目的价外费用来减少产品销售额逃避纳税的行为。但是,按照国家税务总局的规定,所有价外费用均为含税收入,并入销售额之前应先换算为不含税收入。

有关包装物押金的解析。税法规定,包装物押金应区别不同情况处理:纳税人为销售货物而出租出借包装物收取的押金,单独记账核算,时间在一年以内,又未超过合同约定时间的,不作为价外费用计入销售额;但是对于超过合同约定期限而尚未退回的包装物押金,或者时间超过一年的包装物押金(无论是否退回),应作为价外费用并入销售额中计算;另外,对于酒类产品的包装物押金处理,国家税务总局《关于加强增值税征收管理若干问题的通知》中规定,啤酒、黄酒以外的其他酒类产品的包装物押金,无论是否返还以及会计上如何核算,均应并入销售额计税;而啤酒、黄酒产品的包装物押金,则类似上述一般产品押金处理。

应当注意的是,一般情况下,价外费用本身都包含增值税,在计算增值税销项时,需换算成不含增值税的价外费用,其换算公式为:

$$不含税价外费用 = 含税价外费用 \div (1 + 税率)$$

2. 需要核定销售额的情况

由于视同销售行为一般不以资金形式反映出来,因而会出现视同销售但无销售额的情况。另外,有时纳税人销售货物或提供劳务的价格明显偏低且无正当理由,在上述两种情况下,主管税务机关有权按照下列顺序核定其计税销售额:

(1) 按纳税人最近时期同类货物的平均销售价格确定;

(2) 按其他纳税人最近时期同类货物的平均销售价格确定;

(3) 以上两种方法均不适用的情况下,可按组成计税价格确定销售额。其计算公式为:

$$组成计税价格 = 成本 \times (1 + 成本利润率)$$

若属于应征消费税的货物,其组成计税价格应加计消费税税额。其计算公式为:

$$组成计税价格 = 成本 \times (1 + 成本利润率) \div (1 - 消费税税率)$$

公式中的成本:销售自产货物的为实际生产成本,销售外购货物的是实际采购成本。公式中的成本利润率由国家税务总局确定,一般为10%。但属于应采用从价定率及复合计税办法征收消费税的货物,其组成计税价格中的成本利润率,为国家税务总局确定的应税消费品的成本利润率,后者的成本利润率更为细化和具体化。

3. 特殊销售方式下销售额的确定

(1) 折扣方式销售额的确定。税法中的折扣销售,即商业折扣(会计专业用语),是纳税人想扩大销售量而给予的价格优惠。纳税人将价款和折扣额在同一张发票上分别注明的,以折扣后的价款为销售额;未在同一张发票上金额栏注明的,以折扣前的价款为销售额。

(2) 以旧换新方式销售额的确定。以旧换新销售是指,纳税人在销售新的货物时,有偿收回旧货物的行为,购买方只需支付扣除旧货款之后的余额。税法规定,以旧换新销售时,纳税人应按新货物同期销售价格确定销售额,不得扣减旧货物的收购价格。但是金银首饰的以旧换新业务较为特殊,对于金银首饰的以旧换新业务,税法规定,可以按照扣除旧货款之后的实际收取款项作为销售额计税。

(3) 还本销售方式销售额的确定。还本销售是指纳税人在销售货物后,到一定期限由销售方一次或分次退还给购买方全部或部分价款(其本质上是一种间接融资,是以货物换取资金的使用价值,到期还本不付息的一种筹资方式)。税法规定,这种情况下的销售,以货物实际销售价格作为计税依据,不得扣除还本支出。

(4) 以物易物方式销售额的确定。以物易物是指购销双方不是以货币结算,而是以同等价款的货物相互结算,实现货物购销的一种方式。税法规定,购销双方应以自己发出的货物按照同期销售价格确定销售额计税,以各自收到的货物按规定核算购买额并计算进项税额。应注意的是,购销双方发出商品时,应开具合法的发票,否则不能作进项抵扣。

(二)"营改增"范围内销售额的确定

营业税改征增值税试点全面落地实施,其增值税销售额,是指纳税人发生应税行为取得的全部价款和价外费用,财政部和国家税务总局另有规定的除外。财政部、国家税务总局连续发布了《关于全面推开营业税改征增值税试点的通知》(财税〔2016〕36号)等一系列"营改增"税收政策法规,系统梳理了试点企业增值税销售额新税政。

1. 为公益性机构接受捐款

中国移动通信集团公司、中国联合网络通信集团有限公司、中国电信集团公司及其成员单位通过手机短信公益特服号为公益性机构(名单见财税〔2016〕39号附件1)接受捐款,以其取得的全部价款和价外费用,扣除支付给公益性机构捐款后的余额为销售额。

2. 劳务派遣服务

劳务派遣服务,是指劳务派遣公司为了满足用工单位对于各类灵活用工的需求,将员工派遣至用工单位,接受用工单位管理并为其工作的服务。

一般纳税人提供劳务派遣服务,可以按照《财政部 国家税务总局关于全面推开营业税改征增值税试点的通知》(财税〔2016〕36号)的有关规定,以取得的全部价款和价外费用为销售额,按照一般计税方法计算缴纳增值税;也可以选择差额纳税,以取得的全部价款和价外费用,扣除代用工单位支付给劳务派遣员工的工资、福利和为其办理社会保险及住房公积金后的余额为销售额,按照简易计税方法依5%的征收率计算缴纳增值税。

小规模纳税人提供劳务派遣服务,可以按照《财政部 国家税务总局关于全面推开营业税改征增值税试点的通知》(财税〔2016〕36号)的有关规定,以取得的全部价款和价外费用为销售额,按照简易计税方法依3%的征收率计算缴纳增值税;也可以选择差额纳税,以取得的全部价款和价外费用,扣除代用工单位支付给劳务派遣员工的工资、福利和为其办理社会保险及住房公积金后的余额为销售额,按照简易计税方法依5%的征收率计算缴纳增值税。

选择差额纳税的纳税人,向用工单位收取用于支付给劳务派遣员工工资、福利和为其办理社会保险及住房公积金的费用,不得开具增值税专用发票,可以开具普通发票。

3. 人力资源外包服务

纳税人提供人力资源外包服务,按照经纪代理服务缴纳增值税,其销售额不包括受客户单位委托代为向客户单位员工发放的工资和代理缴纳的社会保险、住房公积金。向委托方收取并代为发放的工资和代理缴纳的社会保险、住房公积金,不得开具增值税专用发票,可以开具普通发票。一般纳税人提供人力资源外包服务,可以选择适用简易计税方法,按照5%的征收率计算缴纳增值税。

4. 转让土地使用权

纳税人以经营租赁方式将土地出租给他人使用,按照不动产经营租赁服务缴纳增值税。纳税人转让2016年4月30日前取得的土地使用权,可以选择适用简易计税方法,以取得的全部价款和价外费用减去取得该土地使用权的原价后的余额为销售额,按照5%的征收率计算缴纳增值税。

5. 贷款服务

以提供贷款服务取得的全部利息及利息性质的收入为销售额。

6. 金融服务

以提供直接收费金融服务收取的手续费、佣金、酬金、管理费、服务费、经手费、开户费、过户费、结算费、转托管费等各类费用为销售额。

7. 金融商品转让

金融商品转让,按照卖出价扣除买入价后的余额为销售额。转让金融商品出现的正负差,按盈亏相抵后的余额为销售额。若相抵后出现负差,可结转下一纳税期,与下期转让金融商品销售额相抵,但年末时仍出现负差的,不得转入下一个会计年度。金融商品的买入价,可以选择按照加权平均法或者移动加权平均法进行核算,选择后36个月内不得变更。

8. 经纪代理服务

经纪代理服务,以取得的全部价款和价外费用,扣除向委托方收取并代为支付的政府性基金或者行政事业性收费后的余额为销售额。向委托方收取的政府性基金或者行政事业性收费,不得开具增值税专用发票。

9. 融资租赁服务

经人民银行、银监会或者商务部批准从事融资租赁业务的试点纳税人,提供融资租赁服务,以取得的全部价款和价外费用,扣除支付的借款利息(包括外汇借款利息和人民币借款利息)、发行债券利息和车辆购置税后的余额为销售额。

10. 融资性售后回租服务

经人民银行、银监会或者商务部批准从事融资租赁业务的试点纳税人,提供融资性售后回租服务,以取得的全部价款和价外费用(不含本金),扣除对外支付的借款利息(包括外汇借款利息和人民币借款利息)、发行债券利息后的余额为销售额。

11. 有形动产融资性售后回租

试点纳税人根据2016年4月30日前签订的有形动产融资性售后回租合同,在合同到期前提供的有形动产融资性售后回租服务,可继续按照有形动产融资租赁服务缴纳增值税。继续按照有形动产融资租赁服务缴纳增值税的试点纳税人,经人民银行、银监会或者商务部批准从事融资租赁业务的,根据2016年4月30日前签订的有形动产融资性售后回租合同,在合同到期前提供的有形动产融资性售后回租服务,可以选择以下方法之一计算销售额:

(1) 以向承租方收取的全部价款和价外费用,扣除向承租方收取的价款本金,以及对外支付的借款利息(包括外汇借款利息和人民币借款利息)、发行债券利息后的余额为销售额。

(2) 纳税人提供有形动产融资性售后回租服务,计算当期销售额时可以扣除的价款本金,为书面合同约定的当期应当收取的本金。无书面合同或者书面合同没有约定的,为当期实际收取的本金。试点纳税人提供有形动产融资性售后回租服务,向承租方收取的有形动产价款本金,不得开具增值税专用发票,可以开具普通发票。以向承租方收取的全部价款和价外费用,扣除支付的借款利息(包括外汇借款利息和人民币借款利息)、发行债券利息后的余额为销售额。

(3) 经商务部授权的省级商务主管部门和国家经济技术开发区批准的从事融资租赁业务的试点纳税人,2016年5月1日后实收资本达到1.7亿元的,从达到标准的当月起按照上述规定执行;2016年5月1日后实收资本未达到1.7亿元但注册资本达到1.7亿元的,在2016年7月31日前仍可按照上述规定执行,2016年8月1日后开展的融资租赁业务和融资性售后回租业务不得按照上述规定执行。

12. 航空运输企业

航空运输企业的销售额,不包括代收的机场建设费和代售其他航空运输企业客票而代收转付的价款。

13. 提供客运场站服务

提供客运场站服务试点纳税人中的一般纳税人提供客运场站服务,以其取得的全部价款和价外费用,扣除支付给承运方运费后的余额为销售额。

14. 提供旅游服务

试点纳税人提供旅游服务,可以选择以取得的全部价款和价外费用,扣除向旅游服务购买方收取并支付给其他单位或者个人的住宿费、餐饮费、交通费、签证费、门票费和支付给其他接团旅游企业的旅游费用后的余额为销售额。

15. 提供建筑服务

试点纳税人提供建筑服务适用简易计税方法的,以取得的全部价款和价外费用扣除支付的分包款后的余额为销售额。

一般纳税人跨县(市)提供建筑服务,适用一般计税方法计税的,应以取得的全部价款和价外费用为销售额计算应纳税额。纳税人应以取得的全部价款和价外费用扣除支付的分包款后的余额,按照2%的预征率在建筑服务发生地预缴税款后,向机构所在地主管税务机关进行纳税申报。

一般纳税人跨县(市)提供建筑服务,选择适用简易计税方法计税的,应以取得的全部价款和价外费用扣除支付的分包款后的余额为销售额,按照3%的征收率计算应纳税额。纳税人应按照上述计税方法在建筑服务发生地预缴税款后,向机构所在地主管税务机关进行纳税申报。

试点纳税人中的小规模纳税人跨县(市)提供建筑服务,应以取得的全部价款和价外费用扣除支付的分包款后的余额为销售额,按照3%的征收率计算应纳税额。纳税人应按照上述计税方法在建筑服务发生地预缴税款后,向机构所在地主管税务机关进行纳税申报。

16. 销售房地产项目

房地产开发企业中的一般纳税人销售其开发的房地产项目(选择简易计税方法的房地产老项目除外),以取得的全部价款和价外费用,扣除受让土地时向政府部门支付的土地价款后的余额为销售额。

房地产开发企业中的一般纳税人销售自行开发的房地产项目,适用一般计税方法计税,按照取得的全部价款和价外费用,扣除当期销售房地产项目对应的土地价款后的余额计算销售额。销售额的计算公式如下:

$$销售额=(全部价款和价外费用-当期允许扣除的土地价款)\div(1+9\%)$$

房地产老项目,是指:"建筑工程施工许可证"注明的合同开工日期在2016年4月30日前的房地产项目;"建筑工程施工许可证"未注明合同开工日期或者未取得"建筑工程施工许可证",但建筑工程承包合同注明的开工日期在2016年4月30日前的建筑工程项目。

17. 销售房地产老项目

一般纳税人销售自行开发的房地产老项目适用简易计税方法计税的,以取得的全部价款和价外费用为销售额,不得扣除对应的土地价款。

18. 个人销售购买的住房

北京市、上海市、广州市和深圳市,个体工商户和个人销售购买的住房,将购买2年以上(含2年)的非普通住房对外销售的,以销售收入减去购买住房价款后的差额按照5%的征收率缴纳增值税。

19. 销售不动产

一般纳税人销售其2016年4月30日前取得(不含自建)的不动产,可以选择适用简易计税方法,以取得的全部价款和价外费用减去该项不动产购置原价或者取得不动产时的作价后的余额为销售额。

一般纳税人销售其2016年5月1日后取得(不含自建)的不动产,应适用一般计税方法,以取得的全部价款和价外费用为销售额计算应纳税额。纳税人应以取得的全部价款和价外费用减去该项不动产购置原价或者取得不动产时的作价后的余额进行纳税申报。

一般纳税人销售其2016年5月1日后自建的不动产,应适用一般计税方法,以取得的全部价款和价外费用为销售额计算应纳税额。

小规模纳税人销售其取得(不含自建)的不动产(不含个体工商户销售购买的住房和其他个人销售不动产),应以取得的全部价款和价外费用减去该项不动产购置原价或者取得不动产时的作价后的余额为销售额。

小规模纳税人销售其自建的不动产,应以取得的全部价款和价外费用为销售额。

其他个人销售其取得(不含自建)的不动产(不含其购买的住房),应以取得的全部价款和价外费用减去该项不动产购置原价或者取得不动产时的作价后的余额为销售额。

一般纳税人销售其2016年4月30日前取得(不含自建)的不动产,适用一般计税方法计税的,以取得的全部价款和价外费用为销售额计算应纳税额。上述纳税人应以取得的全部价款和价外费用减去该项不动产购置原价或者取得不动产时的作价后的余额进行纳税申报。

房地产开发企业中的一般纳税人销售房地产老项目,以及一般纳税人出租其2016年4月30日前取得的不动产,适用一般计税方法计税的,应以取得的全部价款和价外费用,进行纳税申报。

一般纳税人销售其2016年4月30日前自建的不动产,适用一般计税方法计税的,应以取得的全部价款和价外费用为销售额计算应纳税额。

【例2-1】 甲企业为增值税一般纳税人,2024年5月,销售给乙企业一批材料,增值税专用发票上注明的不含增值税的销售额为100 000元,适用税率为13%;同时,向购买方收取包装物租金1 000元。

要求:计算甲企业当期的销项税额。

解析:不含税价外收入=1 000÷(1+13%)=884.96(元)

甲企业当期销项税额=(100 000+884.96)×13%=13 115.04(元)

【例2-2】 甲音像店是一般纳税人,2024年10月销售音像制品取得含税销售额11.1万元。

要求:计算甲音像店10月份的销项税额。

解析:销项税额=111 000÷(1+9%)×9%=9 165.14(元)

【例2-3】 甲公司为一般纳税人,2024年9月份将其自产的一批账面成本为130 000元、含税售价为210 600元的A电器作为实物福利发放给职工;同时,将其自产的一批账面成本为100 000元的B电器捐赠给某灾区,且B电器无同类货物价格,成本利润率为10%。

要求:计算甲公司上述业务的销项税额。

解析:销项税额=210 600÷(1+13%)×13%+100 000×(1+10%)×13%
　　　　　=38 528.32(元)

【例2-4】 甲商场为一般纳税人,当月销售H型空调80台,每台含税售价为2 925元,采取"以旧换新"方式销售同型号空调40台,每台旧空调作价585元,实际每台收取2 340元。

要求:计算甲商场当月销项税额。

解析:甲商场当月销项税额=2 925×(80+40)÷(1+13%)×13%=40 380.53(元)

(三) 增值税进项税额的计算

1. 准予从销项税额中抵扣的进项税额

(1)从销售方取得的增值税专用发票上注明的增值税税额,是指增值税一般纳税人在购进货物、劳务、服务、不动产或无形资产时,取得的增值税专用发票上注明的增值税税额。

(2)从海关取得的海关进口增值税专用缴款书上注明的增值税税额,是指进口货物报关进口时海关代征进口环节增值税,从海关取得进口增值税专用缴款书上已注明的增值税税额。

增值税一般纳税人进口货物时应准确填报企业名称,确保海关缴款书上的企业名称与税务登记的企业名称一致。税务机关将进口货物取得的属于增值税抵扣范围的海关缴款书信息与海关采集的缴款信息进行稽核比对。经稽核比对相符后,海关缴款书上注明的增值税税额可作为进项税额在销项税额中抵扣。稽核比对不相符的,所列税额暂不得抵扣,待核查确认海关缴款书票面信息与纳税人实际进口业务一致后,海关缴款书上注明的增值税税额可作为进项税额在销项税额中抵扣。

上述增值税税额不需要纳税人计算,但要注意其增值税专用发票及海关进口增值税专用缴款书的合法性,对不符合规定的扣税凭证一律不准抵扣。

(3) 购进农产品进项税额的扣除。

① 纳税人购进农产品,取得一般纳税人开具的增值税专用发票或海关进口增值税专用缴款书的,以增值税专用发票或海关进口增值税专用缴款书上注明的增值税税额为进项税额。

② 从按照简易计税方法依照3%征收率计算缴纳增值税的小规模纳税人取得增值税专用发票的,以增值税专用发票上注明的金额和9%的扣除率计算进项税额。

③ 纳税人取得(开具)农产品销售发票或收购发票的,以农产品销售发票或收购发票上注明的农产品买价和9%的扣除率计算进项税额。

④ 纳税人购进用于生产或者委托加工13%税率货物的农产品,按照10%的扣除率计算进项税额。其中,9%是凭票据实抵扣或凭票计算抵扣进项税额,1%是在生产领用农产品当期加计抵扣进项税额。纳税人凭完税凭证抵扣进项税额的,应当具备书面合同、付款证明和境外单位的对账单或者发票。资料不全的,其进项税额不得从销项税额中抵扣。

⑤ 对烟叶税的纳税人按规定缴纳的烟叶税,准予并入烟叶产品的买价计算增值税的进项税额,并在计算缴纳增值税时予以抵扣。烟叶收购单位收购烟叶时按照国家有关规定以现金形式直接补贴烟农的生产投入补贴(简称价外补贴),属于农产品买价,为价款的一部分。烟叶收购单位,应将价外补贴与烟叶收购价格在同一张农产品收购发票或者销售发票上分别注明,否则,价外补贴不得在计算增值税进项税额时进行抵扣。即购进烟叶准予抵扣的增值税进项税额,按照规定的收购烟叶实际支付的价款总额和烟叶税以及法定扣除率计算。计算公式如下:

烟叶税应纳税额=收购烟叶实际支付的价款总额×烟叶税税率(20%)

准予抵扣的烟叶进项税额=(收购烟叶实际支付的价款总额+烟叶税应纳税额)×扣除率

(4) 纳税人购进国内旅客运输服务未取得增值税专用发票准予扣除的进项税额的确定。

① 取得增值税电子普通发票的,为发票上注明的税额。电子普通发票上注明的购买方"名称""纳税人识别号"等信息,应当与实际抵扣税款的纳税人一致,否则不予抵扣。

② 取得注明旅客身份信息的航空运输电子客票行程单的,按照下列公式计算进项税额:

航空旅客运输进项税额=(票价+燃油附加费)÷(1+9%)×9%

③ 取得注明旅客身份信息的铁路车票的,按照下列公式计算进项税额:

铁路旅客运输进项税额=票面金额÷(1+9%)×9%

④ 取得注明旅客身份信息的公路、水路等其他客票的,按照下列公式计算进项税额:

公路、水路等其他旅客运输进项税额=票面金额÷(1+3%)×3%

⑤ 国内旅客运输服务,限于与本单位签订了劳动合同的员工,以及本单位作为用工单位接受的劳务派遣员工发生的国内旅客运输服务。纳税人允许抵扣的国内旅客运输服务进项税额,是指纳税人2019年4月1日及以后实际发生,并取得合法有效增值税扣税凭证注明的或依据其计算的增值税税额。以增值税专用发票或增值税电子普通发票为增值税扣税凭证的,为2019年4月1日及以后开具的增值税专用发票或增值税电子普通发票。

(5) 纳税人支付的道路、桥、闸通行费抵扣进项税额。

① 纳税人支付的道路通行费,按照收费公路通行费增值税电子普通发票上注明的增值税税额抵扣进项税额。

② 纳税人支付的桥、闸通行费,暂凭取得的通行费发票上注明的收费金额,按照下列公式计算可抵扣的进项税额:

$$桥、闸通行费可抵扣进项税额 = 桥、闸通行费发票上注明的金额 \div (1+5\%) \times 5\%$$

通行费,是指有关单位依法或者依规设立并收取的过路、过桥和过闸费用。

(6) 自境外单位或者个人购进劳务、服务、无形资产或者境内的不动产,从税务机关或者代扣代缴义务人取得的代扣代缴税款的完税凭证上注明的增值税额,准予从销项税额中抵扣。

自2018年1月1日起,纳税人租入固定资产、不动产,既用于一般计税方法计税项目,又用于简易计税方法计税项目、免征增值税项目、集体福利或个人消费的,其进项税额准予从销项税额中全额抵扣。

2. 不得从销项税额中抵扣的进项税额

纳税人取得增值税扣税凭证不符合法律、行政法规或者国务院税务主管部门有关规定的,其进项税额不得从销项税额中抵扣;未在规定期限内认证或者申报抵扣的,不得作为合法的增值税扣税凭证,不得计算进项税额抵扣;同时,纳税人凭完税凭证抵扣进项税额的,应当具备书面合同、付款证明和境外单位的对账单或者发票,资料不全的,其进项税额不得从销项税额中抵扣。下列项目的进项税额不得从销项税额中抵扣。

(1) 用于简易计税方法计税项目、免征增值税项目、集体福利或者个人消费的购进货物、加工修理修配劳务、服务、无形资产和不动产。其中涉及的固定资产、无形资产、不动产,仅指专用于上述项目的固定资产、无形资产(不包括其他权益性无形资产)、不动产。

(2) 非正常损失的购进货物,以及相关的加工修理修配劳务和交通运输服务。

(3) 非正常损失的在产品、产成品所耗用的购进货物(不包括固定资产)、加工修理修配劳务和交通运输服务。

(4) 非正常损失的不动产,以及该不动产所耗用的购进货物、设计服务和建筑服务。

(5) 非正常损失的不动产在建工程所耗用的购进货物、设计服务和建筑服务。

(6) 购进的贷款服务、餐饮服务、居民日常服务和娱乐服务。

(7) 财政部和国家税务总局规定的其他情形。

适用一般计税方法的纳税人,兼营免税项目、简易计税方法计税项目而无法划分不得抵扣的进项税额的,按下列公式计算不得抵扣的进项税额:

$$不得抵扣的进项税额 = 当期无法划分的全部进项税额 \times (当期简易计税方法计税项目销售额 + 免征增值税项目销售额) \div 当期全部销售额$$

【例2-5】 甲企业为增值税一般纳税人,主要生产A、B两种产品,2024年6月发生下列业务:

(1) 2日,购入原材料一批,取得增值税专用发票,价款为200 000元,税额为26 000元,且专用发票本月认证。同时支付运费(价税合计)43 600元,取得增值税专用发票,注明运费金额为40 000元,税额为3 600元,货款及运费均以银行存款支付。

(2) 6日，购进一批免税农产品作为原材料，农产品收购凭证上注明价款为120 000元，款项以银行存款支付。

(3) 13日，收到乙企业投资的原材料，双方协议作价1 500 000元（不含税），该原材料的增值税税率为13%，取得防伪税控增值税专用发票一张，且专用发票本月认证。

要求：计算甲企业当期的进项税额。

解析：甲企业当期的进项税额 = 26 000 + 3 600 + 120 000 × 9% + 1 500 000 × 13%
= 235 400（元）

3. 进项税额的抵扣时限

根据《国家税务总局关于取消增值税扣税凭证认证确认期限等增值税征管问题的公告》（国家税务总局公告2019年第45号）规定：增值税一般纳税人取得2017年1月1日及以后开具的增值税专用发票、海关进口增值税专用缴款书、机动车销售统一发票、收费公路通行费增值税电子普通发票，取消认证确认、稽核比对、申报抵扣的期限。纳税人在进行增值税纳税申报时，应当通过本省（自治区、直辖市和计划单列市）增值税发票综合服务平台对上述扣税凭证信息进行用途确认。

增值税一般纳税人取得2016年12月31日及以前开具的增值税专用发票、海关进口增值税专用缴款书、机动车销售统一发票，超过认证确认、稽核比对、申报抵扣期限，但符合规定条件的，仍可按照《国家税务总局关于逾期增值税扣税凭证抵扣问题的公告》（2011年第50号，国家税务总局公告2017年第36号、2018年第31号修改）、《国家税务总局关于未按期申报抵扣增值税扣税凭证有关问题的公告》（2011年第78号，国家税务总局公告2018年第31号修改）规定，继续抵扣进项税额。

【例2-6】 某生产企业为增值税一般纳税人，其生产的产品适用13%的增值税税率。2024年10月发生如下业务：

(1) 购进生产设备一台，取得增值税专用发票，注明金额100万元、税额13万元；支付运费给某交通运输企业，取得增值税专用发票，列示运费1万元、税额0.09万元。

(2) 购进两间写字楼办公室，购进时取得增值税专用发票，注明税额20万元。

(3) 向A企业销售甲产品，开具增值税专用发票，注明销售额300万元。向B企业销售甲产品，取得含税销售收入226万元。

(4) 向某幼儿园赠送一批特制的乙产品，无同类货物销售价格，该批乙产品成本10万元，国家税务总局确定乙产品成本利润率为10%。

(5) 销售2016年购进的作为固定资产使用的卡车，开具增值税专用发票，注明销售额6万元。

(6) 本月购进一批装饰材料，取得增值税专用发票，注明增值税税额30万元，企业资产处领用15%用于装修职工食堂。

(7) 销售2012年自建的仓库，取得不含税销售收入56万元，该仓库建造成本为32万元。该企业选择按照简易方法计税。

假定该企业取得的票据均符合税法规定，并在本月勾选抵扣进项税额。

要求：根据上述资料，回答下列问题。

(1) 计算该企业销售甲产品的销项税额。

(2) 计算该企业赠送乙产品的销项税额。

(3) 计算该企业本月准予从销项税额中抵扣的进项税额的合计数。
(4) 计算该企业销售卡车应纳增值税税额。
(5) 计算该企业销售仓库应纳增值税税额。
(6) 计算该企业本月合计应缴纳的增值税税额。

解析：(1) 该企业销售甲产品的销项税额 $=300×13\%+226÷(1+13\%)×13\%=65$（万元）

(2) 该企业赠送乙产品的销项税额 $=10×(1+10\%)×13\%=1.43$（万元）

(3) 该企业本月准予从销项税额中抵扣的进项税额 $=13+0.09+20+30×(1-15\%)=58.59$（万元）

(4) 该企业销售卡车应纳增值税税额 $=6×13\%=0.78$（万元）

(5) 该企业销售仓库应纳增值税税额 $=56×5\%=2.8$（万元）

(6) 该企业本月应纳增值税税额 $=65+1.43-58.59+0.78+2.8=11.42$（万元）

二、简易计税方法下应纳税额的计算

简易计税方法主要适用于小规模纳税人，同时又适用于一般纳税人适用该计税方法的特定应税行为。其应纳税额的计算公式为：

$$应纳税额=销售额×征收率$$

以小规模纳税人为例，小规模纳税人销售货物或提供加工修理修配劳务，按照取得的销售额和增值税的征收率计算应纳的增值税税额，但不得抵扣进项税额。其中，销售额的规定与一般计税方法下的规定相同；目前，征收率统一按照3%计征。

发生适用简易计税方法的应税行为（销售货物或提供应税劳务）时，向对方收取的款项都包含了增值税（开具的是普通发票）。因此，在计算增值税应纳税额时，需将含税销售额换算成不含税销售额，具体计算公式为：

$$不含税销售额=含税销售额÷(1+征收率)$$

注意： 纳税人购入税控收款机所支付的增值税税额，无论是一般纳税人还是小规模纳税人，经主管税务机关审核批准后，可凭购进税控收款机取得的增值税专用发票，按照发票上注明的增值税税额，抵免当期应纳税额，或者按照购进税控收款机取得的普通发票上注明的价款，按下列公式计算可抵免税额：

$$可抵免税额=价款÷(1+13\%)×13\%$$

若是初次购入税控收款机，纳税人可按照税控机的价税合计数作为增值税进项税额抵扣。

【例 2-7】 某商场是增值税小规模纳税人，8月份该商场取得零售收入总额 40 000 元，还销售了旧货一批，开具普通发票，取得含税销售额 10 000 元，原值 7 800 元。

要求： 计算该商场 8 月份的增值税应纳税额。

解析： 增值税应纳税额 $=40\,000÷(1+3\%)×3\%+10\,000÷(1+3\%)×2\%$
$=1\,359.22$（元）

三、增值税出口环节退(免)税的计算

(一)出口货物退(免)税的基本政策

目前,我国的出口货物退税政策具体有三种。

1. 出口免税并退税

出口免税是指对货物在出口销售环节不征增值税、消费税,这是把货物出口环节和出口前的销售环节都同样视为一个征税环节;出口退税是指对货物在出口前实际承担的税收负担,按规定的退税率计算后予以退还。

2. 出口免税不退税

出口免税是指对货物在出口销售环节不征增值税、消费税;出口不退税是指适用这个政策的出口货物因在前一道生产、销售环节或进口环节是免税的,因此,出口时该货物的价格中本身就不含税,所以也无须退税。

3. 出口不免税也不退税

出口不免税是指对国家限制或禁止出口的某些货物的出口环节视同内销环节,照常征税;出口不退税是指对这些货物出口不退还出口前其所负担的税款。

(二)出口货物退(免)税的计税依据

出口货物退(免)税的计税依据是指具体计算应退(免)税款的依据和标准。目前,自营生产企业或生产企业委托外贸企业出口货物退(免)增值税税额的计税依据为出口货物的"离岸价格";对外贸易企业出口货物计算办理退税的,以购进出口货物的增值税专用发票注明的金额或海关进口增值税专用缴款书注明的完税价格作为计税依据。

(三)出口货物退(免)税的退税率

出口货物的增值税退税率,是出口货物的实际退税额与退税依据的比例,是出口退税的中心环节。"征多少,退多少,未征不退"是我国制定出口货物退税率的基本原则。从1994年实行新税制后,出口货物的增值税退税率进行了多次调整,使之大体上符合国家经济发展的总体要求。退税率的高低,影响和刺激对外贸易、国民经济的发展速度,也关系到国家、出口企业的经济利益。

我国现行货物的增值税退税率每年都在调整,目前有13%、10%、9%、6%、5%等几档。不同退税率的货物应分开核算,凡未分开核算而划分不清适用税率的,一律从低适用税率计算退税。

(四)出口货物增值税退税额的计算

出口货物在适用免税并退税政策时,才涉及计算退税金额的问题。我国《出口货物退(免)税管理办法》规定了两种增值税退(免)税计算方法:一是"免、抵、退"的办法,主要适用于自营或委托外贸企业出口自产货物的生产企业;二是"先征后退"的办法,主要适用于收购货物出口的外贸企业。

1. "免、抵、退"办法

"免"税,是指免征本企业生产销售环节(特指免征出口销售环节的增值税销项税)增值税;"抵"税,是指生产企业自营出口或委托外贸企业代理出口的自产货物所耗用原材料、零部件等已纳税款(所含的进项税额)抵顶内销货物的应纳税款(指的是内销产品销项税—内销产品进项税—上期留抵税额);"退"税,是指生产企业出口的自产货物,在当月内,应抵顶

的进项税额大于内销货物的应纳税额时,对未抵顶完的进项税额部分按规定予以退税。

免抵退税计算办法如下:

假定生产企业外购原材料,其中一部分用于内销产品,另一部分用于生产出口产品,企业为生产出口产品而外购免税原材料,这部分免税原材料是不能退税的,计算退税时应予以扣除。具体计算步骤如下。

(1) 计算当期免抵退税额。计算公式为:

$$\text{当期免抵退税额} = (\text{当期出口货物离岸价} \times \text{外汇人民币牌价} - \text{免税购进原材料价格}) \times \text{出口货物退税率}$$

(2) 计算免抵退税不得免征和抵扣税额,即出口货物的进项税额中不能抵扣的部分。计算公式为:

$$\text{当期不得免征和抵扣税额} = (\text{出口货物离岸价} \times \text{外汇人民币牌价} - \text{免税购进原材料价格}) \times (\text{出口货物征税率} - \text{出口货物退税率})$$

(3) 计算当期应纳税额,即当期实际应退税额。计算公式为:

$$\text{当期期末应纳税额} = \text{当期内销货物的销项税额} - (\text{当期进项税额} - \text{当期不得免征和抵扣税额}) - \text{上期留抵税额}$$

$$= (\text{当期内销货物的销项税额} - \text{当期内销货物的进项税额}) - (\text{当期外销货物的进项税额} - \text{当期不得免征和抵扣税额}) - \text{上期留抵税额}$$

注意:上述该公式的计算过程显示是在做企业进项税额的抵顶,抵顶结果大于零,表明企业应纳税;抵顶结果小于零,表明企业应退税或留抵下期。

(4) 应退税额,按照孰低原则确定出口退税额。

① 当期期末应纳税额≤当期免抵退税总额,则:

$$\text{当期应退税额} = \text{当期期末实际应退税额}$$

$$\text{当期免抵税额} = \text{当期免抵退税总额} - \text{当期应退税额}$$

② 当期期末应纳税额>当期免抵退税总额,则:

$$\text{当期应退税额} = \text{当期免抵退税总额}$$

$$\text{当期免抵税额} = 0$$

当期期末留抵税额=当期期末实际应退税额-当期免抵退税总额,下期继续抵扣。

知识链接

理论上来讲,出口货物免抵退的计税依据应该是出口货物在境内买入过程的价格,而非出口货物的离岸价格。但是,税务部门及海关在企业内部会计核算数据时,对采购过程中的买入价以及出口货物的离岸价格的选择,更倾向于后者。所以,将出口货物的离岸价格作为出口货物免抵退税额计算的计税依据,用于上述计算公式当中。

【例 2-8】 某自营进出口公司为增值税一般纳税人,适用的增值税税率为 13%,退税率

为10%,某纳税年度5月份和6月份的生产经营情况如下:

(1) 5月份:外购原材料、燃料取得专用发票,注明支付价款1 000万元,材料燃料已验收入库;外购动力取得专用发票,注明支付价款150万元;发送原材料委托某公司加工货物,支付加工费取得专用发票,注明价款50万元;共支付运输费用20万元;内销货物取得不含税售价300万元,出口货物取得销售额500万元。

(2) 6月份:免税进口料件一批,支付国外买价300万元,运抵我国海关前的运输费、保管费和装卸费用50万元,该料件进口关税税率20%,料件已验收入库,出口货物取得销售额800万元,内销货物600件,开具普通发票,取得含税销售额300万元。

要求: 采用免抵退税法计算企业5月份和6月份应纳(或应退)的增值税。

解析: (1) 5月份应纳(或应退)的增值税计算过程和结果如下:

出口货物免抵退税额=500×10%=50(万元)

当期不得免征和抵扣税额=500×(13%-10%)=15(万元)

销项税额=300×13%=39(万元)

进项税额=130+19.5+6.5+1.8=157.8(万元)

可抵扣的进项税额=157.8-15=142.8(万元)

当期应纳税额=39-142.8=-103.8(万元)

免抵退税额<当期应纳税额

应退税额=免抵退税额=50(万元)

下月留抵税额=103.8-50=53.8(万元)

(2) 6月份应纳(或应退)的增值税计算过程和结果如下:

免税进口料件组成计税价格=(300+50)×(1+20%)=420(万元)

当期不得免征和抵扣税额=(800-420)×(13%-10%)=11.4(万元)

当期应纳税额=300÷(1+13%)×13%-(0-11.4)-53.8=-7.89(万元)

出口货物免抵退税额=(800-420)×10%=38(万元)

当期应纳税额<出口货物免抵退

应退税额=当期应纳税额=7.89(万元)

当期免抵税额=38-7.89=30.11(万元)

2. "先征后退"办法

一般情况下,外贸企业以及实行外贸企业财务制度的工贸企业收购货物出口,其出口销售环节的增值税免征;其收购货物的成本部分,因外贸企业在支付收购货款的同时也支付了生产经营该类商品的企业已纳的增值税税款,因此,在货物出口后按收购成本与退税率计算退税退还给外贸企业,征、退税之差计入企业成本。外贸企业出口货物增值税的计算应依据购进出口货物增值税专用发票上所注明的进项税额和退税率计算。其计算公式为:

应退税额=外贸收购不含增值税购进金额×退税率

其中,外贸企业收购小规模纳税人出口货物增值税的退税规定:

(1) 凡从小规模纳税人购进持普通发票特准退税的抽纱、工艺品等12类出口货物,同样实行销售出口货物的收入免税,并退还出口货物进项税额的办法。其计算公式为:

应退税额=普通发票所列(含增值税)销售金额÷(1+征收率)×6%(或5%)

(2) 凡从小规模纳税人购进税务机关代开的增值税专用发票的出口货物,按以下公式计算退税:

$$应退税额＝增值税专用发票注明的金额×6\%(或5\%)$$

(3) 外贸企业委托生产企业加工出口货物的退税规定。外贸企业委托生产企业加工收回后报关出口的货物,按购进国内原辅材料的增值税专用发票上注明的进项税额,依原辅材料的退税率计算原辅材料应退税额。支付的加工费,凭受托方开具货物的退税率,计算加工费的应退税额。

【例 2-9】 某进出口公司 2024 年 9 月出口美国平纹布 2 000 米,进货增值税专用发票列明单价 20 元/平方米,计税金额为 40 000 元,退税率 13%,求应退税额。

解析: 应退税额＝2 000×20×13%＝5 200(元)

【例 2-10】 某进出口公司 2024 年 12 月购进某小规模纳税人抽纱工艺品 2 000 打全部出口,普通发票注明金额 6 000 元;购进另一小规模纳税人西服 500 套全部出口,取得税务机关代开的增值税专用发票,发票注明金额 5 000 元,退税率 6%,求应退税额。

解析: 应退税额＝6 000÷(1+3%)×6%＋5 000×6%＝649.51(元)

四、增值税进口环节应纳税额的计算

(一) 进口环节增值税征收的基本规定

无论是一般纳税人还是小规模纳税人从境外采购货物进入我国海关境内,均应缴纳进口增值税,适用税率比照国内产品的征税率(13%、9%两档税率,称为国民待遇和适用地原则)。同时,对某些进口货物制定了减免税的特殊规定,属于"来料加工、进料加工"贸易方式引进的原材料、零部件等在国内加工又复出口的,对进口的料、件按规定给予减免税;而对其加工后销往国内的,要予以补税。

(二) 进口环节应纳增值税税额的计算

纳税人进口环节增值税应纳税额的计算,应以进口货物的组成计税价格作为计税依据,其计算公式为:

$$应纳税额＝组成计税价格×适用税率$$

$$组成计税价格＝关税完税价格＋关税$$

如果纳税人进口的货物为应征消费税的消费品,其组成计税价格为:

$$组成计税价格＝关税完税价格＋关税＋消费税$$

注意: 关税完税价格又称为到岸价,按照《中华人民共和国海关法》(简称《海关法》)和《中华人民共和国进出口关税条例》(简称《进出口关税条例》)规定,一般贸易下进口货物的关税完税价格,以海关审定的成交价格为基础的到岸价格作为关税完税价格。其中,"到岸价格＝货价＋我国关境内起卸前的包装费、运费、保险费和其他劳务费"。所以,可以将组成计税价格理解为境外采购到达我国关境内起卸前的总成本。进口货物的增值税由海关代征,并负责向进口人开具进口增值税完税凭证,后期可以作为境内销售环节销项税额的抵扣凭证。

进口环节征收增值税和境内销售货物征收增值税的区别:① 不需考虑进口货物的所有权

是否发生转移。② 组成计税价格是采购的总成本,区别境内采购时进项税额计算的计税依据是材料或商品的买价。③ 应纳税额的计算无进项抵扣税额。原因是:各国对出口商品大多实行出口退税或免税,都是以不含税价格进入国际市场;同时,即便进口商品在出口国没有享有退税或免税(在出口国承担了相应增值税税负),也不应从进口国应征收的增值税税额中进行抵扣。④ 由于进口货物涉及国内民族产业和商品保护问题,因而要先征收具有贸易保护作用的关税,如果进口商品属于应征消费税商品,还应征收一道进口消费税,最后以到岸价、关税和消费税之和为组成计税价格。

【例 2-11】 某进出口公司 2024 年 8 月 8 日进口办公设备 500 台,每台进口完税价格为 1 万元,委托运输公司将进口设备从海关运回本单位,支付运输公司运输费用 9 万元(含税),取得了货物运输业增值税专用发票,当月以每台 1.8 万元的含税价出售 400 台,向甲公司捐赠 2 台,对外投资 20 台,另支付销货运输费 1.3 万元(含税价,取得了货物运输公司开具的增值税专用发票)。

要求: 计算该公司当月应纳增值税税额,假设该设备进口的关税税率为 15%。

解析: 当月进口环节的应纳增值税 $= 1 \times (1 + 15\%) \times 500 \times 13\% = 74.75$(万元)

当月销项税额 $= (400 + 2 + 20) \times 1.8 \div (1 + 13\%) \times 13\% = 87.39$(万元)

当月可抵扣的进项税额 $= 74.75 + [(9 + 1.3) \div (1 + 9\%) \times 9\%] = 75.6$(万元)

当月应纳税额 $= 87.39 - 75.6 = 11.79$(万元)

第四节 增值税的会计处理

一、一般计税方法下会计账户设置

一般计税方法下,纳税人在"应交税费"账户下设置"应交增值税""未交增值税""预交增值税""待抵扣进项税额""待认证进项税额""待转销项税额""增值税留抵税额""简易计税""转出多交增值税"等明细账户。

(1)"应交增值税"明细账户。增值税一般纳税人应在"应交增值税"明细账户内设置"进项税额""销项税额抵减""已交税金""转出未交增值税""减免税款""出口抵减内销产品应纳税额""销项税额""出口退税""进项税额转出""转出多交增值税"等明细账户。其中:

① "进项税额"明细账户,记录一般纳税人购进货物、劳务、服务、不动产和无形资产等支付或负担的,准予从销项税额中抵扣的增值税额。

② "销项税额"明细账户,记录一般纳税人销售货物、劳务、服务、不动产和无形资产等收取的增值税额,体现了本质上整体的税负水平。

③ "已交税金"明细账户,记录一般纳税人当月已纳的应交增值税税额。

④ "转出未交增值税"和"转出多交增值税"明细账户,分别记录一般纳税人月度终了转出当月应缴未缴或多缴的增值税税额。

⑤ "进项税额转出"明细账户,记录一般纳税人购进货物或劳务时的已纳税额,由于货物发生非正常损失(人力不可控非正常损失除外)而不允许进项抵扣,需要在发生非正常损失时做进项转出处理。

⑥"出口退税"明细账户,记录一般纳税人出口货物或劳务按税收政策退回的增值税税额。

(2)"待抵扣进项税额"明细账户,核算一般纳税人在购入时不允许当期全额抵扣,按照增值税制度规定予以以后期间从销项税额中抵扣的进项税额。一般纳税人于2016年5月1日以后购入的不动产以及为构建不动产而购入的工程物资等情况适用。

(3)"待认证进项税额"明细账户,记录一般纳税人购入后尚未经主管税务机关认证,还不得从当期销项税额中抵扣的进项税额。

(4)"待转销项税额"明细账户,记录一般纳税人销售货物、劳务、不动产和无形资产时,按照会计准则的规定已确认收入但尚未发生增值税纳税义务而需以后期间确认为销项税额的增值税额。

(5)"增值税留抵税额"明细账户,记录一般纳税人销售货物、无形资产或不动产的原增值税一般纳税人,截至纳入"营改增"试点之日前的增值税期末留抵税额,按照现行增值税制度规定不得从"营改增"后的销售服务、无形资产或不动产的销项税额中抵扣的增值税留抵税额。

(6)"简易计税"明细账户,记录一般纳税人采用简易计税方法发生的增值税计提、扣减、缴纳等业务。

二、一般计税方法下企业增值税销项税额的会计核算

(一)一般销售方式下销项税额的核算

一般销售方式下销项税额(即纳税义务发生时间)的确认需视不同收款方式而定,直接收款方式下销售货物,不论货物是否发出,均以收到销售款的当日确认销售额和纳税义务发生时间;采取商业汇票结算方式销售的,纳税人按照收到商业汇票的当天,确认销售和纳税义务发生时间;采取赊销和分期收款方式销售的,按照合同约定的收款日期和金额分期确认应税收入,分期计算应纳增值税税额,书面合同没有约定的,以发出货物的当天为准;预收货款销售的,应以发出货物的时间确认收入和应纳税额的计算,而不是根据收款时间进行确认。

会计上确认收入的发生,是根据权责发生制原则以及符合收入确认的条件进行会计处理;而税法中关于纳税义务发生时间如上所述,这样就会导致,不同收款方式下会计上收入的确认时间与税法上增值税销项税额的确认以及纳税义务发生时间存在差异(这是税会差异所导致的)。

1. 会计收入与增值税纳税义务时间一致的会计处理

一般纳税人销售货物、劳务、无形资产和不动产时,按照已收或应收的金额借记"银行存款""应收账款""应收票据"等账户,按照取得的价款和价外费用总额合计贷记"主营业务收入""固定资产清理"等账户,按增值税税收制度规定计算的销项税额贷记"应交税费——应交增值税(销项税额)"(或"应交税费——简易计税")账户,发生销售退回的,应按照开具的红字增值税专用发票做相反的会计分录。

【例2-12】 甲公司2月1日销售一批产成品给乙公司,销售额为60 000元,货物已发出,按合同规定,货款分三个月支付,每月5日为约定付款日,开出增值税专用发票注明销售额20 000元,增值税税额2 600元,货款尚未收到。产品成本为42 000元。

解析:发出商品时:

借:发出商品 42 000

贷：库存商品　　　　　　　　　　　　　　　　　　　　　　　　42 000
5 日开出发票时确认收入：
借：应收账款　　　　　　　　　　　　　　　　　　　　　　　　22 600
　　贷：主营业务收入　　　　　　　　　　　　　　　　　　　　　20 000
　　　　应交税费——应交增值税（销项税额）　　　　　　　　　　2 600
结转产品成本：
借：主营业务成本　　　　　　　　　　　　　　　　　　　　　　14 000
　　贷：发出商品　　　　　　　　　　　　　　　　　　　　　　　14 000
在后两次的收款约定日（3月5日、4月5日），做上述相同的会计处理。

2. 会计收入与增值税纳税义务时间不一致的会计处理

按照国家统一的会计制度、会计准则，确认收入或利得的时点早于增值税纳税义务发生时间点，确认销售收入的同时，计算相应销项税额，计入"应交税费——待转销项税额"科目，待实际发生纳税义务时再转入"应交税费——应交增值税（销项税额）"科目；相反，若会计收入确认时间晚于增值税纳税义务发生时间时，会计上先不确认收入，但是要计算增值税应纳税额，借记"应收账款"，贷记"应交税费——应交增值税（销项税额）"，待符合收入确认条件时，再确认会计上的销售收入。

【例2-13】 某公司为增值税一般纳税人，4月1日将一栋办公楼出租，适用一般计税方法，一次性收取半年租金109万元，并已向租户开出增值税专用发票，注明租金金额为100万元，增值税税额为9万元。

解析：租赁服务在收款时纳税义务就产生了。
借：银行存款　　　　　　　　　　　　　　　　　　　　　　　1 090 000
　　贷：预收账款　　　　　　　　　　　　　　　　　　　　　　1 000 000
　　　　应交税费——应交增值税（销项税额）　　　　　　　　　　90 000
按月确认收入：
借：预收账款　　　　　　　　　　　　　　　　　　　　　　　　166 666
　　贷：其他业务收入　　　　　　　　　　　　　　　　　　　　　166 666

【例2-14】 某施工企业为增值税一般纳税人，1月10日计量桥梁施工项目已完工1/3工程，工程款总计为5 450万元，3月19日按照合同约定收到甲方通过银行转账工程款3 270万元，并开具增值税专用发票，注明金额为3 000万元，增值税税额为270万元。

解析：1月10日，凭验工计价单：
借：应收账款　　　　　　　　　　　　　　　　　　　　　　54 500 000
　　贷：工程结算　　　　　　　　　　　　　　　　　　　　　50 000 000
　　　　应交税费——待转销项税额　　　　　　　　　　　　　4 500 000
3月19日，凭银行进账单、通知单等：
借：银行存款　　　　　　　　　　　　　　　　　　　　　　32 700 000
　　贷：应收账款　　　　　　　　　　　　　　　　　　　　　32 700 000
借：应交税费——待转销项税额　　　　　　　　　　　　　　　2 700 000
　　贷：应交税费——应交增值税（销项税额）　　　　　　　　2 700 000

知识链接

根据税收税法相关规定,纳税人提供建筑服务、租赁服务采取预收款方式的,其纳税义务发生时间为收到预收货款的当天,因此纳税义务发生时间会早于会计收入确认时间;而纳税义务发生时间晚于收入确认时间,一般发生在建筑业,如建筑业施工方完成的工程量已达到了甲方监理的计量标准,相关权责已发生并符合会计收入确认条件,但由于尚未收款或未达到合同约定的收款日期,从而导致增值税纳税义务尚未发生。

(二) 视同销售下的会计核算

发生视同销售行为时,应当按照企业会计准则以及会计制度规定进行相应的会计处理,并按照现行增值税制度规定计算销项税额(或采用简易计税方法计算的应纳增值税额)。8种视同销售行为中,资产权属有些发生改变,有些尚未改变。根据在销售收入确认上的差异,可以将其分为应税销售类和会计销售类。即按照会计准则的确认原则,有些不符合收入确认条件(比如不同机构之间的流转、用于集体福利、对外捐赠以及非应税项目的使用),不能给企业带来营业利润和净现金流增加,属于应税销售行为,会计上不确认收入,但要计算各种应交税费;有一些符合收入确认条件(比如非货币性资产交换、个人消费、对外投资等行为),属于会计销售行为,会计上确认收入,税务上也计算各种应交税费。

按照税法(《增值税暂行条例实施细则》第4条及《企业所得税法实施条例》第25条)的规定,需分别考虑增值税和企业所得税视同销售的问题。同时,需要将增值税视同销售和企业所得税视同销售进行对比分析。《增值税暂行条例》中,对于增值税视同销售行为,可归纳为:① 将货物(有形动产)用于非应税项目、集体福利、个人消费等非生产性用途,要考虑货物来源,若货物是外购的,为进项税额不得抵扣的行为,使用时需要将进项税额转出;若货物是自产或者委托加工收回的,则视同销售行为。② 将货物用于投资、偿债、捐赠、利润分配、非货币性资产交换,包括总公司将货物移送分公司销售以及不同分支机构之间移送货物等,无论货物的来源如何,均为增值税的视同销售行为,要确认销项税额。新《企业所得税法实施条例》第25条规定:"企业发生非货币性资产交换,以及将货物、财产、劳务用于捐赠、偿债、赞助、集资、广告、样品、职工福利或者利润分配等用途的,应当视同销售货物、转让财产或者提供劳务,但国务院财政、税务主管部门另有规定的除外。"该条款可归纳为:① 与原内资企业所得税法相比,新《企业所得税法实施条例》缩小了视同销售的范围。这是由于原税法是以独立经济核算的单位作为纳税人,而新税法建立了法人所得税制,对于货物在同一法人实体内部的转移,如用于管理部门使用、分公司销售等不再作为视同销售行为,不需要计算缴纳企业所得税。② 与增值税的视同销售行为相比,所得税的视同销售行为,只强调货物的用途,与货物的来源无关。③ 特别关注"将货物用于职工福利"交易。新《企业所得税法实施条例》中,无论货物的来源如何,只要将货物用于职工福利,均要视同销售计算缴纳企业所得税。但《增值税暂行条例》中,只有将自产或委托加工收回的货物用于职工福利,才视同销售,计算缴纳增值税;如果将外购的货物用于职工福利,只是进项税额不得抵扣的行为。

(1) 设有两个或两个以上机构并实行统一核算的纳税人,将货物从一个机构移送其他机构用于销售(两个机构不在同一县市)属于应税销售行为。会计处理上无须损益科目入账;同时,上述行为,对于增值税需视同销售,而对于企业所得税不需视同销售,所以年末汇总清算时,无须调整视同销售利润。

上述视同销售行为,其纳税义务发生时间为货物移送当天,在货物移送时,要开具增值税专用发票,货物调出方计算销项税额,调入方计算进项税额,属于应税销售行为。

【例 2-15】 某公司将商品 150 万元从总部移送到下属跨 A 县分支机构,该商品对外销售价格为 180 万元。

解析:根据上述业务,应做如下会计处理:

借:内部往来——A 机构　　　　　　　　　　　　　　　　1 695 000
　贷:库存商品——总部　　　　　　　　　　　　　　　　　1 500 000
　　　应交税费——应交增值税(销项税额)——总部　　　　　195 000

同时 A 分支机构会计处理如下:

借:库存商品——A 机构　　　　　　　　　　　　　　　　1 500 000
　　应交税费——应交增值税(进项税额)——B 机构　　　　　195 000
　贷:内部往来——A 机构　　　　　　　　　　　　　　　　1 695 000

(2) 企业将自产、委托加工的货物用于集体福利、个人消费,属于应税销售行为。会计上不确认收入,而税收上需要计算应缴纳的增值税税额;同时,上述行为,对于企业所得税而言也视同销售,所以年末汇总清算时,需调整视同销售利润。

注意:用于集体福利与个人消费的货物视同销售,仅限于自产或委托加工收回的货物;如果是外购商品用于集体福利和个人消费,《增值税暂行条例》第 10 条已明文规定:若外购货物用于集体福利和个人消费,于购入时不得抵扣进项税额,使用时自然也无须做视同销售处理。而在企业所得税视同销售的相关规定中,企业资产用于职工福利或奖励时应视同销售,这里的资产,既包括自产、委托加工货物,也包括外购货物。此处,其视同销售的范围大于增值税视同销售范围。同时,在年终汇算清缴企业所得税时,要调整视同销售利润。

【例 2-16】 甲公司为一般纳税人,公司将自产的手机作为福利发放给企业职工,该产品成本为 100 000 元,对外不含税价为 120 000 元。

解析:根据上述业务,应做如下会计处理:

借:管理费用　　　　　　　　　　　　　　　　　　　　　115 600
　贷:应付职工薪酬——福利费　　　　　　　　　　　　　　115 600
借:应付职工薪酬——福利费　　　　　　　　　　　　　　　115 600
　贷:库存商品　　　　　　　　　　　　　　　　　　　　　100 000
　　　应交税费——应交增值税(销项税额)　　　　　　　　　15 600

若上述手机为甲公司外购的,外购价格为 100 000 元,作为福利发放给企业职工,则会计处理如下:

借:管理费用　　　　　　　　　　　　　　　　　　　　　113 000
　贷:应付职工薪酬——福利费　　　　　　　　　　　　　　113 000
借:应付职工薪酬——福利费　　　　　　　　　　　　　　　113 000
　贷:库存商品　　　　　　　　　　　　　　　　　　　　　100 000
　　　应交税费——应交增值税(进项税额转出)　　　　　　　13 000

(3) 将自产或委托加工的货物以及外购货物用于对外无偿捐赠给单位或个人,属于应税销售行为。会计上不确认收入,但税务上要计算应交税费;同时,在年终汇算清缴企业所得税时,要调整视同销售利润。

【例2-17】 某超市为增值税一般纳税人,企业所得税实行查账征收,超市决定2024年"五一"店庆时开展促销活动,拟定"满99送19"。促销方案如下:顾客购物金额满99元(进货成本为59元,为含税价),超市另行赠送价值19元的礼品(成本为12元)。

要求:对上述方案中的销售活动做出相应的会计处理。

解析:该促销方案中,赠送的礼品,属于对外赠送,应做视同销售处理。其会计处理如下:

借:银行存款	99
贷:主营业务收入	87.61
应交税费——应交增值税(销项税额)	11.39
借:主营业务成本	52.21
贷:库存商品	52.21
借:销售费用	12.81
贷:库存商品	10.62
应交税费——应交增值税(销项税额)	2.19

注意:上述赠送礼品的处理中,未涉及损益类账户的处理。但是,在年终汇算清缴企业所得税时,应调整视同销售利润。若计算此笔销售业务的应纳税所得额,应为:

会计利润=87.61-52.21-12.81=22.59(元)

应纳税所得额=22.59+12.81+(19-12)÷1.13=41.59(元)

(4)将自产或委托加工的货物以及外购货物用于对外投资、分配股东或投资者、广告、样品、偿债、赞助等行为,属于会计销售行为,会计上应做损益处理;同时,增值税和企业所得税都将上述行为作为视同销售行为。会计上应借记"长期股权投资""营业外支出""利润分配""应付职工薪酬""销售费用"等账户,贷记"主营业务收入"和"应交税费——应交增值税(销项税额)";同时结转产品成本。

【例2-18】 甲公司为一般纳税人,在一场某广告公司的商演活动中赞助了一批商品,该商品实际成本为20 000元,销售价格为30 000元。

解析:根据上述业务,应做如下会计处理:

借:销售费用	33 900
贷:主营业务收入	30 000
应交税费——应交增值税(销项税额)	3 900

同时结转成本:

借:主营业务成本	20 000
贷:库存商品	20 000

【例2-19】 4月,甲公司经董事会批准,将自产的一批成本为40万元、公允价值为50万元的商品向A公司进行投资,则甲公司会计处理为:

解析:根据上述业务,应作如下会计处理:

借:长期股权投资——A公司	565 000
贷:主营业务收入	500 000
应交税费——应交增值税(销项税额)	65 000

同时结转产品成本:

借:主营业务成本 400 000
　　贷:库存商品 400 000

【例 2-20】 乙公司是一家生产电脑的企业,4 月 10 日以其生产的成本为 60 000 元的笔记本电脑作为利润分配给投资者,该批电脑没有同类产品售价。

解析: 电脑的组成计税价格=60 000×(1+10%)=66 000(元)

电脑的应计销项税额=66 000×13%=8 580(元)

借:利润分配 68 580
　　贷:应付利润 68 580
借:应付利润 68 580
　　贷:主营业务收入 60 000
　　　　应交税费——应交增值税(销项税额) 8 580

结转相关产品成本:

借:主营业务成本 60 000
　　贷:库存商品 60 000

(三)特殊销售方式下销项税额的会计处理

1. 采取商业折扣销售方式销售货物

商业折扣,是企业为了扩大销量而给予的价格优惠,是发生在交易确认之前的。会计上确认销售收入时,一般情况下是允许扣除商业折扣的。从税法的角度出发,会计上要按照商业折扣后的金额确认销售收入,那么销售额和折扣额要在同一张发票上的金额栏进行注明。如果折扣金额在备注栏注明,或者另开一张红字发票,那么得按照全额确认销售收入,计提增值税。

【例 2-21】 某大型超市为增值税一般纳税人,增值税税率为 13%,超市在国庆节期间针对某商品开展促销活动,该商品标价为 134 元/件,成本为 70 元/件。规定在促销期内凡消费者一次购买 3 件的,按九折优惠成交。国庆结束盘点清账发现,消费者一次购买满 3 件的有 300 次,共销售了 900 件,都是零售货款,已全部结算完毕;同时,超市开票时将折扣金额与销售金额在同一张发票开具。

解析: 收取的现金=134×90%×900=108 540(元)

不含税销售额=134÷(1+13%)×900×90%=96 053.10(元)

销项税额=96 053.1×13%=12 486.90(元)

借:库存现金 108 540
　　贷:主营业务收入 96 053.1
　　　　应交税费——应交增值税(销项税额) 12 486.9
借:主营业务成本 63 000
　　贷:库存商品 63 000

若上述例题中,折扣金额在另一张发票中用红字开具,则应按销售额全额计税。

收取的现金=134×90%×900=108 540(元)

不含税销售额=134÷(1+13%)×900=106 725.66(元)

销项税额=106 725.66×13%=13 874.34(元)

借:库存现金 108 540

销售费用	12 060
贷:主营业务收入	106 725.66
应交税费——应交增值税(销项税额)	13 874.34
借:主营业务成本	63 000
贷:库存商品	63 000

2. 发生销售折让和销售退回的会计处理

销售折让,是指企业因售出商品质量不符合要求等而在售价上给予的减让。销售折让如发生在确认销售收入之前,则应在确认销售收入时直接按扣除销售折让后的金额确认;已确认销售收入的售出商品发生销售折让,且不属于资产负债表日后事项的,应在发生时冲减当期销售商品收入,如按规定允许扣减增值税税额的,还应冲减已确认的应交增值税销项税额。销售退回是购货方由于销货方提供的商品质量、规格、型号等不符合合同协议的规定,又不接受销货方提出的折让条件而将这部分商品退还给销货方的行为。销售退回一般发生在收入确认之后,不论是当年销售还是以前年度销售,销售方均可以根据购货方退回的增值税专用发票或其主管税务开具的红字增值税专用发票通知单,开具红字增值税专用发票,冲减退回当月的销售收入和按规定计算的销项税额,同时冲减当月退回商品的销售成本。

(1)采购方未做账务处理的情况。

当采购方的采购业务未做账务处理时,应退回销售方开出的原增值税发票联和税款抵扣联。此时,如果销货方尚未记账,在收到退回的两联发票和留存的发票上分别注明"作废"即可;如果销货方已记账,需要以退回的两联发票为依据,开具红字增值税专用发票,冲减退回当期的销售额及销项税额。

【例 2 - 22】 康明公司 10 月 28 日收到得舍公司退回的发票联和税款抵扣联,原因是 8 月份销售货物因质量问题全部退回,价款为 300 000 元,税款为 39 000 元。康明公司在 8 月份对该笔销售业务已做会计处理。

要求:请为康明公司做出该货物退回的会计处理。

解析:借:应收账款	339 000
贷:主营业务收入	300 000
应交税费——应交增值税(销项税额)	39 000
借:销售费用	6 540
贷:应收账款	6 540

(2)采购方已做账务处理的情况。

当采购方已做会计处理时,采购方此时不能退回发票联和抵扣联。销货方必须以购买方当地主管税务机关开具的退货或销售折让证明单为依据,开具红字专用发票,冲减当期销售额和销项税额。

【例 2 - 23】 康明公司为增值税一般纳税人,销售给某大型超市 A 产品 1 000 件,货款尚未收到,由于 A 产品质量不符合要求,超市要求退货,最后,双方协商一致产品价格折让 20%。超市转来的证明单上列明:折让价款为 40 000 元,折让税款为 5 200 元。康明公司根据超市开来的证明单开出红字增值税专用发票。

解析:借:应收账款	45 200

贷：主营业务收入　　　　　　　　　　　　　　　　40 000
　　　　应交税费——应交增值税(销项税额)　　　　　5 200

3. 采取还本销售业务的会计处理

还本销售的目的主要有促销和筹资两方面。前者是为了将大量的积压产品销售出去，以便回收资金转投优势产品，或者是通过扩大销售额提高产品知名度和市场占有率；后者则是当企业急需大量资金用于扩大生产规模，引进新设备或进行新产品开发时，在运用必要的筹资渠道和方式仍不能满足所需资金的情况下，不得已采用还本销售来筹措资金。从还本销售初步的会计处理来看，企业无论出于何种目的实施还本销售，其收入确定、成本结转及到期还本的会计处理并无多大差别，只是还本支出的承担对象因目的不同而大不相同。另外，企业采取还本销售，售价一般会略高于同类商品，反映在损益表中即为销售收入增加，销售毛利率提高，为避免误导信息使用者正确评价企业当期的经营业绩，应在会计报表附注或财务情况说明书中对该特殊事项加以适当揭示或披露，以免误导会计信息使用者。

【例 2-24】 康明公司生产销售 A 产品，每件生产成本 2 000 元，市场上同类商品售价为 2 500 元/件。2024 年 10 月采用还本销售方式销售 A 产品 200 件，售价为 2 800 元/件，5 年后全额一次还本，增值税税率为 13%。

解析：(1) 实现销售收入时，依据税法规定，增值税额按实际售价计算：
借：银行存款　　　　　　　　　　　　　　　　　　632 800
　　贷：主营业务收入——甲产品　　　　　　　　　560 000
　　　　应交税费——应交增值税(销项税额)　　　　72 800

(2) 结转销售成本：
借：主营业务成本——甲产品　　　　　　　　　　　400 000
　　贷：库存商品——甲产品　　　　　　　　　　　400 000

(3) 每年预提还本支出：
① 以促销为目的，可比照广告费用的处理将还本支出分期计入销售费用。
借：销售费用　　　　　　　　　　　　　　　　　　112 000
　　贷：其他应付款——还本支出　　　　　　　　　112 000

② 以筹资为目的，可比照借款费用资本化方法将还本支出分别不同情况计入当期费用或计入构建固定资产的成本。

a. 如所筹资金用于投资、补充营运资金等，计入当期财务费用。
借：财务费用——还本支出　　　　　　　　　　　　112 000
　　贷：其他应付款——还本支出　　　　　　　　　112 000

b. 如所筹资金用于购建固定资产，在购建期间预提的还本支出应增加相应资产价值。
借：固定资产　　　　　　　　　　　　　　　　　　112 000
　　贷：其他应付款——还本支出　　　　　　　　　112 000

(4) 到期支付还本额：
借：其他应付款——还本支出　　　　　　　　　　　560 000
　　贷：银行存款　　　　　　　　　　　　　　　　560 000

在实务中，企业采用还本销售方式销售商品有时可能促销和融资两种目的兼而有之，此时,应如何将还本支出合理地分摊于促销和融资等不同的承担对象,还需要会计人员的职业判断。

知识链接:《中华人民共和国增值税法》通过

增值税是中国第一大税种,在保证税收收入稳定、提升财政治理能力方面发挥着至关重要的作用。

2019年11月,财政部和国家税务总局联合起草了《增值税法(征求意见稿)》向社会公开征求意见;2020年5月,在调研及听取各方意见的基础上,起草《增值税法(送审稿)》。2022年,司法部会同财政部、国家税务总局在送审稿的基础上形成了《增值税法(草案)》。同年12月,《增值税法(草案)》首次提请全国人大常委会审议。2023年8月,全国人大常委会对《增值税法(草案)》进行了二次审议。

2024年12月25日,第十四届全国人民代表大会常务委员会第十三次会议表决通过《中华人民共和国增值税法》,于2026年1月1日起施行。

4. 采取以物易物方式销售的会计处理

采取以物易物销售货物在会计上应按非货币性资产交换来处理,涉及的问题包括换出资产收入的确认与换入资产账面价值的确认两方面。换入资产的入账价值应当根据该项交换是否具有商业实质以及换入存货或换出资产的公允价值是否能够可靠地计量,分别以公允价值或账面价值为基础计量。

(1) 换入存货以公允价值为基础计量的会计处理。

换入存货以公允价值为基础进行计量,应当以换出资产的公允价值(若涉及补价,则加上或减去补价)加上应支付的相关税费,减去可抵扣的增值税进项税额,作为换入存货的入账成本。那么,无论是否涉及补价,只要换出资料的公允价值与账面价值不同,就会涉及非货币性资产交换损益的确认。根据换出资产类别的不同,区分下列情况进行处理:

① 换出资产为存货的,应作为销售处理,以其公允价值确认销售收入,并按其账面价值结转销售成本;

② 换出资产为固定资产、无形资产的,换出资产公允价值与其账面价值的差额,计入营业外收入或营业外支出。

【例2-25】 华联实业股份有限公司以一批库存商品与乙公司的一批原材料进行交换,交易双方各支付运杂费1 500元,华联公司换出库存商品的账面余额为200 000元,不含增值税的公允价值为250 000元,增值税税额为32 500元;乙公司换出原材料的账面余额为255 000元,不含增值税的公允价值为260 000元,增值税税额为33 800元。另外,华联公司向乙公司支付银行存款11 700元作为补价。经分析,该项交易具有商业实质,并且换入存货和换出资产都具有活跃的交易市场,即满足以公允价值为基础计量的条件。

解析:华联公司的会计处理:

换入原材料的入账成本=250 000+32 500+1 500+11 700-33 800=261 900(元)

借:原材料 261 900
    应交税费——应交增值税(进项税额) 33 800
  贷:主营业务收入 250 000

应交税费——应交增值税(销项税额)	32 500
银行存款	13 200

同时,结转商品成本:

借:主营业务成本	200 000
贷:库存商品	200 000

乙公司的会计处理:

换入库存商品的入账成本=260 000+33 800+1 500-11 700-32 500=251 100(元)

借:库存商品	251 100
应交税费——应交增值税(进项税额)	32 500
银行存款	11 700
贷:其他业务收入	260 000
应交税费——应交增值税(销项税额)	33 800
银行存款	1 500

同时,结转材料成本:

借:其他业务成本	255 000
贷:原材料	255 000

(2) 换入存货以账面价值为基础计量的会计处理。

企业以物易物不具有商业实质,或者换出资产和换入资产的公允价值不能可靠计量,即不满足以公允价值为基础计量的两个条件时,应当以换出资产的账面价值为基础计算换入存货的成本,无论是否涉及补价,均不确认非货币性资产交换损益。在此种情况下,应当以换出资产的账面价值(加上或减去补价)加上应支付的相关税费,减去可抵扣的增值税进项税额,作为换入资产的入账成本。

【例 2-26】 泰源实业股份有限公司以一批原材料换入甲公司的一批库存商品,交易双方各支付运杂费1 000元。泰源公司换出原材料的账面价值为160 000元,按计税价格计算的增值税销项税额为26 900元,甲公司换出库存商品的账面价值为140 000元,按计税价格计算的增值税销项税额为25 000元;双方商定,甲公司另向泰源公司支付银行存款20 000元作为补价。经分析,该项交易不具有商业实质,因此,泰源公司和甲公司均以账面价值为基础确定换入存货的成本。

解析: 泰源公司以原材料换入库存商品的会计处理:

换入库存商品的入账成本=160 000+26 900+1 000-20 000-25 000=142 900(元)

借:库存商品	142 900
应交税费——应交增值税(进项税额)	25 000
银行存款	20 000
贷:原材料	160 000
应交税费——应交增值税(销项税额)	26 900
银行存款	1 000

甲公司以库存商品换入原材料的会计处理:

换入原材料的入账成本=140 000+25 000+20 000+1 000-26 900=159 100(元)

借:原材料	159 100

应交税费——应交增值税(进项税额)	26 900
贷:库存商品	140 000
应交税费——应交增值税(销项税额)	25 000
银行存款	21 000

5. 采取分期收款方式销售的会计处理

一般而言,企业采取分期收款方式销售产品的目的有两个:促销和融资。

(1) 以促销为目的,采取分期收款方式销售的会计处理。

因为促销而采取的分期收款方式销售,一般而言,收款期限不会太长,金额也不是很大。对于此类经济业务,会计上可以分期确认收入和结转成本,税法上是按照合同约定的付款日期确认纳税义务发生。发出商品时,借记"发出商品",贷记"库存商品";按实际每次收款金额借记"银行存款",贷记"主营业务收入""应交税费——应交增值税(销项税额)";同时结转成本,借记"主营业务成本",贷记"发出商品"。

【例 2-27】 某百货超市为增值税一般纳税人,增值税税率为 13%,"双 11"期间为扩大销售量,采用分期收款的方式进行促销,共销售打印、复印一体的打印机 100 台,每台不含税售价为 2 880 元,合同约定分 5 个月等额付款,每台打印机的采购成本为 1 400 元。

要求:做出该超市的会计处理。

解析:发出商品时:

借:发出商品	140 000
贷:库存商品	140 000

按合同约定每期收款时:

每期不含税销售额=2 880×100÷5=57 600(元)

每期销项税额=57 600×13%=7 488(元)

每期结转产品成本=1 400×100÷5=28 000(元)

借:银行存款	65 088
贷:主营业务收入	57 600
应交税费——应交增值税(销项税额)	7 488
借:主营业务成本	28 000
贷:库存商品	28 000

(2) 具有融资性质的分期收款方式销售的会计处理。

以具有融资性质的分期收款方式销售产品,一般而言,收款期限较长,金额较大,实质上是为采购方提供了一笔金额较大的免息贷款。所以,这种情况下的销售价格一般高于同类产品的平均售价,高出的这部分可以看作对销售方的一种利息补偿。对于这种经济业务,会计准则要求应在销售成立时,按分期收款总额的现值(即公允价值)一次性确认收入金额,具体的会计处理为:借记"长期应收款",贷记"主营业务收入""应交税费——应交增值税(销项税额)",差额贷记"未实现融资收益";未实现融资收益按实际利率法进行摊销,每期收款时,借记"未实现融资收益",贷记"财务费用"。

【例 2-28】 某船舶制造公司为增值税一般纳税人,增值税税率为 13%,向其长期客户销售一只远航船舶,该船舶不含税价为 1 000 万元,成本为 600 万元,合同约定从销售当年开始每年年末收款,共 5 年,每年收款 200 万元。如果客户在收到船舶后一次性付款,按内含报酬率 7.93% 计算,客户只需支付 800 万元。

要求: 做出该公司的会计处理。

解析: 公司实现销售时:

一次性收入 800 万元,即每次收款 200 万元的现值,应确认为销售收入,并据此开具增值税专用发票。

销项税额 = 8 000 000 × 13% = 1 040 000(元)

借:长期应收款		10 000 000
银行存款		1 040 000
贷:主营业务收入		8 000 000
应交税费——应交增值税(销项税额)		1 040 000
未实现融资收益		2 000 000
借:主营业务成本		6 000 000
贷:库存商品		6 000 000

第一年年末收款 200 万元时,未实现融资收益 = 8 000 000 × 7.93% = 634 400(元)

借:银行存款		2 000 000
贷:长期应收款		2 000 000
借:未实现融资收益		634 400
贷:财务费用		634 400

(四)全面试行"营改增"前已确认收入,此后产生增值税纳税义务的会计处理

2016 年 5 月 1 日开始在全国范围内所有行业全面试行"营改增",那么在此之前的经济业务,应该属于"营业税"的征税范围,与其相关的营业税税金计算与缴纳就会出现三种结果:第一,经济业务已经发生,但营业税纳税义务尚未发生而未计提营业税,未做出会计处理;第二,经济业务已经发生,已计提营业税税金及做出会计处理,但尚未及时缴纳营业税税金;第三,经济业务已经发生,已计提营业税税金及做出会计处理,并已缴纳相关税费。对于第一种情况,经济业务发生在"营改增"之前,未计提营业税而又到达了增值税纳税义务时间点的,企业会计上应在确认应交增值税销项税额的同时冲减当期收入;第二种情况下,应借记"应交税费——应交营业税""应交税费——应交城市维护建设税""应交税费——应交教育费附加"等科目,贷记"主营业务收入"等科目,并根据调整后的收入计算应交增值税,计入"应交税费——待转销项税额",同时冲减收入。

【例 2-29】 某企业于 2016 年 1 月 1 日将一栋闲置办公楼出租,租赁期为 3 年,每月租金为 5 万元,合同约定租金于每年 6 月 30 日和 12 月 31 日分两次支付。2016 年 5 月 1 日"营改增"全面试行后,该业务属于应征增值税项目,且对外出租业务采取一般计税方法,增值税税率为 11%(2019 年 4 月 1 日调减为 9%),该企业在 2016 年 6 月 30 日收到租金后,开出了增值税专用发票。

要求: 做出该公司的会计处理。

解析: 2016 年 1—4 月,每月应交营业税 = 50 000 × 5% = 2 500(元)。

借:应收账款		50 000
贷:其他业务收入		50 000
借:营业税金及附加		2 500

贷:应交税费——应交营业税　　　　　　　　　　　　　　　　　　　　　2 500

2016年5、6月,增值税的纳税义务发生时间为合同约定的付款日期,因此,将应纳的增值税税额先计入"待转销项税额",待转销项税额＝50 000÷(1＋11％)×11％＝4 954.95(元)。

　　借:应收账款　　　　　　　　　　　　　　　　　　　　　　　　　　　50 000
　　　　贷:主营业务收入　　　　　　　　　　　　　　　　　　　　　　　45 045.05
　　　　　　应交税费——待转销项税额　　　　　　　　　　　　　　　　　4 954.95

对2016年1—4月的账务进行调整,同时补提待转销项税额＝4 954.95×4＝19 819.8(元)。

　　借:应交税费——应交营业税　　　　　　　　　　　　　　　　　　　10 000
　　　　贷:其他业务收入　　　　　　　　　　　　　　　　　　　　　　　10 000
　　借:其他业务收入　　　　　　　　　　　　　　　　　　　　　　　　19 819.8
　　　　贷:应交税费——待转销项税额　　　　　　　　　　　　　　　　　19 819.8

2016年6月30日收到租金时:

　　借:银行存款　　　　　　　　　　　　　　　　　　　　　　　　　　300 000
　　　　贷:应收账款　　　　　　　　　　　　　　　　　　　　　　　　300 000
　　借:应交税费——待转销项税额　　　　　　　　　　　　　　　　　　29 729.7
　　　　贷:应交税费——应交增值税(销项税额)　　　　　　　　　　　　29 729.7

三、一般计税方法下企业增值税进项税额的会计核算

增值税进项税额的核算一定要有专用发票的抵扣联及其他相关凭证为依据,但有专用发票也不一定就能核算"进项税额",增值税专用发票必须经过主管税务机关认证,否则,不可在当月抵扣销项税额。

(一) 采购等业务进项税额允许抵扣的会计处理

1. 当月已认证可抵扣增值税税额的会计处理

一般计税方法下,增值税纳税人购进货物、劳务、服务、无形资产或不动产,按应计入相关成本费用或资产的金额,借记"在途物资""材料采购""库存商品""生产成本""无形资产""固定资产""管理费用"等账户,按当月已认证的可抵扣增值税税额,借记"应交税费——应交增值税(进项税额)"等账户;按实际支付或应付的金额,贷记"应付账款""应付票据""银行存款"等账户。发生退货时,如原增值税专用发票已做认证,应根据税务机关开具的红字增值税专用发票做相反的会计分录;若原发票未做认证,应将发票退回并做相反的会计分录。

企业发生采购业务时,可以根据采购业务的不同特点分别采用不同的结算方式。本地采购多采用支票、银行本票结算方式;外埠采购多采用委托收款、托收承付、银行汇票等方式;企业还可以根据业务需要采用商业汇票结算方式。实务中,企业还可以采用赊购、预付等方式购进货物。由于结算方式和采购地点不同,货物入库和货款的支付时间不一致,一般有以下几种情况:

(1) 发票账单与货物同时到达。这是采购业务中比较常见的现象,当收到银行转来的结算凭证和发票等单据时,货物也已验收入库。这时,应借记相应的资产类会计科目,按增值税发票上的进项税额借记"应交税费——应交增值税(进项税额)";按照货物的实际成本和增值税税额之和,贷记"银行存款"或相应的负债类科目。

【例2-30】　某企业为增值税一般纳税人,购入一台不需要安装的生产设备,取得增值税

专用发票上注明的设备买价是 100 万元,增值税税额为 13 万元,另支付运输费 1 万元,同时取得运输公司的增值税专用发票,款项以银行存款支付。

解析: 该公司的会计处理为:

借:固定资产 1 010 000
　　应交税费——应交增值税(进项税额) 130 900
　贷:银行存款 1 140 900

(2) 货物到达,发票等凭证尚未到达。这种情况下,当收到货物时暂不做会计处理,等发票凭证到了再做上述处理。若到了月末,发票等凭证还未到达,则先按暂估价借记"库存商品""原材料"等,贷记"应付账款"等科目;到下月收到发票等凭证时,先用红字做一笔上述相同的会计分录冲回上月末暂估价的入账处理,再按发票上的金额进行会计处理。

【例 2-31】 某公司购进一批原材料 A 用于生产商品 B(可以取得增值税专用发票,税率 13%),但到了月末,原材料已验收入库,发票却尚未收到。合同约定材料价格共计 1 130 元(含税)。

解析: 月末先按暂估价入账:

借:原材料 1 000
　贷:应付账款 1 000

下月初红字冲回:

借:原材料 1 000
　贷:应付账款 1 000

发票凭证等到达后:

借:原材料 1 000
　　应交税费——应交增值税(进项税额) 130
　贷:应付账款 1 130

(3) 发票账单先到,货物尚未到达。这时,先按发票账单上的金额借记"在途物资""应交税费——应交增值税(进项税额)",贷记"银行存款"等相关科目;等货物验收入库,再借记"原材料""库存商品""固定资产",贷记"在途物资"。

【例 2-32】 某农机生产企业为增值税一般纳税人,购入原材料一批,取得的增值税专用发票上注明货物价款为 38 万元,增值税税额为 4.94 万元。货款已开出转账支票,货物尚未收到。

解析: 发票到达时的会计处理:

借:在途物资 380 000
　　应交税费——应交增值税(进项税额) 49 400
　贷:银行存款 429 400

货物验收入库时:

借:库存商品 380 000
　贷:在途物资 380 000

2. 当月未认证可抵扣增值税额的会计处理

一般纳税人购入材料、加工修理修配劳务、服务、无形资产或不动产时,按应计入相关成本费用或资产的金额,借记"在途物资""原材料""无形资产""固定资产"等科目,按当月未认证的可抵扣增值税额,借记"应交税费——待认证进项税额"科目,按应付或实付的金额,贷记"应付账款""应付票据"等科目。

【例 2-33】 某农机生产企业为增值税一般纳税人,2024 年 9 月收到银行转来的托收承付结算凭证及发票,发票上注明的材料价款为 50 万元,增值税税额为 6.5 万元,增值税专用发票当月未认证,材料已验收入库。

解析: 借:原材料　　　　　　　　　　　　　　　　　　　　　500 000
　　　应交税费——待认证进项税额　　　　　　　　　　　　65 000
　　贷:银行存款　　　　　　　　　　　　　　　　　　　　　565 000
发票认证后符合抵扣条件时:
借:应交税费——应交增值税(进项税额)　　　　　　　　　　65 000
　贷:应交税费——待抵扣进项税额　　　　　　　　　　　　65 000

3. 购进农产品进项税额的会计处理

一般纳税人购入免税农产品,若用于销售或用于生产初级农产品(适用税率为 9%),则按照 9% 的扣除率计算抵扣进项税额。会计处理时,借记"在途物资""原材料""应交税费——应交增值税(进项税额)",贷记"银行存款""应付账款"等科目。

【例 2-34】 某水果贸易公司为增值税一般纳税人,在农业生产者处收购一批苹果,用于某罐装饮料的生产,取得的农产品统一收购发票上注明的买价为 190 万元,货款已付,苹果已验收入库。

解析: 可抵扣的进项税额=190×9%=17.1(万元)
借:原材料　　　　　　　　　　　　　　　　　　　　　　1 729 000
　　应交税费——应交增值税(进项税额)　　　　　　　　　171 000
　贷:银行存款　　　　　　　　　　　　　　　　　　　　1 900 000

4. 购进不动产的进项税额抵扣

《关于深化增值税改革有关政策的公告》(2019 年第 39 号公告第 5 条)中规定:自 2019 年 4 月 1 日起,纳税人取得不动产或者不动产在建工程的进项税额不再分 2 年抵扣(一般纳税人自 2016 年 5 月 1 日后取得并按固定资产核算的不动产,其进项税额自取得之日起分 2 年进行抵扣,第一年 60%,第二年 40%)。此前按照上述规定尚未抵扣完毕的待抵扣进项税额,可自 2019 年 4 月税款所属期起从销项税额中抵扣。

会计处理时,借记"固定资产""应交税费——应交增值税(进项税额)",按应付或实付的金额,贷记"银行存款""应付账款"等科目。

【例 2-35】 某公司为增值税一般纳税人,2024 年 6 月 1 日购入用于行政办公用的办公楼一栋,取得的增值税专用发票注明的价款为 2 000 万元,增值税税额为 180 万元,已开出转账支票进行支付。

解析: 该栋办公楼属于公司固定资产中的不动产,2024 年 6 月:
借:固定资产　　　　　　　　　　　　　　　　　　　　20 000 000
　　应交税费——应交增值税(进项税额)　　　　　　　　1 800 000
　贷:银行存款　　　　　　　　　　　　　　　　　　　21 800 000

（二）进项税额不得抵扣的会计处理

1. 取得时不得抵扣的会计处理

一般纳税人购进货物、加工修理修配劳务、服务、无形资产或不动产等用于简易计税方法计税项目、免征增值税项目、集体福利或个人消费时，按照现行增值税暂行条例规定不得抵扣进项税额。会计处理时，借记"应交税费——待认证进项税额"，贷记"银行存款"等科目；待税务机关认证后，借记"应交税费——应交增值税（进项税额）"，贷记"应交税费——待认证进项税额"；按现行增值税制度规定不得抵扣时应转出，借记"原材料"等资产类科目，贷记"应交税费——应交增值税（进项税额转出）"科目。

【例2-36】 光明公司为一般纳税人，2024年7月购进一批商品用于职工食堂，取得增值税专用发票注明货款金额500 000元，增值税税额65 000元，款项已支付，商品已到货。

解析：买入商品时：

借：库存商品　　　　　　　　　　　　　　　　　　　　　500 000
　　应交税费——待认证进项税额　　　　　　　　　　　　 65 000
　　贷：银行存款　　　　　　　　　　　　　　　　　　　565 000

税务认证后：

借：应交税费——应交增值税（进项税额）　　　　　　　　 65 000
　　贷：应交税费——待认证进项税额　　　　　　　　　　 65 000

若用于职工食堂，不得抵扣的进项税额转出时：

借：库存商品　　　　　　　　　　　　　　　　　　　　　 65 000
　　贷：应交税费——应交增值税（进项税额转出）　　　　 65 000

2. 取得时做了进项处理，后期用途改变或发生非正常损失的会计处理

购入货物、加工修理修配劳务等时，符合规定已计入进项税额、待认证进项税额或待抵扣进项税额；而后期发生非正常损失或改变用途，按照现行增值税暂行条例规定，原在借方做了处理的相关进项需在贷方做进项转出，同时计入"待处理财产损溢""管理费用"等科目。

【例2-37】 光明公司为一般纳税人，2024年5月购进一批商品，取得增值税专用发票注明货款金额100 000元，增值税税额13 000元，款项已支付，商品已到货。但6月盘点时发现，管理疏忽及天气原因，导致商品霉烂变质，假定无相关责任人负责赔偿。

解析：5月购入时：

借：库存商品　　　　　　　　　　　　　　　　　　　　　100 000
　　应交税费——应交增值税（进项税额）　　　　　　　　 13 000
　　贷：银行存款　　　　　　　　　　　　　　　　　　　113 000

6月盘点时：

借：待处理财产损溢　　　　　　　　　　　　　　　　　　113 000
　　贷：库存商品　　　　　　　　　　　　　　　　　　　100 000
　　　　应交税费——应交增值税（进项税额转出）　　　　 13 000

借：管理费用　　　　　　　　　　　　　　　　　　　　　113 000
　　贷：待处理财产损溢　　　　　　　　　　　　　　　　113 000

【例2-38】 光明公司为一般纳税人，2024年5月购进一批物资用于销售，取得增值税专用发票注明货款金额200 000元，增值税税额26 000元，款项已支付，物资已到货。6月份将这批物资全部用于职工食堂,5月的进项增值税发票尚未到税务做认证。

解析:5月份购入时:

借:库存商品　　　　　　　　　　　　　　　　　　　　　　　　200 000
　　应交税费——待认证进项税额　　　　　　　　　　　　　　　26 000
　　贷:银行存款　　　　　　　　　　　　　　　　　　　　　　　　226 000

6月用于职工食堂时:

借:应付职工薪酬——职工福利费　　　　　　　　　　　　　　　226 000
　　贷:库存商品　　　　　　　　　　　　　　　　　　　　　　　　200 000
　　　　应交税费——待认证进项税额转出　　　　　　　　　　　　26 000

【例2-39】 某市教育培训中心为增值税一般纳税人,提供非学历教育培训、辅导以及托儿所服务,其中托儿所服务享受免征增值税优惠政策。2024年5月1日购入设备1台,计入固定资产,折旧年限5年,预计净残值为0,取得的增值税专用发票上注明买价为200 000元,进项税额为26 000元,已于当月认证抵扣。2024年11月,中心将该设备移送至托儿所服务部。

解析:该设备2024年11月用于免征增值税项目,应于11月份计算不得抵扣的进项税额=200 000-(200 000÷5÷12×5)=183 333.33(元)。

应转出的进项税额=183 333.33×13%=23 833.33(元)

借:固定资产　　　　　　　　　　　　　　　　　　　　　　　　23 833.33
　　贷:应交税费——应交增值税(进项税额转出)　　　　　　　　23 833.33

3. 简易计税方法下增值税的会计处理

一般纳税人除了适用一般计税方法,如前所述,在税法允许的范围内,在发生特殊项目和特殊情形时,也可以采用简易计税方法进行计税。适用简易计税方法进行会计处理,企业会计上只需要进行销项税额的计算和会计处理,销项税额的计算过程与一般计税方法下类似,只是会计上采用了"应交税费——简易计税"科目进行区分处理。

【例2-40】 某租赁公司2016年1月1日将一台设备出租,租赁期为3年,每月租金为5万,合同约定租金于每年6月30日和12月31日分两次支付。2016年5月1日"营改增"全面试行后,该业务属于应征增值税项目,采取简易计税方法计税,增值税征收率为3%,该企业在2016年6月30日收到租金后,开出了增值税专用发票。

要求:请对该公司的业务进行会计处理。

解析:2016年1—4月每月的会计处理:

每月应交营业税=50 000×5%=2 500(元)(没考虑城市维护建设税、教育费附加等)

借:应收账款　　　　　　　　　　　　　　　　　　　　　　　　50 000
　　贷:其他业务收入　　　　　　　　　　　　　　　　　　　　　　50 000

借:营业税金及附加　　　　　　　　　　　　　　　　　　　　　2 500
　　贷:应交税费——应交营业税　　　　　　　　　　　　　　　　2 500

2016年5、6月,该业务属于增值税纳税范畴,纳税义务发生时间为合同约定的付款日6月30日,所以,先计入"待转销项税额"。

待转销项税额=50 000÷(1+3%)×3%=1 456.31(元)

借:应收账款　　　　　　　　　　　　　　　　　　　　　　　　50 000

贷：其他业务收入	48 543.69
应交税费——待转销项税额	1 456.31

对2016年1—4月份的账务进行调整，应补提4个月应纳增值税＝1 456.31×4＝5 825.24(元)

借：应交税费——应交营业税	10 000
贷：其他业务收入	10 000
借：其他业务收入	5 825.24
贷：应交税费——待转销项税额	5 825.24

2016年6月30日收到租金，增值税纳税义务发生时：

销项税额＝1 456.31×6＝8 737.86(元)

借：银行存款	300 000
贷：应收账款	300 000
借：应交税费——待转销项税额	8 737.86
贷：应交税费——简易计税	8 737.86

四、小规模纳税人简易计税方法的会计处理

小规模纳税人适用简易计税方法计税，征收率为3%，在此方法下，小规模纳税人采购环节的已纳增值税一般不予抵扣，所以，小规模纳税人只需计算销售时的应纳税额，计入"应交税费——应交增值税"科目即可。

【例2-41】 某公司为小规模纳税人，将自产一批新产品作为福利发放给职工，产品成本为80 000元，无同类产品售价，成本利润率为10%。

要求： 对该业务做出会计处理。

解析： 该业务属于视同销售，组成计税价格＝80 000×(1＋10%)＝88 000(元)

销项税额＝88 000×3%＝2 640(元)

借：管理费用	90 640
贷：应付职工薪酬	90 640
借：应付职工薪酬	90 640
贷：主营业务收入	88 000
应交税费——应交增值税	2 640
借：主营业务成本	80 000
贷：库存商品	80 000

第五节　增值税征收管理

一、纳税义务发生时间

(一) 基本规定

增值税纳税义务发生时间，是指增值税纳税义务人、扣缴义务人发生应税、扣缴税款行为应承担纳税义务、扣缴义务的时间。这一规定在增值税管理中非常重要，说明纳税义务发生时

间一经确定,必须按此时间计算应缴税款。目前实行的增值税纳税义务发生时间主要依据权责发生制或现金收付制原则确定。这主要是考虑与现行企业财务制度进行衔接,同时加强企业财务管理,确保及时取得财政收入。《增值税暂行条例》明确规定了增值税纳税义务发生时间:销售货物、劳务、服务、无形资产或不动产,为收讫销售款或者取得索取销售款凭据的当天;先开具发票的,为开具发票的当天。进口货物,为报关进口的当天。增值税扣缴义务发生时间为纳税人增值税纳税义务发生的当天。

收讫销售款项,是指纳税人销售服务、无形资产、不动产过程中或者完成后收到款项。

取得索取销售款项凭据的当天,是指书面合同确定的付款日期;未签订书面合同或者书面合同未确定付款日期的,为服务、无形资产转让完成的当天或者不动产权属变更的当天。

(二) 具体规定

纳税义务发生时间的具体规定如下:

(1) 采取直接收款方式销售货物,不论货物是否发出,均为收到销售款或取得索取销售款凭据的当天。

纳税人生产经营活动中采取直接收款方式销售货物,已将货物移送对方并暂估销售收入入账,但既未取得销售款或取得索取销售款凭据也未开具销售发票的,其增值税纳税义务发生时间为取得销售款或取得索取销售款凭据的当天;先开具发票的,为开具发票的当天。

(2) 采取托收承付和委托银行收款方式销售货物,为发出货物并办妥托收手续的当天。

(3) 采取赊销和分期收款方式销售货物,为书面合同约定的收款日期的当天。无书面合同或者书面合同没有约定收款日期的,为货物发出的当天。

(4) 采取预收货款方式销售货物,为货物发出的当天。但生产销售生产工期超过12个月的大型机械设备、船舶、飞机等货物,为收到预收款或者书面合同约定的收款日期的当天。

(5) 委托其他纳税人代销货物,为收到代销单位的代销清单或者收到全部或者部分货款的当天;未收到代销清单及货款的,为发出代销货物满180日的当天。

(6) 销售应税劳务,为提供劳务同时收讫销售款或取得索取销售款凭据的当天。

(7) 纳税人发生除将货物交付其他单位或者个人代销和销售代销货物以外的视同销售货物行为,为货物移送的当天。

(8) 纳税人提供租赁服务采取预收款方式的,其纳税义务发生时间为收到预收款的当天。

(9) 纳税人从事金融商品转让的,为金融商品所有权转移的当天。

金融企业发放贷款后,自结息日起90天内发生的应收未收利息按现行规定缴纳增值税,自结息日起90天后发生的应收未收利息暂不缴纳增值税,待实际收到利息时按规定缴纳增值税。

(10) 纳税人发生视同销售服务、无形资产或者不动产情形的,其纳税义务发生时间为服务、无形资产转让完成的当天或者不动产权属变更的当天。

(11) 纳税人提供建筑服务,被工程发包方从应支付的工程款中扣押的质押金、保证金,未开具发票的,以纳税人实际收到质押金、保证金的当天为纳税义务发生时间。

二、纳税期限

（一）增值税纳税期限的规定

增值税的纳税期限规定为 1 日、3 日、5 日、10 日、15 日、1 个月或者 1 个季度。纳税人增值税的具体纳税期限，由主管税务机关根据纳税人应纳税额的大小分别核定。不能按照固定期限纳税的，可以按次纳税。

以 1 个季度为纳税期限的规定适用于小规模纳税人、银行、财务公司、信托投资公司、信用社，以及财政部和国家税务总局规定的其他纳税人。

按固定期限纳税的小规模纳税人可以选择以 1 个月或 1 个季度为纳税期限，一经选择，一个会计年度内不得变更。

（二）增值税报缴税款期限的规定

（1）纳税人以 1 个月或者 1 个季度为 1 个纳税期的，自期满之日起 15 日内申报纳税；以 1 日、3 日、5 日、10 日或 15 日为 1 个纳税期的，自期满之日起 5 日内预缴税款，于次月 1 日起 15 日内申报纳税并结清上月应纳税款。扣缴义务人解缴税款的期限，按照上述规定执行。

（2）纳税人进口货物，应当自海关填发海关进口增值税专用缴款书之日起 15 日内缴纳税款。

三、纳税地点

（一）固定业户的纳税地点

（1）固定业户应当向其机构所在地主管税务机关申报纳税。总机构和分支机构不在同一县（市）的，应当分别向各自所在地主管税务机关申报纳税；经国务院财政、税务主管部门或者其授权的财政、税务机关批准，可以由总机构汇总向总机构所在地主管税务机关申报纳税。

（2）固定业户到外县（市）销售货物或者劳务的，应当向其机构所在地主管税务机关报告外出经营事项，并向其机构所在地主管税务机关申报纳税。未报告的，应当向销售地或者劳务发生地主管税务机关申报纳税；未向销售地或者劳务发生地主管税务机关申报纳税的，由其机构所在地主管税务机关补征税款。

（二）非固定业户的纳税地点

非固定业户销售货物或者劳务，应当向销售地或者劳务发生地的主管税务机关申报纳税；未向销售地或者劳务发生地主管税务机关申报纳税的，由其机构所在地或居住地的主管税务机关补征税款。

（三）进口货物的纳税地点

进口货物，应当由进口人或其代理人向报关地海关申报纳税。

（四）扣缴义务人的扣税地点

扣缴义务人应当向其机构所在地或者居住地的主管税务机关申报缴纳其扣缴的税款。

四、纳税申报

根据增值税纳税人身份的不同，增值税纳税申报分为一般纳税人申报和小规模纳税人申报，分别适用不同的纳税申报表及附列资料。

业务拓展专题——税收与经济发展的关系

税收数据显示制造业转型升级成效

来源:经济日报,2024年9月20日

国家税务总局增值税发票数据显示,1月份至7月份,我国制造业销售收入同比增长5.3%,31个制造业大类行业中有28个实现正增长。其中,高端装备制造业销售收入同比增长8.3%,智能设备制造业销售收入同比增长12.4%,高耗能制造业销售收入较上年同期下降0.8个百分点。系列数据显示出制造业高端化、智能化、绿色化发展扎实推进。

1月份至7月份,高端装备制造业销售收入占制造业总销售收入的比重为16.5%,较去年同期提高0.5个百分点。高技术制造业销售表现亮眼。增值税发票数据显示,1月份至7月份,高技术制造业销售收入同比增长8.4%,较2023年增速快5.8个百分点,尤其是通信终端设备制造、敏感元件及传感器制造、显示器件制造、计算机整机制造、光学仪器制造等行业增速均超20%。

产业智能化升级速度也在加快。1月份至7月份,智能设备制造业销售收入同比增长12.4%,较制造业平均水平高出7.1个百分点。其中,可穿戴智能设备、智能无人飞行器、智能车载设备、服务消费机器人、工业机器人等制造行业销售收入大幅增长,同比分别增长47.1%、23.2%、21.2%、14.4%和11.7%。

在智能制造装备业方面,1月份至7月份,智能制造装备业销售收入同比增长5.2%,其中印刷专用设备、纺织专用设备、机床功能部件及附件、微特电机及组件、深海石油钻探设备等制造业同比分别增长16.8%、11%、10.6%、9.9%和9.6%。

制造业绿色化转型稳步推进,更多企业主动减污降碳。1月份至7月份,高耗能制造业销售收入占制造业比重为30.7%,较上年同期下降0.8个百分点,反映制造业"降耗"工作有序推进;制造业企业采购环境治理服务金额同比增长6.2%,增速较2023年加快2.4个百分点,显示"治污"投入不断加大。

从新能源汽车整车制造业来看,1月份至7月份,该行业销售收入同比增长38.7%,继续延续增长势头,"扩绿"成效尤为明显。国家税务总局政策法规司司长戴诗友表示,税务部门将落实落细支持制造业发展税费政策和服务举措,确保制造业企业充分享受政策红利,为加快推进新型工业化,推动制造业高端化、智能化、绿色化发展贡献更大力量。

根据上述资料,试分析和讨论税收政策与行业转型、经济发展之间的关系。

本章小结

增值税是以商品和劳务在流转过程中产生的增值额作为征税对象的一种流转税。流转过程中通过买卖等支付活动,可以将税负转嫁到购买方,所以,最后环节的消费者是增值税所有流转环节累计税负的承担者。增值税是一种间接税。

2016年5月1日我国全面试行"营改增",打通了所有第三产业、不动产、无形资产等所有流转过程中的增值税抵扣链条,对产业升级、产品结构优化起到了积极推动作用。

增值税税率于2019年4月1日做了新的调整,设置了13%、9%、6%和0四档税率,以及按简易办法计税的征收率(5%、3%等)。

增值税会计处理,应区分不同增值税计税方法下不同的会计处理;同时,对于增值税视同销售行为的会计处理,重点关注是否同时应视同企业所得税税务处理。

出口产品的增值税适用政策,视不同企业类型而定,一般而言,外贸公司采取先征后退办法进行出口产品退税;而生产型企业则采取免抵退办法进行出口产品退税。

本 章 练 习 题

扫二维码进行查看,下载。

第三章　消费税纳税实务

知识能力目标

1. 了解消费税的概念与特点；
2. 熟悉消费税纳税人及扣缴义务人认定；
3. 熟悉消费税的征收范围、税目和税率；
4. 熟悉消费税纳税义务发生时间、纳税期限、纳税地点；
5. 掌握消费税应纳税额的核算。

案例导入

消费税是目前世界各国普遍实行的一个税种,据统计有120多个国家和地区开征消费税。特别是发展中国家,大多以流转税为主体,而消费税又是流转税种类中的一个主要税种,地位重要。19世纪以来,由于以所得税为主体的直接税的发展,消费税占各国税收收入的比重有所下降,但因其特殊的调节作用,仍然受到各国的普遍重视。美国、英国、日本等主要发达国家均对特定的消费品征收消费税。

近年来,绿色税收成为我国流转税征收的主要组成部分。绿色税收又称为环境税收,是对投资与防治污染或环境保护的纳税人给予的税收优惠,或对污染行业和污染物的使用所征收的税。我国在2006年对消费税进行了理论与实践上的重大改革,并在2008年9月提高大排量乘用车的消费税税率、降低小排量乘用车的消费税税率,2015年2月将电池和涂料纳入征税范围。这一系列的改革使得消费税慢慢发挥出流转税绿色税收的作用。

思考: 结合我国国情谈谈绿色税收对于我国消费税以后的改革有什么具体的指导作用。

第一节　消费税税法基础

一、消费税的概念

消费税,是对我国境内从事生产、委托加工和进口,以及销售特定消费品的单位和个人,就其销售额和销售数量在特定环节征收的一种商品税。消费税可分为一般消费税和特别消费税,前者主要是指对所有消费品包括必需品和日用品普遍课税,后者主要是指对特定消费品或特定消费行为(如奢侈品等)课税。消费税以消费品为课税对象,在此情况下,税收随价格转嫁给消费者负担，消费者是间接纳税人、实际负税人。消费税的征收具有较强的选择性，是国家贯彻消费政策、引导消费结构，从而调整产业结构的重要手段，因而在保证国家财政收入、体现国家经济政策等方面具有十分重要的意义。消费税是世界各国普遍开征的一种税，目前，德国开征的联邦消费税、欧美其他国家开征的烟酒类税收以及韩国开征的特别消费税都属于消费税的范畴。

我国现行消费税是对在我国境内从事生产、委托加工和进口应税消费品的单位和个人就其应税消费品征收的一种税。由于选择部分消费品征税，因而属于特别消费税。

二、消费税的演变

我国实行消费税政策具有悠久的历史，早在公元前81年，汉昭帝为避免酒的专卖"与商人争市利"，允许各地的地主、商人自行酿酒卖酒，每升酒缴税四文，纳税环节在销售之后，而不是在出坊（酒坊）时缴纳税款，可以说是我国较早的消费税。

新中国成立后，1950年1月，我国曾在全国范围内统一开征了特种消费税，当时的征收范围仅限于电影及娱乐、舞厅、筵席、冷饮、旅馆等消费行为，1953年修订税制时取消。1989年2月，针对当时流通领域出现的彩色电视机、小轿车等商品供不应求的矛盾，为了调节消费，在全国范围内对彩色电视机和小轿车开征了特别消费税，并于1992年4月因市场供求状况有所改善而取消。现行的消费税是1994年税制改革在流转税制中新设置的一个税种，在对货物普遍征收增值税的基础上，选择少数消费品再征收一道消费税，特定向香烟、酒、化妆品等产品征收。消费税实行价内税，一般在应税消费品的生产、委托加工和进口环节缴纳，在以后的批发、零售等环节中不再征收消费税。自2006年4月1日起，对我国消费税的税目、税率及相关政策又进行了调整，新增了高尔夫球及球具、高档手表、游艇、木制一次性筷子、实木地板税目，取消汽油、柴油税目，增列成品油税目，另外新增石脑油、溶剂油、润滑油、燃料油、航空煤油5个子目，取消护肤护发品税目，将原属于护肤护发品征收范围的高档护发品列入化妆品税目。这次政策调整主要突出了两个重点：一是突出了促进环境保护和节约资源的重点，二是突出了合理引导消费和间接调节收入分配等重点。此次消费税调整，对于进一步增强消费税调节功能，促进环境保护和资源节约，更好地引导有关产品的生产和消费，全面落实科学发展观和构建节约型社会具有重要意义。2018年9月，中共中央、国务院下发《关于完善促进消费体制机制进一步激发居民消费潜力的若干意见》中明确提出推动消费税在人大立法。

三、我国消费税的特点

如上所述，我国现行的消费税是选择性征税，属于特别消费税。消费税与其他流转税相比具有以下几个特征。

（一）征税范围的选择性

消费税并不是对所有消费品征税，而是对一些特定的消费品征税。我国消费税目前共设置14个税目，征收的具体品目采用正列举，征收界限清晰，征收范围有限。只有消费税税目税率表上列举的应税消费品才征收消费税，没有列举的则不征收消费税。

（二）征税环节具有单一性

消费税的最终负担人是消费者，但是为了加强源泉控制，防止税款流失，消费税的纳税环节主要确定在生产环节或进口环节。也就是说，应税消费品在生产环节或进口环节征税之后，除个别纳税环节为零售环节的消费品外,继续转销该消费品将不再征收消费税。但无论在哪个环节征税,都实行单环节征收(卷烟消费品除外),以零售环节为纳税环节的应税消费品,在零售环节以前的诸环节都不征收消费税。这样,既可以减少纳税人的数量,降低税款征收费用和税源流失的风险,又可以防止重复征税。

(三) 平均税率水平比较高且税负差异大

消费税属于国家运用税收杠杆对某些消费品进行特殊调节的税种。为了有效体现国家消费政策导向,消费税的平均税率水平一般定得比较高,并且不同征税项目的税负差异较大,对需要限制或控制消费的消费品,通常税负较重。我国现行消费税是同增值税相互配合而设置的。这种办法在对某些需要特殊调节的消费品征收增值税的同时,再征收一道消费税,从而形成了一种交叉调节的间接税体系。

(四) 征收方法具有灵活性

消费税在征收方法上,既可以采用对消费品制定单位税额,依消费品的数量实行从量定额的征收方法,也可以采用对消费品制定比例税率,依消费品的价格实行从价定率的征收方法,也有两者复合,如对烟和酒两类消费品,既采用从价征收,又同时采用从量征收。

(五) 税负具有转嫁性

消费税是对消费应税消费品的课税。因此,税负归宿应为消费者。但为了简化征收管理,我国消费税直接以应税消费品的生产经营者为纳税人,于生产销售环节、进口环节或零售环节缴纳税款,并成为商品价格的一个组成部分向购买者收取,消费者为税负的最终负担者。

四、消费税的作用

(一) 调节消费结构

消费税的课征范围只限于国家限制的少数产品,而对列入其征税范围的商品,国家还要根据一定时期的消费政策,分别确定高低不同的税率,以体现国家调节消费的意图。由于消费税负担的轻重,关系到消费者的切身利益,是消费者在选择其消费方向和内容时要考虑的重要因素。因此,国家能够通过消费税课征范围的选择和税目、税率的设计,来调节纳税人的经济利益,影响其消费活动的方向和内容,进而调节整个社会的消费结构,体现国家的消费政策。由于消费对生产的反作用,消费结构的变化又会对产业结构和产品结构的调整发生影响。

(二) 限制消费规模,引导消费方向

由于消费税通常采用较高的税率,税负最终由消费者负担,其征收对象又多为需求弹性较大的非必需品,如烟、酒、焰火、贵重首饰等。对消费者来说,这些商品的消费有较大的弹性,为避免较重的税收负担,他们可能会改变原来的想法,不再购买这些商品,从而有利于纠正某些对环境或身体产生不利影响的不良消费习惯,培养良好的社会风气。因此,征收消费税不仅会改变一些人的消费方向,而且也会起到压缩消费规模的作用。这对于平衡供求关系,稳定市场物价,以及增加投资和储蓄,调整积累和消费的比例关系都具有积极的作用。

(三) 及时、足额地保证财政收入

消费税是以应税消费品的销售额或销售数量及组成计税价格为计税依据,税额会随着销售额的增加而不断增长,同时只要消费品实现销售,也就产生了缴纳消费税的义务。因此,消费税对及时、足额地保证财政收入起着重要的作用。

（四）在一定程度上缓解了社会分配不公

由于个人生活水平的高低很大程度地体现在其支付能力上，因此，通过对某些奢侈品或特殊消费品征收消费税，立足于从调节个人支付能力的角度间接增加某些消费者的税收负担，体现收入多者多缴税的政策精神，从而可在一定程度上配合个人所得税及其他有关税种对收入差距过大这一现象进行调节，缓解目前存在的社会分配不公的矛盾。

第二节　消费税税收要素

一、消费税征税范围的确定原则

确定消费税征税范围的总原则是：立足于我国经济发展水平、国家消费政策和产业政策，充分考虑人民生活水平、消费水平和消费结构状况，注重保证国家财政收入稳定，并适当借鉴国外征收消费税的成功经验和国际通行做法。具体表现在以下几个方面：

（1）引导消费。将非生活必需品中的一些高档、奢侈的消费品纳入消费税征收范围，引导理性消费。如对贵重首饰及珠宝玉石、高档化妆品、游艇、高档手表等征收消费税。通过对奢侈品和高档消费品等征税，可以调节收入水平，体现多收入多缴税的原则，体现公平。

（2）保护环境。将污染环境以及高能耗的产品纳入消费税征收范围，发挥消费税的环境保护作用。如对鞭炮、焰火和小汽车等消费品征收消费税，可以抑制其消费，保护生态环境。

（3）持续发展。对一些特殊的资源性消费品，如成品油、实木地板等征收消费税，并实行较高税率，除符合国际惯例外，主要是因为它们是不可再生资源，需要限制过度消费，促进可持续发展。

按照上述原则，列入消费税征税范围的消费品大体上可归为四类：

第一类：过度消费会对身心健康、社会秩序、生态环境等方面造成危害的特殊消费品，如烟、酒、鞭炮、焰火等。

第二类：非生活必需品，如高档化妆品、贵重首饰及珠宝玉石等。

第三类：高能耗及高档消费品，如摩托车、小汽车、游艇、高档手表和高尔夫球及球具等。

第四类：不可再生和替代的稀缺资源消费品，如成品油。

消费税的征税范围不是一成不变的，随着我国经济社会的发展，可以根据国家政策和经济情况及消费结构的变化适当调整。

二、纳税义务人

在中华人民共和国境内生产、委托加工和进口《消费税暂行条例》规定消费品的单位和个人，以及国务院确定的销售《消费税暂行条例》规定消费品的其他单位和个人，为消费税的纳税人，应当依法按照《消费税暂行条例》缴纳消费税。

单位，是指企业、行政单位、事业单位、军事单位、社会团体及其他单位。

个人，是指个体工商户及其他个人。

在中华人民共和国境内，是指生产、委托加工和进口属于应当缴纳消费税消费品的起运地或者所在地在中华人民共和国境内。

三、税目

消费税的征收范围比较狭窄,同时也会根据经济发展、环境保护等国家大政方针进行修订,依据《消费税暂行条例》及相关法规规定,目前消费税税目包括烟、酒、化妆品等15大类商品,部分税目还进一步划分了若干子目。

(一) 烟

凡是以烟叶为原料加工生产的产品,不论使用何种辅料,均属于本税目的征收范围。具体来说,包括卷烟(进口卷烟、白包卷烟、手工卷烟和未经国务院批准纳入计划的企业及个人生产的卷烟)、雪茄烟和烟丝。

在"烟"税目下分"卷烟"等子目,"卷烟"又分"甲类卷烟"和"乙类卷烟"。其中,甲类卷烟是指每标准条(200支,下同)调拨价格在70元(不含增值税)以上(含70元)的卷烟;乙类卷烟是指每标准条调拨价格在70元(不含增值税)以下的卷烟。

(二) 酒

酒是酒精度在1度以上的各种酒类饮料,包括粮食白酒、薯类白酒、黄酒、啤酒和其他酒。

啤酒每吨出厂价(含包装物及包装物押金)在3 000元(含3 000元,不含增值税)以上的是甲类啤酒,每吨出厂价(含包装物及包装物押金)在3 000元(不含增值税)以下的是乙类啤酒。包装物押金不包括重复使用的塑料周转箱押金。对饮食业、商业、娱乐业举办的啤酒屋(啤酒坊)利用啤酒生产设备生产的啤酒,应当征收消费税。果啤属于啤酒,按啤酒征收消费税。配制酒(露酒)是指以发酵酒、蒸馏酒或食用酒精为酒基,加入可食用或药食两用的辅料或食品添加剂,进行调配、混合或再加工制成的并改变了其原酒基风格的饮料酒。具体规定如下:

(1) 以蒸馏酒或食用酒精为酒基,具有国家相关部门批准的国食健字或卫食健字文号并且酒精度低于38度(含)的配制酒,按消费税税目税率表"其他酒"10%适用税率征收消费税。

(2) 以发酵酒为酒基,酒精度低于20度(含)的配制酒,按消费税税目税率表"其他酒"10%适用税率征收消费税。

(3) 其他配制酒,按消费税税目税率表"白酒"适用税率征收消费税。葡萄酒消费税适用"酒"税目下设的"其他酒"子目。葡萄酒是指以葡萄为原料,经破碎(压榨)、发酵而成的酒精度在1度(含)以上的葡萄原酒和成品酒(不含以葡萄为原料的蒸馏酒)。

(三) 高档化妆品

自2016年10月1日起,本税目调整为包括高档美容、修饰类化妆品、高档护肤类化妆品和成套化妆品。

高档美容、修饰类化妆品和高档护肤类化妆品是指生产(进口)环节销售(完税)价格(不含增值税)在10元/毫升(克)或15元/片(张)及以上的美容、修饰类化妆品和护肤类化妆品。

美容、修饰类化妆品是指香水、香水精、香粉、口红、指甲油、胭脂、眉笔、唇笔、蓝眼油、眼睫毛以及成套化妆品。

舞台、戏剧、影视演员化妆用的上妆油、卸妆油、油彩,不属于本税目的征收范围。

高档护肤类化妆品征收范围另行制定。

(四) 贵重首饰及珠宝玉石

本税目包括以金、银、白金、宝石、珍珠、钻石、翡翠、珊瑚、玛瑙等高贵稀有物质以及其他金属、人造宝石等制作的各种纯金银首饰及镶嵌首饰和经采掘、打磨、加工的各种珠宝玉石。对出国人员免税商店销售的金银首饰征收消费税。

（五）鞭炮、焰火

本税目包括各种鞭炮、焰火。体育上用的发令纸、鞭炮药引线，不按本税目征收。

（六）成品油

本税目包括汽油、柴油、石脑油、溶剂油、航空煤油、润滑油、燃料油7个子目；航空煤油暂缓征收。

1. 汽油

汽油是指用原油或其他原料加工生产的辛烷值不小于66的可用作汽油发动机燃料的各种轻质油。取消车用含铅汽油消费税，汽油税目不再划分二级子目，统一按照无铅汽油税率征收消费税。

以汽油、汽油组分调和生产的甲醇汽油、乙醇汽油也属于本税目征收范围。

2. 柴油

柴油是指用原油或其他原料加工生产的倾点或凝点在－50号至30号的可用作柴油发动机燃料的各种轻质油和以柴油组分为主、经调和精制可用作柴油发动机燃料的非标油。

以柴油、柴油组分调和生产的生物柴油也属于本税目征收范围。

3. 石脑油

石脑油又叫化工轻油，是以原油或其他原料加工生产的用于化工原料的轻质油。

石脑油的征收范围包括除汽油、柴油、航空煤油、溶剂油以外的各种轻质油。非标汽油、重整生成油、拔头油、戊烷原料油、轻裂解料（减压柴油VGO和常压柴油AGO）、重裂解料、加氢裂化尾油、芳烃抽余油均属轻质油，属于石脑油征收范围。

4. 溶剂油

溶剂油是用原油或其他原料加工生产的用于涂料、油漆、食用油、印刷油墨、皮革、农药、橡胶、化妆品生产和机械清洗、胶粘行业的轻质油。

橡胶填充油、溶剂油原料，属于溶剂油征收范围。

5. 航空煤油

航空煤油也叫喷气燃料，是用原油或其他原料加工生产的用作喷气发动机和喷气推进系统燃料的各种轻质油。航空煤油的消费税暂缓征收。

6. 润滑油

润滑油是用原油或其他原料加工生产的用于内燃机、机械加工过程的润滑产品。润滑油分为矿物性润滑油、植物性润滑油、动物性润滑油和化工原料合成润滑油。

润滑油的征收范围包括矿物性润滑油、矿物性润滑油基础油、植物性润滑油、动物性润滑油和化工原料合成润滑油。以植物性、动物性和矿物性基础油（或矿物性润滑油）混合渗配而成的"混合性"润滑油，不论矿物性基础油（或矿物性润滑油）所占比例高低，均属润滑油的征收范围。

另外，用原油或其他原料加工生产的用于内燃机、机械加工过程的润滑产品均属于润滑油征税范围。润滑脂是润滑产品，生产、加工润滑脂应当征收消费税。变压器油、导热类油等绝缘油类产品不属于润滑油，不征收消费税。

7. 燃料油

燃料油也称重油、渣油，是用原油或其他原料加工生产，主要用作电厂发电、锅炉用燃料、加热炉燃料、冶金和其他工业炉燃料。腊油、船用重油、常压重油、减压重油、180 CTS燃料油、

7号燃料油、糠醛油、工业燃料、4～6号燃料油等油品的主要用途是作为燃料燃烧,属于燃料油征收范围。

(七) 小汽车

小汽车是指由动力驱动,具有4个或4个以上车轮的非轨道承载的车辆。

本税目征收范围包括含驾驶员座位在内最多不超过9个座位(含)的,在设计和技术特性上用于载运乘客和货物的各类乘用车,和含驾驶员座位在内的座位数在10～23座(含23座)的在设计和技术特性上用于载运乘客和货物的各类中轻型商用客车。

用排气量小于1.5升(含)的乘用车底盘(车架)改装、改制的车辆属于乘用车征收范围。用排气量大于1.5升的乘用车底盘(车架)或用中轻型商用客车底盘(车架)改装、改制的车辆属于中轻型商用客车征收范围。

含驾驶员人数(额定载客)为区间值的(如8～10人、17～26人)小汽车,按其区间值下限人数确定征收范围。

电动汽车不属于本税目征收范围。车身长度大于7米(含),并且座位在10～23座(含)以下的商用客车,不属于中轻型商用客车征税范围,不征收消费税。沙滩车、雪地车、卡丁车、高尔夫车不属于消费税征收范围,不征收消费税。

(八) 摩托车

本税目包括轻便摩托车和摩托车两种。对最大设计车速不超过50千米/小时,发动机气缸总工作容量不超过50毫升的三轮摩托车不征收消费税。气缸容量250毫升(不含)以下的小排量摩托车不征收消费税。

(九) 高尔夫球及球具

高尔夫球及球具是指从事高尔夫球运动所需的各种专用装备,包括高尔夫球、高尔夫球杆及高尔夫球包(袋)等。

高尔夫球是指重量不超过45.93克、直径不超过42.67毫米的高尔夫球运动比赛、练习用球;高尔夫球杆是指被设计用来打高尔夫球的工具,由杆头、杆身和握把三部分组成;高尔夫球包(袋)是指专用于盛装高尔夫球及球杆的包(袋)。

本税目征收范围包括高尔夫球、高尔夫球杆、高尔夫球包(袋)。高尔夫球杆的杆头、杆身和握把属于本税目的征收范围。

(十) 高档手表

高档手表是指销售价格(不含增值税)每只在10 000元(含)以上的各类手表。

本税目征收范围包括符合以上标准的各类手表。

(十一) 游艇

游艇是指长度大于8米小于90米,船体由玻璃钢、钢、铝合金、塑料等多种材料制作,可以在水上移动的水上浮载体。按照动力划分,游艇分为无动力艇、帆艇和机动艇。

本税目征收范围包括艇身长度大于8米(含)小于90米(含),内置发动机,可以在水上移动,一般为私人或团体购置,主要用于水上运动和休闲娱乐等非营利活动的各类机动艇。

(十二) 木制一次性筷子

木制一次性筷子,又称卫生筷子,是指以木材为原料经过锯段、浸泡、旋切、刨切、烘干、筛选、打磨、倒角、包装等环节加工而成的各类供一次性使用的筷子。

本税目征收范围包括各种规格的木制一次性筷子。未经打磨、倒角的木制一次性筷子属于本税目征税范围。

（十三）实木地板

实木地板是指以木材为原料,经锯割、干燥、刨光、截断、开榫、涂漆等工序加工而成的块状或条状的地面装饰材料。实木地板按生产工艺不同,可分为独板(块)实木地板、实木指接地板、实木复合地板三类;按表面处理状态不同,可分为未涂饰地板(白坯板、素板)和漆饰地板两类。

本税目征收范围包括各类规格的实木地板、实木指接地板、实木复合地板及用于装饰墙壁、天棚的侧端面为榫、槽的实木装饰板。未经涂饰的素板也属于本税目征税范围。

（十四）电池

电池,是一种将化学能、光能等直接转换为电能的装置,一般由电极、电解质、容器、极端,通常还有隔离层组成的基本功能单元,以及用一个或多个基本功能单元装配成的电池组。范围包括原电池、蓄电池、燃料电池、太阳能电池和其他电池。

自 2015 年 2 月 1 日起对电池(铅蓄电池除外)征收消费税;对无汞原电池、金属氢化物镍蓄电池(又称"氢镍蓄电池"或"镍氢蓄电池")、锂原电池、锂离子蓄电池、太阳能电池、燃料电池、全钒液流电池免征消费税。2015 年 12 月 31 日前对铅蓄电池暂缓征收消费税;自 2016 年 1 月 1 日起,对铅蓄电池按 4% 税率征收消费税。

（十五）涂料

涂料是指涂于物体表面能形成具有保护、装饰或特殊性能的固态涂膜的一类液体或固体材料之总称。自 2015 年 2 月 1 日起对涂料征收消费税,施工状态下挥发性有机物(Volatile Organic Compounds,VOC)含量低于 420 克/升(含)的涂料免征消费税。

四、税率

消费税采用比例税率和定额税率两种形式,以适应不同应税消费品的实际情况。

消费税根据不同的税目或子目确定相应的税率或单位税额。例如,白酒税率为 20%,摩托车税率为 3% 等;黄酒、啤酒、汽油、柴油等分别按单位重量或单位体积确定单位税额。经整理汇总的消费税税目、税率表如表 3-1 所示。

表 3-1 经整理汇总的消费税税目、税率表

税 目	税 率（额）
一、烟	
1. 卷烟	
（1）甲类卷烟（生产或进口环节）调拨价 70 元（含 70 元）以上	56%加 0.003 元/支
（2）乙类卷烟（生产或进口环节）调拨价 70 元以下	36%加 0.003 元/支
（3）批发环节	11%加 0.005 元/支
2. 雪茄烟	36%
3. 烟丝	30%
二、酒	
1. 白酒	20%加 0.5 元/500 克（或者 500 毫升）

续 表

税　目	税　率(额)
2. 黄酒	240元/吨
3. 啤酒	
(1) 甲类啤酒出厂价220元/吨(含220元)以上	250元/吨
(2) 乙类啤酒出厂价220元/吨以下	220元/吨
4. 其他酒	10%
三、高档化妆品	15%
四、贵重首饰和珠宝玉石	
1. 金银首饰、铂金首饰和钻石及钻石饰品	5%
2. 其他贵重首饰和珠宝玉石	10%
五、鞭炮、焰火	15%
六、成品油	
1. 汽油	1.52元/升
2. 柴油	1.2元/升
3. 航空煤油	1.2元/升
4. 石脑油	1.52元/升
5. 溶剂油	1.52元/升
6. 润滑油	1.52元/升
7. 燃料油	1.2元/升
七、小汽车	
1. 乘用车	
(1) 气缸容量(排气量,下同)在1.0升(含1.0升)以下的	1%
(2) 气缸容量在1.0升以上至1.5升(含1.5升)的	3%
(3) 气缸容量在1.5升以上至2.0升(含2.0升)的	5%
(4) 气缸容量在2.0升以上至2.5升(含2.5升)的	9%
(5) 气缸容量在2.5升以上至3.0升(含3.0升)的	12%
(6) 气缸容量在3.0升以上至4.0升(含4.0升)的	25%
(7) 气缸容量在4.0升以上的	40%
2. 中轻型商用客车	5%
八、摩托车	
1. 气缸容量为250毫升的	3%
2. 气缸容量为250毫升以上的	10%

续 表

税 目	税 率(额)
九、高尔夫球及球具	10％
十、高档手表	20％
十一、游艇	10％
十二、木制一次性筷子	5％
十三、实木地板	5％
十四、电池	4％
十五、涂料	4％

五、纳税环节

(一) 对生产应税消费品在生产销售环节征税

生产应税消费品销售是消费税征收的主要环节,因为一般情况下,消费税具有单一环节征税的特点,对于大多数消费税应税商品而言,在生产销售环节征税以后,流通环节不用再缴纳消费税。

另外,工业企业以外的单位和个人的下列行为视为应税消费品的生产行为,按规定征收消费税:

(1) 将外购的消费税非应税产品以消费税应税产品对外销售的;

(2) 将外购的消费税低税率应税产品以高税率应税产品对外销售的。

(二) 对零售应税消费品在零售环节征税

经国务院批准,自1995年1月1日起,金银首饰消费税由生产销售环节征收改为零售环节征收。改在零售环节征收消费税的金银首饰仅限于金基、银基合金首饰以及金、银和金基、银基合金的镶嵌首饰,进口环节暂不征收,零售环节适用税率为5％,在纳税人零售金银首饰、钻石及钻石饰品时征收。自2016年12月1日起,对超豪华小汽车(130万元及以上)在生产(进口)环节按现行税率征收消费税基础上,在零售环节按10％加征消费税。

(三) 对批发卷烟在卷烟的批发环节征税

与其他消费税应税商品不同的是,卷烟除了在生产销售环节征收消费税外,还在批发环节征收一次。纳税人兼营卷烟批发和零售业务的,应当分别核算批发和零售环节的销售额、销售数量;未分别核算批发和零售环节销售额、销售数量的,按照全部销售额、销售数量计征批发环节消费税。纳税人销售给纳税人以外的单位和个人的卷烟于销售时纳税。纳税人之间销售的卷烟不缴纳消费税。卷烟批发企业的机构所在地,总机构与分支机构不在同一地区的,由总机构申报纳税。卷烟消费税在生产和批发两个环节征收后,批发企业在计算纳税时不得扣除已含的生产环节消费税税款。自2022年11月1日起,除生产环节外,对电子卷烟批发环节加征从价税。

(四) 对委托加工应税消费品在委托加工环节征税

委托加工应税消费品是指委托方提供原料和主要材料,受托方只收取加工费和代垫部分辅助材料加工的应税消费品。由受托方提供原材料或其他情形的一律不能视同加工应税消费品。委托加工的应税消费品收回后,再继续用于生产应税消费品销售且符合现行政策规定的,其加工环节缴纳的消费税款可以抵扣。

(五) 对进口应税消费品在进口环节征税

单位和个人进口属于消费税征税范围的货物,在进口环节要缴纳消费税。为了减少征税成本,进口环节缴纳的消费税由海关代征。

(六) 对移送使用应税消费品在移送使用环节征税

纳税人将自产自用的应税消费品,用于连续生产应税消费品的,不纳税;用于其他方面的,具体包括用于生产非应税消费品、在建工程、管理部门、非生产机构、提供劳务、馈赠、赞助、集资、广告、样品、职工福利、奖励等方面,于移送使用时纳税。

第三节 消费税计税依据

按照现行消费税法规定,消费税应纳税额的计算分为从价计征、从量计征和从价从量复合计征三种方法。

一、从价计征

在从价定率计算方法下,应纳税额等于应税消费品的销售额乘以适用税率,应纳税额的多少取决于应税消费品的销售额和适用税率两个因素。

(一) 销售额的确定

销售额为纳税人销售应税消费品向购买方收取的全部价款和价外费用。销售,是指有偿转让应税消费品的所有权;有偿,是指从购买方取得货币、货物或者其他经济利益;价外费用,是指价外向购买方收取的手续费、补贴、基金、集资费、返还利润、奖励费、违约金、滞纳金、延期付款利息、赔偿金、代收款项、代垫款项、包装费、包装物租金、储备费、优质费、运输装卸费以及其他各种性质的价外收费。但下列项目不包括在内:

(1) 同时符合以下条件的代垫运输费用:

① 承运部门的运输费用发票开具给购买方的;

② 纳税人将该项发票转交给购买方的。

(2) 同时符合以下条件代为收取的政府性基金或者行政事业性收费:

① 由国务院或者财政部批准设立的政府性基金,由国务院或者省级人民政府及其财政、价格主管部门批准设立的行政事业性收费;

② 收取时开具省级以上财政部门印制的财政票据;

③ 所收款项全额上缴财政。

其他价外费用,无论是否属于纳税人的收入,均应并入销售额计算征税。

实行从价定率办法计算应纳税额的应税消费品连同包装销售的,无论包装是否单独计价,也不论在会计上如何核算,均应并入应税消费品的销售额中征收消费税。如果包装物不作价随同产品销售,而是收取押金,此项押金则不应并入应税消费品的销售额中征税。但对因逾期未收回的包装物不再退还的或者已收取的时间超过12个月的押金,应并入应税消费品的销售额,按照应税消费品的适用税率缴纳消费税。

对既作价随同应税消费品销售,又另外收取的包装物押金,凡纳税人在规定的期限内没有退还的,均应并入应税消费品的销售额,按照应税消费品的适用税率缴纳消费税。

纳税人销售的应税消费品,以外汇结算销售额的,其销售额的人民币折合率可以选择结算的当天或者当月1日的国家外汇牌价(原则上为中间价),纳税人应事先确定采取何种折合率,确定后1年内不得变更。

(二) 含增值税销售额的换算

应税消费品在缴纳消费税的同时,与一般货物一样,还应缴纳增值税。按照《消费税暂行条例实施细则》的规定,应税消费品的销售额,不包括应向购货方收取的增值税税款。如果纳税人应税消费品的销售额中未扣除增值税税款或者因不得开具增值税专用发票而发生价款和增值税税款合并收取的,在计算消费税时,应将含增值税的销售额换算为不含增值税税款的销售额。其换算公式为:

应税消费品的销售额=含增值税的销售额÷(1+增值税税率或征收率)

在使用换算公式时,应根据纳税人的具体情况分别使用增值税税率或征收率。如果消费税的纳税人是增值税一般纳税人的,应适用相应的增值税税率(一般为13%、9%);如果消费税的纳税人是增值税小规模纳税人的,应适用3%的征收率。

二、从量计征

在从量定额计算方法下,应纳税额等于应税消费品的销售数量乘以单位税额,应纳税额的多少取决于应税消费品的销售数量和单位税额两个因素。

(一) 销售数量的确定

销售数量是指纳税人生产、加工和进口应税消费品的数量。具体规定如下:

(1) 销售应税消费品的,为应税消费品的销售数量。

(2) 自产自用应税消费品的,为应税消费品的移送使用数量。

(3) 委托加工应税消费品的,为纳税人收回的应税消费品数量。

(4) 进口的应税消费品,为海关核定的应税消费品进口征税数量。

(二) 计量单位的换算标准

《消费税暂行条例》规定,黄酒、啤酒是以吨为税额单位;汽油、柴油是以升为税额单位。但是,考虑到在实际销售过程中,一些纳税人会把吨或升这两个计量单位混用,故规范了不同产品的计量单位,以准确计算应纳税额,吨与升两个计量单位的换算标准如表3-2所示。

表3-2 吨与升两个计量单位的换算标准

序 号	名 称	计算单位换算标准
1	黄酒	1吨=962升
2	啤酒	1吨=988升
3	汽油	1吨=1 388升
4	柴油	1吨=1 176升
5	航空煤油	1吨=1 246升

三、从价从量复合计征

现行消费税的征税范围中,只有卷烟、白酒采用复合计征方法。应纳税额等于应税销售数量乘以定额税率再加上应税销售额乘以比例税率。

生产销售卷烟、白酒从量定额计税依据为实际销售数量。进口、委托加工、自产自用卷烟、白酒从量定额计税依据分别为海关核定的进口征税数量、委托方收回数量、移送使用数量。

四、计税依据的特殊规定

（1）纳税人通过自设非独立核算门市部销售的自产应税消费品,应当按照门市部对外销售额或者销售数量征收消费税。

（2）纳税人用于换取生产资料和消费资料、投资入股和抵偿债务等方面的应税消费品,应当以纳税人同类应税消费品的最高销售价格作为计税依据计算消费税。

（3）酒类关联企业间关联交易消费税的问题处理。

白酒生产企业向商业销售单位收取的"品牌使用费"是随着应税白酒的销售而向购货方收取的,属于应税白酒销售价款的组成部分,因此,不论企业采取何种方式或以何种名义收取价款,均应并入白酒的销售额中缴纳消费税。

（4）对既销售金银首饰,又销售非金银首饰的生产、经营单位,应将两类商品划分清楚,分别核算销售额。凡划分不清楚或不能分别核算的,在生产环节销售的,一律从高适用税率征收消费税;在零售环节销售的,一律按金银首饰征收消费税。金银首饰与其他产品组成成套消费品销售的,应按销售额全额征收消费税。

金银首饰连同包装物销售的,无论包装是否单独计价,也无论会计上如何核算,均应并入金银首饰的销售额,计征消费税。

带料加工的金银首饰,应按受托方销售同类金银首饰的销售价格确定计税依据征收消费税。没有同类金银首饰销售价格的,按照组成计税价格计算纳税。

纳税人采用以旧换新(含翻新改制)方式销售的金银首饰,应按实际收取的不含增值税的全部价款确定计税依据征收消费税。

（5）兼营不同税率应税消费品的税务处理。

纳税人生产销售应税消费品,如果不是单一经营某一税率的产品,而是经营多种不同税率的产品,则属于兼营行为。由于《消费税暂行条例》中税目税率表列举的各种应税消费品的税率高低不同,因此,纳税人在兼营不同税率应税消费品时,税法就要针对其不同的核算方式分别规定税务处理办法,以加强税收管理,避免因核算方式不同而出现税款流失的现象。

纳税人兼营不同税率的应税消费品,应当分别核算不同税率应税消费品的销售额、销售数量。未分别核算销售额、销售数量,或者将不同税率的应税消费品组成成套消费品销售的,从高适用税率。

需要解释的是,纳税人兼营不同税率的应税消费品,是指纳税人生产销售两种税率以上的应税消费品。所谓"从高适用税率",就是对兼营高低不同税率的应税消费品,当不能分别核算销售额、销售数量,或者将不同税率的应税消费品组成成套消费品销售的,就以应税消费品中适用的高税率与混合在一起的销售额、销售数量相乘,得出应纳消费税额。

例如,某酒厂既生产税率为20%的粮食白酒,又生产税率为10%的其他酒,如汽酒、药酒等。对于这种情况税法规定,该厂应分别核算白酒与其他酒的销售额,然后按各自适用的税率计税;不分别核算各自销售额的,其他酒也应按白酒的高税率计算纳税。如果该酒厂还生产白酒与其他酒小瓶装礼品套酒,就是税法所指的成套消费品,应按全部销售额和白酒的税率20%计算应纳消费税额,而不能以其他酒10%的税率计算其中任何一部分的应纳税额。对未分别核算的销售额按高税率计税,意在督促企业对不同税率应税消费品的销售额分别核算,准确计算纳税。

第四节　消费税应纳税额的计算

一、生产销售环节应纳消费税的计算

纳税人在生产销售环节应缴纳的消费税,包括直接对外销售应税消费品应缴纳的消费税和自产自用应税消费品应缴纳的消费税。

(一)直接对外销售应税消费品应纳消费税的计算

直接对外销售应税消费品应纳消费税涉及三种计算方法。

1. 从价定率计算

在从价定率计算方法下,应纳消费税额等于销售额乘以适用税率。基本计算公式为:

$$应纳税额=应税消费品的销售额×比例税率$$

【例 3-1】 某化妆品生产企业为增值税一般纳税人,所生产销售化妆品均达到消费税高档化妆品标准。2024 年 8 月 15 日向某大型商场销售化妆品一批,开具增值税专用发票,取得不含增值税销售额 50 万元,增值税额 6.5 万元;8 月 20 日向某单位销售化妆品一批,开具普通发票,取得含增值税销售额 4.68 万元。

要求: 计算该化妆品生产企业上述业务应缴纳的消费税额。

解析: (1)化妆品适用消费税税率 15%。

(2)化妆品的应税销售额=50+4.68÷(1+13%)=54.14(万元)

(3)应缴纳的消费税额=54.14×15%=8.12(万元)

2. 从量定额计算

在从量定额计算方法下,应纳税额等于应税消费品的销售数量乘以单位税额。基本计算公式为:

$$应纳税额=应税消费品的销售数量×定额税率$$

【例 3-2】 某啤酒厂 2024 年 4 月销售甲类啤酒 1 000 吨,取得不含增值税销售额 295 万元,增值税税款 38.35 万元,另收取包装物押金 23.4 万元。

要求: 计算该啤酒厂 4 月应纳消费税税额。

解析: (1)销售甲类啤酒,适用定额税率每吨 250 元。

(2)应纳税额=销售数量×定额税率=1 000×250=250 000(元)

3. 从价定率和从量定额复合计算

现行消费税的征税范围中,只有卷烟、白酒采用复合计算方法。基本计算公式为:

应纳税额＝应税消费品的销售数量×定额税率＋应税销售额×比例税率

【例 3-3】 某白酒生产企业为增值税一般纳税人,2024 年 4 月销售白酒 50 吨,取得不含增值税的销售额 200 万元。

要求： 计算该白酒生产企业 4 月应缴纳的消费税额。

解析： (1) 白酒适用比例税率 20%,定额税率每 500 克 0.5 元。

(2) 应纳税额＝50×2 000×0.000 05＋200×20%＝45(万元)

(二) 自产自用应税消费品应纳消费税的计算

所谓自产自用,就是纳税人生产应税消费品后,不是用于直接对外销售,而是用于自己连续生产应税消费品或用于其他方面。这种自产自用应税消费品形式,在实际经济活动中是很常见的,但在是否纳税或如何纳税上很容易出现问题。例如,有的企业把自己生产的应税消费品,以福利或奖励等形式发给本厂职工,以为不是对外销售,不必计入销售额,无须纳税,这样就出现了漏缴税款的现象。因此,很有必要认真理解税法对自产自用应税消费品的有关规定。

1. 用于连续生产应税消费品

纳税人自产自用的应税消费品,用于连续生产应税消费品的,不纳税。所谓"纳税人自产自用的应税消费品,用于连续生产应税消费品的",是指作为生产最终应税消费品的直接材料并构成最终产品实体的应税消费品。例如,卷烟厂生产出烟丝,再用生产出的烟丝连续生产卷烟,虽然烟丝是应税消费品,但用于连续生产卷烟的烟丝就不用缴纳消费税,只对生产销售的卷烟征收消费税。如果生产的烟丝直接用于销售,则烟丝需要缴纳消费税。税法规定对自产自用的应税消费品,用于连续生产应税消费品的不征税,体现了不重复课税原则。

2. 用于其他方面的应税消费品

纳税人自产自用的应税消费品,除用于连续生产应税消费品外,凡用于其他方面的,于移送使用时纳税。用于其他方面是指纳税人用于生产非应税消费品、在建工程、管理部门、非生产机构、提供劳务,以及用于馈赠、赞助、集资、广告、样品、职工福利、奖励等方面。所谓"用于生产非应税消费品",是指把自产的应税消费品用于生产《消费税暂行条例》中税目、税率表所列 15 类产品以外的产品。例如,原油加工厂用生产出的应税消费品汽油调和制成溶剂汽油,该溶剂汽油就属于非应税消费品,加工厂应就该自产自用行为缴纳消费税,但是不用缴纳增值税。所谓"用于在建工程",是指把自产的应税消费品用于本单位的各项建设工程。例如,石化工厂把自己生产的柴油用于本厂基建工程的车辆、设备使用。所谓"用于管理部门、非生产机构",是指把自己生产的应税消费品用于与本单位有隶属关系的管理部门或非生产机构。例如,汽车制造厂把生产出的小汽车提供给上级主管部门使用。所谓"用于馈赠、赞助、集资、广告、样品、职工福利、奖励",是指把自己生产的应税消费品无偿赠送给他人,或以资金的形式投资于外单位,或作为商品广告、经销样品,或以福利、奖励的形式发给职工。例如,小汽车生产企业把自己生产的小汽车赠送或赞助给小汽车拉力赛赛手使用,兼作商品广告;酒厂把生产的滋补药酒以福利的形式发给职工等。总之,企业自产的应税消费品虽然没有用于销售或连续生产应税消费品,但只要是用于税法所规定的范围的都要视同销售,依法缴纳消费税。

3. 计税依据的确定

纳税人自产自用的应税消费品,凡用于其他方面,应当纳税的,按照纳税人所生产同类消费品的销售价格统一计算纳税。同类消费品的销售价格是指纳税人当月销售的同类消费品的销售价格,如果当月同类消费品各期销售价格高低不同,应按销售数量加权平均计算。但销售的应税消费品有下列情况之一的,不得列入加权平均计算:

(1) 销售价格明显偏低又无正当理由的;

(2) 无销售价格的。

如果当月无销售或者当月未完结,应按照同类消费品上月或者最近月份的销售价格计算纳税。

没有同类消费品销售价格的,按照组成计税价格计算纳税。组成计税价格的计算公式如下:

(1) 实行从价定率办法计算纳税的组成计税价格计算公式:

$$组成计税价格=(成本+利润)\div(1-比例税率)$$

$$应纳税额=组成计税价格\times 比例税率$$

(2) 实行复合计税办法计算纳税的组成计税价格计算公式:

$$组成计税价格=(成本+利润+自产自用数量\times 定额税率)\div(1-比例税率)$$

$$应纳税额=组成计税价格\times 比例税率+自产自用数量\times 定额税率$$

上述公式中所说的"成本",是指应税消费品的产品生产成本。上述公式中所说的"利润",是指根据应税消费品的全国平均成本利润率计算的利润。应税消费品全国平均成本利润率由国家税务总局确定。

4. 应税消费品全国平均成本利润率

根据财政部、国家税务总局下发的《关于调整和完善消费税政策的通知》,确定应税消费品全国平均成本利润率(见表3-3)。

表3-3 应税消费品全国平均成本利润率

货物名称	利润率	货物名称	利润率
1. 甲类卷烟	10	10. 贵重首饰及珠宝	6
2. 乙类卷烟	5	11. 摩托车	6
3. 雪茄烟	5	12. 高尔夫球及球具	10
4. 烟丝	5	13. 高档手表	20
5. 粮食白酒	10	14. 游艇	10
6. 薯类白酒	5	15. 木制一次性筷子	5
7. 其他酒	5	16. 实木地板	5
8. 化妆品	5	17. 乘用车	8
9. 鞭炮、焰火	5	18. 中轻型商用客车	5

【例3-4】 某化妆品公司将一批自产的化妆品用作职工福利,化妆品的成本80 000元,该化妆品无同类产品市场销售价格,但已知其成本利润率为5%,消费税税率为15%。

要求:计算该批化妆品应缴纳的消费税税额。

解析:(1) 组成计税价格=成本×(1+成本利润率)÷(1-消费税税率)

$$= 80\,000 \times (1+5\%) \div (1-15\%)$$
$$= 84\,000 \div 0.85 = 98\,823.53(元)$$

(2) 应纳税额 $= 98\,823.53 \times 15\% = 14\,823.53(元)$

二、委托加工环节应税消费品应纳消费税的计算

企业、单位或个人由于设备、技术、人力等方面的局限或出于其他方面的原因,常常要委托其他单位代为加工应税消费品,然后,将加工好的应税消费品收回,直接销售或自己使用。这是生产应税消费品的另一种形式,也需要纳入征收消费税的范围。例如,某企业将购来的小客车底盘和零部件提供给某汽车改装厂,加工组装成小客车供自己使用,则加工、组装成的小客车就需要缴纳消费税。按照规定,委托加工的应税消费品,由受托方在向委托方交货时代收代缴税款。

(一) 委托加工应税消费品的确定

委托加工的应税消费品,是指由委托方提供原料和主要材料,受托方只收取加工费和代垫部分辅助材料加工的应税消费品。对于由受托方提供原材料生产的应税消费品,或者受托方先将原材料卖给委托方,然后再接受加工的应税消费品,以及由受托方以委托方名义购进原材料生产的应税消费品,不论纳税人在财务上是否作销售处理,都不得作为委托加工应税消费品,而应当按照销售自制应税消费品缴纳消费税。

(二) 代收代缴税款的规定

对于确实属于委托方提供原料和主要材料,受托方只收取加工费和代垫部分辅助材料加工的应税消费品,《税法》规定,由受托方在向委托方交货时代收代缴消费税。这样,受托方就是法定的代收代缴义务人。如果受托方对委托加工的应税消费品没有代收代缴或少代收代缴消费税,应按照《税收征收管理法》的规定,承担代收代缴的法律责任。因此,受托方必须严格履行代收代缴义务,正确计算和按时代缴税款。为了加强对受托方代收代缴税款的管理,委托个人(含个体工商户)加工的应税消费品,由委托方收回后缴纳消费税。

委托加工的应税消费品,受托方在交货时已代收代缴消费税,委托方将收回的应税消费品,以不高于受托方的计税价格出售的,为直接出售,不再缴纳消费税;委托方以高于受托方的计税价格出售的,不属于直接出售,需按照规定申报缴纳消费税,在计税时准予扣除受托方已代收代缴的消费税。

对于受托方没有按规定代收代缴税款的,不能因此免除委托方补缴税款的责任。在对委托方进行税务检查中,如果发现受其委托加工应税消费品的受托方没有代收代缴税款,则应按照《税收征收管理法》规定,对受托方处以应代收代缴税款50%以上3倍以下的罚款;委托方要补缴税款,对委托方补征税款的计税依据是:如果在检查时,收回的应税消费品已经直接销售的,按销售额计税;收回的应税消费品尚未销售或不能直接销售的(如收回后用于连续生产等),按组成计税价格计税。组成计税价格的计算公式与下文"(三)"中组成计税价格公式相同。

(三) 组成计税价格及应纳税额的计算

委托加工的应税消费品,按照受托方同类消费品的销售价格计算纳税,同类消费品的销售价格是指受托方(即代收代缴义务人)当月销售同类消费品的销售价格,如果当月同类消费品各期销售价格高低不同,应按销售数量加权平均计算。但销售的应税消费品有下列情况之一

的,不得列入加权平均计算:

(1) 销售价格明显偏低又无正当理由的;

(2) 无销售价格的。

如果当月无销售或者当月未完结,应按照同类消费品上月或最近月份的销售价格计算纳税。没有同类消费品销售价格的,按照组成计税价格计算纳税。组成计税价格的计算公式如下:

(1) 实行从价定率办法计算纳税的组成计税价格计算公式:

$$组成计税价格 = (材料成本 + 加工费) \div (1 - 比例税率)$$

(2) 实行复合计税办法计算纳税的组成计税价格计算公式:

$$组成计税价格 = (材料成本 + 加工费 + 委托加工收回数量 \times 定额税率) \div (1 - 比例税率)$$

上述组成计税价格公式中有两个重要的专用名词,其解释如下。

1. 材料成本

按照《消费税暂行条例实施细则》的解释,"材料成本"是指委托方所提供加工材料的实际成本。

委托加工应税消费品的纳税人,必须在委托加工合同上如实注明(或以其他方式提供)材料成本,凡未提供材料成本的,受托方所在地主管税务机关有权核定其材料成本。从这一条规定可以看出,税法对委托方提供原料和主要材料,并要以明确的方式如实提供材料成本,要求是很严格的,其目的就是防止假冒委托加工应税消费品或少报材料成本,逃避纳税的现象。

2. 加工费

《消费税暂行条例实施细则》规定,"加工费"是指受托方加工应税消费品向委托方所收取的全部费用(包括代垫辅助材料的实际成本,不包括增值税税金),这是税法对受托方的要求。受托方必须如实提供向委托方收取的全部费用,这样才能准确地计算出组成计税价格及代收代缴消费税,同时受托方能够按加工费正确计算其应纳的增值税。

【例3-5】 某鞭炮企业2024年4月受托为某单位加工一批鞭炮,委托单位提供的原材料金额为60万元,收取委托单位不含增值税的加工费8万元,鞭炮企业无同类产品市场价格。

要求:计算鞭炮企业应代收代缴的消费税。

解析:(1) 鞭炮的适用税率为15%。

(2) 组成计税价格 = $(60+8) \div (1-15\%) = 80$(万元)

(3) 应代收代缴消费税 = $80 \times 15\% = 12$(万元)

三、进口环节应纳消费税的计算

进口的应税消费品,于报关进口时缴纳消费税;进口的应税消费品的消费税由海关代征;进口的应税消费品,由进口人或者其代理人向报关地海关申报纳税;纳税人进口应税消费品,按照关税征收管理的相关规定,应当自海关填发海关进口消费税专用缴款书之日起15日内缴纳税款。

1993年12月,国家税务总局、海关总署联合颁发的《关于对进口货物征收增值税、消费税有关问题的通知》规定,进口应税消费品的收货人或办理报关手续的单位和个人,为进口应税消费品消费税的纳税义务人。进口应税消费品消费税的税目、税率(税额),依照《消费税暂行条例》所附的《消费税税目税率(税额)表》执行。

纳税人进口应税消费品,按照组成计税价格和规定的税率计算应纳税额。

(一) 实行从价定率办法计征应纳税额的计算

实行从价定率办法计算纳税的组成计税价格计算公式为:

$$组成计税价格=(关税完税价格+关税)÷(1-消费税比例税率)$$
$$应纳税额=组成计税价格×消费税比例税率$$

公式中所称"关税完税价格",是指海关核定的关税计税价格。

【例3-6】 某商贸公司,2024年5月从国外进口一批应税消费品,已知该批应税消费品的关税完税价格为90万元,按规定应缴纳关税18万元,假定进口应税消费品的消费税税率为10%。

要求: 计算该批消费品进口环节应缴纳的消费税税额。

解析: (1) 组成计税价格=(90+18)÷(1-10%)=120(万元)

(2) 应缴纳消费税税额=120×10%=12(万元)

(二) 实行从量定额办法计征应纳税额的计算

应纳税额的计算公式为:

$$应纳税额=应税消费品数量×消费税定额税率$$

(三) 实行从价定率和从量定额复合计税办法计征应纳税额的计算

应纳税额的计算公式为:

$$组成计税价格=\frac{关税完税价格+关税+进口数量×消费税定额税率}{1-消费税比例税率}$$

$$应纳税额=组成计税价格×消费税税率+应税消费品进口数量×消费税定额税率$$

进口环节消费税除国务院另有规定外,一律不得给予减税、免税。

四、已纳消费税扣除的计算

为了避免重复征税,现行消费税规定,将外购应税消费品和委托加工收回的应税消费品继续生产应税消费品销售的,可以将外购应税消费品和委托加工收回应税消费品已缴纳的消费税给予扣除。

(一) 外购应税消费品已纳税款的扣除

1. 外购应税消费品连续生产应税消费品

由于某些应税消费品是用外购已缴纳消费税的应税消费品连续生产出来的,在对这些连续生产出来的应税消费品计算征税时,税法规定应按当期生产领用数量计算准予扣除外购的应税消费品已纳的消费税税款。扣除范围包括:

(1) 外购已税烟丝生产的卷烟;

(2) 外购已税化妆品生产的化妆品;

(3) 外购已税珠宝玉石生产的贵重首饰及珠宝玉石;
(4) 外购已税鞭炮焰火生产的鞭炮焰火;
(5) 以外购已税杆头、杆身和握把为原料生产的高尔夫球杆;
(6) 以外购已税木制一次性筷子为原料生产的木制一次性筷子;
(7) 以外购已税实木地板为原料生产的实木地板;
(8) 以外购已税汽油、柴油、石脑油、燃料油、润滑油为原料生产的应税成品油。

上述当期准予扣除外购应税消费品已纳消费税税款的计算公式为:

$$\text{当期准予扣除的外购应税消费品已纳税款} = \text{当期准予扣除的外购应税消费品买价} \times \text{外购应税消费品适用税率}$$

$$\text{当期准予扣除的外购应税消费品买价} = \text{期初库存的外购应税消费品的买价} + \text{当期购进的应税消费品的买价} - \text{期末库存的外购应税消费品的买价}$$

外购已税消费品的买价是指购货发票上注明的销售额(不包括增值税税款)。由于我国近期多次调整成品油消费税税率,纳税人外购应税油品连续生产应税成品油,应根据其取得的外购应税油品的增值税专用发票开具时间来确定具体扣除金额,如果增值税专用发票开具时间在调整前,则按照调整前的成品油消费税税率计算扣除消费税;如果增值税专用发票开具时间在调整后,则按照调整后的成品油消费税税率计算扣除消费税。

另外,根据《葡萄酒消费税管理办法(试行)》的规定,自2015年5月1日起,从葡萄酒生产企业购进、进口葡萄酒连续生产应税葡萄酒的,准予从葡萄酒消费税应纳税额中扣除所耗用应税葡萄酒已纳消费税税款。如本期消费税应纳税额不足抵扣的,余额留待下期抵扣。

【例3-7】 某卷烟生产企业,某月初库存外购应税烟丝金额50万元,当月又外购应税烟丝金额500万元(不含增值税),月末库存烟丝金额30万元,其余被当月生产卷烟领用。

要求:计算卷烟厂当月准许扣除的外购烟丝已缴纳的消费税税额。

解析:(1) 烟丝适用的消费税税率为30%。
(2) 当期准许扣除的外购烟丝买价=50+500-30=520(万元)
(3) 当月准许扣除的外购烟丝已缴纳的消费税税额=520×30%=156(万元)

需要说明的是,纳税人用外购的已税珠宝玉石生产的改在零售环节征收消费税的金银首饰(镶嵌首饰),在计税时一律不得扣除外购珠宝玉石的已纳税款。

2. 外购应税消费品购进后直接销售

对自己不生产应税消费品,而只是购进后再销售应税消费品的工业企业,其销售的化妆品、护肤护发品、鞭炮焰火和珠宝玉石,凡不能构成最终消费品直接进入消费品市场,而需进一步生产加工、包装、贴标的或者组合的珠宝玉石、化妆品、酒、鞭炮焰火等,应当征收消费税,同时允许扣除上述外购应税消费品的已纳税款。

(二) 委托加工收回的应税消费品已纳税款的扣除

委托加工的应税消费品因为已由受托方代收代缴消费税,因此,委托方收回货物后用于连续生产应税消费品的,其已纳税款准予按照规定从连续生产的应税消费品应纳消费税税额中抵扣。按照国家税务总局的规定,下列连续生产的应税消费品准予从应纳消费税税额中按当期生产领用数量计算扣除委托加工收回的应税消费品已纳消费税税款:

(1) 以委托加工收回的已税烟丝为原料生产的卷烟;

(2) 以委托加工收回的已税化妆品为原料生产的化妆品;
(3) 以委托加工收回的已税珠宝玉石为原料生产的贵重首饰及珠宝玉石;
(4) 以委托加工收回的已税鞭炮焰火为原料生产的鞭炮焰火;
(5) 以委托加工收回的已税杆头、杆身和握把为原料生产的高尔夫球杆;
(6) 以委托加工收回的已税木制一次性筷子为原料生产的木制一次性筷子;
(7) 以委托加工收回的已税实木地板为原料生产的实木地板;
(8) 以委托加工收回的已税汽油、柴油、石脑油、燃料油、润滑油为原料生产的应税成品油;

上述当期准予扣除委托加工收回的应税消费品已纳消费税税款的计算公式为:

$$当期准予扣除的委托加工应税消费品已纳税款 = 期初库存的委托加工应税消费品已纳税款 + 当期收回的委托加工应税消费品已纳税款 - 期末库存的委托加工应税消费品已纳税款$$

纳税人以进口、委托加工收回应税油品连续生产应税成品油,分别依据《海关进口消费税专用缴款书》《税收缴款书(代扣代收专用)》,按照现行政策规定计算扣除应税油品已纳消费税税款。

纳税人以外购、进口、委托加工收回的应税消费品(以下简称外购应税消费品)为原料连续生产应税消费品,准予按现行政策规定抵扣外购应税消费品已纳消费税税款。经主管税务机关核实上述外购应税消费品未缴纳消费税的,纳税人应将已抵扣的消费税税款,从核实当月允许抵扣的消费税中冲减。

需要说明的是,纳税人用委托加工收回的已税珠宝玉石生产的改在零售环节征收消费税的金银首饰,在计税时一律不得扣除委托加工收回的珠宝玉石的已纳消费税税款。

五、消费税出口退税的计算

对纳税人出口应税消费品,免征消费税,国务院另有规定的除外。

(一) 出口免税并退税

适用这个政策的是:有出口经营权的外贸企业购进应税消费品直接出口,以及外贸企业受其他外贸企业委托代理出口应税消费品。外贸企业只有受其他外贸企业委托,代理出口应税消费品才可办理退税;外贸企业受其他企业(主要是非生产性的商贸企业)委托,代理出口应税消费品是不予退(免)税的。这个政策限定与出口货物退(免)增值税的政策规定是一致的。

属于从价定率计征消费税的,为已征且未在内销应税消费品应纳税额中抵扣的购进出口货物金额;属于从量定额计征消费税的,为已征且未在内销应税消费品应纳税额中抵扣的购进出口货物数量;属于复合计征消费税的,按从价定率和从量定额的计税依据分别确定。

$$消费税应退税额 = 从价定率计征消费税的退税计税依据 \times 比例税率 + 从量定额计征消费税的退税计税依据 \times 定额税率$$

(二) 出口免税但不退税

有出口经营权的生产性企业自营出口或生产企业委托外贸企业代理出口自产的应税消费品,依据其实际出口数量免征消费税,不予办理退还消费税。免征消费税是指对生产性企业按其实际出口数量免征生产环节的消费税。不予办理退还消费税,因已免征生产环节的消费税,该应税消费品出口时,已不含有消费税,所以无须再办理退还消费税。

(三) 出口不免税也不退税

除生产企业、外贸企业外的其他企业,具体是指一般商贸企业,这类企业委托外贸企业代理出口应税消费品一律不予退(免)税。出口货物的消费税应退税额的计税依据,按购进出口货物的消费税专用缴款书和海关进口消费税专用缴款书确定。

第五节　消费税的会计核算

一、科目设置

企业在计算和缴纳消费税时,应设置"应交税费——应交消费税"科目。该科目贷方发生额记载企业因生产和进口应税消费品而应缴纳的消费税税额;借方发生额记载企业实际缴纳的消费税税额和取得的可抵扣的消费税税额,期末贷方余额反映企业尚未缴纳的消费税税额,期末借方余额反映企业多缴纳或待抵扣的消费税税额。

二、企业对外销售应税消费品的会计核算

企业对外销售应税消费品应缴纳的消费税,应分情况处理。

(一) 直接对外销售的会计核算

企业生产出应税消费品对外销售时,应缴纳的消费税税额通过"税金及附加"科目核算。企业按规定计算出应缴纳的消费税税额,做如下会计分录:

借:税金及附加　　　　　　　　　　　　　　　　　×××
　　贷:应交税费——应交消费税　　　　　　　　　　×××

【例 3-8】 某汽车制造厂(增值税一般纳税人)2024 年 4 月 18 日销售乘用车 300 辆,每辆车的不含税售价为 9 万元,货款尚未收到;每辆车的成本价为 6 万元。该乘用车的增值税税率为 13%,消费税税率为 9%。

解析:(1) 应向购买方收取的增值税税额=90 000×300×13%=3 510 000(元)

(2) 应纳消费税税额=90 000×300×9%=2 430 000(元)

其会计分录为:

借:应收账款　　　　　　　　　　　　　　　　　　30 510 000
　　贷:主营业务收入　　　　　　　　　　　　　　　27 000 000
　　　　应交税费——应交增值税(销项税额)　　　　 3 510 000
借:税金及附加　　　　　　　　　　　　　　　　　 2 430 000
　　贷:应交税费——应交消费税　　　　　　　　　　 2 430 000

(二) 企业以自产的应税消费品对外投资,或用于在建工程、非应税项目等方面的会计核算

企业用应税消费品对外投资,或用于在建工程、非应税项目等方面,按规定缴纳消费税,应记入有关科目。

【例 3-9】 某汽车制造厂(增值税一般纳税人)以自产的某型乘用车 20 辆投资于某出租

车公司。按双方协议,每辆车的不含税售价为 8.5 万元,成本价为 6 万元,该车的消费税税率为 9%。

解析:(1)乘用车的增值税税额=85 000×20×13%=221 000(元)

(2)消费税税额=85 000×20×9%=153 000(元)

其会计分录为:

借:长期股权投资	1 921 000
贷:主营业务收入	1 700 000
应交税费——应交增值税(销项税额)	221 000
借:税金及附加	153 000
贷:应交税费——应交消费税	153 000
借:主营业务成本	1 200 000
贷:库存商品	1 200 000

【例 3-10】 某汽车制造厂(增值税一般纳税人)以 5 辆自产汽车无偿赠送给关系单位。该类车的不含税售价为每辆 12 万元,成本为每辆 9 万元,该车的消费税税率为 9%。

解析:(1)乘用车的增值税税额=120 000×5×13%=78 000(元)

(2)消费税税额=120 000×5×9%=54 000(元)

其会计分录为:

借:营业外支出	582 000
贷:库存商品	450 000
应交税费——应交增值税(销项税额)	78 000
应交税费——应交消费税	54 000

(三)应税消费品的包装物应纳消费税的会计核算

(1)随同产品出售的包装物应纳消费税的会计核算。按税法规定,随同产品出售的包装物,不论是否单独计价,也不论在会计上如何进行核算,均应并入应税消费品的销售额,按其税率计征消费税。随同产品出售不单独计价的包装物,因包装物价款已包含在销售额中,会计处理同直接对外销售应税消费品。随同产品出售单独计价的包装物,因其销售收入记入"其他业务收入"科目,所以,按规定缴纳的消费税的会计分录应为:

借:税金及附加	×××
贷:应交税费——应交消费税	×××

(2)不随产品出售,周转使用的包装物所收押金应纳消费税的会计核算。按规定,如果包装物不作价随同产品销售,而是收取押金,除酒类产品外,此项押金不并入销售额计征消费税。但对逾期未退还的包装物押金和已收取 1 年以上的包装物押金,应并入应税消费品的销售额,按其税率计征消费税。

【例 3-11】 某企业(增值税一般纳税人)将逾期未退还的包装物押金 2 260 元进行转账处理,增值税税率为 13%,消费税税率为 8%。

解析:(1)没收押金的不含税收入=2 260÷(1+13%)=2 000(元)

(2)增值税税额=2 000×13%=260(元)

(3)消费税税额=2 000×8%=160(元)

其会计分录为:

借:其他应付款 2 260
　　贷:其他业务收入 2 000
　　　　应交税费——应交增值税(销项税额) 260
借:税金及附加 160
　　贷:应交税费——应交消费税 160

三、委托加工应税消费品的会计核算

企业委托加工应税消费品,由受托方代收代缴消费税(受托方为个人除外)。委托方收回应税消费品后,用于连续生产应税消费品的,已由受托方代收代缴的消费税准予按规定抵扣;直接出售的卖价不高于受托方计税价格的,不再缴纳消费税;高于受托方计税价格的,不属于直接出售,需按规定缴纳消费税,在计税时准予扣除代扣代缴的消费税。在这两种情况下,委托方的核算是不同的,受托方的会计核算是相同的。

委托加工应税消费品,收回后直接用于销售的(即以不高于受托方的计税价格出售)应税消费品,由受托方代收的消费税随同应支付的加工费,一并计入委托加工应税消费品的成本,其会计分录为:

借:委托加工物资
　　贷:应付账款(银行存款等科目)

【例3-12】 某企业(增值税一般纳税人)委托外单位加工一批产品,发出原材料100 000元,支付加工费用60 000元,增值税7 800元,由受托方代收代缴消费税40 000元。产品已加工完毕验收入库,签发一张银行支票支付加工费和消费税。该公司产品按实际成本核算,加工收回产品直接用于销售,不含税售价200 000元。

解析: 委托方的会计分录为:

(1) 发出材料时:

借:委托加工物资 100 000
　　贷:原材料 100 000

(2) 支付加工费、增值税和代收的消费税时:

借:委托加工物资 100 000
　　应交税费——应交增值税(进项税额) 7 800
　　贷:银行存款 107 800

(3) 收回委托加工产品时:

借:库存商品 200 000
　　贷:委托加工物资 200 000

(4) 销售委托加工物资时:

借:银行存款 234 000
　　贷:主营业务收入 200 000
　　　　应交税费——应交增值税(销项税额) 34 000

由于直接出售卖价不高于受托方的计税价格,无须再缴纳消费税。

第六节　消费税征收管理

一、纳税义务发生时间

消费税纳税义务发生的时间,以货款结算方式或行为发生时间分别确定。

(1) 纳税人销售的应税消费品,其纳税义务的发生时间为:

① 纳税人采取赊销和分期收款结算方式的,为书面合同约定的收款日期的当天,书面合同没有约定收款日期或者无书面合同的,为发出应税消费品的当天。

② 纳税人采取预收货款结算方式的,其纳税义务的发生时间,为发出应税消费品的当天。

③ 纳税人采取托收承付和委托银行收款方式销售的应税消费品,其纳税义务的发生时间,为发出应税消费品并办妥托收手续的当天。

④ 纳税人采取其他结算方式的,其纳税义务的发生时间,为收讫销售款或者取得索取销售款凭据的当天。

(2) 纳税人自产自用的应税消费品,其纳税义务的发生时间,为移送使用的当天。

(3) 纳税人委托加工的应税消费品,其纳税义务的发生时间,为纳税人提货的当天。

(4) 纳税人进口的应税消费品,其纳税义务的发生时间,为报关进口的当天。

二、纳税期限

按照《消费税暂行条例》规定,消费税的纳税期限分别为1日、3日、5日、10日、15日、1个月或者1个季度。纳税人的具体纳税期限,由主管税务机关根据纳税人应纳税额的大小分别核定;不能按照固定期限纳税的,可以按次纳税。

纳税人以1个月或以1个季度为一期纳税的,自期满之日起15日内申报纳税;以1日、3日、5日、10日或者15日为一期纳税的,自期满之日起5日内预缴税款,于次月1日起至15日内申报纳税并结清上月应纳税款。

纳税人进口应税消费品,应当自海关填发海关进口消费税专用缴款书之日起15日内缴纳税款。

三、纳税地点

(1) 纳税人销售的应税消费品,以及自产自用的应税消费品,除国务院财政、税务主管部门另有规定外,应当向纳税人机构所在地或者居住地的主管税务机关申报纳税。

(2) 委托加工的应税消费品,除受托方为个人外,由受托方向机构所在地或者居住地的主管税务机关解缴消费税税款。

(3) 进口的应税消费品,由进口人或者其代理人向报关地海关申报纳税。

(4) 纳税人到外县(市)销售或者委托外县(市)代销自产应税消费品的,于应税消费品销售后,向机构所在地或者居住地主管税务机关申报纳税。

纳税人的总机构与分支机构不在同一县(市),但在同一省(自治区、直辖市)范围内,经省(自治区、直辖市)财政厅(局)、国家税务局审批同意,可以由总机构汇总向总机构所在地的主管税务机关申报缴纳消费税。

省(自治区、直辖市)财政厅(局)、国家税务局应将审批同意的结果,上报财政部、国家税务总局备案。

业务拓展专题——代购补缴税费

2018年10月2日,某报纸微信公众号贴出标题为《机场海关严查代购,一个航班查出100多人!》的报道文章。

该文章报道了2018年9月28日,也就是国庆前2天,上海浦东国际机场严查代购的消息。

报道中提到9月28日,在上海浦东机场T2航站楼,所有人全部开箱排队等待过机审查,队伍长得看不到尽头。一班航班查了100多个代购,排队等待交税。所有的过关人员,全部开箱,面膜一片一片地数,东西一件一件地查。在开箱过程中,一名男子突然"扑通"跪在了海关面前。因为他带了价值178万元的货,情节过于严重,进了缉私局。被罚的物品中,最便宜的唇膏——10支Tom Ford口红应税1800元,3盒面膜被罚200多元。开箱查了一天,一直到凌晨一点,都在排队过机检查。代购们为了安全出关,使出浑身解数,求人帮忙带出去。

还有更狠的,海关直接冲去源头——日上免税店抓人,但凡是在日上免税店买了十几万货的代购,全部无一幸免,被罚的代购们都坚持不下去了。

当然,查补税收并不是上海海关的专利,全国海关都在例行执法。2018年8月31日新出台的《中华人民共和国电子商务法》中提到,所有的电子商务经营者,包括朋友圈里的微信代购们,但凡情节严重的,都将被责令停业整顿,还会被处以50万元到250万元的罚款。其实这么看,代购这种行为风险一直很大。早在两年前,就爆出过新闻:买一个手表被税16.5万元,刚开始接到这个大单的小伙伴还欢天喜地,直到被税60%,整整16万元多。

出国"买买买"的游客也是一样的:2018年年初,一名女子从澳洲回国时,身上背了个价值1917美元的Gucci"酒神包",外加一条LV的围巾、一些彩妆自用品,总价约4000美元,一双Stan Smith的鞋和一些日用品放在托运行李中,结果入境时被海关直接关进"小黑屋"。工作人员打开托运行李,估算了她箱内商品价值之后,告诉她将要交9600元的税。

一般情况下,穿在身上、背在身上、戴在手上、没有吊牌和包装盒的东西,都直接或间接向海关表明了:这些东西自用。如果你的"自用品"超出合理数量或者太贵重、成色太新的就要小心了。海关对手表、金银首饰、珠宝等高价值商品是不放过的。

报道中提示:出国旅游身上有贵重物品或保养很好的旧包的话,如果是国内买的需出示发票,或出境前提前申报。

携带物品入境的正确方法:居民旅客在境外获取的自用物品,只要价值不超过5 000元,海关就予以免税放行。对于价值超出5 000元的物品,经海关审核确属自用的,海关仅对超出部分征税,对不可分割的单件物品则是全额征税。

如果被海关查获,以下物品都需要按照不同的比例补缴税款:

15%:食品饮料、金银制品、家具、书刊、教育影视类资料等;

30%:纺织品、皮革制品、鞋包、钟表、钻石首饰、洗护保养品、医疗、厨卫、文具等;

60%:高档烟酒、高档手表、贵重首饰、化妆品、高尔夫球具等。

此外,还有20种不予免税商品:电视机、摄像机、录像机、放像机、音响设备、空调器、电冰箱、洗衣机、照相机、复印机、程控电话交换机、微型计算机及外设、电话机、无线寻呼系统、传真机、电子计算器、打字机及文字处理机、家具、灯具、餐料。

《中华人民共和国电子商务法》已于2019年1月1日正式实施。不管是欧美、日韩代购,还是泰国代购,以后都会受到严格监管,一旦违规最高罚款200万元,并重点提示:

(1) 不管是什么代购,都需要有采购国和中国双方的营业执照。
(2) 需要缴纳税收,偷税漏税需承担刑事责任。
(3) 没有中文标签,不是国家认监委认证工厂生产的奶粉保健品之类不得销售。

思考:(1) 针对该案例,海关严查代购,代购们补缴的税是哪一种税?
(2) 您认为代购补缴税款是否合理?影响有哪些?

本章小结

本章重点介绍了消费税的纳税义务人、征税范围、税目及税率;消费税的纳税环节;消费税应纳税额的计算和会计处理以及纳税申报。

本 章 练 习 题

扫二维码进行查看,下载。

第四章 城市维护建设税和教育费附加纳税实务

知识能力目标

1. 掌握附加税的征收原理;
2. 掌握附加税的计算及会计处理。

案例导入

小王毕业实习时,正好碰到企业第一季度增值税的纳税申报,主管交给他一个任务"完成第一季度附加税纳税申报表的填列"。小王在填列城市维护建设税纳税申报表时犯难了。他看到增值税纳税申报表中,第一季度应交增值税金额为 450 万元,而实交金额为 200 万元。那么在填列城市维护建设税应纳税额时,到底应该选用 450 万元还是 200 万元作为计税依据呢?

思考: 请您为小王做出选择。

第一节 城市维护建设税法

一、城市维护建设税概述

城市维护建设税法,是指国家制定的用以调整城市维护建设税征收与缴纳权利及义务关系的法律规范。现行城市维护建设税的基本规范,是 1985 年 2 月 8 日国务院发布并于同年 1 月 1 日实施的《中华人民共和国城市维护建设税暂行条例》(简称《城市维护建设税暂行条例》)。

城市维护建设税是对从事工商经营,缴纳增值税、消费税的单位和个人征收的一种税。新中国成立以来,我国城市建设和维护在不同时期都取得了较大成绩,但国家在城市建设方面一直资金不足。1979 年以前,我国用于城市维护建设的资金来源由当时的工商税附加、城市公用事业附加和国家下拨城市维护费组成。1985 年 2 月 8 日国务院正式颁布了《城市维护建设税暂行条例》,并于 1985 年 1 月 1 日在全国范围内施行。2020 年 8 月 11 日,第十三届全国人民代表大会常务委员会第二十一次会议通过了《中华人民共和国城市维护建设税法》,自 2021 年 9 月 1 日起施行。同时废止了《中华人民共和国城市维护建设税暂行条例》。

城市维护建设税的特点:① 取消了税款专款专用。专款专用是指,所征税款要求保证用于城市公用事业和公共设施的维护和建设。在 2021 年 9 月 1 日起开始施行的《中华人民共和国城市维护建设税法》中,不再规定其专项用途,已由一般公共预算统筹安排。② 属于一种附加税。城市维护建设税是以纳税人实际缴纳的增值税、消费税(以下简称"两税")税额为计税依据,随"两税"同时征收,其本身没有特定的课税对象,其征管方法也完全比照"两税"的有关规定办理。③ 根据城镇规模设计不同的比例税率。根据纳税人所在城镇的规模及其资金需要设计税率。

二、城市维护建设税的纳税义务人与征税范围

城市维护建设税是对从事经营活动,缴纳增值税、消费税的单位和个人征收的一种税。城市维护建设税的纳税义务人,是指负有缴纳增值税、消费税义务的单位和个人,包括国有企业、集体企业、私营企业、股份制企业、其他企业和行政单位、事业单位、军事单位、社会团体、其他单位,以及个体工商户及其他个人。自2010年12月1日起,对外商投资企业、外国企业及外籍个人征收城市维护建设税。

城市维护建设税的代扣代缴、代收代缴,一律比照增值税、消费税的有关规定办理。增值税、消费税的代扣代缴、代收代缴义务人同时也是城市维护建设税的代扣代缴、代收代缴义务人。

城市维护建设税的征税范围包括城市、县城、建制镇以及税法规定征税的其他地区。城市、县城、建制镇的范围应根据行政区划作为划分标准,不得随意扩大或缩小各行政区域的管辖范围。

三、城市维护建设税的税率、计税依据和应纳税额的计算

(一) 税率

城市维护建设税的税率,是指纳税人应缴纳的城市维护建设税税额与纳税人实际缴纳的"两税"税额之间的比率。城市维护建设税按纳税人所在地的不同,设置了三档地区差别比例税率(除特殊规定外):

(1) 纳税人所在地为市区的,税率为7%。

(2) 纳税人所在地为县城、镇的,税率为5%。撤县建市后,城市维护建设税适用税率为7%。

(3) 纳税人所在地不在市区、县城或者镇的,税率为1%;开采海洋石油资源的中外合作油(气)田所在地在海上,其城市维护建设税适用1%的税率。

2018年10月19日,财政部、国家税务总局下发了《中华人民共和国城市维护建设税法(征求意见稿)》,将原三档税率更改为"纳税人所在地在市区的,税率为7%;纳税人所在地不在市区的,税率为5%"两档税率。但目前该变动仍属征求意见阶段,尚未执行。

城市维护建设税的适用税率,应当按纳税人所在地的规定税率执行。但是,对下列两种情况,可按缴纳"两税"所在地的规定税率就地缴纳城市维护建设税:

(1) 由受托方代扣代缴、代收代缴"两税"的单位和个人,其代扣代缴、代收代缴的城市维护建设税按受托方所在地适用税率执行;

(2) 流动经营等无固定纳税地点的单位和个人,在经营地缴纳"两税"的,其城市维护建设税的缴纳按经营地适用税率执行。

(二) 计税依据

城市维护建设税的计税依据,是指纳税人实际缴纳的"两税"税额。纳税人违反"两税"有关税法而加收的滞纳金和罚款,是税务机关对纳税人违法行为的经济制裁,不作为城市维护建设税的计税依据,但纳税人在被查补"两税"和被处以罚款时,应同时对其偷漏的城市维护建设税进行补税,并征收滞纳金和罚款。

城市维护建设税以"两税"税额为计税依据并同时征收,如果要免征或者减征"两税",也就要同时免征或者减征城市维护建设税。

但对出口产品退还增值税、消费税的,不退还已缴纳的城市维护建设税。

自2005年1月1日起,经国家税务局正式审核批准的当期免抵的增值税应纳入城市维护建设税和教育费附加的计征范围,分别按规定的税(费)率征收城市维护建设税和教育费附加。2005年1月1日前,已按抵免的增值税税额征收的城市维护建设税和教育费附加不再退还,未征的不再补征。

(三) 应纳税额的计算

城市维护建设税纳税人的应纳税额大小是由纳税人实际缴纳的"两税"税额决定的。其计算公式为:

应纳税额=(纳税人实际缴纳的增值税税额+纳税人实际缴纳的消费税税额)×适用税率

【例4-1】 某企业位于县城,2023年9月撤县设区,该企业2024年3月实际缴纳增值税500 000元,缴纳消费税400 000元。

要求:计算该企业应纳的城市维护建设税税额。

解析:应纳城市维护建设税税额=(实际缴纳的增值税+实际缴纳的消费税)×适用税率
=(500 000+400 000)×7%=900 000×7%=63 000(元)

由于城市维护建设税法实行纳税人所在地差别比例税率,所以在计算应纳税额时,应密切注意根据纳税人所在地来确定适用税率。

四、城市维护建设税的税收优惠和征收管理

(一) 税收优惠

城市维护建设税原则上不单独减免,但因城市维护建设税又具附加税性质,当主税发生减免时,城市维护建设税相应发生税收减免。城市维护建设税的税收减免具体有以下几种情况:

(1) 城市维护建设税按减免后实际缴纳的"两税"税额计征,即随"两税"的减免而减免。

(2) 对于因减免税而需进行"两税"退库的,城市维护建设税也可同时退库。

(3) 海关对进口产品代征的增值税、消费税,不征收城市维护建设税。

(4) 对"两税"实行先征后返、先征后退、即征即退办法的,除另有规定外,对随"两税"附征的城市维护建设税和教育费附加,一律不退(返)还。

(5) 为支持国家重大水利工程建设,对国家重大水利工程建设基金免征城市维护建设税。

(二) 征收管理

1. 纳税环节

城市维护建设税的纳税环节,是指《城市维护建设税暂行条例》规定的纳税人应当缴纳城

市维护建设税的环节。城市维护建设税的纳税环节,实际就是纳税人缴纳"两税"的环节。纳税人只要发生"两税"的纳税义务,就要在同样的环节,分别计算缴纳城市维护建设税。

2. 纳税地点

城市维护建设税以纳税人实际缴纳的增值税、消费税税额为计税依据,分别与"两税"同时缴纳。所以,纳税人缴纳"两税"的地点,就是该纳税人缴纳城市维护建设税的地点。但是,属于下列情况的,纳税地点为:

(1) 代扣代缴、代收代缴"两税"的单位和个人,同时也是城市维护建设税的代扣代缴、代收代缴义务人,其城市维护建设税的纳税地点在代扣代收地。

(2) 跨省开采的油田,下属生产单位与核算单位不在一个省内的,其生产的原油,在油井所在地缴纳增值税,其应纳税款由核算单位按照各油井的产量和规定税率,计算汇拨各油井缴纳。所以,各油井应纳的城市维护建设税,应由核算单位计算,随同增值税一并汇拨油井所在地,由油井在缴纳增值税的同时,一并缴纳城市维护建设税。

(3) 纳税人跨地区提供建筑服务、销售和出租不动产的,应在建筑服务发生地、不动产所在地预缴增值税时,以预缴增值税税额为计税依据,并按预缴增值税所在地的城市维护建设税适用税率和教育费附加征收率就地计算缴纳城市维护建设税和教育费附加。

预缴增值税的纳税人在其机构所在地申报缴纳增值税时,以其实际缴纳的增值税税额为计税依据,并按机构所在地的城市维护建设税适用税率和教育费附加征收率就地计算缴纳城市维护建设税和教育费附加。

(4) 对流动经营等无固定纳税地点的单位和个人,应随同"两税"在经营地按适用税率缴纳。

3. 纳税期限

由于城市维护建设税是由纳税人在缴纳"两税"时同时缴纳的,所以其纳税期限分别与"两税"的纳税期限一致。根据增值税法和消费税法规定,增值税、消费税的纳税期限分别为1日、3日、5日、10日、15日或者1个月。增值税、消费税的纳税人的具体纳税期限,由主管税务机关根据纳税人应纳税额大小分别核定;不能按照固定期限纳税的,可以按次纳税。

五、城市维护建设税的会计处理和纳税申报

(一) 城市维护建设税的会计处理

企业进行城市维护建设税的会计处理时,应设置"应交税费——应交城市维护建设税"账户。计提城市维护建设税时,借记"税金及附加"科目,贷记"应交税费——应交城市维护建设税"科目;缴纳城市维护建设税时,借记"应交税费——应交城市维护建设税"科目,贷记"银行存款"科目。

【例4-2】 地处某省城的甲汽车厂,某月实际缴纳增值税300万元、消费税400万元。

要求: 计算该汽车厂当月应纳城市维护建设税税额,并编制会计分录。

解析: 应纳税额=(300+400)×7%=49(万元)

计提税金时,根据税额计算单,编制如下会计分录:

借:税金及附加　　　　　　　　　　　　　　　　　　　　　490 000
　　贷:应交税费——应交城市维护建设税　　　　　　　　　　　　490 000

缴纳税款时,根据税收缴款书及付款凭证,编制如下会计分录:

借:应交税费——应交城市维护建设税　　　　　　　　　　　　490 000

贷：银行存款　　　　　　　　　　　　　　　　　　　　490 000

（二）城市维护建设税的纳税申报

城市维护建设税是增值税和消费税的附加税，与"两税"同时申报，纳税人应按税法规定如实填写"城市维护建设税纳税申报表"。

第二节　教育费附加和地方教育附加

教育费附加和地方教育附加是对缴纳增值税、消费税的单位和个人，就其实际缴纳的税额为计算依据征收的一种附加费。

教育费附加是为加快地方教育事业，扩大地方教育经费的资金而征收的一项专用基金。1984年，国务院颁布了《关于筹措农村学校办学经费的通知》，开征了农村教育事业经费附加。1985年，中共中央作出《关于教育体制改革的决定》，指出必须在国家增拨教育基本建设投资和教育经费的同时，充分调动企、事业单位和其他各种社会力量办学的积极性，开辟多种渠道筹措经费。为此，国务院于1986年4月28日颁布了《征收教育费附加的暂行规定》，决定从同年7月1日开始在全国范围内征收教育费附加。

地方教育附加源自1995年9月1日起施行的《中华人民共和国教育法》的相关规定："税务机关依法足额征收教育费附加，由教育行政部门统筹管理，主要用于实施义务教育。省、自治区、直辖市人民政府根据国务院的有关规定，可以决定开征用于教育的地方附加费，专款专用。"自1995年起各省市地方陆续自行增设地方教育附加，2010年财政部下发了《关于统一地方教育附加政策有关问题的通知》，对各省、市、自治区的地方教育附加进行了统一，2011年6月29日印发的《国务院关于进一步加大财政教育投入的意见》要求全面开征地方教育附加并统一费率。

一、教育费附加和地方教育附加的征收范围及计征依据

教育费附加和地方教育附加对缴纳增值税、消费税的单位和个人征收，以其实际缴纳的增值税、消费税为计征依据，分别与增值税、消费税同时缴纳。

二、教育费附加和地方教育附加的计征比率

教育费附加计征比率几经变化。1986年开征时，规定为1％；1990年5月6日《国务院关于修改〈征收教育费附加的暂行规定〉的决定》中规定为2％；按照1994年2月7日《国务院关于教育费附加征收问题的紧急通知》的规定，现行教育费附加征收比率为3％，地方教育附加征收率从2010年起统一为2％。

三、教育费附加和地方教育附加的计算

教育费附加和地方教育附加的计算公式为：

$$\text{应纳教育费附加或地方教育附加} = (\text{实际缴纳的增值税} + \text{实际缴纳的消费税}) \times \text{征收比率}$$

【例 4-3】 北京市区一家企业 2024 年 3 月实际缴纳增值税 300 000 元,缴纳消费税 300 000 元。

要求: 计算该企业应缴纳的教育费附加和地方教育附加。

解析: 应纳教育费附加=(实际缴纳的增值税+实际缴纳的消费税)×征收比率
=(300 000+300 000)×3‰=600 000×3‰=18 000(元)

应纳地方教育附加=(实际缴纳的增值税+实际缴纳的消费税)×征收比率
=(300 000+300 000)×2‰=600 000×2‰=12 000(元)

四、教育费附加和地方教育附加的减免规定

(1) 对海关进口的产品征收的增值税、消费税,不征收教育费附加。

(2) 对由于减免增值税、消费税而发生退税的,可同时退还已征收的教育费附加。但对出口产品退还增值税、消费税的,不退还已征的教育费附加。

(3) 对国家重大水利工程建设基金免征教育费附加。

(4) 自 2016 年 2 月 1 日起,按月纳税的月销售额或营业额不超过 10 万元(按季度纳税的季度销售额或营业额不超过 30 万元)的缴纳义务人,免征教育费附加、地方教育附加。

五、教育费附加纳税申报

纳税人应按照规定定期缴纳教育费附加,并如实填制"教育费附加纳税申报表"。

业务拓展专题——城市维护建设税

某市汽车商贸中心为集体所有制企业,注册资本 150 万元,在职员工 30 人,经营汽车配件的批发、零售。2024 年度账面销售收入 2 764.380 5 万元,已缴纳城建税 1 500 元,实现利润 495.79 万元。2024 年 12 月 27 日,该市地税稽查分局对该中心进行专项稽查,发现该中心营业地点在城郊结合部,自 2022 年 1 月至 2024 年年底合计缴纳增值税 20 万元,而城市维护建设税一直按郊区适用税率 5% 申报缴纳,已缴纳城市维护建设税 1 万元。为此,税务稽查人员到有关部门调查了解,确认该中心营业所在地点属市区范围。

思考:(1) 请问税务机关面对企业这种情况,将会做出什么决定?

(2) 请问企业应如何补缴税款,并调整相应账务处理?

本章小结

本章重点介绍了以增值税、消费税为计税依据的附加税,包括城市维护建设税、教育费附加及地方教育附加。附加税费的计算、纳税申报等都是以增值税、消费税为基础。

本章练习题

扫二维码进行查看,下载。

第五章　关税纳税实务

知识能力目标

1. 掌握关税的相关概念；
2. 熟悉关税的分类、作用；
3. 掌握关税应纳税额的计算；
4. 掌握关税的税收优惠及纳税管理。

案例导入

近期中美经贸摩擦梳理

中美经贸摩擦，又称中美贸易争端、中美贸易摩擦，是中美经济关系中的重要问题。贸易争端主要发生在两个方面：一是中国比较具有优势的出口领域；二是中国没有优势的进口和技术知识领域。前者基本上是竞争性的，而后者是市场不完全起作用的，它们对两国经济福利和长期发展具有重要影响。以下是中美经贸摩擦的一些关键过程：

2017年8月14日：美国启动301调查，标志着中美经贸摩擦的开始。

2018年3月22日：美国总统在白宫签署总统备忘录，根据"301调查"结果，宣布将对从中国进口的商品大规模征收关税，并限制中国企业对美投资并购。中国商务部随即表示将采取必要的反制措施，坚决捍卫自身合法权益。

2018年7月6日：美国对从中国进口的约340亿美元的商品征收25%的关税，包括汽车、硬盘和飞机零部件。中国采取反制措施，对原产于美国的545种商品征收25%的关税。

2018年8月23日：美国对价值160亿美元的中国商品再征收25%的关税，中国相应的反制措施是对160亿美元的美国商品征收25%的关税。

2018年9月24日：美国对价值2 000亿美元的中国进口商品征收10%的关税，中国回应对600亿美元的美国商品征收关税。

2018年12月1日：在中美G20峰会上，双方达成90天的贸易休战协议，以便进一步谈判解决美国的关切。

2019年5月10日：美国将价值2 000亿美元的中国商品关税提高到25%，中国回应对价值600亿美元的美国商品加征关税2。

2019年5月15日：美国将华为列入"实体名单"2。

2019年9月11日：国务院关税税则委员会公布第一批对美加征关税商品第一次排除

清单4。

2019年10月：美国商务部称将自10月31日起对中国3000亿美元加征关税清单产品启动排除程序4。

2019年12月13日：在贸易战持续了一段时间后,中美两国开始寻求缓和紧张关系的途径。双方进行了多次通话和会面,就贸易问题进行了深入讨论。中美两国宣布达成了第一阶段经贸协议,标志着贸易战暂时告一段落。中美第一阶段经贸协议文本达成一致,美方将履行分阶段取消对华产品加征关税的相关承诺。

2020年1月15日：中美第一阶段经贸协议签署仪式在美国白宫东厅举行。

美国的关税政策导致中国对美出口减少,而中国的反制措施也对美国的一些行业造成了冲击。此外,贸易战还加剧了全球市场的不确定性,对全球经济产生了负面影响。

第一节 关税税法基础

一、关税的起源和发展

关税并非是近代的产物,其具有悠久的历史。社会生产力的不断发展,商品的交换和流通领域也随之出现并不断扩大。正因为如此,关税便油然而生。

在我国,约公元前11世纪至公元前771年的西周时期,在边境就设置了关卡。设置关卡是为了保障国家的安全。随后在《周礼·地官》的"关市之征"的记载里有提到设立关卡对所进出关卡的货物征税,当时征税不仅仅是为了防卫,也为了"待王之膳服"。1985年3月7日,国务院发布《中华人民共和国进出口关税条例》。1987年1月22日,第六届全国人民代表大会常务委员会第十九次会议通过《中华人民共和国海关法》,其中第五章为"关税"。2003年11月,国务院根据海关法重新修订并发布《中华人民共和国进出口关税条例》。作为具体实施办法,《中华人民共和国海关进出口货物征税管理办法》于2004年12月15日审议通过,自2005年3月1日起施行。《2017年关税调整方案》已经国务院关税税则委员会第七次全体会议审议通过,并报国务院批准,自2017年1月1日起施行。

二、关税的定义及特点

关税,是由海关代表国家并且根据国家制定的相关法律,向纳税人征收的一种商品税。它的征收对象是进出境的物品或货物。上述中的"境"是关境,又可称为"海关关境"或"关税领域",即国家安全法全面实施的领域。一般而言,一个国家的关境和国境是一致的,包括国家范围内的全部领空、领海和领土。但是也有特殊情况,如国家在其境内设立了自由港或自由贸易区等,这些区域就进出口关税而言处在关境之外,这种情况下国家的国境大于关境。就我国而言,我国的澳门和香港就处于自由港的区域。从《中华人民共和国香港特别行政区基本法》和《中华人民共和国澳门特别行政区基本法》可以看出它们是我国单独的关税地区,也可以称为单独关境区。若几个国家组成关税同盟,并组成一个共同的关境,实施统一的关税法令和对外税则,并且这些国家彼此之间货物进出国境不征收关税,只对同盟外的国家货物进出共同关境时征收关税,那么这些国家的关境大于国境。

关税法是指国家制定的调整关税征收与缴纳权利义务关系的法律规范。过去,我国关税法律规范以全国人民代表大会于 2000 年 7 月修正颁布的《中华人民共和国海关法》为法律依据,以国务院于 2003 年 11 月发布的《中华人民共和国进出口关税条例》,以及由国务院关税税则委员会审定并报国务院批准,作为条例组成部分的《中华人民共和国海关进出口税则》和《中华人民共和国海关入境旅客行李物品和个人邮递物品征收进口税办法》为基本法规,由负责关税政策制定和征收管理的主管部门依据基本法规拟定的管理办法和实施细则为主要内容。2015 年 8 月,关税法被补充进第十二届全国人大常委会立法规划。根据 2016 年 11 月 7 日主席令第 57 号《全国人大常委会关于修改〈中华人民共和国对外贸易法〉等十二部法律的决定》,从 2019 年 1 月 1 日开始,我国调整部分商品的进口关税,对多达 700 项商品实施进口的暂定税率,其中也新增了对于部分药品生产原料实施零关税的举措。中国伴随着最惠国税率的降低,相应调整亚太贸易协定下的老挝和孟加拉国的特惠税率。从 2019 年的 7 月 1 日开始,我国实现对 398 项信息技术产品税率的第四步降税,对于部分信息产品的暂定税也做出相应的调整。我国现行《中华人民共和国关税法》已由中华人民共和国第十四届全国人民代表大会常务委员会第九次会议于 2024 年 4 月 26 日通过。

关税的课征目的与增值税有较大的区别,但与其他货物和劳务税一样都是以纳税人的货物和劳务的交易额为课税对象。关税具有以下几个方面的特点:

(1) 关税的征收对象的界定。

关税作为一种税收形式,它的征收范围是进出关境的货物和物品。换句话说,但凡在境内或是境外流转的商品,不属于关税的征收范围。

(2) 复式税则。

大部分国家在关税上普遍实行复式税则。复式税则,又称多栏税则,是指一个税目一般设有两个或超过两个以上的税率,根据不同国家的进口货物而分别对应不一样的税率。

(3) 涉外性。

关税不仅可以增加国家财政收入,而且它是贯彻对外贸易政策的一种重要方式。在一定程度上,关税可以保护国家的民族企业,是调节国民经济和对外贸易及反倾销的一种手段。

(4) 由海关专门负责。

关税由海关依法征收,而不是由税务机关负责征收。在最新修订的《海关法》中,第二十八条明文规定进出口货物应当接受海关查验。海关查验货物时,进口货物的收货人、出口货物的发货人应当到场,并负责搬移货物,开拆和重封货物的包装。海关认为必要时,可以径行开验、复验或者提取货样。

(5) 计税依据。

完税价格是关税的计税依据。所谓完税价格是指海关根据相关规定对进出口货物估定或审定的价格。通常情况下,完税价格是发票上面标明的成交价格(到岸价格或离岸价格)。

知识链接

一、关税的作用

按征税的目的不同,可分为财政关税和保护关税。财政关税以增加国家财政收入为主要目的;保护关税以保护国内产业为主要目的。所以说,关税的作用是保护国内经济,稳定市场,增加国家财政收入。具体表现为：① 维护国家的主权和经济利益；② 为国家财政积累资金，增加财政收入；③ 保护和促进国家的工农业发展，有效调控本国经济运行；④ 是调节国民经济和对外贸易的有效杠杆。

二、关税在国际贸易中的影响

日本与美国贸易摩擦最早始于20世纪50年代中期。在两国的贸易摩擦中主要经历了三个阶段：20世纪70年代的升级期；80年代的高涨期；90年代至今的缓和期。日美摩擦是"二战"之后具有典型代表的国际贸易摩擦。两国摩擦所涉及的产品基本覆盖日本每个发展期间的主要产业或产品（如日美纺织品贸易持续16年左右，日美半导体贸易持续了26年左右和电信产品持续了28年左右），是从微观领域转向宏观领域的发展，也是从货物交易转向服务交易的发展。两国贸易摩擦是由关税手段慢慢转向非关税手段的过程。现以部分所涉及的摩擦产品来描述日美之间的摩擦历程。

1. 日美纺织品交易

"二战"后，日本为了恢复国力，凭借本国劳动力低廉的优势，使得纺织品快速发展。1955年，日本的棉衣是以一件一美元的价格成功打入美国市场，但是遭到了美国的反倾销控诉。1957年，双方签订了《日美棉制品协定》。60年代开始，日本合成纤维行业的出口迅猛发展。1971年，双方签订了《日美纤维协定》。慢慢地，对于两国的纺织品摩擦均以日本的妥协而缓和，比如日本限定该产品的出口政策的颁布。

2. 日美半导体交易

1970年开始，日本的半导体发展迅速，以低价迅速抢占了美国市场，严重冲击着美国的半导体行业。美国以反倾销等方式进行贸易保护，并且加收了100%该类型产品的关税。从20世纪90年代起，两国的谈判重点都在半导体行业上。1991年，双方签订《半导体协议》，日本的计算机芯片进口量逐步扩增，直至1995年，日本全面放开该市场。

不难看出，导致两国贸易摩擦的最根本原因是两国在贸易过程中尽量地争取经济利益的最大化。两国的产业结构和经济的发展模式造成了双方的收支不平衡。日本在此摩擦中受到以下影响：促进日本加快产业结构升级；改善日本的贸易条件；进一步开放市场，拉动经济增长；出口减少，降低日本经济增长速度；企业破产，导致失业率提高；迫使日元升值，容易导致泡沫经济。同时，日本采取的措施包括：规范对外贸易秩序以消除摩擦；采取"自动出口配额制"；实施出口市场多元化战略；逐步降低关税；逐步减少非关税壁垒；引进技术与加强自主创新相结合，应对双方间的摩擦；利用对外直接投资规避双方间的摩擦。

思考：（1）关税在国际贸易往来中有哪些作用和影响？

（2）在与美国的贸易摩擦中日本的处理方式对中国有何启示？

分析：（1）关税在国际贸易往来中的作用和影响。

关税是重要的国家财政收入来源，也是国家宏观调控的重要工具。按征税的目的不同，可分为财政关税和保护关税。财政关税以增加国家财政收入为主要目的；保护关税以保护国内产业为主要目的。所以说，关税的作用是保护国内经济，稳定市场，增加国家财政收入。具体表现为：① 维护国家的主权和经济利益；② 为国家财政积累资金，增加财政收入；③ 保护和促进国家的工农业发展，有效调控本国经济运行；④ 是调节国民经济和对外贸易的有效杠杆。

关税的影响主要包括两个方面：一方面是进出口贸易的影响。关税税率水平的增减会对进出口总贸易的增减产生影响，关税的税则结构也会对进出口贸易的结构产生影响。另一方面是产业结构的影响。税则在税种和税目以及税率上很好地保护了特定产品和产业,这种保护会使产业的增值率和利润率发生变化,劳动要素在不同产业间的流动,使得产业结构发生变化。

(2) 在与美国的贸易摩擦中日本的处理方式对中国有何启示?

第一,在摩擦中需要重视政府的作用。政府应该加快从"出口导向型"外贸发展战略向内外需平衡发展转变。对内应该及时调整我国产业政策,推动我国产业结构调整和升级。在扩大出口的同时,不仅仅局限于出口的数量,还要关注出口质量。利用产品结构升级打破技术壁垒,提高我国的竞争力。

第二,充分发挥行业协会的作用。日本除了重视谈判和开展公关等手段,日本行业协会在处理过程中起了重要作用。我国应该先建立符合国情的行业协会制度,充分利用行业协会了解行业情况和对外沟通优势,组织业内专家,高效收集信息,建立国际贸易摩擦预警机制,确保我国对外贸易的发展,维护我国的根本利益。从国家整体利益出发,在对外贸易中服从政府和行业协会的协调,对敏感国家和地区的出口控制价格和数量。

第三,实行市场多元化战略规避贸易摩擦。日本过分依赖美国,出口市场也单一。我们应该积极扩大出口商品种类,实现出口商品结构多样化,积极开拓新兴市场,缓解出口对欧美市场的依赖。

第四,提高我国企业研发和自主创新能力。国家的国际市场竞争力主要靠企业的研发和创新能力。国家需要加强对一流人才的培养,积极引进国内外高端技术人才,加大对技术研发资金的投入,打造高质量的"中国品牌"。

第五,充分利用国际贸易规则,不能一味地妥协。我国对外贸易的企业应该加大对员工的培训,普及国际贸易知识,将国际贸易政策法规研究透彻。充分利用WTO框架下的贸易争端解决机制。

三、关税的分类

关税的种类按照不同标准分为以下几类。

(一) 按照征收的对象或商品流向分类

按照征收的对象或商品流向分类,可分为进口税、出口税、过境税。

(1) 进口税,别名进口关税,是指海关依据相关规定对国外的货物或物品进入本国时所课征的一种税。一般情况下,进口税在外国货物输入关境或国境时征收,或者外国货物从自由港、自由贸易区或保税仓库中提出运往国内市场销售,办理通关手续时征收。进口税不仅在一定程度上增加财政收入,还可以作为一种保护本国生产和经济发展的手段。

(2) 出口税,是指海关依法对出口货物和物品征收的关税。一般情况下,大部分国家为了提高本土货物或物品的竞争优势,降低其成本,对它们少征或不征收出口税。但是,为了保护本国的某些自然资源或是限制国内某产品的出口,国家会部分征收出口税。

(3) 过境税,别名通过税,是指海关对过境的货物所征收的税。随着经济的发展,各国的经济贸易往来日益密切,目前大部分国家不征收过境税,以便国际贸易的发展。

(二) 按照征税的目的分类

按照征税的目的分类,可分为财政关税、保护关税。

(1) 财政关税,别名收入关税,是为了增加国家的财政收入而征收的一种税。财政关税起源悠久,但是它主要是为了宫廷的享受和财政收入的增高。比如设置关卡对往来客商征收关税。伴随着世界经济的发展,财政关税逐渐被保护关税替代。

(2) 保护关税,别名经济关税,是指为了保护国家的经济发展而征收的一种关税。通常情况下,保护关税是进口税,而且其税率偏高。通过征收保护关税,进口的货物或物品成本提高,没有价格方面的优势,进而在一定程度上保护了本国经济的发展。进口税的税率越高,其保护的程度随之增强。

(三) 按照差别待遇和特定的实施情况分类

按照差别待遇和特定的实施情况分类,可分为进口附加税、差价税、特惠税和普遍优惠制。

(1) 进口附加税,别名特别关税,是为了特别目的,除了征收一般的进口税外,海关再额外对进口的货物征税。进口附加税主要有五种形式:反倾销税、反补贴税、惩罚关税、报复关税和紧急关税。

(2) 差价税,别名差额税,其主要目的是保护国内经济。它是指当国内某产品的价格高于同类进口产品的价格时,按照国内价格减去进口价格所得到的差额来征收的一种税。

(3) 特惠税,全称为特定优惠关税,是指海关征收低于正常标准税率的一种关税。通常情况下,特惠税主要针对特定国家或特定地方进口的一部分货物或者是全部货物征收较低的关税。

(4) 普遍优惠制,简称普惠制,是发达国家给发展中国家或地区的商品(如制成品和半制成品)提供的普遍的、非歧视和非互惠的一种关税优惠待遇。

(四) 按照征税的一般方法或征税标准分类

按照征税的一般方法或征税标准分类,可分为从量税、从价税、复合税、选择税和滑准税。

(1) 从量税,是指海关以货物的重量、数量、长度等计量单位来征收关税。比如目前部分国家对盐税和资源税实行从量税。

(2) 从价税,是指海关以货物的价格或价值为标准,根据一定比例的税率而征收的税种。比如我国对产品税基本实行从价税。

(3) 复合税,别名复制税或复合税制,是指海关根据需要对同一种进口货物采用从价和从量两种标准来征收关税。比如摄像机和数码照相机。

(4) 选择税,是海关根据规定条件对某种出口货物征收从价税或征收从量税。比如,为了鼓励某产品的出口,海关会在从价税或从量税中选择税额低的税征收。

(5) 滑准税,别名滑动税,是指海关对部分进口货物在税则中预先按该商品的价格规定不同档次的税率。当同种货物价格高时使用较低税率,价格低时使用较高税率,这样才可以确保该货物在国内市场的价格的稳定性。

(五) 按税率制定分类

按税率制定分类,有自主关税和协定关税。

(1) 自主关税,是指国家依照自主的原则,不受贸易条约或协定的束缚而制定关税。自主关税可以根据国内外经济变化而较为灵活地调整关税。

(2) 协定关税,是指两个或两个以上的国家通过协商或达成某种协议而互相给予彼此的优惠待遇的关税。

四、关税的征税对象和纳税人

关税的征税对象是准许进出境的货物和物品。货物是指贸易性商品;物品指入境旅客随身携带的行李物品、个人邮递物品、各种运输工具上的服务人员携带的进口的自用物品、馈赠物品以及其他方式进境的个人物品。

关税的纳税人包括进口货物的收货人、出口货物的发货人和进出境物品的所有人。进出口货物的收、发货人是依法取得对外贸易经营权，并进口或者出口货物的法人或者其他社会团体。进出境物品的所有人包括该物品的所有人和推定为所有人的人。通常情况下，对于携带进境的物品，推定其携带人为所有人；对分离运输的行李，推定相应的进出境旅客为所有人；对以邮递方式进境的物品，推定其收件人为所有人；对以邮递或其他运输方式出境的物品，推定其寄件人或托运人为所有人。

五、关税税则和税率

（一）关税税则

关税的税则，别名海关进出口税则，是一国海关据以对进出口商品计征关税的规章和对进、出口的应税与免税产品加以系统分类的一类表。从表中可以查出各种征税或免税物品的具体名称、税率、征税的标准和计量单位等信息。进出口税则是按照商品分类目录而编制，根据国家公布的法规使用税率，以便贯彻国家的关税政策和对货物的监管。一般情况下，税则包括海关征税规章（海关征收关税的各种规章制度）和关税分类表（税则号列、货物分类目录和税率）。

世界海关组织于1991年11月实施了《商品名称及编码协调制度》（简称HS），使得《海关进出口税则》也得以制定。为了适应当代经济发展和加强进出口管理的需要，进出口税则会进行相应修订。目前，在《中华人民共和国进出口税则（2023）》基础上，增列了装饰原纸等关税税目，关税税目数共计8 975个。

（二）关税税率

税率，作为税则的主体，包含了商品分类目录和税率栏这两个部分。所谓商品分类目录，就是把各式各样的商品进行综合，并且按照各自的特点而分门别类简化成数量有限的商品分类，分别编号，按序排列，称为税则号并依次列出该号中应列入的商品名称。商品分类的原则即归类规则，包括归类总规则和各类、章、目的具体注释。在我国，真正征收出口关税的商品大约只有700余种，税率也比较低。税率栏是按商品分类目录依次给定的税率栏目。

1. 进口货物的关税税率

《进出口条例》规定进口关税设置主要包括最惠国税率、协定税率、特惠税率和普通税率等。

（1）最惠国税率。

最惠国税率适用原产于与我国共同适用最惠国待遇条款的世界贸易组织（WTO）成员国或地区的进口货物；或原产于与我国签订有相互给予最惠国待遇条款的双边贸易协定的国家或地区的进口货物；以及原产于中华人民共和国境内的进口货物。对《中华人民共和国加入世界贸易组织关税减让表修正案》附表所列信息技术产品最惠国税率自2017年1月1日至2017年6月30日实施首次降税，自2017年7月1日起实施第二次降税；自2017年1月1日起对822项进口商品实施暂定税率；自2017年7月1日起，将实施进口商品暂定税率的商品范围调减至805项；自2019年1月1日起对706项商品实施进口暂定税率；自2019年7月1日起，取消14项信息技术产品进口暂定税率，同时缩小1项进口暂定税率适用范围。

(2) 协定税率。

协定税率适用原产于与我国订有含关税优惠条款的区域性贸易协定的有关缔约方的进口货物。2017年,根据我国与有关国家或地区签署的贸易或关税优惠协定,对有关国家或地区实施协定税率:① 中国与澳大利亚、巴基斯坦、瑞士、哥斯达黎加、冰岛、韩国、新西兰、秘鲁的自贸协定以及内地分别与港澳地区的更紧密经贸安排(CEPA)项下的部分产品的协定税率进一步降低。② 中国与东盟、智利、新加坡的自贸协定、亚太贸易协定以及海峡两岸经济合作框架协议(ECFA)项下商品继续实施协定税率,商品范围和税率水平均维持不变。根据我国与有关国家或地区签署的贸易或关税优惠协定,除此前已报经国务院批准的协定税率降税方案继续实施外,自2019年1月1日起,对我国与新西兰、秘鲁、哥斯达黎加、瑞士、冰岛、韩国、澳大利亚、格鲁吉亚以及亚太贸易协定国家的协定税率进一步降低。根据内地与香港地区、内地与澳门地区《〈关于建立更紧密经贸关系的安排〉货物贸易协议》(简称《协议》),自《协议》实施之日起,除内地在有关国际协议中做出特殊承诺的产品外,对原产于香港、澳门地区的产品全面实施零关税。当最惠国税率低于或等于协定税率时,按相关协定的规定执行。

(3) 特惠税率。

特惠税率适用原产于与我国签订有特殊优惠关税协定的国家或地区的进口货物。对有关最不发达国家继续实施特惠税率,商品范围和税率水平均维持不变。出口关税税率对铬铁等213项出口商品征收出口关税,其中有50项暂定税率为0。2017年,我国进出口税则税目与《商品名称及编码协调制度》同步转版。根据国内需要对部分税则税目进行调整。经转版和调整后,2017年税则税目数共计8 547个。2019年根据亚太贸易协定规定,对亚太贸易协定项下的特惠税率进一步降低。

(4) 普通税率。

普通税率适用原产于上述国家或地区以外的国家和地区的进口货物;或者原产地不明的国家或者地区的进口货物。

2. 进境物品的关税税率

进境物品的关税以及进口环节海关代征税合并为进口税。

海关总署规定数额以内的个人自用进境物品,免征进口税。超过海关总署规定数额但仍在合理数量以内的个人自用进境物品,由进境物品的纳税义务人在进境物品放行前按照规定缴纳进口税。超过合理、自用数量的进境物品应当按照进口货物依法办理相关手续。国务院关税税则委员会规定按货物征税的进境物品,按照进口货物相关规定征收关税。进境物品进口税应当按照《中华人民共和国进境物品进口税税率表》确定适用税率,具体内容如表5-1所示。

表5-1 中华人民共和国进境物品进口税税率表

税目序号	物品名称	税率
1	书报、刊物、教育用影视资料;计算机、视频摄录一体机、数字照相机等信息技术产品;食品、饮料;金银;家具;玩具、游戏品、节日或其他娱乐用品;药品	13%
2	运动用品(不含高尔夫球及球具)、钓鱼用品;纺织品及其制成品;电视摄像机及其他电器用具;自行车;税目1/3中未包含的其他商品	20%
3	烟、酒;贵重首饰及珠宝玉石;高尔夫球及球具;高档手表;高档化妆品	50%

3. 出口税率

我国出口关税税率是一栏税率,即出口税率。国家征收出口税的主要目的不仅仅是提高财政收入,还要保证国内各种材料的供需平衡。国家仅对稀少资源性的产品及易于竞相杀价、盲目出口或需要规范出口秩序的半成品征收出口税。2015年5月1日,国务院批准取消钢铁颗粒粉末、稀土、钨、钼等产品的出口关税,并且对铝加工材等产品出口实施零税率。与进口暂定税率相同的是,出口暂定税率优先适用于出口税则中规定的出口税率。自2019年1月1日起继续对铬铁等108项出口商品征收出口关税或实行出口暂定税率,税率维持不变,取消94项出口暂定税率。根据《国务院关税税则委员会关于2023年关税调整方案的公告》(税委会公告2022年第11号),自2023年1月1日起,继续对铬铁等106项商品征收出口关税,提高铝和部分铝合金的出口关税。

(三) 关税税率的运用

一般来说,进出口货物适用纳税人申报进出口之日实施的税率。如果进出口货物未到达而海关核准可以先行申报的,适用装载该货物的运输工具申报进境之日实施的税率。

如果进出口货物需要补税或退税,则要以该货物原申报进出口之日的税率为依据。如果有特殊情况的,按照下列具体规定执行(见表5-2)。

表 5-2 特殊情况适用税率

详 情	适用税率
减免税货物转让或改变为不免税用途	海关接受纳税人再次填写报关单申报办理纳税手续之日实施的税率
加工贸易进口保税料、件转为内销	经批准的,向海关申报转为内销之日实施的税率
	未经批准擅自转为内销的,为海关查获之日实施的税率
暂时进口货物转为正式进口	申报正式进口之日实施的税率
分期支付租金的租赁进口货物分期付税时	海关接受纳税人再次填写报关单申报办理纳税手续之日实施的税率
溢卸、误卸货物事后需补税	其原运输工具申报进境之日实施的税率
	进口日期无法查明的,按确定补税当天实施的税率
税则归类改变、完税价格审定、其他工作差错而需补税	原征税日期实施的税率
缓税进口以后缴税	原进口之日实施的税率
走私补税	查获之日实施的税率

六、关税的税收优惠

减免税是关税的税收优惠的体现。所谓关税减免,是对部分纳税人和征税对象给予照顾或鼓励的一种特殊调节手段。减免税包括法定减免税、特定减免税和临时减免税。我国《海关法》规定,除法定减免外的其他减免税均由国务院来决定。自从我国加入WTO以后,减征关税以最惠国税率或普通税率为基准。比如,自2015年10月1日至2017年,符合规定条件的小型微利企业,无论采取查账征收还是核定征收方式,均可以享受财税〔2015〕99号文件规定的小型微利企业所得税优惠政策（简称减半征税政策）。《2017年关税调整方案》规定自2017年7月1日起实施第二次降税；自2017年1月1日起对822项进口商品实施暂定税率；自2017年7月1日起，将实施进口商品暂定税率的商品范围调减至805项；对烙铁等213项出口商品征收出口关税，其中有50项暂定税率为0。

（一）法定减免税

法定减免税是税法中明确列出的减税或免税。根据我国《海关法》《进出口税则》和《进出口关税条例》规定，以下货物和物品予以减免关税：

(1) 一票货物关税税额、进口环节增值税或者消费税税额在人民币50元以下的；

(2) 无商业价值的广告品及货样；

(3) 国际组织、外国政府无偿赠送的物资；

(4) 进出境运输工具装载的途中必需的燃料、物料和饮食用品；

(5) 因故退还的中国出口货物，可以免征进口关税，但已征收的出口关税不予退还；

(6) 因故退还的境外进口货物，可以免征出口关税，但已征收的进口关税不予退还；

(7) 有三种情况可以酌情减免税（又称政策性减免税）：在境外运输途中或者在起卸时，遭受损坏或者损失的；起卸后海关放行前，因不可抗力遭受损坏或者损失的；海关查验时已经破漏、损坏或者腐烂，经证明不是保管不慎造成的。

（二）特定减免税

特定减免税也称政策性减免税。在法定减免税之外，国家按照国际通行规则和我国实际情况，对特定进出口货物减免关税的政策，称为特定或政策性减免税。特定减免税货物一般有地区、企业和用途的限制，海关需要进行后续管理，也需要减免税统计。

1. 科教用品

为深入实施科教兴国战略、创新驱动发展战略，支持科技创新，财政部、海关总署、国家税务总局发布《关于"十四五"期间支持科技创新进口税收政策的通知》（财关税〔2021〕23号），自2021年1月1日至2025年12月31日，实行以下进口税收政策。

(1) 对科学研究机构、技术开发机构、学校、党校（行政学院）、图书馆进口国内不能生产或性能不能满足需求的科学研究、科技开发和教学用品，免征进口关税和进口环节增值税、消费税。

科学研究机构、技术开发机构、学校、党校（行政学院）、图书馆是指：

① 从事科学研究工作的中央级、省级、地市级科研院所（含其具有独立法人资格的图书馆、研究生院）。

② 国家实验室、国家重点实验室、企业国家重点实验室、国家产业创新中心、国家技术创新中心、国家制造业创新中心、国家临床医学研究中心、国家工程研究中心、国家工程技术研究中心、国家企业技术中心、国家中小企业公共服务示范平台（技术类）。

③ 科技体制改革过程中转制为企业和进入企业的主要从事科学研究和技术开发工作的机构。

④ 科技部会同民政部核定或者省级科技主管部门会同省级民政、财政、税务部门和社会研发机构所在地直属海关核定的科技类民办非企业单位性质的社会研发机构；省级科技主管部门会同省级财政、税务部门和社会研发机构所在地直属海关核定的事业单位性质的社会研发机构。

⑤ 省级商务主管部门会同省级财政、税务部门和外资研发中心所在地直属海关核定的外资研发中心。

⑥ 国家承认学历的实施专科及以上高等学历教育的高等学校及其具有独立法人资格的分校、异地办学机构。

⑦ 县级及以上党校(行政学院)。

⑧ 地市级及以上公共图书馆。

(2) 对出版物进口单位为科研院所、学校、党校(行政学院)、图书馆进口用于科研、教学的图书、资料等,免征进口环节增值税。

出版物进口单位是指中央宣传部核定的具有出版物进口许可的出版物进口单位,科研院所是指从事科学研究工作的中央级、省级、地市级科研院所(含其具有独立法人资格的图书馆、研究生院)。

(3) 免税进口商品实行清单管理。免税进口商品清单由财政部、海关总署、国家税务总局征求有关部门意见后另行制定印发,并动态调整。

2. 残疾人专用品

根据《残疾人专用品免征进口税收暂行规定》(海关总署令第 61 号),为支持残疾人的康复工作,对残疾人专用品、有关单位进口国内不能生产的特定残疾人专用品,免征进口关税和进口环节增值税、消费税。

(1) 免税进口的残疾人专用品是指:

① 肢残者用的支辅具、假肢及其零部件、假眼、假鼻、内脏托带、矫形器、矫形鞋、非机动助行器、代步工具(不包括汽车、摩托车)、生活自助具、特殊卫生用品;

② 视力残疾者用的盲杖、导盲镜、助视器、盲人阅读器;

③ 语言、听力残疾者用的语言训练器;

④ 智力残疾者用的行为训练器、生活能力训练用品。

(2) 有关单位进口的国内不能生产的下列残疾人专用品,按隶属关系经民政部或者中国残疾人联合会批准,并报海关总署审核后,免征进口关税和进口环节增值税、消费税:

① 残疾人康复及专用设备,包括床旁监护设备、中心监护设备、生化分析仪和超声诊断仪;

② 残疾人特殊教育设备和职业教育设备;

③ 残疾人职业能力评估测试设备;

④ 残疾人专用劳动设备和劳动保护设备;

⑤ 残疾人文体活动专用设备;

⑥ 假肢专用生产、装配、检测设备,包括假肢专用铣磨机、假肢专用真空成型机、假肢专用平板加热器和假肢综合检测仪;

⑦ 听力残疾者用的助听器。

有关单位,是指民政部直属企事业单位和省、自治区、直辖市民政部门所属福利机构、假肢厂和荣誉军人康复医院(包括各类革命伤残军人休养院、荣军医院和荣军康复医院);中国残疾人联合会(中国残疾人福利基金会)直属事业单位和省、自治区、直辖市残疾人联合会(残疾人福利基金会)所属福利机构和康复机构。

3. 慈善捐赠物资

为促进慈善事业的健康发展,支持慈善事业发挥扶贫济困积极作用,规范对慈善事业捐赠物资的进口管理,根据《慈善捐赠物资免征进口税收暂行办法》(财政部 海关总署 国家税务总局公告 2015 年第 102 号),自 2016 年 4 月 1 日起,对我国关境外自然人、法人或者其他组织等境外捐赠人,无偿向经民政部或省级民政部门登记注册且被评定为 5A 级的、以人道救助和发展慈善事业为宗旨的社会团体或基金会、中国红十字会总会等七家全国性慈善或福利组织,以及国务院有关部门和各省、自治区、直辖市人民政府捐赠的,直接用于慈善事业的物资,免征进口关税和进口环节增值税。

(1) 慈善事业。

慈善事业,是指非营利的慈善救助等社会慈善和福利事业,包括以捐赠财产方式自愿开展的下列慈善活动:

① 扶贫济困,扶助老幼病残等困难群体。
② 促进教育、科学、文化、卫生、体育等事业的发展。
③ 防治污染和其他公害,保护和改善环境。
④ 符合社会公共利益的其他慈善活动。

(2) 用于慈善事业的物资。

① 衣服、被褥、鞋帽、帐篷、手套、睡袋、毛毯及其他生活必需用品等。
② 食品类及饮用水(调味品、水产品、水果、饮料、烟酒等除外)。
③ 医疗类包括医疗药品、医疗器械、医疗书籍和资料。其中,对于医疗药品及医疗器械捐赠进口,按照相关部门有关规定执行。
④ 直接用于公共图书馆、公共博物馆、各类职业学校、高中、初中、小学、幼儿园教育的教学仪器、教材、图书、资料和一般学习用品。
⑤ 直接用于环境保护的专用仪器。
⑥ 经国务院批准的其他直接用于慈善事业的物资。

4. 重大技术装备

为继续支持我国重大技术装备制造业发展,财政部会同工业和信息化部、海关总署、国家税务总局、国家能源局发布了《重大技术装备进口税收政策管理办法》(财关税〔2020〕2 号),规定实施以下政策。

工业和信息化部会同财政部、海关总署、国家税务总局、国家能源局制定《国家支持发展的重大技术装备和产品目录》和《重大技术装备和产品进口关键零部件及原材料商品目录》后公布执行。对符合规定条件的企业及核电项目业主为生产国家支持发展的重大技术装备或产品而确有必要进口的部分关键零部件及原材料,免征关税和进口环节增值税。

对国内已能生产的重大技术装备和产品,由工业和信息化部会同财政部、海关总署、国家税务总局、国家能源局制定《进口不予免税的重大技术装备和产品目录》后公布执行。

对按照或比照《国务院关于调整进口设备税收政策的通知》(国发〔1997〕37 号)规定享受进口税收优惠政策的下列项目和企业,进口《进口不予免税的重大技术装备和产品目录》中自用设备以及按照合同随上述设备进口的技术及配套件、备件,照章征收进口税收:

(1) 国家鼓励发展的国内投资项目和外商投资项目;
(2) 外国政府贷款和国际金融组织贷款项目;

(3) 由外商提供不作价进口设备的加工贸易企业；

(4) 中西部地区外商投资优势产业项目；

(5)《海关总署关于进一步鼓励外商投资有关进口税收政策的通知》(署税〔1999〕791号)规定的外商投资企业和外商投资设立的研究中心利用自有资金进行技术改造项目。

工业和信息化部会同财政部、海关总署、国家税务总局、国家能源局核定企业及核电项目业主免税资格，每年对新申请享受进口税收政策的企业及核电项目业主进行认定，每3年对已享受进口税收政策企业及核电项目业主进行复核。

取得免税资格的企业及核电项目业主可向主管海关提出申请，选择放弃免征进口环节增值税，只免征进口关税。企业及核电项目业主主动放弃免征进口环节增值税后，36个月内不得再次申请免征进口环节增值税。

5. 集成电路产业和软件产业

为贯彻落实《国务院关于印发新时期促进集成电路产业和软件产业高质量发展若干政策的通知》，支持集成电路产业和软件产业发展，财政部、海关总署、国家税务总局联合发布《关于支持集成电路产业和软件产业发展进口税收政策的通知》(财关税〔2021〕4号)，自2020年7月27日至2030年12月31日，对下列情形免征进口关税：

(1) 集成电路线宽小于65纳米(含，下同)的逻辑电路、存储器生产企业，以及线宽小于0.25微米的特色工艺(即模拟、数模混合、高压、射频、功率、光电集成、图像传感、微机电系统、绝缘体上硅工艺)集成电路生产企业，进口国内不能生产或性能不能满足需求的自用生产性(含研发用，下同)原材料、消耗品，净化室专用建筑材料、配套系统和集成电路生产设备(包括进口设备和国产设备)零配件。

(2) 集成电路线宽小于0.5微米的化合物集成电路生产企业和先进封装测试企业，进口国内不能生产或性能不能满足需求的自用生产性原材料、消耗品。

(3) 集成电路产业的关键原材料、零配件(即靶材、光刻胶、掩模版、封装载板、抛光垫、抛光液、8英寸及以上硅单晶、8英寸及以上硅片)生产企业，进口国内不能生产或性能不能满足需求的自用生产性原材料、消耗品。

(4) 集成电路用光刻胶、掩模版、8英寸及以上硅片生产企业，进口国内不能生产或性能不能满足需求的净化室专用建筑材料、配套系统和生产设备(包括进口设备和国产设备)零配件。

(5) 国家鼓励的重点集成电路设计企业和软件企业，以及符合第1项、第2项规定的企业(集成电路生产企业和先进封装测试企业)进口自用设备，及按照合同随设备进口的技术(含软件)及配套件、备件，但《国内投资项目不予免税的进口商品目录》《外商投资项目不予免税的进口商品目录》和《进口不予免税的重大技术装备和产品目录》所列商品除外。上述进口商品不占用投资总额，相关项目不需出具项目确认书。

上述第1项到第5项规定自2020年7月27日至2030年12月31日实施。

6. 科普用品

(1) 根据《财政部 海关总署 税务总局关于"十四五"期间支持科普事业发展进口税收政策的通知》(财关税〔2021〕26号)，为支持科普事业发展，自2021年1月1日至2025年12月31日，对公众开放的科技馆、自然博物馆、天文馆(站、台)、气象台(站)、地震台(站)，以及高校和科研机构所属对外开放的科普基地，进口以下商品免征进口关税和进口环节增值税：

① 为从境外购买自用科普影视作品播映权而进口的拷贝、工作带、硬盘，以及以其他形式

进口自用的承载科普影视作品的拷贝、工作带、硬盘。

② 国内不能生产或性能不能满足需求的自用科普仪器设备、科普展品、科普专用软件等科普用品。

（2）根据《科技部等五部门关于发布"十四五"期间免税进口科普用品清单（第一批）的通知》（国科发才〔2022〕26号），进口下列科普用品免征进口关税和进口环节增值税：

① 科普仪器设备：用于特效场馆画面播放的银幕、激光数字投影机、数字播放系统及音响系统；光学天象仪；高速摄影机。

② 科普展品：图书、报纸、杂志、期刊、地图化石、标本、模型。

③ 科普专用软件：专门用于科普工作的软件及软件许可证。

（三）临时减免税

临时减免税是国务院根据《海关法》，对某个单位、某类商品、某个项目或某批进出口货物的特殊情况，而给予的关税减免。临时减免税一般是一案一批，具有一定的临时性、集权性和特殊性。海关一般实行临时一个季度或者几个月的减免税。

第二节　关税应纳税额的计算

一、关税完税价格的确定

关税完税价格（DPV）是海关征收关税的依据。《海关法》第55条规定：进出口货物的完税价格，由海关以该货物的成交价格为基础审查确定。成交价格不能确定时，完税价格由海关依法估定。

（一）一般进口货物完税价格

一般进口货物的完税价格是以成交价格为基础，包括货物的成交价格和采购费用（包括货物运抵中国境内输入地起卸前的运费及相关费用、保险费等）。用公式可以表示为：

进口关税完税价格＝到岸价格（CIF）＝离岸价格（FOB）＋运费＋保险费等

《中华人民共和国海关审定进出口货物完税价格办法》提供了有关调整后的实付或应付价格的规定。所谓"实付或应付价格"指的是买家购买进口货物支付的总额，包括直接或间接的支付。根据"条例"最新规定，以下五种情况应计入完税价格：

（1）由买方支付和负担的购货佣金以外的佣金和经纪费。购货佣金指的是采购代理人代表买方购入进口货物并向买方索要的劳务费。而经纪费指的是买方为购买进口货物向代表买卖双方利益的经纪人所支付的费用。

（2）买方支付的包装材料或劳务，与该货物视为一体的容器费用。

（3）与该货物生产和国家境内销售相关的，买方以免费或比成本低的形式提供并可以按比例分摊的料件、工具、模具、消耗材料及类似货物的价款，以及在境外开发和设计等相关服务的费用。

（4）与买方支付进口货物有关的且构成国家境内销售条件的特许权使用费。

（5）卖方直接或间接从买方获得的该货物进口后转售、处置或使用的收益。

同时，"条例"也规定了以下情况不能计入完税价格：

(1) 厂房、机械、设备等货物进口后进行建设、安装、装配、维修和技术服务等的费用；

(2) 进口货物运抵境内输入地点之后的运输及其相关费用、保险费；

(3) 进口关税及国内税收；

(4) 境内外技术培训及境外考察费用。

【例 5-1】 2024 年 2 月 2 日，AI 出口贸易公司从美国进口了空调，发票明细如下：成交价格为到岸价格 USD 20 000，空调进口后的安装和调试费共为 USD 5 000。该空调的安装和调试费在成交价格中。

要求：计算出海关审定后的完税价格。

解析：完税价格＝USD 20 000－USD 5 000＝USD 15 000

【例 5-2】 2024 年 3 月 1 日，UP 公司从澳洲引进生产设备一套，发票明细如下：CIF 珠海 A＄100 000，该生产设备进口后的技术服务费为 A＄20 000，买方佣金为 A＄2 000，卖方佣金为 A＄1 800。

要求：计算出海关审定后的成交价格。

解析：完税价格＝A＄100 000＋A＄1 800＝＄101 800

【例 5-3】 2024 年 3 月 10 日，OMK 公司从美国进口货物一批，按 FOB 成交价格为 ＄100 000，货物运到珠海的运费为 ＄60 000 和保险费为 ＄10 000。该公司在支付货款时支付了特许使用费 ＄80 000，并且支付了买方的代理人费用 ＄20 000。该货物的进口关税税率为 10％。

要求：计算应纳关税税额。（汇率为 1∶6.9）

解析：完税价格＝（＄100 000＋＄60 000＋＄10 000＋＄80 000）×6.9
　　　　　　＝1 725 000（元）

应纳关税＝1 725 000×10％＝172 500（元）

(二) 进口货物海关估价方法

当进口货物的成交价格不能确定且不符合"条例"规定时，海关视情况而定并与纳税人协商后再进行货物的估定。海关可以使用相同或类似货物成交价格方法、倒扣价格方法和计算价格方法等合理的方法进行估算。《中华人民共和国海关审定进出口货物完税价格办法》中规定，海关不能使用以下价格：

(1) 出口到第三国或地区的货物的销售价格；

(2) 最低限价或武断虚构的价格；

(3) 该货物在出口地市场的售价；

(4) 在可供参考选择价格中较高的价格等。

(三) 特殊进口货物的完税价格

(1) 对于加工贸易进口料件或是其制成品来说有五种情况：第一种是进口时需征税的进料加工进口料件，则为该料件申报进口时的价格；第二种是内销的进料加工进口料件或其制成品，则为料件原进口时的价格；第三种是内销的来料加工进口料件或其制成品，则为接受申报内销时的相同或类似货物进口成交价；第四种是加工企业内销加工过程中产生的边角料或副产品，则为海关确定的内销价格；第五种是在保税区内加工企业内销的进口料件或制成品，海关依据料件或制成品申报内销时的价格来审定。

(2) 运往境外加工的货物，出境时已向海关报明，并在海关规定期限内复运进境的，应当以海关审定的境外加工费和料件费以及该货物复运进境的运输及其相关费用、保险费估定完税价格。

（3）运往境外修理的机械器具、运输工具或其他货物，出境时已向海关报明，并在海关规定期限内复运进境的，应当以海关审定的境外修理费和料件费为完税价格。

（4）对于经海关批准的暂时进境的货物，应当按照一般进口货物估价办法的规定估定完税价格。

（5）租赁方式进口的货物中，以租金方式对外支付的租赁货物，在租赁期间以海关审定的租金作为完税价格；留购的租赁货物，以海关审定的留购价格作为完税价格；承租人申请一次性缴纳税款的，经海关同意，按照一般进口货物估价办法的规定估定完税价格。

（6）减税或免税进口的货物需予补税时，应当以海关审定的该货物原进口时的价格，扣除折旧部分价值作为完税价格，其计算公式为：

$$完税价格 = 海关审定的该货物原进口时的价格 \times \frac{1 - 申请补税时实际已使用的时间（月）}{监管年限 \times 12}$$

需要注意的是，如果使用时间不足 15 天的，则不用公式计算；如果使用时间在 15 天至 1 个月内的，则统统按照 1 个月来计算。

（7）从保税区或出口加工区运往区外，从保税仓库出库内销的进口货物（除了加工进口料件及其制成品），则以海关审定后的价格来估定货物的完税价格。

（8）以货易货贸易、寄售、捐赠、赠送等不存在成交价格的进口货物，则海关按照一般进口货物估价的方法来估定货物完税价格。

（9）对于境内留购的进口货样、展览品和广告陈列品，则以留购价格为依据。

通常情况下，以海、陆、空运方式进口的货物的运费和保险费按照实际支付的费用计算。

以其他方式进口的货物：① 邮运进口货物，邮费作为运输及其相关费用、保险费；② 以境外边境口岸价格条件成交的铁路或公路运输进口货物，货价的 1‰ 计算运输及其相关费用、保险费；③ 作为进口货物的自驾进口的运输工具，不另行计入运费。

（四）出口货物的完税价格

所谓出口货物的成交价格，是指此货物出口销售到我国境外买家向卖家实付或应付的价格。

按照《海关法》的规定，出口货物的完税价格包括以下几项：① 货物的货价；② 运抵输入地点起卸前的运输及其相关费用；③ 保险费。一般情况下，支付给境外的佣金是包含在出口货物的成交价格里的。但是，如果佣金单独列明，应当扣除。公式表示为：

$$完税价格 = （离岸价格 - 单独列明的支付给境外的佣金）\div （1 + 出口税率）$$

当出口货物的成交价格无法确定时，海关应该根据以下规定进行估定：

（1）同时或大约同时向同一个国家或地区出口的相同或类似货物的成交价格；

（2）依据境内生产相同或类似货物的成本、利润和一般费用、境内发生的运输及其相关费用、保险费计算所得的价格。

一般来说，出口货物的销售价格如果包括离境口岸至境外口岸之间的运输、保险费的，该运输、保险费应当扣除。从理论上来讲，对一般产品，国际通行的做法都是出口不征关税，进口征关税。出口的货物，如果出口的时候我们国家征了一次税，到了别的国家算是进口还要征一次税，这就构成了重复征税，所以国际通行都是出口不征进口征，这样企业就不会重复纳税。

二、应纳税额的计算

关税要以进出口货物的完税价格作为计税的依据,并且要以符合国家规定的适用的税率来计算应纳税额。

(一) 从价计税应纳税额

从价计税应纳税额计算公式为:

$$关税税额 = 进(出)口应税货物的数量 \times 单位完税价格 \times 适用税率$$

(二) 从量计税应纳税额

从量计税应纳税额计算公式为:

$$关税税额 = 应税进(出)口货物数量 \times 单位货物税额$$

(三) 复合计税应纳税额

复合计税应纳税额计算公式为:

$$关税税额 = \frac{应税进(出)口}{货物数量} \times \frac{单位}{货物税额} + \frac{应税进(出)口}{货物数量} \times \frac{单位}{完税价格} \times 适用税率$$

(四) 滑准税应纳税额

滑准税应纳税额计算公式为:

$$关税税额 = 应税进(出)口货物数量 \times 单位完税价格 \times 滑准税税率$$

【例 5-4】 2024 年 2 月 1 日,欧的公司进口了生产设备 20 台,每一台的价格为 100 000 元。运抵我国海关前的运输费用和保险费各占生产设备价格的 3%。关税税率为 12%。

要求: 计算该公司应纳进口关税税额。

解析: 货价 = 20 × 100 000 = 2 000 000(元)

运输费 = 2 000 000 × 3% = 60 000(元)

保险费 = (2 000 000 + 60 000) × 3% = 61 800(元)

完税价格 = 2 000 000 + 60 000 + 61 800 = 2 121 800(元)

进口关税 = 2 121 800 × 12% = 254 616(元)

【例 5-5】 2024 年 4 月 28 日,上海福特公司进口了蒙迪欧 1 000 辆,每一辆车的价格为 180 000 元。这批小轿车运抵港口起卸前的包装费、保险费、运输费等费用共计 50 000 元。关税税率为 30%,消费税税率为 5%,增值税税率为 13%。

要求: 计算出进口这批蒙迪欧应该缴纳的关税、消费税、增值税税额。

解析: 关税税额 = (1 000 × 180 000 + 500 000) × 30% = 54 150 000(元)

消费税税额 = (1 000 × 180 000 + 500 000) × (1 + 30%) ÷ (1 - 5%) × 5% = 12 350 000(元)

增值税税额 = (1 000 × 180 000 + 500 000) × (1 + 30%) ÷ (1 - 5%) × 13%
= 32 110 000(元)

【例 5-6】 法国的货轮停靠在珠江三角洲附近的港口装卸货物,该货轮净吨位为 3 000 吨。我国海关已给予了船舶吨税执照并且船舶在港口可以停留的期限为 90 天。法国未跟我国签署有互相给予船舶税费最惠国待遇条款的条约。

要求: 计算该货轮的应征船舶吨税(税率如表5-3所示)。

表5-3 船舶吨税税率表

税 目 (按船舶净吨位划分)	税率(单位:元/净吨)					
	普通税率(按执照期限划分)			优惠税率(按执照期限划分)		
	1年	90日	30日	1年	90日	30日
超过2 000净吨,但不超过10 000净吨	24.0	8.0	4.0	17.4	5.8	2.9

解析: 应征船舶吨税=3 000×8=24 000(元)

第三节 关税的会计核算

一、账户设置

企业关税的会计处理主要涉及的会计科目是"应交税费"。"应交税费"名下两个明细科目"应交进口关税"和"应交出口关税"可以更具体和全面地反映企业关税的缴纳和结余情况(见图5-1)。

借 应交税费——应交进口关税 贷		借 应交税费——应交出口关税 贷	
实际上缴的进口关税	应缴的进口关税	实际上缴的出口关税	应缴的出口关税
期末余额:多缴的进口关税	期末余额:欠缴的进口关税	期末余额:多缴的出口关税	期末余额:欠缴的出口关税

图5-1 "应交税费"设置

二、进口关税的会计核算

(一)自营进口关税的核算

现行企业会计制度规定,进口关税构成进口商品的采购成本。当企业核算应缴纳进口关税时,主要涉及四个会计科目:商品采购(一般适用于商品流通企业)、材料采购(一般适用于工业企业)、固定资产和应交税费——应交进口关税。

【**例5-7**】 2024年12月1日,欧珀博企业(工业企业)自营进口货物一批,离岸价为2 000 000元,支付运费和保险费共计250 000元。进口关税税率为30%。该企业当日报关进口货物。

解析: 账务处理如下:

应纳进口关税=(2 000 000+250 000)×30%=675 000(元)

借:材料采购　　　　　　　　　　　　　　　　　　　　　　　　　675 000
　　贷:应交税费——应交进口关税　　　　　　　　　　　　　　　　675 000

【**例5-8**】 如果欧珀博企业是商品流通企业,那么应该怎么编写会计分录?

解析: 借:商品采购　　　　　　　　　　　　　　　　　　　　　　　　675 000

　　　　贷：应交税费——应交进口关税　　　　　　　　　　　　　　　675 000

【例 5-9】 2024 年 2 月 23 日,化为公司进口设备三台,到岸价格共为 900 000 元,进口关税税率为 10%。

　　要求:编制会计分录。

　　解析:借:固定资产　　　　　　　　　　　　　　　　　　　　　　90 000
　　　　　贷：应交税费——应交进口关税　　　　　　　　　　　　　　90 000

【例 5-10】 2024 年 2 月 25 日,化为公司缴纳进口关税,则会计分录为：
　　借：应交税费——应交进口关税　　　　　　　　　　　　　　　　90 000
　　　　贷：银行存款　　　　　　　　　　　　　　　　　　　　　　90 000

(二) 代理进口关税的核算

　　根据企业会计制度的规定,代理业务发生的进口关税应如数向委托单位收取。代理业务一般是由外贸企业承办,外贸企业不负责代理业务的盈亏,但是要收取一定的手续费。与自营进口关税的核算相比,应增加"应收账款"等会计科目。

【例 5-11】 2024 年 1 月 5 日,AMI 外贸进出口公司代理某企业进口一批货物。该批货物进口时应纳进口关税 10 000 元,AMI 已缴纳税款。

　　要求:编制会计分录。

　　解析:当 AMI 支付进口关税时：
　　借：应交税费——应交进口关税　　　　　　　　　　　　　　　　10 000
　　　　贷：银行存款　　　　　　　　　　　　　　　　　　　　　　10 000

【例 5-12】 2024 年 1 月 6 日,AMI 向委托方收取所代垫的税金时,编制的会计分录如下：

　　解析:借：应收账款——应收代垫税金　　　　　　　　　　　　　10 000
　　　　　贷：应交税费——应交进口关税　　　　　　　　　　　　　10 000

【例 5-13】 2024 年 1 月 7 日,AMI 收到委托方交来的税金时,编制的会计分录如下：

　　解析:借：银行存款　　　　　　　　　　　　　　　　　　　　　10 000
　　　　　贷：应收账款——应收代垫税金　　　　　　　　　　　　　10 000

三、出口关税的会计核算

　　当企业出口产品需要缴纳出口关税时,会计分录如下：
　　借：税金及附加　　　　　　　　　　　　　　　　　　　　　　×××
　　　　贷：应交税费　　　　　　　　　　　　　　　　　　　　　×××
　　当企业实际缴纳税金时,会计分录如下：
　　借：应交税费——应交出口关税　　　　　　　　　　　　　　　×××
　　　　贷：银行存款　　　　　　　　　　　　　　　　　　　　　×××

第四节 关税征收管理

一、关税的缴纳

对于进出口货物的纳税人向境地海关申报时,需要注意当地境内申报的时间。总体来说,有两种情况:第一种是进口货物自运输工具申报进境之日起 14 日内申报;第二种是出口货物在货物运抵海关监管区后装货的 24 小时以前申报。

海关根据税则归类和完税价格计算应缴纳的关税和进口环节代征税,并填发税款缴纳书。纳税人应在收到缴纳书之日算起的 15 天内,向指定的银行缴税。但是,如果缴纳的最后一日是国家规定的节假日或是周日,那么日期可以延长到节假日或周末后的第一个工作日。因为不可抗力或国家税收政策调整不能按时缴税的,纳税人在海关的批准下可以延期缴纳税款,但最长不得超过 6 个月。

二、强制执行

为了确保关税缴纳的及时性和有效性,《海关法》规定了关税的强制执行措施。主要措施包括两种:

(1) 征收关税滞纳金。滞纳金自关税缴纳期限届满之日起,至纳税义务人缴清关税之日止,按滞纳税款万分之五的比例按日征收,周末或法定节假日不予扣除。其公式为:

$$关税滞纳金全额 = 滞纳关税税额 \times 滞纳金征收比率 \times 滞纳天数$$

需要注意的是,滞纳金的起征点为 50 元。

(2) 如纳税义务人自缴款期限届满之日起 3 个月仍未缴纳税款,经海关批准,海关可以采取强制扣缴、变价抵缴等措施。所谓强制扣缴,就是海关可以在纳税人的开户银行或是其他金融组织机构的存款中直接扣除纳税款。变价抵缴是指海关依法把应税货物以变卖的形式所得到的金额用来抵缴纳税额。

【例 5-14】 艾恩公司进口一批货物,折合人民币为 1 000 000 元,该货物的进口关税税率为 10%。海关税款缴纳证上日期为 2024 年 3 月 10 日,该公司 2025 年 3 月 28 日缴纳税款。

要求: 计算滞纳金。(滞纳金征收比率为 0.05%)

解析: 关税 = 1 000 000 × 10% = 100 000(元)

滞纳金 = 100 000 × 0.05% × 4 = 200(元)

三、退还

在海关多征税的情况下,海关审定后应将多征税款退还给进出口货物纳税人。纳税人可以从缴纳税款日起的 1 年内,书面声明理由,连同原纳税收据,向海关申请退税并加算出银行同期活期存款利息,逾期不予受理。海关应在受理退税申请之日起的 30 天内,做出书面答复并通知纳税义务人办理退税手续。

有四种情况可以申报退关税:

(1) 因海关误征,多纳税款的;
(2) 海关核准免验进口的货物,在完税后,发现有短卸情形,经海关审查认可的;
(3) 已征出口关税的货物,因故未将其运出口,申报退关,经海关查验属实的;
(4) 对已征出口关税的出口货物和已征进口关税的进口货物,因货物品种或规格原状复运进境或出境的,经海关查验属实的。

四、补征和追征

所谓补征,是指非因纳税人违反海关规定而造成短征关税。当海关发现少征或者是漏征税款,应自缴纳税款或者货物、物品放行之日起 1 年内,向纳税人补征。

所谓追征,是指由于纳税人违反海关规定而造成短征关税。海关一旦察觉,可自纳税人应缴纳税款之日起 3 年内追征,并按日加收 0.5‰ 的滞纳金。

业务拓展专题——关税壁垒经典案例介绍

美国斯姆特-霍利关税法

背景:20 世纪初,美国经济在经历快速增长后,随着 1929 年股市崩溃陷入大萧条。为保护国内产业免受外国商品冲击,美国国会在 1930 年通过该法案。

措施:大幅提高进口商品关税,对众多进口产品设置高额税率,意图减少进口,刺激国内生产和就业。

影响:引发了一系列连锁反应,加剧了大萧条的严重性。外国商品难以进入美国市场,依赖出口的外国生产商受到直接影响,全球贸易萎缩。其他国家为报复也纷纷提高对美国商品的关税,进一步限制了美国的出口,加剧了美国经济的衰退,还导致了国际贸易紧张关系和贸易战的爆发。

日本对美国汽车的非关税壁垒

背景:20 世纪 80 年代中期,日本汽车工业强势崛起并大量出口到美国,对美国汽车工业造成冲击,美国汽车工业试图反攻日本市场。

措施:日本对美国进口汽车采取非关税壁垒措施,在检验环节故意拖延时间,一款汽车检验时长可达 10 到 12 个月,使得美国汽车难以进入日本市场销售。

影响:限制了美国汽车在日本的销售,保护了日本本国的汽车产业,使美国汽车企业在日本市场面临巨大的销售障碍。

中美经贸摩擦

背景:2018 年,随着全球化的深入,国际贸易关系日益复杂,美国为保护国内产业和就业,对从中国进口的商品大规模加征关税。

措施:根据"301 调查"结果,美国政府计划对价值约 500 亿美元的中国进口商品加征 25% 的关税,并限制中国企业对美投资并购。中国也对价值约 30 亿美元的美国商品加征关税,以进行反制。

影响:不仅影响了中美两国的进出口贸易,还对全球供应链、金融市场以及多边贸易体系产生了深远的影响。全球供应链受到冲击,许多跨国公司不得不重新考虑和调整其在全球的生产布局。

印度对中国钢铁产品加征关税

背景：作为新兴经济体的印度，为保护本国钢铁产业，对中国钢铁产品设置了较高的关税壁垒。

措施：对中国钢铁产品的关税高达25%左右，同时还采取了各种非关税壁垒，如标准认证、进口许可等。

影响：大大降低了中国钢企在印度的竞争力，增加了中国企业进入印度市场的难度，限制了中国钢铁产品在印度市场的份额，对中印两国的钢铁贸易产生了较大的阻碍作用。

通过上述关税壁垒案例，试分析关税政策对本国及国际经济的影响。

本章小结

关税，是由海关代表国家根据国家制定的相关法律，向纳税人征收的一种商品税。它的征收对象是进出境的物品或货物。本章的重点内容主要有关税的分类、关税的税率及运用、应纳税额的核算、关税的税收优惠、关税处理和征收管理。

本章练习题

扫二维码进行查看，下载。

第六章　企业所得税纳税实务

知识能力目标

1. 了解企业所得税的含义及企业所得税纳税义务人、征税对象、税率、税收优惠、纳税申报的内容；
2. 重点掌握企业所得税应纳税额的核算及会计处理；
3. 熟悉企业资产的所得税处理及征收管理。

案例导入

2023年12月召开的中央经济工作会议提出"要谋划新一轮财税体制改革"。2024年2月召开的中央全面深化改革委员会第四次会议指出，2024年是全面深化改革又一个重要年份，主要任务是谋划进一步全面深化改革，聚焦妨碍中国式现代化顺利推进的体制机制障碍，明确改革的战略重点、优先顺序、主攻方向、推进方式，突出改革问题导向，突出各领域重点改革任务。而在当前谋划新一轮财税体制改革时，我们不仅面临着国内人口老龄化和经济下行压力，还需要满足"双支柱"方案为代表的国际税制变革对国际税收协调提出的新要求。

为应对经济全球化和数字化的税收挑战，以"双支柱"方案为代表的国际税制变革已经取得了相当程度的进展，不仅支柱二方案下的全球最低税制度（要求大型跨国企业负担15%的最低有效税率）经由全球50多个税收辖区的法律实践而成为现实，支柱一方案下的金额B规则（在最终消费产品和服务的市场所在辖区即市场辖区内简化适用独立交易原则）也已获通过，而该方案下关于金额A（将跨国企业20%的剩余利润分配给市场辖区）的多边公约已在2024年6月底签署。

本次国际税制变革对历经百年的传统企业所得税制度的基本要素进行了相当大程度的调整，对各国税收利益的协调和国际税收竞争均将产生深远影响。

思考：在此背景下，分析我国现行企业所得税制度在当前国际国内发展形势下存在的适应性缺陷，并探索我国企业所得税制度的转型方向。

第一节　企业所得税税法基础

一、企业所得税的内容

企业所得税是针对企业组织的生产经营所得和其他所得征收的一种税,是我国第二大主体税种。

我国企业所得税自改革开放以来经过四个阶段的改革,即建立涉外企业所得税制度;建立内资企业所得税制度;实现内外资企业所得税的各自统一;从分立到统一。

(一) 20 世纪 80 年代初期:建立涉外企业所得税制度

为了适应中国对外开放、利用外资的需要,20 世纪 70 年代末至 80 年代初,财税部门提出了对外资企业征收所得税的建议,1980 年 9 月 10 日,第五届全国人大第三次会议通过了《中华人民共和国中外合资经营企业所得税》,同日公布施行,这是新中国成立以后制定的第一部企业所得税法。1981 年 12 月 13 日,第五届全国人大第四次会议通过了《中华人民共和国外国企业所得税法》,并自 1982 年 1 月 1 日起施行。至此,我国初步形成了一套比较完善的涉外税收制度,适应了中国对外开放初期引进国外资金、技术和人才,开展对外经济技术合作的需要,发挥了重要作用。

(二) 20 世纪 80 年代中期至 80 年代后期:建立内资企业所得税制度

新中国成立以来,在较长一段时间内,国家对国有企业并不征收企业所得税,而是采取利润上缴的形式,随着国家经济体制改革的进行,为了调整国家与企业的分配关系,扩大企业自主权,国家对企业上缴利润的形式多次进行改革,先后实行过企业基金、利润留成、盈亏包干等制度。

从 1983 年到 1984 年,国营企业实施两步"利改税"[①]改革,两步"利改税"所确立的国营企业所得税突破了对国营企业不征收所得税的禁区,迈出了改革国家同企业分配关系的重要一步。1984 年 9 月,国务院颁布了《中华人民共和国国营企业所得税条例(草案)》和《国营企业调节税收办法》,对国营企业全面征收所得税,并对国营大中型企业征收国营企业调节税。通过国营企业"利改税"和工商税制的全面改革,国家与企业的分配关系有了很大改进,增强了企业活力,也使国家财政有了稳定增长,税收收入占财政收入和国内生产总值的比重大幅度上升,税收的财政职能和经济杠杆作用都得到了很好的发挥。

1985 年 4 月 11 日,为统一不同行业集体企业所得税负担,国务院颁布了《中华人民共和国集体企业所得税暂行条例》,结束了中国多年来集体企业所得税征税办法不统一的局面,实现了集体企业所得税制度的统一与规范。

随着以雇佣劳动为主、从事商品生产经营的私营企业的发展,1988 年 4 月,《中华人民共和国宪法》肯定了私营经济的合法地位。为了引导私营经济的健康发展,根据宪法的规定,国务院于 1988 年 6 月 25 日发布了《中华人民共和国私营企业所得税暂行条例》,开征了私营企业所得税。至此,在我国形成了一个相对完整的国内企业所得税体系。

---

① "利改税":以税代利,即国营企业由向国家上缴利润改为按国家规定的税种和税率缴纳税金。

(三) 1990—1993 年：实现内外资企业所得税的各自统一

1. 涉外企业所得税的统一

20 世纪 90 年代，随着对外开放领域的不断扩大，外商投资企业形式上已经不仅限于合资企业，外国和中外合作企业也越来越多。税收政策上的差别对待，使执行了 10 年的两部外资企业所得税法不断受到质疑。相对于中外合作企业和外国企业，合资企业在税收上的优惠要多一些，为了解决合资企业所得税和外国企业所得税与形势发展不相适应的矛盾，1991 年 4 月 9 日，第七届全国人大将《中华人民共和国中外合资经营企业所得税法》与《中华人民共和国外国企业所得税法》合并，制定了《中华人民共和国外商投资企业和外国企业所得税法》，并于同年 7 月 1 日起施行。统一之后的外资企业所得税税率为 30%，地方所得税税率为 3%，税制的统一和所得税负担水平的普遍降低，极大地鼓舞了外商的投资热情，这项政策在调整当年就初见成效。此次改革标志着与中国社会主义有计划的市场经济体制相适应的所得税制度改革开始起步。

2. 内资企业所得税的统一

20 世纪 80 年代建立起来的企业所得税体系，在调节经济、加强监督管理、促进经济发展和组织财政收入方面起到了一定作用。但是，随着经济体制改革的深化，特别是社会主义市场经济体制的确立，这种税制越来越不适应经济发展的需要，主要表现在：一是国家与企业的分配关系不规范。国营企业所得税税率定得偏高，除征税外还对部分企业征收利润调节税和"两金"（养老保险金和失业保险金），国营大中型企业税负重。二是采取税前还贷加重了国家的财政负担，助长了固定资产投资规模的膨胀，加剧了企业之间的税负失衡。三是企业所得税按不同所有制性质分别设置不同的税种和税率，不利于不同所有制、不同地区、不同企业与产品之间的公平竞争。

1992 年党的十四大提出了建立社会主义市场经济体制的战略目标，为企业所得税制度的改革提供了重要的契机，为了适应社会主义市场经济的需要，强化税收的收入职能和宏观调控功能，1993 年 12 月，国务院将国营企业所得税、国营企业调节税、集体企业所得税、私营企业所得税合并，制定了《中华人民共和国企业所得税暂行条例》，自 1994 年 1 月 1 日起实行，至此形成了内、外两套企业所得税制度并存的状况。

(四) 1991—2008 年：从分立到统一

从 1991 年至 2007 年，我国企业所得税分为内资企业、外资企业（包括外商投资企业和外国企业）两套税制，在税制要素包括纳税人、扣除项目、优惠政策等方面存在一定差异。但是随着国有企业改革和投融资体制改革的深入，不同性质企业之间相互参股、控股的情况十分普遍，企业组织形式向多元混合方向发展，继续实行按内资、外资性质分设的内外资两套税法已经难以适应新的情况。因此，国家需要尽快改革按内资、外资分设所得税的制度，统一内外资企业所得税，为各类企业的发展提供统一、公平、规范的税收政策环境。

2007 年 3 月 16 日，第十届全国人大第五次会议审议通过了新《中华人民共和国企业所得税法》（简称《企业所得税法》），自 2008 年 1 月 1 日起实行。新税法共分八章六十条，把内资和外资的所得税法合并，统一制度、统一税率、统一优惠，以科学发展观和构建和谐社会建设为基调，既反映了时代的要求，又体现了历史的延续性，既提升了税制的法律层次，又深化了税法的科学内涵，是一部科学规范、与国际惯例接轨的重要法律，对我国社会主义市场经济建设、促进改革开放具有深远的意义。它不仅为增强我国企业国际竞争力创造了有利条件，也为在更高水平上吸引外资、公平各类企业税负创造了有利条件。

2017年2月,我国通过《企业所得税法》修正案,对第九条公益捐赠扣除条款进行修订,利用税收杠杆鼓励公益捐赠,促进社会公益事业发展。为进一步支持小微企业发展,2019年1月17日财政部、税务总局发布《关于实施小微企业普惠性税收减免政策的通知》(财税〔2019〕13号)。

企业所得税分别由国家税务局和地方税务局负责征收管理,所得收入由中央政府与地方政府共享。国家通过企业所得税直接参与企业利润分配,是中央政府和地方政府税收收入的主要来源之一。企业所得税对促进企业改善经营管理活动,提升企业的赢利能力,调节产业结构,促进经济发展,为国家建设筹集财政资金等发挥着重要的作用。

二、企业所得税税收要素

(一)纳税人

企业所得税纳税人,是指在中华人民共和国境内的公司制和非公司制存在的各种形式的企业和取得收入的组织。我国企业所得税以法人为纳税主体,非法人企业不作为独立纳税人,由法人汇总纳税。非法人企业,主要包括个人独资企业、合伙企业、企业的分支机构(分公司、办事处、代表处)等。因为个人独资企业、合伙企业分别是根据《个人独资企业法》《合伙企业法》规定设立的,股东承担无限责任,个人财产和企业财产无法明确区分,并且企业没有法人资格,为避免重复征税,缴纳个人所得税而不缴纳企业所得税。需注意的是,境外个人独资企业、合伙企业如有来自中国境内所得,应该缴纳企业所得税。

一国政府在征税方面的主权是税收管辖权,根据国际上的通行做法,我国选择了地域管辖权和居民管辖权的双重管辖权标准。为了保障我国税收管辖权的有效行使,企业所得税纳税人根据企业纳税义务范围的宽窄进行分类,分为居民企业和非居民企业。不同的企业在向中国政府缴纳所得税时,纳税义务不同。判定是否属于居民企业的标准一般有登记注册地标准、生产经营地标准、实际控制管理地标准或多标准相结合等判定标准。

居民企业,是指依法在中国境内成立,或者依照外国(地区)法律成立但实际管理机构在中国境内的企业。"依法在中国境内成立"的企业,包括依照中国法律、行政法规在中国境内成立的企业、事业单位、社会团体以及其他取得收入的组织(如境内外商投资企业);"实际管理机构",是指对企业的生产经营、人员、财务、财产等实施实质性全面管理和控制的机构。

非居民企业,是指依照外国(地区)法律成立且实际管理机构不在中国境内,但在中国境内设立机构、场所的,或者在中国境内未设立机构、场所,但有来源于中国境内所得的企业。其中,机构、场所,是指在中国境内从事生产经营活动的机构、场所,包括管理机构、营业机构、办事机构;工厂、农场、开采自然资源的场所;提供劳务的场所;从事建筑、安装、装配、修理、勘探等工程作业的场所;其他从事生产经营活动的机构、场所。非居民企业委托营业代理人在中国境内从事生产经营活动,包括委托单位或者个人经常代其签订合同,或者储存、交付货物等,该营业代理人视为非居民企业在中国境内设立的机构、场所。

经典案例

沃达丰转让中国移动香港有限公司股权

2010年9月8日,酝酿已久的沃达丰出售中国移动(00941.HK)股权一事终于落定。沃达丰是英国的电信业巨头,也是中国移动主要的外资股东之一,持股数量为6.42亿股,占中国移动总股份的3.2%。8日,沃达丰向国际投行以每股79.2港元至80港元的价格(较前一天收市价折让2.4%~3.4%)配售所持股份。据悉,参与配售的包括高盛、瑞银、摩根士丹利、汇丰等8家投行。出售所持的中国移动3.2%的股权,交易涉资超过509亿港元(66亿美元),净赚超过33亿美元。

沃达丰对中国移动的投资,已经有10年的历史。2000年,沃达丰斥资25亿美元,购入中国移动2.5%的股份,每股平均作价为48港元,成为当时中资电信运营商迎来的第一个海外投资者。2002年,中国移动收购8省资产注入上市公司,沃达丰又斥资7.5亿美元增持股份至3.2%,每股平均价为24.7港元。

中国移动香港有限公司作为中国政府主导的红筹股上市公司,根据国税发〔2009〕82号文件,被认定为"境外注册中资控股"的居民企业,因此沃达丰转让中国移动香港有限公司股权,根据《企业所得税法实施条例》第7条规定,属于非居民企业来源于中国境内的所得,因此对于该项所得应该缴纳预提所得税。北京市国税局在国家税务总局的指导下,2010年10月27日将该笔21.96亿元的税款顺利入库。

(二)征税对象

企业所得税的征税对象是指企业的正常经营期间的生产经营所得、其他所得和清算期间的清算所得。

1. 居民企业的征税对象

居民企业应当就其来源于中国境内、境外的所得缴纳企业所得税。具体包括销售货物所得、提供劳务所得、转让财产所得、股息红利等权益性投资所得、利息所得、租金所得、特许权使用费所得、接受捐赠所得和其他所得。

2. 非居民企业的征税对象

非居民企业在中国境内设立机构、场所的,应当就其所设机构、场所取得的来源于中国境内的所得,以及发生在中国境外但与其所设机构、场所有实际联系的所得,缴纳企业所得税。其中"实际联系",是指非居民企业在中国境内设立的机构、场所拥有据以取得所得的股权、债权,以及拥有、管理、控制据以取得所得的财产。

非居民企业在中国境内未设立机构、场所的,或者虽设立机构、场所但取得的所得与其所设机构、场所没有实际联系的,应当就其来源于中国境内的所得缴纳企业所得税,实行源泉扣缴,由支付人代扣代缴,预提所得税。

3. 所得来源地的确定

根据《企业所得税法》及其实施条例的规定,对于来源于中国境内、境外的所得,相关来源地的确定规定如下:销售货物所得,按照交易活动发生地确定;提供劳务所得,按照劳务发生地确定;转让财产所得,不动产转让所得按照不动产所在地确定,动产转让所得按照转让动产的企业或者机构、场所所在地确定,权益性投资资产转让所得按照被投资企业所在地确定;股息、红利等权益性投资所得,按照分配所得的企业所在地确定;利息、租金所得、特许权使用费所得,按照负担、支付所得的企业或机构、场所所在地确定,或者按照负担、支付所得的个人的住所地确定;其他所得,由国务院财政、税务主管部门确定。

(三) 税率

企业所得税实行比例税率。比例税率简便易行,透明度高,不会因征税而改变企业间收入分配比例。

1. 基本税率

企业所得税的基本税率为25%,适用于居民企业和在中国境内设有机构、场所且所得与机构、场所有关联的非居民企业。

2. 低税率

低税率为20%,实际征税时现减10%,按10%的税率征收企业所得税,适用于在中国境内未设立机构、场所的,或者虽设立机构、场所但取得的所得与其所设机构、场所没有实际联系的非居民企业。

根据《中华人民共和国企业所得税法》第二十八条规定,符合条件的小型微利企业,减按20%的税率征收企业所得税。

国家需要重点扶持的高新技术企业,减按15%的税率征收企业所得税。高新技术企业是指拥有核心自主知识产权,并同时符合下列条件的企业:

(1) 产品(服务)属于《国家重点支持的高新技术领域》规定的范围;
(2) 研究开发费用占销售收入的比例不低于规定比例;
(3) 高新技术产品(服务)收入占企业总收入的比例不低于规定比例;
(4) 科技人员占企业职工总数的比例不低于规定比例;
(5) 高新技术企业认定管理办法规定的其他条件。

企业所得税税率表如表6-1所示。

表6-1 企业所得税税率表

种 类	税 率	适用范围
基本税率	25%	适用于居民企业
		中国境内设有机构、场所且所得与机构、场所有关联的非居民企业
优惠税率	减按20%	小型微利企业年应纳税所得额不超过300万元的部分,应税所得减按25%计算
	减按15%	国家重点扶持的高新技术企业
预提所得税税率(扣缴义务人代扣代缴)	20%(实际征税时适用10%税率)	适用于在中国境内未设立机构、场所或者虽设立机构、场所但取得的所得与其所设机构、场所没有实际联系的非居民企业

第二节　企业所得税应纳税所得额的确定

应纳税所得额是企业所得税的计税依据,按照企业所得税法的规定,应纳税所得额为企业每一个纳税年度的收入总额,减去不征税收入、免税收入、各项扣除以及允许弥补的以前年度亏损后的余额。基本公式为:

$$应纳税所得额 = 收入总额 - 不征税收入 - 免税收入 - 各项扣除金额 - 允许弥补的以前年度亏损$$

应纳税所得额的确定是计算企业所得税应纳税额的关键。在适用税率一定的条件下,企业应纳税所得额的大小决定着应纳税额的多少。在计算应纳税所得额时,企业财务、会计处理办法与税收法律、行政法规的规定不一致的,应当按照税收法律、行政法规的规定计算。

企业应纳税所得额的计算,以权责发生制为原则,属于当期的收入和费用,不论款项是否收付,均作为当期收入和费用;不属于当期的收入和费用,即使款项已经当期收付,也不作为当期的收入和费用。

一、收入总额的确定

企业的收入总额包括以货币形式和非货币形式从各种来源取得的收入,具体有销售货物收入,提供劳务收入,转让财产收入,股息、红利等权益性投资收益,利息收入,租金收入,特许权使用费收入,接受捐赠收入,其他收入。

(一) 一般收入的确认

企业以货币形式和非货币形式从各种来源取得的收入为收入总额,包括以下几类:

(1) 销售货物收入,是指企业销售商品、产品、原材料、包装物、低值易耗品以及其他存货取得的收入。

(2) 提供劳务收入,是指企业从事建筑安装、修理修配、交通运输、仓储租赁、金融保险、邮电通信、咨询经纪、文化体育、科学研究、技术服务、教育培训、餐饮住宿、中介代理、卫生保健、社区服务、旅游、娱乐、加工以及其他劳动服务活动取得的收入。

(3) 转让财产收入,是指企业转让固定资产、生物资产、无形资产、股权、债权等财产取得的收入。

(4) 股息、红利等权益性投资收益,是指企业因权益性投资从被投资方取得的收入。

除国务院财政、税务主管部门另有规定外,股息、红利等权益性投资收益,按照被投资方作出利润分配决定的日期确认收入的实现。

(5) 利息收入,是指企业将资金提供他人使用但不构成权益性投资,或者因他人占用本企业资金取得的收入,包括存款利息、贷款利息、债券利息、欠款利息等收入。

利息收入按照合同约定的债务人应付利息的日期确认收入的实现。

(6) 租金收入,是指企业提供固定资产、包装物或者其他有形资产的使用权取得的收入。

租金收入按照合同约定的承租人应付租金的日期确认收入的实现。

(7) 特许权使用费收入,是指企业提供专利权、非专利技术、商标权、著作权以及其他特许权的使用取得的收入。

特许权使用费收入按照合同约定的特许权使用人应付特许权使用费的日期确认收入的实现。

(8) 接受捐赠收入,是指企业接受的来自其他企业、组织或者个人无偿给予的货币性资产、非货币性资产。

接受捐赠收入按照实际收到捐赠资产的日期确认收入的实现。

(9) 其他收入,是指企业取得的除以上收入外的其他收入,包括企业资产溢余收入、逾期未退包装物押金收入、确实无法偿付的应付款项、已做坏账损失处理后又收回的应收款项、债务重组收入、补贴收入、违约金收入、汇兑收益等。

(二)特殊收入的确认

1. 分期收入

以分期收款方式销售货物的,按照合同约定的收款日期确认收入的实现。

2. 跨期收入

企业受托加工制造大型机械设备、船舶、飞机,以及从事建筑、安装、装配工程业务或者提供其他劳务等,持续时间超过12个月的,按照纳税年度内完工进度或者完成的工作量确认收入的实现。

3. 分成收入

采取产品分成方式取得收入的,按照企业分得产品的日期确认收入的实现,其收入额按产品的公允价值确定。

4. 视同收入

企业发生非货币性资产交换,以及将货物、财产、劳务用于捐赠、偿债、赞助、集资、广告、样品、职工福利或者利润分配等用途的,应当视同销售货物、转让财产或者提供劳务,但国务院财政、税务主管部门另有规定的除外。

二、不征税收入和免税收入

国家为了扶持和鼓励某些特殊的纳税人和特定的项目,或者避免因征税影响企业的正常经营,对企业取得的某些收入予以不征税或免税的特殊政策,以减轻企业的负担,增加企业可用资金。

(一)不征税收入

(1) 财政拨款,是指各级人民政府对纳入预算管理的事业单位、社会团体等组织拨付的财政资金,但国务院和国务院财政、税务主管部门另有规定的除外。

(2) 依法收取并纳入财政管理的行政事业性收费、政府性基金。行政事业性收费是指依照法律法规等有关规定,按照国务院规定程序批准,在实施社会公共管理,以及在向公民、法人或者其他组织提供特定公共服务过程中,向特定对象收取并纳入财政管理的费用。政府性基金,是指企业依照法律、行政法规等有关规定,代政府收取的具有专项用途的财政资金。

(3) 国务院规定的其他不征税收入,是指企业取得的,由国务院财政、税务主管部门规定专项用途并经国务院批准的财政性资金。其中财政性资金,是指企业取得的来源于政府及其有关部门的财政补助、补贴、贷款贴息,以及其他各类财政专项资金,包括直接减免的增值税和即征即退、先征后退、先征后返的各种税收,但不包括企业按规定取得的出口退税款。

(二)免税收入

(1)国债利息收入,是指企业持有国务院财政部门发行的国债取得的利息收入。为鼓励企业积极购买国债,支援国家建设,税法规定企业因购买国债所得的利息收入免征企业所得税。

(2)符合条件的居民企业之间的股息、红利等权益性收益,是指居民企业直接投资于其他居民企业取得的投资收益。股息、红利等权益性投资收益,不包括连续持有居民企业公开发行并上市流通的股票不足12个月取得的投资收益。原因是股息、红利等权益性投资收益是已经缴纳了企业所得税后再对投资者进行分配,若再征税,则重复征收。企业利润分配中首先要满足对国家的分配。

(3)在中国境内设立机构、场所的非居民企业从居民企业取得与该机构、场所有实际联系的股息、红利等权益性投资收益,但不包括连续持有居民企业公开发行并上市流通的股票不足12个月取得的投资收益。

(4)符合条件的非营利组织的收入。非营利组织是指不以营利为目的的组织,它的目标通常是支持或处理个人关心或者公众关注的议题或事件。非营利组织所涉及的领域非常广,包括艺术、慈善、教育、学术、环保等。它的运作并不是为了产生利益,这一点通常被视为这类组织的主要特性。非营利组织具有非营利性、民间性、自治性、志愿性、非政治性、非宗教性等重要特征。

三、企业所得税税前扣除

(一)企业所得税税前扣除原则

企业申报的扣除项目和金额要真实、合法。所谓真实是指能提供证明有关支出确属已经实际发生;合法是指符合国家税法的规定,若其他法规规定与税收法规规定不一致,应以税收法规的规定为标准。除税收法规另有规定外,税前扣除一般应遵循以下原则:

(1)权责发生制原则,是指企业费用应在发生的所属期扣除,而不是在实际支付时确认扣除。

(2)配比原则,是指企业发生的费用应当与收入配比扣除。除特殊规定外,企业发生的费用不得提前或滞后申报扣除。

(3)相关性原则,是指企业可扣除的费用从性质和根源上必须与取得应税收入直接相关。

(4)确定性原则,是指企业可扣除的费用不论何时支付,其金额必须是确定的。

(5)合理性原则,是指符合生产经营活动常规,应当计入当期损益或者有关资产成本的必要和正常的支出。

(二)企业所得税税前扣除范围

企业所得税法规定,企业实际发生的与取得收入直接相关的、合理的支出,包括成本、费用、税金、损失和其他支出,准予在计算应纳税所得额时扣除。

在实际中,计算应纳税所得额时还应注意三个方面的内容:第一,企业发生的支出应当区分收益性支出和资本性支出。收益性支出在发生当期直接扣除;资本性支出应当分期扣除或者计入有关资产成本,不得在发生当期直接扣除。第二,企业的不征税收入用于支出所形成的费用或者财产,不得扣除或者计算对应的折旧、摊销扣除。第三,除企业所得税法和本条例另有规定外,企业实际发生的成本、费用、税金、损失和其他支出,不得重复扣除。

1. 成本

成本,是指企业在生产经营活动中发生的销售成本、销货成本、业务支出以及其他耗费,即企业销售商品(产品、材料、下脚料、废料、废旧物资等)、提供劳务、转让固定资产、转让无形资产(包括技术转让)的成本。

企业必须将经营活动中发生的成本合理划分为直接成本和间接成本。直接成本是可直接计入有关成本计算对象或劳务的经营成本中的直接材料、直接人工等。间接成本是指多个部门为同一成本对象提供服务的共同成本,或者同一种投入可以制造、提供两种或两种以上的产品或劳务的联合成本。

直接成本可根据有关会计凭证、记录直接计入有关成本计算对象或劳务的经营成本中。间接成本必须根据与成本计算对象之间的因果关系、成本计算对象的产量等,以合理的方法分配计入有关成本计算对象中。

2. 费用

费用,是指企业每一个纳税年度为生产、经营商品和提供劳务等所发生的销售(经营)费用、管理费用和财务费用。已经计入成本的有关费用除外。

销售费用,是指应由企业负担的为销售商品而发生的费用,包括广告费、运输费、装卸费、包装费、展览费、保险费、销售佣金(能直接认定的进口佣金调整商品进价成本)、代销手续费、经营性租赁费及销售部门发生的差旅费、工资、福利费等费用。

管理费用,是指企业的行政管理部门为管理组织经营活动提供各项支援性服务而发生的费用。

财务费用,是指企业筹集经营性资金而发生的费用,包括利息净支出、汇兑净损失、金融机构手续费以及其他非资本化支出。

3. 税金

税金,是指企业发生的除企业所得税和允许抵扣的增值税以外的企业缴纳的各项税金及其附加。即企业按规定缴纳的消费税、城市维护建设税、关税、资源税、土地增值税、房产税、车船税、土地使用税、印花税、教育费附加等产品销售税金及附加。这些已纳税金准予税前扣除。准许扣除的税金有两种方式:一是在发生当期扣除;二是在发生当期计入相关资产的成本,在以后各期分摊扣除。

相关链接

(1) 消费税、城市维护建设税、出口关税、房产税、车船税、城镇土地使用税、印花税、教育费附加及地方教育附加的计算缴纳,将直接减少应纳税所得额;

(2) 取得国务院、财政部、国家税务总局没有指定专项用途的消费税、城市维护建设税、教育费附加及地方教育附加的返还,应增加应纳税所得额;

(3) 增值税是价外税,其缴纳不直接影响企业所得税,但增值税(不含出口退税)返还如未指明用途就应增加应纳税所得额。

4. 损失

损失,是指企业在生产经营活动中发生的固定资产和存货的盘亏、毁损、报废损失,转让财产损失、呆账损失、坏账损失、自然灾害等不可抗力因素造成的损失及其他损失。

企业发生的损失,减除责任人赔偿和保险赔款后的余额,依照国务院财政、税务主管部门的规定扣除。

企业已经作为损失处理的资产,在以后纳税年度又全部收回或者部分收回时,应当计入当期收入。

5. 扣除的其他支出

扣除的其他支出,是指除成本、费用、税金、损失外,企业在生产经营活动中发生的与生产经营活动有关的、合理的支出。

(三) 企业所得税税前扣除项目及其标准

在计算应纳税所得额时,下列项目可按照实际发生额或规定的标准扣除。

1. 工资、薪金支出

工资、薪金支出是企业每一纳税年度支付给在本企业任职或与其有雇佣关系的员工的所有现金或非现金形式的劳动报酬,包括基本工资、薪金、津贴、补贴、年终加薪、加班工资,以及与任职或者是受雇有关的其他支出。企业发生的合理的工资、薪金支出准予据实扣除。

(1) 企业按照股东大会、董事会、薪酬委员会或相关管理机构制定的工资、薪金制度对实际发放给员工的工资、薪金进行合理性确认时,可按以下原则掌握:

① 企业制定了较为规范的员工工资、薪金制度;

② 企业所制定的工资、薪金制度符合行业及地区水平;

③ 企业在一定时期发放的工资、薪金是相对固定的,工资、薪金的调整是有序进行的;

④ 企业对实际发放的工资、薪金,已依法履行了代扣代缴个人所得税义务;

⑤ 有关工资、薪金的安排,不以减少或逃避税款为目的。

(2) 属于国有性质的企业,其工资、薪金,不得超过政府有关部门给予的限定税额,超过部分,不得计入企业工资、薪金总额,也不得在计算企业应纳税所得额时扣除。

2. 职工福利费、工会经费、职工教育经费

企业发生的职工福利费、工会经费、职工教育经费按标准扣除,未超过标准的按实际数扣除,超过标准的只能按标准扣除。

(1) 企业发生的职工福利费支出,不超过工资、薪金总额14%的部分准予扣除。

(2) 企业拨缴的工会经费,不超过工资、薪金总额2%的部分准予扣除。

(3) 除国务院财政、税务主管部门另有规定外,企业发生的职工教育经费支出,不超过工资、薪金总额8%的部分,准予在计算应纳税所得额时扣除,超过部分准予以后纳税年度结转扣除。

职工福利费、工会经费、职工教育经费税前扣除的比较:

(1) 共同点:一是计提基数,都是合理的工资薪金总额;二是限额扣除,小于限额的按实际扣除,大于限额的按限额扣除。

(2) 不同点:一是扣除比例不同;二是超限额部分的处理不一样。职工福利费、工会经费,不得结转扣除;职工教育经费可以结转扣除。

【例6-1】 某企业2024年实发工资、奖金1 000万元,发生福利经费150万元、工会经费20万元和职工教育经费10万元。

要求:计算年末该企业三项费用需调整应税所得的金额。(假定工资为合理工资支出)

解析：福利费＝1 000×0.14＝140(万元)

工会经费＝1 000×0.02＝20(万元)

职工教育经费＝1 000×0.08＝80(万元)

综上所述：应纳税所得额应调增：150－140＝10(万元)

3. 社会保险费

(1) 企业依照国务院有关主管部门或者省级人民政府规定的范围和标准为职工缴纳的"五险一金"，即基本养老保险费、基本医疗保险费、失业保险费、工伤保险费、生育保险费等基本社会保险费和住房公积金，准予扣除。

(2) 企业为投资者或者职工支付的补充养老保险费、补充医疗保险费，在国务院财政、税务主管部门规定的不超过工资总额5%的范围和标准内，准予扣除；超过部分不得扣除。企业依照国家有关规定为特殊工种职工支付的人身安全保险费和符合国务院财政、税务主管部门规定可以扣除的商业保险费，准予扣除。

(3) 企业参加财产保险，按照规定缴纳的保险费，准予扣除。企业为投资者或者职工支付的商业保险费，不得扣除。

4. 利息费用

(1) 非金融企业向金融企业借款的利息支出、金融企业的各项存款利息支出和同业拆借利息支出、企业经批准发行债券的利息支出，可据实扣除。

(2) 非金融企业向非金融企业借款的利息支出，不超过按照金融企业同期同类贷款利率计算的数额部分，可据实扣除，超过部分不许扣除。值得注意的是，企业为购置、建造固定资产、无形资产和经过12个月以上的建造才能达到预定可销售状态的存货发生借款的，在有关资产购置、建造期间发生的合理的借款费用，应当作为资本性支出计入有关资产的成本，有关资产交付使用后发生的借款利息，可在发生当期扣除。

(3) 关联企业利息费用的扣除。企业从其关联方接受的债权性投资与权益性投资的比例超过规定标准而发生的利息支出，不得在计算应纳税所得额时扣除。企业实际支付给关联方的利息支出如果能够按照税法及其实施条例的有关规定提供相关资料，并证明相关交易活动符合独立交易原则的；或者该企业的实际税负不高于境内关联方的，其实际支付给境内关联方的利息支出，同时，其接受关联方债权性投资与其权益性投资比例为金融企业5∶1，其他企业2∶1。因此，关联企业利息费用的扣除，既有借款额度的限制，又有利息率的限制。

(4) 企业向自然人借款的利息支出的扣除。企业向股东或其他与企业有关联关系的自然人借款的利息支出，关联方债资比例和利率标准符合规定条件下，准予扣除。企业向非关联关系的自然人借款的利息支出，其借款情况同时符合以下条件的，其利息支出在不超过按照金融企业同期同类贷款利率计算的数额的部分，准予扣除。

条件一：企业与个人之间的借贷是真实、合法、有效的，并且不具有非法集资目的或其他违反法律、法规的行为；

条件二：企业与个人之间签订了借款合同。

【例6-2】 某公司(居民企业)2024年度实现利润总额140万元。"财务费用"账户中包括三项利息费用支出：①1月初按照年利率8%向银行借入的期限为9个月的生产经营用资金，支付利息20万元；②1月初按照年利率12%向股东借入与向银行借款同期的生产经营用资金，支付利息45万元，该股东对公司的权益性投资为300万元；③1月初经过批准向本公司职工(非股东)借入与向银行借款同期的生产经营用资金 300 万元,公司与职工之间签订了借款合同,支付借款利息 30 万元。假定该公司没有其他纳税调整项目。

要求:
(1) 计算该公司 2024 年计算应纳税所得额时可扣除的利息费用金额。
(2) 计算该公司 2024 年账面超支的利息费用金额。
(3) 计算该公司 2024 年的应纳税所得额。

解析: 向股东借款金额=45÷(12‰÷12×9)=500(万元),小于权益性投资额的 2 倍。

应纳税所得额可扣除的股东借款利息=500×8‰÷12×9=30(万元)

超标准的利息费用=45-30=15(万元)

应纳税所得额可扣除的职工借款利息=300×8‰÷12×9=18(万元)

超标准的利息费用=30-18=12(万元)

所以,(1) 应纳税所得额可扣除的利息费用=20+30+18=68(万元)

(2) 账面超支利息=15+12=27(万元)

(3) 应纳税所得额=140+27=167(万元)

5. 借款费用

(1) 企业在生产经营活动中发生的合理的不需要资本化的借款费用,准予扣除。

(2) 企业为购置、建造固定资产、无形资产和经过 12 个月以上的建造才能达到预定可销售状态的存货发生借款的,在有关资产购置、建造期间发生的合理借款费用,应予以资本化,作为资本性支出计入有关资产的成本;有关资产交付使用后发生的借款利息,可在发生当期扣除。

6. 汇兑损失

企业在货币交易中,以及纳税年度终了时,将人民币以外的货币性资产、负债按照期末即期人民币汇率中间价折算为人民币时产生的汇兑损失,除已经计入有关资产成本以及与向所有者进行利润分配相关的部分外,准予扣除。

7. 业务招待费

企业发生的与生产经营活动有关的业务招待费支出,按照发生额的 60% 扣除,但最高不得超过当年销售(营业)收入的 5‰。当年销售(营业)收入还包括《企业所得税法实施条例》第二十五条规定的视同销售(营业)收入额,即主营业务收入、其他业务收入和视同销售收入,但不包括营业外收入。该项目永远是一个纳税调增项目,从企业角度出发,业务招待费控制在营业收入的 8.3‰以内,较为有利。

【例 6-3】 某企业 2024 年的销售收入为 5 000 万元,实际支出的业务招待费 40 万元,计算应纳税所得额时允许扣除的业务招待费为多少?

解析: 业务招待费发生额的 60%为 24 万元;税前扣除限额=5 000×5‰=25 万元;税前允许扣除 24 万元,纳税调增 16 万元。

【例 6-4】 某企业 2024 年的销售收入为 5 000 万元,实际发生的业务招待费 60 万元,计算应纳税所得额时允许扣除的业务招待费为多少?

解析: 业务招待费发生额的 60%为 36 万元;税前扣除限额=5 000×5‰=25 万元;税前允许扣除 25 万元,纳税调增 35 万元。

相关链接

问：投资收益能不能作为业务招待费计提基数？

答：一般情况下，作为业务招待费计提基数的营业收入，不包含投资收益，但是，对从事股权投资业务的企业（包括集团公司总部、创业投资企业等），其从被投资企业所分配的股息、红利以及股权转让收入，可以按规定的比例计算业务招待费扣除限额。

——国税函〔2010〕79 号

8. 广告费和业务宣传费

企业发生的符合条件的广告费和业务宣传费支出，除国务院财政、税务主管部门另有规定外，不超过当年销售（营业）收入15％的部分，准予扣除；超过部分，准予结转以后纳税年度扣除。其中，销售（营业）收入包括主营业务收入、其他业务收入和视同销售收入，但不包括营业外收入，与业务招待费的计算口径是一致的。

自 2011 年 1 月 1 日至 2025 年 12 月 31 日，对化妆品制造或销售、医药制造和饮料制造（不含酒类制造）企业发生的广告费和业务宣传费支出，不超过当年销售（营业）收入 30％的部分，准予扣除；超过部分，准予在以后纳税年度结转扣除。烟草企业的烟草广告费和业务宣传费支出，一律不得扣除。

广告费与业务宣传费实行合并扣除。广告费与业务宣传费都是为了促销而支付的费用，既有共同属性也有区别，从属性上对二者进行区分已没有任何实质意义，企业无论是取得广告业专用发票通过广告公司发布广告，还是通过各类印刷、制作单位制作（如购物袋、遮阳伞、各类纪念品等）印有企业标志的宣传物品，所支付的费用均可合并在规定比例内予以扣除。

企业申报扣除的广告费支出应与赞助支出严格区分。企业申报扣除的广告费支出，必须符合下列条件：广告是通过工商管理部门批准的专门机构制作的；已实际支付费用，并已取得相应发票；通过一定的媒体传播。

自 2011 年开始，企业在筹建期间发生的广告费和业务宣传费，可按实际发生额计入企业筹办费，并按有关规定在税前扣除。

【例 6-5】 某制药厂 2024 年销售收入 3 000 万元，发生现金折扣 100 万元；特许权使用费收入 200 万元，营业外收入 150 万元，广告费支出 1 000 万元，业务宣传费 40 万元。

解析： 广告费和业务宣传费扣除标准＝(3 000＋200)×30％＝960(万元)

广告费和业务宣传费实际发生额 1 040 万元(＝1 000＋40)，超标准 80 万元(＝1 040－960)，调增所得额 80 万元。

9. 环境保护专项资金

企业依照法律、行政法规有关规定提取的用于环境保护、生态恢复等方面的专项资金，准予扣除。上述专项资金提取后改变用途的，不得扣除。

10. 保险费

企业参加财产保险，按照规定缴纳的保险费，准予扣除。

11. 租赁费

企业根据生产经营活动需要租入固定资产支付的租赁费，按以下方法扣除：

(1) 以经营租赁方式租入固定资产发生的租赁费支出，按照租赁期限均匀扣除。经营性租赁是指所有权不转移的租赁。

(2) 以融资租赁方式租入固定资产发生的租赁费支出,按照规定构成融资租入固定资产价值的部分应当提取折旧费用,分期扣除。

12. 劳动保护费

企业发生的合理劳动保护支出,准予扣除。自 2011 年 7 月 1 日起,企业根据其工作性质和特点,统一制作并要求员工工作时统一着装所发生的工作服饰费用,根据《企业所得税法实施条例》第 27 条的规定,可以作为企业合理的支出给予税前扣除。

13. 公益性捐赠支出

公益性捐赠是指企业通过公益性社会团体或者县级(含县级)以上人民政府及其部门,用于《中华人民共和国公益事业捐赠法》规定的公益事业的捐赠。

企业发生的公益性捐赠支出,在年度利润总额 12% 以内的部分,准予在计算应纳税所得额时扣除;超过年度利润总额 12% 的部分,准予以后三年内在计算应纳税所得额时结转扣除。

14. 有关资产的费用

企业转让各类固定资产发生的费用,允许扣除。企业按规定计算的固定资产折旧费、无形资产和递延资产的摊销费,准予扣除。

15. 总机构分摊的费用

非居民企业在中国境内设立的机构、场所,就其中国境外总机构发生的与该机构、场所生产经营有关的费用,能够提供总机构出具的费用汇集范围、定额、分配依据和方法等证明文件,并合理分摊的,准予扣除。

16. 资产损失

企业当期发生的固定资产和流动资产盘亏、毁损净损失,由其提供清查盘存资料经主管税务机关审核后,准予扣除;企业因存货盘亏、毁损、报废等不得从销项税金中抵扣的进项税金,应视同企业财产损失,准予与存货损失一起在所得税前按规定扣除。

17. 其他项目

依照有关法律、行政法规和国家有关税法规定准予扣除的其他项目,如会员费、合理的会议费、差旅费、违约金、诉讼费等。

四、不得扣除的项目

在计算应纳税所得额时,下列支出不得扣除:

(1) 向投资者支付的股息、红利等权益性投资收益款项。

(2) 企业所得税税款。

(3) 税收滞纳金,是指纳税人违反税收法规,被税务机关处以的滞纳金。

(4) 罚金、罚款和被没收财物的损失,是指纳税人违反国家有关法律、法规规定,被有关部门处以的罚款,以及被司法机关处以的罚金和被没收的财物。需注意的是,纳税人按照经济合同规定支付的违约金、罚款、罚息、诉讼费等,准予税前扣除;属于行政处罚范畴的罚金、罚款和被没收财物的损失,不得税前扣除。

(5) 超过规定标准的捐赠支出。

(6) 赞助支出,是指企业发生的与生产经营活动无关的各种非广告性质支出。

(7) 未经核定的准备金支出,是指不符合国务院财政、税务主管部门规定的各项资产减值准备、风险准备等准备金支出。其包括坏账准备、存货跌价准备、资产减值准备等。

（8）企业之间支付的管理费、企业内营业机构之间支付的租金和特许权使用费，以及非银行企业内营业机构之间支付的利息。

（9）与取得收入无关的其他支出。

五、亏损弥补

亏损是指企业依照《企业所得税法》及其暂行条例的规定，将每一纳税年度的收入总额减除不征税收入、免税收入和各项扣除后小于零的数额。税法规定，企业某一纳税年度发生的亏损可以用下一年度的所得弥补，下一年度的所得不足以弥补的，可以逐年延续弥补，但最长不得超过5年。而且，企业在汇总计算缴纳企业所得税时，其境外营业机构的亏损不得抵减境内营业机构的盈利。

自2018年1月1日起，当年具备高新技术企业或科技型中小企业资格（以下统称资格）的企业，其具备资格年度之前5个年度发生的尚未弥补完的亏损，准予结转以后年度弥补，最长结转年限由5年延长至10年。

【例 6-6】 表 6-2 为经税务机关审定的某国有企业 7 年的弥补亏损前的应纳税所得额的情况，假定该企业一直执行 5 年亏损弥补规定，计算该企业 7 年间需缴纳的企业所得税。

表 6-2 2018—2024 年企业弥补亏损前的应纳税所得额   单位：万元

年度	2018	2019	2020	2021	2022	2023	2024
弥补亏损前的应纳税所得额	−100	10	−20	30	20	30	80

解析： 2018年的亏损应用2019年至2023年的所得弥补，尽管期间2020年亏损。到2023年，2018年的亏损未弥补完但5年亏损期已满，剩余10万元亏损不得用2024年的应纳税所得额弥补。

2020年之后的2021年至2023年之间的所得，被用于弥补2018年的亏损，2020年的亏损需用2024年所得弥补，在弥补2020年亏损后，2024年应纳税所得额＝80−20＝60（万元），应纳企业所得税税额＝60×25％＝15（万元）。

第三节 资产的税务处理

资产是由于资本投资而形成的财产，资产税务处理的最终目的是要确定准予税前扣除的项目金额，从而为正确计算应纳税额奠定基础。

对于资本性支出以及无形资产受让、开办、开发费用，不允许作为成本、费用从纳税人的收入总额中做一次性扣除，只能采取分次计提折旧或分次摊销的方式予以扣除。即纳税人经营活动中使用的固定资产的折旧费用、无形资产和长期待摊费用的摊销费用可以扣除。税法规定，纳入税务处理范围的资产形式主要有固定资产、生物资产、无形资产、长期待摊费用、投资资产、存货等，均以历史成本为计税基础。历史成本，是指企业取得该项资产时实际发生的支出。

企业持有各项资产期间资产增值或者减值,除国务院财政、税务主管部门规定可以确认损益外,不得调整该资产的计税基础。

一、固定资产的税务处理

固定资产是指企业为生产产品、提供劳务、出租或者经营管理而持有的、使用时间超过12个月的非货币性资产,包括房屋、建筑物、机器、机械、运输工具以及其他与生产经营活动有关的设备、器具、工具等。

(一)固定资产的计税基础

(1)外购的固定资产,以购买价款和支付的相关税费以及直接归属于使该资产达到预定用途发生的其他支出为计税基础。

(2)自行建造的固定资产,以竣工结算前发生的支出为计税基础。

(3)融资租入的固定资产,以租赁合同约定的付款总额和承租人在签订租赁合同过程中发生的相关费用为计税基础;租赁合同未约定付款总额的,以该资产的公允价值和承租人在签订租赁合同过程中发生的相关费用为计税基础。

(4)盘盈的固定资产,以同类固定资产的重置完全价值为计税基础。

(5)通过捐赠、投资、非货币性资产交换、债务重组等方式取得的固定资产,以该资产的公允价值和支付的相关税费为计税基础。

(6)改建的固定资产,除以足额提取折旧的固定资产和租入的固定资产以外的其他固定资产,以改建过程中发生的改建支出增加计税基础。

(二)固定资产折旧的范围

在计算应纳税所得额时,企业按照规定计算的固定资产折旧,准予扣除。下列固定资产不得计算折旧扣除:

(1)房屋、建筑物以外未投入使用的固定资产。

(2)以经营租赁方式租入的固定资产。

(3)以融资租赁方式租出的固定资产。

(4)已足额提取折旧仍继续使用的固定资产。

(5)与经营活动无关的固定资产。

(6)单独估价作为固定资产入账的土地。

(7)其他不得计算折旧扣除的固定资产。

(三)固定资产折旧的计提方法

(1)企业应当自固定资产投入使用月份的次月起计算折旧;停止使用的固定资产,应当自停止使用月份的次月起停止计算折旧。

(2)企业应当根据固定资产的性质和使用情况,合理确定固定资产的预计净残值。固定资产的预计净残值一经确定,不得变更。

(3)固定资产按照直线法计算的折旧,准予扣除。

(四)固定资产折旧的计提年限

除国务院财政、税务主管部门另有规定外,固定资产计算折旧的最低年限如下:

(1)房屋、建筑物,为20年。

(2)飞机、火车、轮船、机器、机械和其他生产设备,为10年。

(3) 与生产经营活动有关的器具、工具、家具等,为5年。
(4) 飞机、火车、轮船以外的运输工具,为4年。
(5) 电子设备,为3年。

从事开采石油、天然气等矿产资源的企业,在开始商业性生产前发生的费用和有关固定资产的折耗、折旧方法,由国务院财政、税务主管部门另行规定。

(五) 固定资产折旧的企业所得税处理

(1) 企业固定资产会计折旧年限如果短于税法规定的最低折旧年限,其按会计折旧年限计提的折旧高于按税法规定的最低折旧年限计提的折旧部分,应调增当期应纳税所得额;企业固定资产会计折旧年限已期满且会计折旧已提足,但税法规定的最低折旧年限尚未到期且税收折旧尚未足额扣除,其未足额扣除的部分准予在剩余的税收折旧年限继续按规定扣除。

(2) 企业固定资产会计折旧年限如果长于税法规定的最低折旧年限,其折旧应按会计折旧年限计算扣除,税法另有规定的除外。

(3) 企业按会计规定提取的固定资产减值准备,不得税前扣除,其折旧仍按税法确定的固定资产计税基础计算扣除。

(4) 企业按税法规定实行加速折旧的,其按加速折旧办法计算的折旧额可全额在税前扣除。

(5) 石油天然气开采企业在计提油气资产折耗(折旧)时,由于会计与税法规定计算方法不同导致的折耗(折旧)差异,应按税法规定进行纳税调整。

【例 6-7】 甲企业为增值税一般纳税人,2024年8月5日为其生产部门购进一台大型机器,取得增值税专用发票,注明价款1 200万元,税额156万元。

假定该机器预计净残值率为5%,该企业按照机器的最低折旧年限采用直线法计提折旧。

要求: 计算甲企业购买的机器在计算应纳税所得额时准予扣除的折旧额。

解析: 机器折旧年限最低为10年。8月5日购买的机器从9月起开始计提折旧。

该机器账面成本=1 200(万元)

当年依照税法规定可扣除的折旧额=1 200×(1-5%)÷(10×12)×4=38(万元)

二、生物资产的税务处理

生物资产,是指有生命的动物和植物,分为消耗性生物资产、生产性生物资产和公益性生物资产。其中,消耗性生物资产,是指为出售而持有的或在将来收获为农产品的生物资产,包括生长中的大田作物、蔬菜、用材林以及存栏待售的牲畜等;生产性生物资产,是指为产出农产品、提供劳务或出租等目的而持有的生物资产,包括经济林、薪炭林、产畜和役畜等;公益性生物资产,是指以防护、环境保护为主要目的的生物资产,包括防风固沙林、水土保持林和水源涵养林等。上述三类生物资产中,只有生产性生物资产可以计提折旧。

(一) 生产性生物资产的计税基础

生产性生物资产按照以下方法确定计税基础。

(1) 外购的生产性生物资产,以购买价款和支付的相关税费为计税基础;

(2) 通过捐赠、投资、非货币性资产交换、债务重组等方式取得的生产性生物资产,以该资产的公允价值和支付的相关税费为计税基础。

(二) 生产性生物资产的摊销方法及年限

生产性生物资产按照直线法计算的折旧,准予扣除。

(1) 企业应当自生产性生物资产投入使用月份的次月起计算折旧;停止使用的生产性生物资产,应当自停止使用月份的次月起停止计算折旧。

(2) 企业应当根据生产性生物资产的性质和使用情况,合理确定生产性生物资产的预计净残值。生产性生物资产的预计净残值一经确定,不得变更。

生产性生物资产计算折旧的最低年限如下:林木类生产性生物资产,为10年;畜类生产性生物资产,为3年。

三、无形资产的税务处理

无形资产是指企业长期使用、但没有实物形态的资产,包括专利权、商标权、著作权、土地使用权、非专利技术、商誉等。

(一) 无形资产的计税基础

无形资产按照以下方法确定计税基础:

(1) 外购的无形资产,以购买价款和支付的相关税费以及直接归属于使该资产达到预定用途发生的其他支出为计税基础。

(2) 自行开发的无形资产,以开发过程中该资产符合资本化条件后至达到预定用途前发生的支出为计税基础。

(3) 通过捐赠、投资、非货币性资产交换、债务重组等方式取得的无形资产,以该资产的公允价值和支付的相关税费为计税基础。

(二) 无形资产摊销的范围

在计算应纳税所得额时,企业按照规定计算的无形资产摊销费用,准予扣除。

下列无形资产不得计算摊销费用扣除:

(1) 自行开发的支出已在计算应纳税所得额时扣除的无形资产。

(2) 自创商誉。

(3) 与经营活动无关的无形资产。

(4) 其他不得计算摊销费用扣除的无形资产。

(三) 无形资产的摊销方法及年限

无形资产的摊销,采取直线法计算。无形资产的摊销年限不得低于10年。作为投资或者受让的无形资产,有关法律规定或者合同约定了使用年限的,可以按照规定或者约定的使用年限分期摊销。外购商誉的支出,在企业整体转让或者清算时,准予扣除。

四、长期待摊费用的税务处理

长期待摊费用是指企业发生的应在1个年度以上或几个年度进行摊销的费用。在计算应纳税所得额时,企业发生的下列支出作为长期待摊费用,按照规定摊销的,准予扣除。

(一) 已足额提取折旧的固定资产的改建支出

固定资产的改建支出,是指改变房屋或者建筑物结构、延长使用年限等发生的支出。有关固定资产尚未提足折旧,可增加固定资产价值;如有关固定资产已提足折旧,可作为长期待摊费用,按照固定资产预计尚可使用年限分期摊销。

（二）租入固定资产的改建支出

租入固定资产的改建支出，按照合同约定的剩余租赁期限分期摊销；改建的固定资产延长使用年限的，除已足额提取折旧的固定资产、租入固定资产的改建支出外，其他的固定资产发生改建支出，应当适当延长折旧年限。

（三）固定资产的大修理支出

企业的固定资产修理支出可在发生当期直接扣除。大修理支出，按照固定资产尚可使用年限分期摊销。其中，大修理支出需同时符合下列条件：

（1）修理支出达到取得固定资产时的计税基础 50% 以上。
（2）修理后固定资产的使用年限延长 2 年以上。

（四）其他应当作为长期待摊费用的支出

自支出发生月份的次月起，分期摊销，摊销年限不得低于 3 年。

五、投资资产的税务处理

投资资产，是指企业对外进行权益性投资和债权性投资而形成的资产。

（一）投资资产的成本

投资资产按以下方法确定投资成本：

（1）通过支付现金方式取得的投资资产，以购买价款为成本。
（2）通过支付现金以外的方式取得的投资资产，以该资产的公允价值和支付的相关税费为成本。

（二）投资资产成本的扣除方法

企业对外投资期间，投资资产的成本在计算应纳税所得额时不得扣除，企业在转让或者处置投资资产时，投资资产的成本准予扣除。

（三）投资企业撤回或减少投资的税务处理

自 2011 年 7 月 1 日起，投资企业从被投资企业撤回或减少投资，其取得的资产中相当于初始出资的部分，应确认为投资收回；相当于被投资企业累计未分配利润和累计盈余公积按减少实收资本比例计算的部分，应确认为股息所得；其余部分确认为投资资产转让所得。

被投资企业发生的经营亏损，由被投资企业按规定结转弥补；投资企业也不得调整减低其投资成本，不得将其确认为投资损失。

（四）非货币性资产投资企业所得税的处理规定

（1）居民企业以非货币性资产对外投资确认的非货币性资产转让所得，可在不超过 5 年期限内，分期均匀计入相应年度的应纳税所得额，按规定计算缴纳企业所得税。

（2）居民企业以非货币性资产对外投资，应对非货币性资产进行评估并按评估后的公允价值扣除计税基础后的余额，计算确认非货币性资产转让所得。

居民企业以非货币性资产对外投资，应于投资协议生效并办理股权登记手续时，确认非货币性资产转让收入的实现。

（3）居民企业以非货币性资产对外投资而取得被投资企业的股权，应以非货币性资产的原计税成本为计税基础，加上每年确认的非货币性资产转让所得，逐年进行调整。

被投资企业取得非货币性资产的计税基础，应按非货币性资产的公允价值确认。

（4）居民企业在对外投资 5 年内转让上述股权或投资收回的或者注销的，应停止执行递延纳税政策,并就递延期内尚未确认的非货币性资产转让所得,在转让股权或投资收回或注销当年的企业所得税年度汇算清缴时,一次性计算缴纳企业所得税。

【例 6-8】 A 公司 2024 年 7 月以 1 000 万元投资 N 公司,取得 N 公司 30% 的股份。2025 年 7 月经股东会批准,A 公司将其持有的 30% 股份撤资,撤资时 N 公司累计未分配利润为 3 000 万元,A 公司撤资分得银行存款 2 000 万元。

要求: 计算 A 公司"股权转让所得"应缴纳的企业所得税。

解析: A 公司分得的 2 000 万元中,原投资为 1 000 万元,因此 1 000 万元为投资资本的收回。股息所得为 900 万元(=3 000×30%)。

剩余部分 100 万元(=2 000−1 000−900)确认为股权转让所得缴纳企业所得税。

应缴纳的企业所得税=1 000 000×25%=250 000(元)

六、存货的税务处理

存货是指企业持有以备出售的产品或者商品、处在生产过程中的在产品、在生产或者提供劳务过程中耗用的材料和物料等。

(一) 存货的计税基础

存货按照以下方法确定成本:

(1) 通过支付现金方式取得的存货,以购买价款和支付的相关税费为成本。

(2) 通过支付现金以外的方式取得的存货,以该存货的公允价值和支付的相关税费为成本。

(二) 存货的成本计算方法

企业使用或者销售的存货的成本计算方法,可以在先进先出法、加权平均法、个别计价法中选用一种。计价方法一经选用,不得随意变更。

企业转让以上资产,在计算企业应纳税所得额时,资产的净值允许扣除。其中,资产的净值是指有关资产、财产的计税基础减除已经按照规定扣除的折旧、折耗、摊销、准备金等后的余额。

除国务院财政、税务主管部门另有规定外,企业在重组过程中,应当在交易发生时确认有关资产的转让所得或者损失,相关资产应当按照交易价格重新确定计税基础。

第四节 税收优惠

税收优惠,是指国家运用税收政策在税收法律、行政法规中规定对某一部分特定企业和课税对象给予减轻或免除税收负担的一种措施。税法规定的税收优惠方式包括免税、减税、加计扣除、加速折旧、减计收入、税额抵免等。

一、免征与减征优惠

企业的下列所得,可以免征、减征企业所得税。企业如果从事国家限制和禁止发展的项目,不得享受企业所得税优惠。

(一) 从事农、林、牧、渔业项目的所得

企业从事农、林、牧、渔业项目的所得,包括免征和减征两部分。

1. 免征企业所得税

(1) 蔬菜、谷物、薯类、油料、豆类、棉花、麻类、糖料、水果、坚果的种植。

(2) 农作物新品种的选育。

(3) 中药材的种植。

(4) 林木的培育和种植。

(5) 牲畜、家禽的饲养。

(6) 林产品的采集。

(7) 灌溉、农产品初加工、兽医、农技推广、农机作业和维修等农、林、牧、渔服务业项目。

(8) 远洋捕捞。

2. 减半征收企业所得税

(1) 花卉、茶以及其他饮料作物和香料作物的种植。

(2) 海水养殖、内陆养殖。

(二) 从事国家重点扶持的公共基础设施项目投资经营的所得

企业所得税法所称国家重点扶持的公共基础设施项目,是指《公共基础设施项目企业所得税优惠目录》规定的港口码头、机场、铁路、公路、电力、水利等项目。

国家重点扶持的公共基础设施享受"三免三减半"税收优惠,即国家重点扶持的公共基础设施项目的投资经营的所得,自项目取得第 1 笔生产经营收入所属纳税年度起,第 1 年至第 3 年免征企业所得税,第 4 年至第 6 年减半征收企业所得税。

(三) 从事符合条件的环境保护、节能节水项目的所得

符合条件的环境保护、节能节水项目,包括公共污水处理、公共垃圾处理、沼气综合开发利用、节能减排技术改造、海水淡化等。项目的具体条件和范围由国务院财政、税务主管部门同国务院有关部门制定,报国务院批准后公布施行。

环保节能节水项目享受"三免三减半"税收优惠,即企业从事前款规定的符合条件的环境保护、节能节水项目的所得,自项目取得第 1 笔生产经营收入所属纳税年度起,第 1 年至第 3 年免征企业所得税,第 4 年至第 6 年减半征收企业所得税。

但是以上规定享受减免税优惠的项目,在减免税期限内转让的,受让方自受让之日起,可以在剩余期限内享受规定的减免税优惠;减免税期限届满后转让的,受让方不得就该项目重复享受减免税优惠。

(四) 符合条件的技术转让所得

企业所得税法所称符合条件的技术转让所得免征、减征企业所得税,是指一个纳税年度内,居民企业转让技术所有权所得不超过 500 万元的部分,免征企业所得税;超过 500 万元的部分,减半征收企业所得税。

技术转让的范围,包括居民企业转让专利技术、计算机软件著作权、集成电路布图设计权、植物新品种、生物医药新品种、5 年(含)以上非独占许可使用权,以及财政部和国家税务总局确定的其他技术。

符合条件的技术转让所得的计算方法:

技术转让所得＝技术转让收入－技术转让成本－相关税费

或

技术转让所得＝技术转让收入－无形资产摊销费用－相关税费－应分摊期间费用

二、加计扣除优惠

加计扣除是指对企业支出项目按规定的比例给予税前扣除的基础上再给予追加扣除。加计扣除优惠包括以下三项内容。

（一）一般企业研究开发费

研究开发费，自2023年1月1日起，未形成无形资产计入当期损益的，在按照规定据实扣除的基础上，按照研究开发费用的100%加计扣除；形成无形资产的，按照无形资产成本的200%摊销。

从2023年1月1日起，可以加计扣除的研究开发费按下列相关规定执行。

1. 人员人工费用

人员人工费用指直接从事研发活动人员的工资薪金、基本养老保险费、基本医疗保险费、失业保险费、工伤保险费、生育保险费和住房公积金，以及外聘研发人员的劳务费用。

2. 直接投入费用

直接投入费用指研发活动直接消耗的材料、燃料和动力费用；用于中间试验和产品试制的模具、工艺装备开发及制造费，不构成固定资产的样品、样机及一般测试手段购置费，试制产品的检验费；用于研发活动的仪器、设备的运行维护、调整、检验、维修等费用，以及通过经营租赁方式租入的用于研发活动的仪器、设备租赁费。

3. 折旧费用

折旧费用指用于研发活动的仪器、设备的折旧费。

4. 无形资产摊销费用

无形资产摊销费用指用于研发活动的软件、专利权、非专利技术（包括许可证、专有技术、设计和计算方法等）的摊销费用。

5. 新产品设计费、新工艺规程制定费、新药研制的临床试验费、勘探开发技术的现场试验费

这类具体是指企业在新产品设计、新工艺规程制定、新药研制的临床试验、勘探开发技术的现场试验过程中发生的与开展该项活动有关的各类费用。

6. 其他相关费用

其他相关费用指与研发活动直接相关的其他费用，如技术图书资料费、资料翻译费、专家咨询费、高新科技研发保险费，研发成果的检索、分析、评议、论证、鉴定、评审、评估、验收费用，知识产权的申请费、注册费、代理费，差旅费、会议费，职工福利费、补充养老保险费、补充医疗保险费。

此类费用总额不得超过可加计扣除研发费用总额的10%。

7. 其他事项

上述规定适用于2023年度及以后年度汇算清缴。以前年度已经进行税务处理的不再调整。涉及追溯享受优惠政策情形的，按照规定执行。

(二) 企业委托境外研究开发费用与税前加计扣除

按照《关于企业委托境外研究开发费用税前加计扣除有关政策问题的通知》(财税〔2018〕64号)的规定,企业委托境外的研发费用按照费用实际发生额的80%计入委托方的委托境外研发费用,不超过境内符合条件的研发费用2/3的部分,可以按规定在企业所得税前加计扣除。

(三) 企业安置残疾人员所支付的工资

企业安置残疾人员所支付工资费用的加计扣除,是指企业安置残疾人员的,在按照支付给残疾职工工资据实扣除的基础上,按照支付给残疾职工工资的100%加计扣除。残疾人员的范围适用《中华人民共和国残疾人保障法》的有关规定。企业安置国家鼓励安置的其他就业人员所支付的工资的加计扣除办法,由国务院另行规定。

三、加速折旧优惠

(一) 可以加速折旧的固定资产

企业的固定资产由于技术进步等,确需加速折旧的,可以缩短折旧年限或者采取加速折旧的方法。可采用加速折旧方法的固定资产是指:① 由于技术进步,产品更新换代较快的固定资产;② 常年处于强震动、高腐蚀状态的固定资产。

采取缩短折旧年限方法的,最低折旧年限不得低于规定折旧年限的60%;采取加速折旧方法的,可以采取双倍余额递减法或者年数总和法。

(二) 生物药品制造等6个行业加速折旧的规定

依据财税〔2014〕75号文件,对有关固定资产加速折旧企业所得税政策问题规定如下:

(1) 对生物药品制造业,专用设备制造业,铁路、船舶、航空航天和其他运输设备制造业,计算机、通信和其他电子设备制造业,仪器仪表制造业,信息传输、软件和信息技术服务业等6个行业的企业2014年1月1日后新购进的固定资产,可缩短折旧年限或采取加速折旧的方法。

对上述6个行业的小型微利企业2014年1月1日后新购进的研发和生产经营共用的仪器、设备,单位价值不超过100万元的,允许一次性计入当期成本费用在计算应纳税所得额时扣除,不再分年度计算折旧;单位价值超过100万元的,可缩短折旧年限或采取加速折旧的方法。

(2) 对所有行业企业2014年1月1日后新购进的专门用于研发的仪器、设备,单位价值不超过100万元的,允许一次性计入当期成本费用在计算应纳税所得额时扣除,不再分年度计算折旧;单位价值超过100万元的,可缩短折旧年限或采取加速折旧的方法。

(3) 对所有行业企业持有的单位价值不超过5 000元的固定资产,允许一次性计入当期成本费用在计算应纳税所得额时扣除,不再分年度计算折旧。

企业按上述第(1)条、第(2)条规定缩短折旧年限的,对其购置的新固定资产,最低折旧年限不得低于《企业所得税法实施条例》规定的折旧年限的60%;企业购置已使用过的固定资产,其最低折旧年限不得低于《企业所得税法实施条例》规定的最低折旧年限减去已使用年限后剩余年限的60%。采取加速折旧方法的,可采取双倍余额递减法或者年数总和法。第(1)~(3)条规定之外的企业固定资产加速折旧所得税处理问题,继续按照企业所得税法及其实施条例和现行税收政策规定执行。

（三）轻工、纺织、机械、汽车 4 个领域重点行业加速折旧的规定

对轻工、纺织、机械、汽车 4 个领域重点行业（以下简称 4 个领域重点行业）企业 2015 年 1 月 1 日后新购进的固定资产（包括自行建造，下同），允许缩短折旧年限或采取加速折旧方法。

4 个领域重点行业企业是指以上述行业业务为主营业务，其固定资产投入使用当年的主营业务收入占企业收入总额 50%（不含）以上的企业。收入总额，是指《企业所得税法》第六条规定的收入总额。

对 4 个领域重点行业小型微利企业 2015 年 1 月 1 日后新购进的研发和生产经营共用的仪器、设备，单位价值不超过 100 万元（含）的，允许在计算应纳税所得额时一次性扣除，单位价值超过 100 万元的，允许缩短折旧年限或采取加速折旧方法。

四、减计收入优惠

企业综合利用资源，生产符合国家产业政策规定的产品所取得的收入，可以在计算应纳税所得额时减计收入。

综合利用资源，是指企业以《资源综合利用企业所得税优惠目录》规定的资源作为主要原材料，生产国家非限制和禁止并符合国家和行业相关标准的产品取得的收入，减按 90% 计入收入总额。

五、税额抵免优惠

税额抵免，是指企业购置并实际使用《环境保护专用设备企业所得税优惠目录（2017 年版）》《节能节水专用设备企业所得税优惠目录（2017 年版）》和《安全生产专用设备企业所得税优惠目录》规定的环境保护、节能节水、安全生产等专用设备的，该专用设备的投资额的 10% 可以从企业当年的应纳税额中抵免；当年不足抵免的，可以在以后 5 个纳税年度结转抵免。

享受前款规定的企业所得税优惠的企业，应当实际购置并自身实际投入使用前款规定的专用设备；企业购置上述专用设备在 5 年内转让、出租的，应当停止享受企业所得税优惠，并补缴已经抵免的企业所得税税款。转让的受让方可以按照该专用设备投资额的 10% 抵免当年企业所得税应纳税额；当年应纳税额不足抵免的，可以在以后 5 个纳税年度结转抵免。

企业所得税优惠目录，由国务院财政、税务主管部门同国务院有关部门制定，报国务院批准后公布施行。

企业同时从事适用不同企业所得税待遇的项目的，其优惠项目应当单独计算所得，并合理分摊企业的期间费用；没有单独计算的，不得享受企业所得税优惠。

自 2009 年 1 月 1 日起，增值税一般纳税人购进固定资产发生的进项税额可从其销项税额中抵扣。如增值税进项税额允许抵扣，其专用设备投资额不再包括增值税进项税额；如增值税进项税额不允许抵扣，其专用设备投资额应为增值税专用发票上注明的价税合计金额。企业购买专用设备取得普通发票的，其专用设备投资额为普通发票上注明的金额。

第五节　特别纳税调整事项

　　特别纳税调整是指税务机关出于实施反避税目的而对纳税人特定纳税事项所做的税务调整,它不同于一般纳税调整。一般纳税调整,是指在计算应纳税所得额时,如果企业财务、会计处理办法与税收制度规定不一致,应当依照税收法律、行政法规的规定计算纳税所做的税务调整,并据此重新调整计算纳税。特别纳税调整是企业与其关联方之间的业务往来,不符合独立交易原则而减少企业或者其关联方应纳税收入或者所得额的,税务机关出于实施反避税目的有权按照合理方法进行调整,包括针对纳税人转让定价、成本分摊、资本弱化、受控外国企业及其他避税情形而进行的税收调整。

　　一方控制、共同控制另一方或对另一方施加重大影响,以及两方或两方以上受同一控制、共同控制或重大影响的,构成关联方。控制,是指有权决定一个企业的财务和经营政策,并能据以从该企业的经营活动中获取利益。共同控制,是指按照合同约定对某项经济活动所共有的控制,仅在与该项经济活动相关的重要财务和经营决策需要分享控制权的投资方一致同意时存在。重大影响,是指对一个企业的财务和经营政策有参与决策的权力,但并不能够控制或者与其他方一起共同控制这些政策的制定。关联方交易是指关联方之间发生转移资源或义务的事项,而不论是否收取款项。

一、内部转移定价的纳税调整

　　内部转移定价是指存在于同属一家国际集团的两家公司之间的价格厘定。例如,一家外资企业向境外母公司购入电子零件,装配成产成品后再销售给母公司,该项交易中的交易价格即内部转移定价。

　　在经济活动中,关联企业常常为了转移利润而在商品交换过程中,不依照市场规则和公允价格进行交易,而是根据关联企业的共同利益进行商品或非商品交易。在跨国经济活动中,利用关联企业之间的转让定价进行避税已成为一种常见的税收逃避方法,其一般做法是:高税国企业向其低税国关联企业销售货物、提供劳务、转让无形资产时制定低价;低税国企业向其高税国关联企业销售货物、提供劳务、转让无形资产时制定高价。这样,利润就从高税国转移到低税国,从而达到最大限度减轻其税负的目的。

　　虽然转移定价能给企业带来丰厚的利润收益,但会造成一个国家税收收入的流失。因此每个国家都采取了相应的政策和法律法规来防止企业采取不正当的手段转移利润,逃避税收。

　　税法中专门就关联方交易转移定价做出了规定:

　　(1)明确了关联企业可以共同研发无形资产并进行成本分摊。

　　(2)明确引入国际通行的预约定价协议。

　　(3)在实体法中把转移定价税务管理从外资企业扩展到内资企业。

　　(4)明确了关联企业须就其关联交易进行纳税申报的义务。

　　企业与其关联方之间的业务往来,不符合独立交易原则而减少企业或其关联方应纳税收入或所得额的,税务机关有权按合理方法进行调整。

　　企业与其关联方共同开发、受让无形资产,或者共同提供、接受劳务发生的成本,在计算应纳税所得额时应当按照独立交易原则(没有关联关系的交易各方,按照公平成交价格和营业常规进行业务往来遵循的原则)进行分摊。

企业也可以向税务机关提出与其关联方之间业务往来的定价原则和计算方法,税务机关与企业协商、确认后,达成预约定价安排。

企业向税务机关报送年度企业所得税纳税申报表时,应当就其与关联方之间的业务往来,附送年度关联业务往来报告表。税务机关在进行关联业务调查时,企业及其关联方,以及与关联业务调查有关的其他企业,应当按照规定提供相关资料。如果企业不提供与某关联方之间的业务往来资料,或者提供虚假、不完整资料,未能真实反映其关联业务往来情况的,税务机关有权依法核定其应纳税所得额。

企业应根据税法的有关条文在不违反有关规定的前提下更好地运用转移定价进行合理筹划。

相关案例

《中国税务报》报道,C集团境内企业与境外关联方发生的关联劳务较多,包括咨询服务劳务、研发劳务、售后支持服务等,但关联劳务定价标准存在不合理的情况。以咨询服务劳务为例,C集团中国企业向境外关联方提供咨询服务,主要包括中国市场分析、产品需求分析等,一直将完全成本加成率作为关联劳务定价标准,并未按照可比企业的实际利润率对定价政策进行适当调整。从同类企业的实际经营情况来看,此定价标准偏低。另外,C集团不同境内成员企业向境外关联方提供同类型劳务的定价标准也不一致。

基于此,在国家税务总局大企业税收管理司开展分事项风险管理工作后,C集团自愿按中国企业向境外关联方提供咨询服务劳务的定价标准进行调整,同时统一各成员企业提供同类劳务的定价标准。

二、受控外国子公司的纳税调整

受控外国企业是指由居民企业,或者由居民企业和居民个人控制的设立在实际税负低于企业所得税法规定税率水平50%的国家(地区),并非由于合理的经营需要而对利润不作分配或减少分配的外国企业。控制,是指在股份、资金、经营、购销等方面构成实质控制。其中,股份控制是指由中国居民股东在纳税年度任何一天单层直接或多层间接单一持有外国企业10%以上有表决权股份,且共同持有该外国企业50%以上股份。中国居民股东多层间接持有股份按各层持股比例相乘计算,中间层持有股份超过50%的,按100%计算。

由居民企业或由居民企业和中国居民控制的受控子公司,并非由于合理的经营需要而对利润不作分配或减少分配的,上述利润中应归属于该居民企业的部分,应当计入该居民企业的当期收入。

受控外国子公司是跨国纳税人进行国际避税的重要手段之一,其是在避税地建立一个外国公司,然后利用避税地低税或者无税的优势,通过转让定价等手段,把一部分利润转移到避税地公司,并借助一些国家推迟课税的规定,将利润长期积累在避税地公司,从而逃避税收。为了防止企业在低税率国家或地区建立受控外国企业,将利润保留在外国企业不分配或少量分配,逃避国内纳税义务,我国参照国际上的做法,引入了受控外国公司的反避税措施。

由居民企业,或者由居民企业和中国居民控制的设立在实际税负明显低于企业所得税法规定税率的50%的国家(地区)的企业,并非由于合理的经营需要而对利润不作分配或者减少分配的,上述利润中应归属于该居民企业的部分,应当计入该居民企业的当期收入。

计入中国居民企业股东当期的视同受控外国企业股息分配的所得,应按以下公式计算:

$$\text{中国居民企业股东当期所得}=\text{视同股息分配额}\times\text{实际持股天数}\div\text{受控外国企业纳税年度天数}\times\text{股东持股比例}$$

中国居民股东多层间接持有股份的,股东持股比例按各层持股比例相乘计算。

受控外国企业与中国居民企业股东纳税年度存在差异的,应将视同股息分配所得计入受控外国企业纳税年度终止日所属的中国居民企业股东的纳税年度。

三、资本弱化的纳税调整

资本弱化是指企业通过加大借贷款(债权性筹资)而减少股份资本(权益性筹资)比例的方式增加税前扣除,以降低企业税负的一种行为。借贷款支付的利息,作为财务费用一般可以税前扣除,而为股份资本支付的股息一般不得税前扣除,因此,有些企业为了加大税前扣除而减少应纳税所得额,在筹资时多采用借贷款而不是募集股份的方式,以此来达到避税的目的。

企业从其关联方接受的债权性投资与权益性投资的比例超过标准而发生的利息支出,不得在税前扣除。企业债权性投资与权益性投资的比例标准,由国务院财政、税务主管部门另行规定。

不得在计算应纳税所得额时扣除的利息支出应按以下公式计算:

$$\text{不得扣除利息支出}=\text{年度实际支付的全部关联方利息}\times(1-\text{标准比例}\div\text{关联债资比例})$$

$$\text{关联债资比例}=\frac{\text{年度各月平均关联债权投资之和}}{\text{年度各月平均权益投资之和}}$$

【例6-9】 甲、乙两家企业是成立多年的关联企业。2024年5月1日,乙企业从甲企业借款3 000万元,期限半年,双方约定按照金融企业同类同期贷款年利率8%结算利息,乙企业无其他关联方债权性投资。乙企业所有者权益构成为:实收资本200万元,资本公积100万元,未分配利润-50万元。

要求: 计算2024年不得扣除的关联方借款利息。

解析: 实际支付的关联方利息为120万元。

关联债资比例=(3 000×6)÷(300×12)=5

不得扣除利息支出=$120\times\left(1-\dfrac{2}{5}\right)=72$(万元)

应纳税调增额=120-72=48(万元)

第六节　企业所得税应纳税额的计算

一、居民企业应纳税额的计算

(一) 查账征收

查账征收也称"查账计征"或"自报查账"。纳税人在规定的纳税期限内根据自己的财务报表或经营情况,向税务机关申请其营业额和所得额,经税务机关审核后,先开缴款书,由纳税人限期向当地代理金库的银行缴纳税款。

企业的应纳税额为应纳税所得额乘以适用税率,减除依照企业所得税法关于税收优惠的规定减免和抵免的税额后的余额。

基本公式为:

$$应纳税额 = 应纳税所得额 \times 适用税率 - 减免税额 - 抵免税额$$

企业所得税应纳税所得额的计算,在实际过程中有直接法和间接法两种方法。

1. 直接计算法

直接计算法下核算应纳税所得额可理解为从税法角度出发的核算,即企业每一个纳税年度的收入总额,减除不征税收入、免税收入、各项扣除以及允许弥补的以前年度亏损后的余额。

基本公式为:

$$应纳税所得额 = 收入总额 - 不征税收入 - 免税收入 - 各项扣除金额 - 允许弥补的以前年度亏损$$

2. 间接计算法

间接计算法下核算应纳税所得额可理解为从会计角度出发的核算,即在企业会计利润的基础上加上或减去按照税法规定调整的项目金额(见图6-1)。其中,纳税调整项目金额包括三方面的内容:① 企业的财务会计处理和税收规定不一致的应予以调整的金额;② 特别纳税调整事项;③ 税收优惠政策导致的调整。

$$应纳税所得额 = 会计利润总额 \pm 纳税调整项目金额 - 允许弥补的以前年度亏损$$

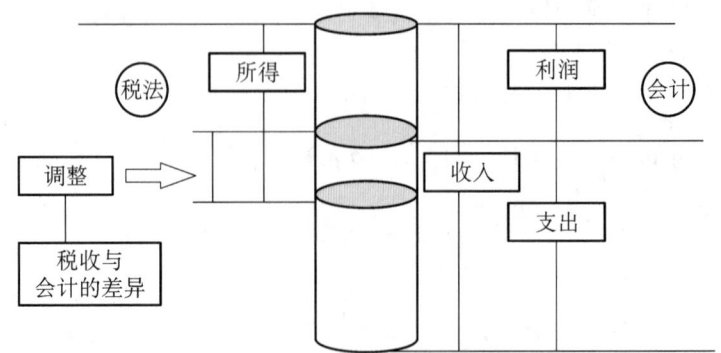

图6-1　应纳税所得额调整图示

【例 6-10】 甲企业为增值税一般纳税人,2024 年度取得销售收入 8 800 万元,销售成本为 5 000 万元,会计利润为 845 万元。2024 年,甲企业其他相关财务资料如下:

(1) 在管理费用中,发生业务招待费 140 万元,新产品的研究开发费用 280 万元(未形成无形资产计入当期损益)。

(2) 在销售费用中,发生广告费 700 万元,业务宣传费 140 万元。

(3) 发生财务费用 900 万元,其中支付给与其有业务往来的客户借款利息 700 万元,年利息率为 7%,金融机构同期同类贷款利率为 6%。

(4) 营业外支出中,列支通过减灾委员会向遭受自然灾害的地区的捐款 50 万元,支付给客户的违约金 10 万元。

(5) 已在成本费用中列支实发工资总额 500 万元,并实际列支职工福利费 105 万元,拨缴工会经费 10 万元并取得"工会经费专用拨缴款收据",职工教育经费支出 20 万元。

已知:甲企业适用的企业所得税税率为 25%。

要求:

(1) 计算业务招待费应调整的应纳税所得额。

(2) 计算新产品的研究开发费用应调整的应纳税所得额。

(3) 计算广告费和业务宣传费应调整的应纳税所得额。

(4) 计算财务费用应调整的应纳税所得额。

(5) 计算营业外支出应调整的应纳税所得额。

(6) 计算职工福利费、工会经费、职工教育经费应调整的应纳税所得额。

(7) 计算甲企业 2024 年度的应纳税所得额。

解析:

(1) 扣除限额 1=业务招待费实际发生额×60%=140×60%=84(万元)

扣除限额 2=销售(营业)收入×5‰=8 800×5‰=44(万元),业务招待费扣除限额为 44 万元,业务招待费应调增应纳税所得额=140-44=96(万元)。

(2) 研究开发费用应调减应纳税所得额=280×50%=140(万元)

(3) 广告费和业务宣传费的扣除限额=8 800×15%=1 320(万元),企业实际发生广告费和业务宣传费=700+140=840(万元),小于扣除限额,因此,实际发生的广告费和业务宣传费可以全部扣除,应调整的应纳税所得额为零。

(4) 财务费用应调增应纳税所得额=700-700÷7%×6%=100(万元)

(5) 支付给客户的违约金 10 万元,准予在税前扣除,不需要进行纳税调整。公益性捐赠的扣除限额=845×12%=101.4(万元),实际捐赠支出 50 万元没有超过扣除限额,准予据实扣除。因此,营业外支出应调整的应纳税所得额为 0。

(6) ① 职工福利费扣除限额=500×14%=70(万元),实际支出额为 105 万元,超过扣除限额,应调增应纳税所得额=105-70=35(万元)。

② 工会经费扣除限额=500×2%=10(万元),实际拨缴工会经费 10 万元,可以全部扣除,不需要进行纳税调整。

③ 职工教育经费扣除限额=500×8%=40(万元),实际支出额为 20 万元,实际支出金额在扣除限额内,无须调整。

(7) 甲企业 2024 年度应纳税所得额=845(会计利润)+96(业务招待费调增额)-140(研

究开发费用)+100(财务费用调增额)+35(职工福利费调增额)=936(万元)。

(二)境外所得抵扣税额的计算

企业取得的下列所得已在境外缴纳的所得税税额,可以从其当期应纳税额中抵免,抵免限额为该项所得依照企业所得税法规定计算的应纳税额;超过抵免限额的部分,可以在以后5个年度内,用每年度抵免限额抵免当年应抵税额后的余额进行抵补:

(1)居民企业来源于中国境外的应税所得。

(2)非居民企业在中国境内设立机构、场所,取得发生在中国境外但与该机构、场所有实际联系的应税所得。

居民企业从其直接或者间接控制的外国企业分得的来源于中国境外的股息、红利等权益性投资收益,外国企业在境外实际缴纳的所得税税额中属于该项所得负担的部分,可以作为该居民企业的可抵免境外所得税税额,在企业所得税法规定的抵免限额内抵免。

上述所称直接控制,是指居民企业直接持有外国企业20%以上股份。

上述所称间接控制,是指居民企业以间接持股方式持有外国企业20%以上股份,具体认定办法由国务院财政、税务主管部门另行制定。

已在境外缴纳的所得税税额,是指企业来源于中国境外的所得依照中国境外税收法律以及相关规定应当缴纳并已经实际缴纳的企业所得税性质的税款。企业依照企业所得税法的规定抵免企业所得税税额时,应当提供中国境外税务机关出具的税款所属年度的有关纳税凭证。

抵免限额,是指企业来源于中国境外的所得,依照企业所得税法和实施条例的规定计算的应纳税额。除国务院财政、税务主管部门另有规定外,该抵免限额应当分国(地区)不分项计算,计算公式为:

抵免限额=中国境内、境外所得依照企业所得税法和条例规定计算的应纳税总额×来源于某国(地区)的应纳税所得额÷中国境内、境外应纳税所得总额

前述5个年度,是指从企业取得的来源于中国境外的所得,已经在中国境外缴纳的企业所得税性质的税额超过抵免限额的当年的次年起连续5个纳税年度。

【例6-11】 某企业2024年度境内应纳税所得额为100万元,适用25%的企业所得税税率。

另在A、B两国设有分支机构(我国与A、B两国已经缔结避免双重征税协定),在A国的分支机构的应纳税所得额为50万元,A国税率为20%;在B国的分支机构的应纳税所得额为30万元,B国税率为30%。

要求: 计算该企业汇总时在我国应缴纳的企业所得税。

解析:

(1)境内所得应纳税额=100×25%=25(万元)

(2)境外A、B两国的抵免限额:

A国抵免限额=50×25%=12.5(万元)

(A国已纳税额10万元,抵免限额12.5万元,补缴差额2.5万元。)

B国抵免限额=30×25%=7.5(万元)

(B国已纳税额9万元,抵免限额7.5万元,不退超限额。)

(3) 我国应缴纳的所得税＝25＋2.5＝27.5(万元)

(三) 核定征收

核定征收税款是指由于纳税人的会计账簿不健全,资料残缺难以查账,或者出于其他原因难以确定纳税人应纳税额时,由税务机关采用合理的方法依法核定纳税人应纳税款的一种征收方式,简称核定征收。

1. 核定征收企业所得税的范围

核定征收办法适用于居民企业纳税人,纳税人具有下列情形之一的,核定征收企业所得税:

(1) 依照法律、行政法规的规定可以不设置账簿的。
(2) 依照法律、行政法规的规定应当设置但未设置账簿的。
(3) 擅自销毁账簿或者拒不提供纳税资料的。
(4) 虽设置账簿,但账目混乱或者成本资料、收入凭证、费用凭证残缺不全,难以查账的。
(5) 发生纳税义务,未按照规定的期限办理纳税申报,经税务机关责令限期申报,逾期仍不申报的。
(6) 申报的计税依据明显偏低,又无正当理由的。

特殊行业、特殊类型的纳税人和一定规模以上的纳税人不适用核定征收办法。

根据国家税务总局公告2012年第27号规定,自2012年1月1日起,专门从事股权(股票)投资业务的企业,不得核定征收企业所得税。

对依法按核定应税所得率方式核定征收企业所得税的企业,取得的转让股权(股票)收入等转让财产收入,应全额计入应税收入额,按照主营项目(业务)确定适用的应税所得率计算征税;若主营项目(业务)发生变化,应在当年汇算清缴时,按照变化后的主营项目(业务)重新确定适用的应税所得率计算征税。

2. 核定征收企业所得税的办法

核定征收具体分为定率(核定应税所得率)和定额(核定应纳所得税额)两种方法。

(1) 核定应税所得率。

具有下列情形之一的,核定其应税所得率:

① 能正确核算(查实)收入总额,但不能正确核算(查实)成本费用总额的;
② 能正确核算(查实)成本费用总额,但不能正确核算(查实)收入总额的;
③ 通过合理方法,能计算和推定纳税人收入总额或成本费用总额的。

(2) 核定应纳所得税额。

税务机关采用下列方法核定征收企业所得税:

① 参照当地同类行业或者类似行业中经营规模和收入水平相近的纳税人的税负水平核定。
② 按照应税收入额或成本费用支出额定率核定。
③ 按照耗用的原材料、燃料、动力等推算或测算核定。
④ 按照其他合理方法核定。

采用前款所列一种方法不足以正确核定应纳税所得额或应纳税额的,可以同时采用两种以上的方法核定。采用两种以上方法测算的应纳税额不一致时,可按测算的应纳税额从高核定。

采用应税所得率方式核定征收企业所得税的,应纳所得税额计算公式如下:

$$应纳所得税额 = 应纳税所得额 \times 适用税率$$
$$= 收入总额 \times 应税所得率$$

或

$$应纳所得税额 = 成本(费用)支出额 \div (1 - 应税所得率) \times 应税所得率$$

实行应税所得率方式核定征收企业所得税的纳税人,经营多业的,无论其经营项目是否单独核算,均由税务机关根据其主营项目确定适用的应税所得率。

纳税人的生产经营范围、主管业务发生重大变化,或者应纳税所得额或应纳税额增减变化达到20%的,向税务机关申报调整已确定的应纳税额或应税所得率。

核定征收企业,符合小型微利企业相应条件的,享受优惠税率和所得减半的所得税优惠政策。

【例6-12】 某批发兼零售的居民企业,2024年度自行申报营业收入总额350万元,成本费用总额370万元,当年亏损20万元,经税务机关审核,该企业申报的收入总额无法核实,成本费用核算正确。假定对该企业采取核定征收企业所得税,应税所得率为8%。

要求:计算该居民企业2024年度应缴纳的企业所得税。

解析:企业所得税 = 370 ÷ (1 - 8%) × 8% × 25% = 8.04(万元)

二、非居民企业应纳税额的计算

(一)查账征收

对于在中国境内未设立机构、场所的,或者虽设立机构、场所但取得的所得与其所设机构、场所没有实际联系的非居民企业的所得,按照下列方法计算应纳税所得额:

(1)股息、红利等权益性投资收益和利息、租金、特许权使用费所得,以收入全额为应纳税所得额。

营业税改征增值税试点中的非居民企业,应以不含增值税的收入全额作为应纳税所得额。

(2)转让财产所得,以收入全额减除财产净值后的余额为应纳税所得额。

(3)其他所得,参照前两项规定的方法计算应纳税所得额。

财产净值是指财产的计税基础减除已经按照规定扣除的折旧、折耗、摊销、准备金等后的余额。

非居民企业所得税的具体征收管理如下:

(1)扣缴义务人在每次向非居民企业支付或者到期应支付所得时,应从支付或者到期应支付的款项中扣缴企业所得税。

到期应支付的款项,是指支付人按照权责发生制原则应当计入相关成本、费用的应付款项。

扣缴义务人每次代扣代缴税款时,应当向其主管税务机关报送"中华人民共和国扣缴企业所得税报告表"(以下简称"扣缴表")及相关资料,并自代扣之日起7日内缴入国库。

(2)扣缴企业所得税应纳税额的计算。

$$扣缴企业所得税应纳税额 = 应纳税所得额 \times 实际征收率$$

应纳税所得额的计算,按上面(1)~(3)的规定为标准;实际征收率是指企业所得税法及其实施条例等相关法律法规规定的税率,或者税收协定规定的更低的税率。

(3) 扣缴义务人对外支付或者到期应支付的款项为人民币以外的货币的,在申报扣缴企业所得税时,应当按照扣缴当日国家公布的人民币汇率中间价,折合成人民币计算应纳税所得额。

(4) 扣缴义务人与非居民企业签订应税所得有关的业务合同时,凡合同中约定由扣缴义务人负担应纳税款的,应将非居民企业取得的不含税所得换算为含税所得后计算征税。

(5) 按照企业所得税法及其实施条例和相关税收法规规定,给予非居民企业减免税优惠的,应按相关税收减免管理办法和行政审批程序的规定办理。对未经审批或者减免税申请未得到批准之前,扣缴义务人发生支付款项的,应按规定代扣代缴企业所得税。

(6) 非居民企业可以适用的税收协定与国内相关法规有不同规定的,可申请执行税收协定规定;非居民企业未提出执行税收协定规定申请的,按国内税收法律法规的有关规定执行。

(7) 非居民企业已按国内税收法律法规的有关规定征税后,提出享受减免税或税收协定待遇申请的,主管税务机关经审核确认应享受减免税或税收协定待遇的,对多缴纳的税款应依据税收征管法及其实施细则的有关规定予以退税。

(8) 因非居民企业拒绝代扣税款的,扣缴义务人应当暂停支付相当于非居民企业应纳税款的款项,并在1日之内向其主管税务机关报告,并报送书面情况说明。

(9) 扣缴义务人未依法扣缴或者无法履行扣缴义务的,非居民企业应于扣缴义务人支付或者到期应支付之日起7日内,到所得发生地主管税务机关申报缴纳企业所得税。

股权转让交易双方为非居民企业且在境外交易的,由取得所得的非居民企业自行或委托代理人向被转让股权的境内企业所在地主管税务机关申报纳税。被转让股权的境内企业应协助税务机关向非居民企业征缴税款。

扣缴义务人所在地与所得发生地不在一地的,扣缴义务人所在地主管税务机关应自确定扣缴义务人未依法扣缴或者无法履行扣缴义务之日起5个工作日内,向所得发生地主管税务机关发送《非居民企业税务事项联络函》,告知非居民企业的申报纳税事项。

(10) 非居民企业依照有关规定申报缴纳企业所得税,但在中国境内存在多处所得发生地,并选定其中之一申报缴纳企业所得税的,应向申报纳税所在地主管税务机关如实报告有关情况。

(11) 非居民企业未依照有关规定申报缴纳企业所得税,由申报纳税所在地主管税务机关责令限期缴纳,逾期仍未缴纳的,申报纳税所在地主管税务机关可以收集、查实该非居民企业在中国境内其他收入项目及其支付人(以下简称其他支付人)的相关信息,并向其他支付人发出《税务事项通知书》,从其他支付人应付的款项中,追缴该非居民企业的应纳税款和滞纳金。

其他支付人所在地与申报纳税所在地不在一地的,其他支付人所在地主管税务机关应给予配合和协助。

(12) 对多次付款的合同项目,扣缴义务人应当在履行合同最后一次付款前15日内,向主管税务机关报送合同全部付款明细、前期扣缴表和完税凭证等资料,办理扣缴税款清算手续。

(二) 核定征收

非居民企业因会计账簿不健全,资料残缺难以查账,或者出于其他原因不能准确计算并据实申报其应纳税所得额的,税务机关有权采取以下方法核定其应纳税所得额。

(1) 按收入总额核定应纳税所得额:适用于能够正确核算收入或通过合理方法推定收入总额,但不能正确核算成本费用的非居民企业。计算公式如下:

$$应纳税所得额 = 收入总额 \times 经税务机关核定的利润率$$

(2) 按成本费用核定应纳税所得额:适用于能够正确核算成本费用,但不能正确核算收入总额的非居民企业。计算公式如下:

$$应纳税所得额 = 成本费用总额 \div (1 - 经税务机关核定的利润率) \times 经税务机关核定的利润率$$

(3) 按经费支出换算收入核定应纳税所得额:适用于能够正确核算经费支出总额,但不能正确核算收入总额和成本费用的非居民企业。计算公式如下:

$$应纳税所得额 = 经费支出总额 \div (1 - 经税务机关核定的利润率) \times 经税务机关核定的利润率$$

(4) 税务机关可按照以下标准确定非居民企业的利润率:

① 从事承包工程作业、设计和咨询劳务的,利润率为 15%～30%。
② 从事管理服务的,利润率为 30%～50%。
③ 从事其他劳务或劳务以外经营活动的,利润率不低于 15%。

税务机关有根据认为非居民企业的实际利润率明显高于上述标准的,可以按照比上述标准更高的利润率核定其应纳税所得额。

(5) 非居民企业与中国居民企业签订机器设备或货物销售合同,同时提供设备安装、装配、技术培训、指导、监督服务等劳务,其销售货物合同内未列明提供上述劳务服务收费金额,或者计价不合理的,主管税务机关可以根据实际情况,参照相同或相近业务的计价标准核定劳务收入。无参照标准的,以不低于销售货物合同总价款的 10% 为原则,确定非居民企业的劳务收入。

(三) 房地产开发企业所得税预缴税款的处理

房地产开发企业按当年实际利润据实分季(或月)预缴企业所得税的,对开发、建造的住宅、商业用房以及其他建筑物、附着物、配套设施等开发产品,在未完工前采取预售方式销售取得的预售收入,按照规定的预计利润率分季(或月)计算出预计利润额,计入利润总额预缴,开发产品完工、结算计税成本后按照实际利润再行调整。

房地产开发企业对经济适用房项目的预售收入进行初始纳税申报时,必须附送有关部门批准经济适用房项目开发、销售的文件以及其他相关证明材料。凡不符合规定或未附送有关部门的批准文件以及其他相关证明材料的,一律按销售非经济适用房的规定执行。

第七节 企业所得税的会计处理

税法规定,在计算应纳税所得额时,企业财务、会计处理办法与税收法律、行政法规的规定不一致的,应当依照税收法律、行政法规的规定计算。

一、税法规定与会计规定的差异

(一) 税务会计与企业财务会计的差异

税务会计由企业财务会计演进而来,两者之间存在共同性,如存货计价、折旧方法、坏账准备、短期投资与长期投资评价、资本支出与费用支出等。在会计法规与税收法规的规范下,税务会计所计算出来的"应税所得"与企业会计所计算出来的"会计所得"之间的差异,具有互调性。即可分析出产生差异的原因,并在此基础之上计算出它们之间的差异(一般区分为永久性差异和暂时性差异),最后通过纳税调整将税务会计与企业会计联系起来。

税前会计利润与应纳税所得额之间的差异,在按照税法规定计算应纳税额时,不应改变会计处理和账簿记录,只能在此基础上依照税法规定进行纳税调整处理。因此,企业在处理这种差异时必须坚持以下两个基本原则:

(1) 在进行会计核算时,所有企业应严格遵循会计准则或会计制度的要求进行会计要素确认、计量和记录,不得有违反会计规定的行为。

(2) 在完成纳税义务时,必须按照税法规定的要求进行,如企业的账务处理与税法规定不一致,应按税法规定,进行纳税调整,以准确地完成纳税义务。

税务会计与企业会计的差异如图 6-2 所示。

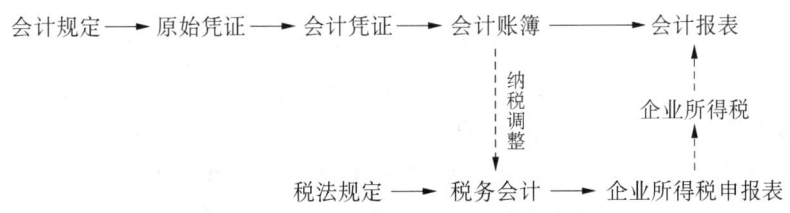

图 6-2 税务会计与企业会计的差异

(二) 应税所得与会计所得的差异

从会计要素看,会计所得与应税所得的主要差异包括收入确认的差异、成本费用与税前扣除的差异、管理费用的差异、营业费用的差异、财务费用的差异、资产损失和营业外支出的差异、投资改组业务的差异、其他项目的差异等。归纳起来主要有以下两个方面:

(1) 永久性差异。某一会计期间,由于会计制度和税法在计算收益、费用或损失时的口径不同,所产生的税前会计利润与应纳税所得额之间的差异称为永久性差异。这种差异在本期发生,不会在以后各期转回。

(2) 暂时性差异。暂时性差异是指资产或负债的账面价值与其计税基础之间的差额;未作为资产和负债确认的项目,按照税法规定可以确定其计税基础的,该计税基础与其账面价值之间的差额也属于暂时性差异。

按照暂时性差异对未来期间应税金额的影响,分为应纳税暂时性差异和可抵扣暂时性差异。应纳税暂时性差异是指在确定未来收回资产或清偿负债期间的应纳税所得额时,将导致产生应税金额的暂时性差异。可抵扣暂时性差异是指在确定未来收回资产或清偿负债期间的应纳税所得额时,将导致产生可抵扣金额的暂时性差异。

知识链接

应税所得与会计所得的差异除主要受永久性差异、暂时性差异两方面的影响外,以下差异也会对其产生影响:

(1) 时间性差异。税法与会计制度在确认收益、费用或损失时的时间不同而产生的税前会计利润与应纳税所得额的差异称为时间性差异。时间性差异发生于某一会计期间,但在以后一期或若干期内能够转回。

暂时性差异与时间性差异的联系与区别在于,所有的时间性差异都是暂时性差异,但暂时性差异并不一定都是时间性差异。这是因为,资产负债表上的资产和负债的计税价值与账面价值之间的差异,并不都是由税法规定与会计准则规定在收益、费用及损失的确认时间上的不同而造成的,有时,资产负债表项目的变化,并不涉及损益表项目的变化,某些从损益表角度判断为永久性差异的项目,如果从资产负债表的角度加以判断,也可能是暂时性差异。

(2) 弥补以前年度亏损所产生的差异。税法规定,企业纳税年度发生的亏损,准予以后年度结转,用以后年度的所得弥补,但结转年限最长不得超过五年。这就意味着,企业五年的亏损可以抵消本年度的所得,从而减少当期的应税所得及当期的应纳税额。以前年度亏损,在计算会计所得时并不适用,只是在计算应税所得时才适用,这使得会计所得与应税所得产生差异。在性质上,弥补以前年度亏损所产生的差异,是永久性差异。不过,企业只有在享受该优惠待遇的年度中,才有此种差异的存在。

(3) 免税所得所产生的差异。免税所得一般包括国债利息所得,免税的补贴收入,免税的纳入预算管理的基金、收费或附加,免予补税的投资收益,免税的技术转让收益,免税的治理三废收益和其他免税所得等。由于免税所得是免予缴纳企业所得税的所得,只在计算应税所得时适用,而会计所得并不包括此项计算内容,因此会计所得往往大于应税所得,从而产生这种差异。该差异是永久性差异,只有在企业享受该优惠待遇的年度中存在。

二、企业所得税的会计核算方法

我国所得税会计采用了资产负债表债务法,是指从资产负债表出发,比较资产负债表上列示的资产、负债,按会计准则规定确定的账面价值与按照税法规定确定的计税基础两者之间的差异(应纳税暂时性差异、可抵扣暂时性差异),据以确认相关的递延所得税负债与递延所得税资产,并在此基础上确定每一会计期间利润表中的所得税费用。

在资产负债表债务法下,设置"所得税费用""递延所得税资产""递延所得税负债""应交费——应交所得税"科目进行核算。

(一)"所得税费用"科目

该科目用来核算企业根据所得税准则确认的应从当期利润总额中扣除的所得税费用,通过"当期所得税费用""递延所得税费用"科目进行明细核算,其借方登记计算出的所得税费用,其贷方登记期末转入"本年利润"的所得税费用,结转后该科目无余额。

（二）"递延所得税资产"科目

该科目用来核算企业根据所得税准则确认的可抵扣暂时性差异产生的所得税资产。根据税法规定可用以后年度税前利润弥补的亏损产生的所得税资产,也通过"应交税费"科目核算,按照可抵扣暂时性差异项目进行明细核算。"应交税费"科目期末借方余额反映企业已确认的递延所得税资产的余额。

（三）"递延所得税负债"科目

该科目用来核算企业根据所得税准则确认的应纳税暂时性差异产生的所得税负债。该科目应当按照应纳税暂时性差异项目进行明细核算。"应交税费"科目期末贷方余额反映企业已确认的递延所得税负债的余额。

（四）"应交税费——应交所得税"科目

该科目用来核算企业应缴未缴的所得税税款。其借方登记应缴数或补缴数,其贷方登记应缴数。该科目贷方余额表示欠缴数,借方余额表示多缴数。

三、企业所得税会计核算的一般程序

在采用资产负债表债务法核算所得税的情况下,企业一般应于每一资产负债表日进行所得税的核算。企业合并等特殊交易或事项发生时,在确认因交易或事项取得的资产、负债时即应同时确认相关的所得税影响。企业进行所得税核算一般应遵循以下程序：

（1）按照相关会计准则规定确定资产负债表中除递延所得税资产和递延所得税负债以外的其他资产和负债项目的账面价值。资产、负债的账面价值,是指企业按照相关会计准则的规定进行核算后在资产负债表中列示的金额。对于计提了减值准备的各项资产,是指其账面余额减去已计提的减值准备后的金额。例如,企业持有的应收账款账面余额为1 000万元,企业对该应收账款计提了50万元的坏账准备,其账面价值为950万元。

（2）按照会计准则中对于资产和负债计税基础的确定方法,以适用的税收法规为基础,确定资产负债表中有关资产、负债项目的计税基础。

（3）比较资产、负债的账面价值与其计税基础,对于两者之间存在差异的,分析其性质,除准则中规定的特殊情况外,分别应纳税暂时性差异与可抵扣暂时性差异,确定资产负债表日递延所得税负债和递延所得税资产的应有金额,并与期初递延所得税资产和递延所得税负债的余额相比,确定当期应予进一步确认的递延所得税资产和递延所得税负债金额或应予转销的金额,作为递延所得税。

期末递延所得税负债＝应纳税暂时性差异×所得税税率
期末递延所得税资产＝可抵扣暂时性差异×所得税税率
本期递延所得税资产＝递延所得税资产期末余额－递延所得税资产期初余额
本期递延所得税负债＝递延所得税负债期末余额－递延所得税负债期初余额

（4）就企业当期发生的交易或事项,按照适用的税法规定计算确定当期应纳税所得额,将应纳税所得额与适用的所得税税率计算的结果确认为当期应交所得税,作为当期所得税。

应纳税所得额＝会计利润±永久性差异±暂时性差异－以前年度亏损弥补
＝会计利润±纳税调整－以前年度亏损弥补

"应交税费——应交所得税"发生额＝应纳税所得额×所得税税率

(5) 确定利润表中的所得税费用。利润表中的所得税费用包括当期所得税(当期应交所得税)和递延所得税两个组成部分,企业在计算确定了当期所得税和递延所得税后,两者之和(或之差),是利润表中的所得税费用。

本期所得税费用＝本期应交税费＋递延所得税费用

企业所得税会计处理的思路,如图6-3所示。

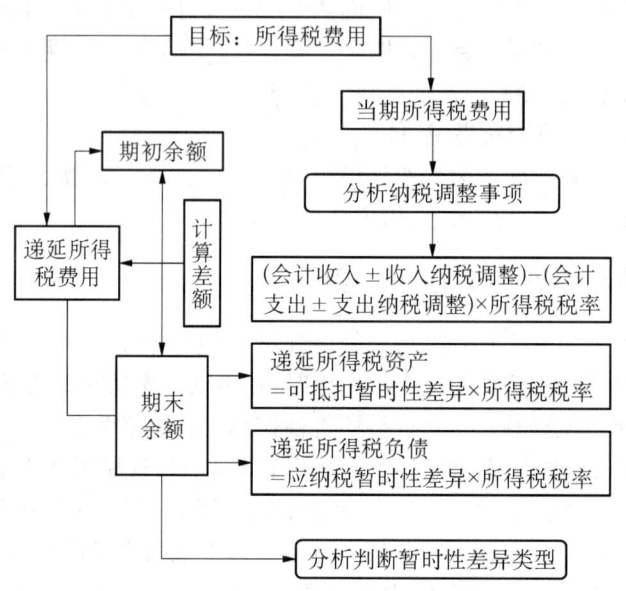

图6-3 企业所得税会计处理的思路

【例6-13】 丁公司2024年度利润表中利润总额为12 000 000元,该公司适用的所得税税率为25%。递延所得税资产及递延所得税负债不存在期初余额。

该公司2024年发生的有关交易和事项中,会计处理与税收处理存在差别的有:

(1) 2023年12月31日取得的一项固定资产,成本为6 000 000元,使用年限为10年,预计净残值为0,会计处理按双倍余额递减法计提折旧,税收处理按直线法计提折旧。假定税法规定的使用年限及预计净残值与会计规定相同。

(2) 向关联企业捐赠现金2 000 000元。

(3) 2024年度发生研究开发支出5 000 000元,较上年度增长20%,其中3 000 000元予以资本化。截至2024年12月31日,该研发资产仍在开发过程中。税法规定,企业费用化的研究开发支出按200%税前扣除,资本化的研究开发支出按资本化金额的200%确定应予摊销的金额。

(4) 应付违反环保法规定罚款1 000 000元。

(5) 期末对持有的存货计提了300 000元的存货跌价准备。

要求:(1) 计算2024年度当期应交所得税;

(2) 计算2024年度当期所得税费用。

解析:

(1) 该公司2024年发生的有关交易和事项中,多提折旧600 000元属于暂时性差异;向关联企业损赠 2 000 000 元不允许税前扣除,属于永久性差异;2 000 000 元研发费用可按 200% 税前扣除,减掉 2 000 000 元(=2 000 000×100%),属于永久性差异;罚款不允许税前扣除,增加 1 000 000 元,属于永久性差异;存货跌价准备未得税务局审批,不允许税前扣除,增加 300 000 元,属于永久性差异。

具体计算过程如下:

应纳税所得额=12 000 000+600 000+2 000 000−2 000 000+1 000 000+300 000=13 900 000(元)

应交所得税=13 900 000×25%=3 475 000(元)

(2) 固定资产价值多计提的折旧 600 000 元和存货计提的 300 000 元存货跌价准备构成可抵扣暂时性差异 900 000 元,无形资产的研发费用按 200% 税前扣除的 3 000 000 元构成永久性差异。

递延所得税资产=900 000×25%−0=225 000(元)

所得税费用=3 475 000−225 000=3 250 000(元)

四、会计处理

一般情况下,递延所得税资产与递延所得税负债的对应科目是"所得税费用",但是与直接计入所有者权益的交易或事项相关的递延所得税资产与递延所得税负债,对应科目为"资本公积——其他资本公积"。

(一) 递延所得税资产的核算

(1) 企业在确认相关资产、负债时,根据所得税会计准则确认当期所得税。

借:所得税费用 ×××
　　贷:应交税费——应交所得税 ×××

(2) 资产负债表日,企业根据所得税会计准则确认的递延所得税资产大于应交税费余额。

借:递延所得税资产 ×××
　　贷:所得税费用 ×××

(3) 资产负债表日,企业根据所得税会计准则确认的递延所得税资产小于应交税费余额的,做相反的会计分录。

借:所得税费用 ×××
　　贷:递延所得税资产 ×××

(二) 递延所得税负债的核算

(1) 企业在确认相关资产、负债时,根据所得税会计准则确认当期所得税。

借:所得税费用 ×××
　　贷:应交税费——应交所得税 ×××

(2) 资产负债表日,企业根据所得税会计准则确认的递延所得税负债大于应交税费余额。

借:所得税费用 ×××
　　贷:递延所得税负债 ×××

(3) 资产负债表日,企业根据所得税会计准则确认的递延所得税负债小于应交税费余额的,做相反的会计分录。

借:递延所得税负债　　　　　　　　　　　　　　　×××
　　　　贷:所得税费用　　　　　　　　　　　　　　　　×××

【例 6-14】 甲公司递延所得税负债年初数为 40 万元,年末数为 50 万元,递延所得税资产年初数为 25 万元,年末数为 20 万元;当期应交所得税 500 万元。

解析:

　　借:所得税费用　　　　　　　　　　　　　　　　5 000 000
　　　　贷:应交税费——应交所得税　　　　　　　　　　 5 000 000
　　借:所得税费用　　　　　　　　　　　　　　　　1 000 000
　　　　贷:递延所得税负债　　　　　　　　　　　　　　1 000 000
　　借:所得税费用　　　　　　　　　　　　　　　　　 50 000
　　　　贷:递延所得税资产　　　　　　　　　　　　　　　50 000

所得税费用＝500＋15＝515(万元)

【例 6-15】 某电器公司 2023 年利润总额 100 万元,计提了 10 万元的预计负债——产品质量保证;2024 年的利润总额 200 万元,2024 年支付了 2023 年计提的 10 万元预计负债,不多不少,且没有产生新的预计负债。假设没有其他调整项。

解析:

(1) 2023 年解析:

① 会计标准。

按照会计标准的应纳税所得额＝100(万元)

按照会计标准的所得税费用＝100×25％＝25(万元)

② 税法标准。

2023 年,计提了 10 万元预计负债:

　　借:销售费用　　　　　　　　　　　　　　　　　　100 000
　　　　贷:预计负债　　　　　　　　　　　　　　　　　 100 000

计提的 10 万元预计负债计入了销售费用,但税法并不认可该笔费用,因此,按照税法标准的应纳税所得额＝100＋10＝110(万元),按照税法标准的应交企业所得税＝110×25％＝27.5(万元)。

③ 差额分析:按照税法比按照会计多缴了 2.5 万元,在未来按照税法将比按照会计少缴 2.5 万元。

④ 2023 年会计分录。

　　借:所得税费用　　　　　　　　　　　　　　　　　250 000
　　　　递延所得税资产　　　　　　　　　　　　　　　 25 000
　　　　贷:应交税费——应交企业所得税　　　　　　　　 275 000

(2) 2024 年解析:

① 会计标准。

按照会计标准的应纳税所得额＝200(万元)

按照会计标准的所得税费用＝200×25％＝50(万元)

② 税法标准。

2024 年,实际支付了 10 万元预计负债:

借：预计负债 100 000
　　贷：银行存款 100 000

按照税法标准，虽然支付的10万元没有形成2024年的损益，但是应该在本年递减，所以，按照税法标准的应纳税所得额＝200－10＝190（万元），按照税法标准的应交企业所得税＝190×25％＝47.5（万元）。

③ 差额分析：按照税法比按照会计少缴了2.5万元，刚好是了结2023年的尾巴。

④ 2024年会计分录。

借：所得税费用 50 000
　　贷：应交税费——应交企业所得税 475 000
　　　　递延所得税资产 25 000

小结：2023年会计上确认了25万元的所得税费用，实际却需要支付27.5万元的企业所得税；2024年会计上确认了50万元的所得税费用，实际只需要支付47.5万元的企业所得税，即可抵扣暂时性差异，在未来的年度可以抵扣，预期可以导致经济利益的流入。

应予说明的是，企业因确认递延所得税资产和递延所得税负债产生的递延所得税，一般应当计入所得税费用，但以下两种情况除外：

一是某项交易或事项按照会计准则规定应计入所有者权益的，由该交易或事项产生的递延所得税资产或递延所得税负债及其变化也应计入所有者权益，不构成利润表中的递延所得税费用（或收益）。

二是企业合并中取得的资产、负债，其账面价值与计税基础不同，应确认相关递延所得税的，该递延所得税的确认影响合并中产生的商誉或是计入当期损益的金额，不影响所得税费用。

第八节　企业所得税征收管理

一、征收方式

依照有关法律规定或者合同约定对非居民企业直接负有支付相关款项义务的单位和个人，依据企业所得税法的相关规定对其应缴纳的企业所得税进行扣缴管理，该征收方法称为源泉扣缴。

除此之外的企业，一般适用自行申报纳税。

二、纳税义务发生时间

企业所得税是指对中华人民共和国境内的企业，就其来源于中国境内外的生产经营所得和其他所得而征收的一种税。企业所得税的纳税义务发生时间取决于税法对收入的确认。

三、企业所得税的纳税期限

（一）预缴企业所得税

企业所得税实行按年计征、分月（季）预缴、年终汇算清缴、多退少补的办法，实行查账征收方式申报企业所得税的居民纳税人及在中国境内设立机构的非居民纳税人在月(季)度预缴企业所得税时可采用以下方法计算缴纳：

(1) 据实预缴。

本月(季)应缴所得税额＝实际利润累计额×税率－减免所得税额－已累计预缴的所得税额

(2) 按照上一纳税年度应纳税所得额的平均额预缴。

本月(季)应缴所得税额＝上一纳税年度应纳税所得额÷12(或4)×税率

(二) 汇算清缴

企业所得税按纳税年度计算。纳税年度自公历1月1日起至12月31日止。企业在一个纳税年度中间开业,或者终止经营活动,使该纳税年度的实际经营期不足12个月的,应当以其实际经营期为一个纳税年度。企业依法清算时,应当以清算期间作为一个纳税年度。

自年度终了之日起5个月内,向税务机关报送年度企业所得税纳税申报表,并汇算清缴,结清应缴应退税款。

企业在年度中间终止经营活动的,应当自实际经营终止之日起60日内,向税务机关办理当期企业所得税汇算清缴。

四、企业所得税的纳税地点

除税收法律、行政法规另有规定外,居民企业以企业登记注册地为纳税地点；如果企业在境外登记注册的,以实际管理机构所在地为纳税地点。居民企业在中国境内设立不具有法人资格的营业机构的,应当汇总计算并缴纳企业所得税。

非居民企业在中国境内未设立机构、场所的,应当就其所设机构、场所取得的来源于中国境内的所得,以及发生在中国境外但与其所设机构、场所有实际联系的所得,以机构、场所所在地为纳税地点。

五、企业所得税的纳税申报

按月或按季预缴的,企业应当自月份或者季度终了之日起15日内,向税务机关报送预缴企业所得税纳税申报表,预缴税款。

企业应当在办理注销登记前,就其清算所得向税务机关申报并依法缴纳企业所得税。

依照本法缴纳的企业所得税,以人民币计算。所得以人民币以外的货币计算的,应当折合成人民币计算并缴纳税款。

企业在纳税年度内无论盈利还是亏损,都应当依照《企业所得税法》规定的期限,向税务机关报送预缴企业所得税纳税申报表、年度企业所得税纳税申报表、财务会计报告和税务机关规定应当报送的其他有关资料。

企业所得税纳税的申报表共37张,1张基础信息表,1张主表,6张收入费用明细表,13张纳税调整表,1张亏损弥补表,9张税收优惠表,4张境外所得抵免表,2张汇总纳税表。

业务拓展专题——企业所得税税收风险识别与防范

依法纳税是企业的社会责任,这不仅简单地体现为一种被动的义务,还体现了企业为享受公共服务所支付的对价。做得更强更大、走得更快更稳的企业都会重视这种对价。联想集团创始人柳传志说过这样一番话:联想集团有一个愿景,我们希望能够以自己的努力实现"产业报国"的心愿,希望做一个"值得信赖并受人尊重"的企业,希望在"多个行业拥有领先企业",还希望能够有"国际影响力"。其中,依法纳税是一个基本的前提,这是整个联想集团的共识。联想集团所有企业都非常重视税收工作,从管理层到员工都把依法纳税作为基本行为准则。为了扎扎实实地落实依法纳税的社会责任,联想集团不断完善自身的税收管理工作。

在制度层面,联想集团编写了《联想控股系企业税务管理办法》和《联想控股系企业税务管理大纲》,让税收管理有章可循。比如,联想集团的每家企业都配备了专业的税务人员,并每年对其进行3~4次专业知识培训,确保企业内部税务人员具有依法纳税的执行力;再比如,联想集团总部的税务团队定期将更新的税务政策发给各成员企业的财税负责人,并对各企业的纳税情况进行分析,对税负异常变动的企业进行预警,及时识别并防控税收风险。除了认真履行依法纳税的社会责任外,联想集团还积极在其他方面承担自己的社会责任。比如,联想集团成立了一个公益基金会,旨在通过这个专业平台,更好地发扬"做好人、做好事、为社会做出好样子"的精神,引导更多的社会资源、汇集更多的企业力量去帮助那些需要帮助的人。多年来,联想集团在扶助创业、支持教育、弘扬社会正气等多个领域进行了持续投入,并获得了诸多好评。

本章小结

企业所得税是指对中华人民共和国境内的企业(居民企业及非居民企业)和其他取得收入的组织以其生产经营所得为课税对象所征收的一种所得税。作为企业所得税纳税人,应依照《中华人民共和国企业所得税法》缴纳企业所得税。但个人独资企业及合伙企业除外。

企业所得税纳税人即所有实行独立经济核算的中华人民共和国境内的内资企业或其他组织,包括以下6类:① 国有企业;② 集体企业;③ 私营企业;④ 联营企业;⑤ 股份制企业;⑥ 有生产经营所得和其他所得的其他组织。企业所得税的征税对象是纳税人取得的所得,包括销售货物所得、提供劳务所得、转让财产所得、股息红利所得、利息所得、租金所得、特许权使用费所得、接受捐赠所得和其他所得。居民企业应当就其来源于中国境内、境外的所得缴纳企业所得税。

本章练习题

扫二维码进行查看,下载。

第七章 个人所得税纳税实务

知识能力目标

1. 了解并掌握个人所得税的纳税义务人、征税范围与税率;
2. 了解并掌握综合所得综合征收、经营所得单项征收和其他分类所得分类征收;
3. 掌握个人所得税专项附加扣除;
4. 掌握不同来源个人所得应纳税额的计算;
5. 掌握代扣代缴义务人代扣代缴个人所得税的会计处理;
6. 掌握个人所得税的纳税申报。

案例导入

在某期"双色球"开奖中,某省一彩民凭借一张 20 元 2 倍倍投的"6+5"自选复式票,拿下 10 注大奖,幸运地获得高达 2 106 万元的奖金,成为当年首个千万大奖得主。几日之后,中奖者来到省福彩中心办理了兑奖手续。

思考: 请问该彩民能领到多少奖金,是 2 106 万元吗?

第一节 个人所得税税法基础

我国古代税制中的"丁税"、"人头税"、"租庸调"的"庸",是和人身相关的税收,用现代的眼光来看,应该是个人所得税的雏形。由于个人收入差距不断加大,个人所得税承担了调节个人收入分配差距的重任,即收入高的多交税,收入少的少交税或不交税。

一、个人所得税的概念

个人所得税是以个人(含个体工商户、个人独资企业、合伙企业中的个人投资者、承租承包者个人)取得的各项应税所得为征税对象所征收的一种税。

作为征税对象的个人所得,有狭义和广义之分。狭义的个人所得,仅限于每年经常、反复取得的所得。广义的个人所得,是指个人在一定期间内,通过各种方式所获得的一切利益,而不论这种利益是偶然的,还是经常的,是货币、有价证券,还是实物。目前,包括我国在内的世界各国所实行的个人所得税,大多以广义解释的个人所得概念为基础。基于这种理解,可以根据不同的标准,将个人的各种所得分为毛所得和净所得、劳动所得和非劳动所得、经常所得和偶然所得、自由支配所得和非自由支配所得、积极所得和消极所得等。

在改革开放前相当长的时期里,我国对个人所得不征税。党的十一届三中全会以后,我国实行对外开放政策,随着对外经济交往的不断扩大,来华工作、取得收入的外籍个人日益增多。为了维护国家的税收权益,第五届全国人民代表大会第三次会议于1980年9月通过了《中华人民共和国个人所得税法》(简称《个人所得税法》),开征个人所得税,统一适用于中国公民和在我国取得收入的外籍个人。1986年1月和9月,国务院分别发布了《中华人民共和国城乡个体工商业户所得税暂行条例》和《中华人民共和国个人收入调节税暂行条例》,分别适用于取得经营所得的个体工商户和境内有住所、取得个人收入的中国公民。这样,我国对个人所得的征税制度就形成了个人所得税、城乡个体工商业户所得税和个人收入调节税三税并存的格局。

我国社会主义市场经济体制改革的目标确定后,为了统一、规范和完善对个人所得的课税制度,第八届全国人民代表大会常务委员会在对三部针对个人所得课税的法律、法规进行修改、合并的基础上,于1993年10月31日公布了修正后的《个人所得税法》,自1994年1月1日起施行。国务院于1994年1月28日发布了《中华人民共和国个人所得税法实施条例》(简称《个人所得税法实施条例》)。之后,根据我国国民经济和社会发展的情况,全国人民代表大会常务委员会分别于1999年8月30日、2005年10月27日、2007年6月29日、2007年12月29日、2011年6月30日和2018年8月31日对《个人所得税法》进行了六次修正,国务院相应地对《个人所得税法实施条例》进行了三次修订。我国现行个人所得税法律依据是2018年8月31日第十三届全国人民代表大会常务委员会第五次会议通过的《关于修改〈中华人民共和国个人所得税法〉的决定》,以及2018年12月18日国务院令第707号第四次修订的《个人所得税法实施条例》。上述个人所得税法律依据自2019年1月1日起同步施行。

二、个人所得税的特点

个人所得税是世界各国普遍征收的一个税种,我国现行个人所得税主要有以下几方面的特点。

(一) 实行混合征收

世界各国个人所得税的征收大体可分为三种类型:分类征收制、综合征收制和混合征收制。分类征收制,是将个人不同来源、性质的所得项目,分别规定不同的费用减除标准、税率和计税方法计算课征;综合征收制,是对个人全年的各项所得加以汇总,就其总额进行统一计算课征;混合征收制,是对个人不同来源、性质的所得进行分类,分别按照不同计税方法计算课征。三种征收模式各有所长,各国根据本国具体情况选择、运用。我国2018年12月31日之前的个人所得税,采用的是分类征收制,将个人取得的应税所得划分为11类,分别计算、分别课征。自2019年1月1日起,我国个人所得税采用混合征收制,将个人取得的应税所得划分为9类,个人的工资、薪金所得,劳务报酬所得,稿酬所得和特许权使用费所得采用综合征收,除这些之外的其他各项所得采用分类征收。

(二) 超额累进税率与比例税率并用

分类征收制一般采用比例税率,综合征收制通常采用超额累进税率。比例税率计算简便,便于实行源泉扣缴;超额累进税率可以合理调节收入分配,体现公平。我国现行个人所得税根据各类个人所得的不同性质和特点,综合运用这两种形式的税率。其中,对综合所得(含工资、薪金所得,劳务报酬所得,稿酬所得,特许权使用费所得)、经营所得采用超额累进税率,实现量能负担;对其他各项应税所得采用比例税率。

(三) 费用扣除额较宽

计算个人应纳税所得额,需要进行一定的费用扣除,各国个人所得税规定的扣除方法及额度不尽相同。我国本着费用扣除从宽、从简的原则,对费用扣除采用定额扣除、定率扣除和核算扣除等方法。如居民个人的综合所得,以每一纳税年度的收入额减除费用60 000元以及专项扣除、专项附加扣除和依法确定的其他扣除后的余额,为应纳税所得额。财产租赁所得,每次收入不超过4 000元的,定额扣除费用800元;每次收入超过4 000元的,定率减除20%的费用。个体工商户的生产、经营所得,以会计核算为基础的全年收入总额减除成本、费用以及损失后的余额,为应纳税所得额。

(四) 采取源泉扣缴和自行申报纳税

我国个人所得税的纳税方法,有自行申报纳税和全员全额扣缴申报两种。对凡是可以在应税所得的支付环节扣缴个人所得税的,均由扣缴义务人履行代扣代缴义务;对于没有扣缴义务人的,以及取得综合所得(含工资、薪金所得,劳务报酬所得,稿酬所得和特许权使用费所得)需要办理汇算清缴的,由纳税人自行申报纳税和年终汇算清缴。此外,对其他不便于扣缴税款的,规定由纳税人自行申报纳税。

三、个人所得税的立法原则

个人所得税是现行税制中的主要税种之一。1994年,我国适应发展社会主义市场经济的需要,实施统一的《个人所得税法》后,全国人民代表大会常务委员会根据我国国民经济和社会发展的情况,对《个人所得税法》进行了六次修正。总体来讲,个人所得税的立法和修正,主要遵循了如下三个原则。

(一) 调节收入分配,体现社会公平

改革开放以来,随着经济的发展,我国人民的生活水平不断提高,一部分人已达到较高的收入水平。因此,有必要对个人收入进行适当的税收调节。在保证人们基本生活不受影响的前提下,本着高收入者多纳税、中等收入者少纳税、低收入者不纳税的原则,通过征收个人所得税来减少贫富差距,有利于在不损害效率的前提下,体现社会公平,保持社会稳定。

(二) 增强纳税意识,树立义务观念

通过宣传个人所得税法,建立个人所得税的纳税申报、源泉扣缴制度,强化个人所得税的征收管理和对违反税法行为进行处罚等措施,可以逐步培养、普及全民依法履行纳税义务的观念,有利于提高全体人民的公民意识和法治意识,为社会主义市场经济的发展创造良好的社会环境。

(三) 扩大聚财渠道,增加财政收入

个人所得税是市场经济发展的产物,个人所得税收入是随着一国经济的市场化、工业化、城市化程度和人均GDP水平提高而不断增长的。目前,一些主要的西方发达国家都实行以所得税为主体的税制,个人所得税的规模和比重均比较大。就我国目前的情况来看,随着改革开放的不断深入和经济的快速发展,个人总体收入水平不断提高,个人所得税收入也快速增长,在我国所有税种中已经位列第三,仅次于增值税和企业所得税。从经济发展角度看,个人所得税仍然不失为一个收入弹性和增长潜力较大的税种,是国家财政收入的一个重要来源。随着我国经济的进一步发展,我国居民的收入水平还将逐步提高,个人所得税税源将不断扩大,个人所得税收入占国家税收总额的比重将逐年增加,最终将发展成为具有活力的一个主体税种。

第二节 个人所得税税收要素

一、纳税义务人

我国个人所得税的纳税义务人是在中国境内居住有所得的人,以及不在中国境内居住而从中国境内取得所得的个人,包括中国公民(含港、澳、台同胞)、个体工商户、个人独资企业、合伙企业投资者、在华取得所得的外籍人员。并非是国籍的概念,而是依据住所和居住时间两个标准,将纳税义务人分为居民和非居民。

(一)居民纳税义务人

在中国境内有住所,或者无住所而一个纳税年度内在中国境内居住累计满183天的个人,为居民个人。居民个人是居民纳税义务人,应当承担无限纳税义务,无论是来源于中国境内还是来源于中国境外取得的所得,都要在中国境内依法缴纳个人所得税。

现行税法中关于"中国境内"的概念是指中国大陆地区,不包括香港、澳门和台湾地区。

(二)非居民纳税义务人

在中国境内无住所又不居住,或者无住所而一个纳税年度内在中国境内居住累计不满183天的个人,为非居民个人。非居民个人是非居民纳税义务人,承担有限纳税义务,仅就其来源于中国境内取得的所得,在中国境内依法缴纳个人所得税。

二、征税范围

下列各项个人所得,应当缴纳个人所得税:
(1) 工资、薪金所得;
(2) 劳务报酬所得;
(3) 稿酬所得;
(4) 特许权使用费所得;
(5) 经营所得;
(6) 利息、股息、红利所得;
(7) 财产租赁所得;
(8) 财产转让所得;
(9) 偶然所得。

居民个人取得上述第(1)项至第(4)项所得(以下称综合所得),按纳税年度合并计算个人所得税;非居民个人取得上述第(1)项至第(4)项所得,按月或者按次分项计算个人所得税。纳税人取得上述第(5)项至第(9)项所得,依照规定分别计算个人所得税。综合所得采取综合征收制,将纳税人全年的各项所得汇总,就其总额进行征收。分类征收制,将纳税人不同来源、性质所得项目,分别规定不同的税率征收。目前,我国个人所得税采取的是分类和综合相结合的混合征收制。

(一)工资、薪金所得

工资、薪金所得是指个人因任职或受雇而取得的工资、薪金、奖金、年终加薪、劳动分红、津贴、补贴以及与任职或受雇有关的其他所得。退休人员再任职取得的收入,按"工资、薪金所得"项目征税。

免税项目:独生子女补贴、执行公务员工资制度未纳入基本工资的补贴、托儿补助费、差旅费津贴、误餐补贴。其中误餐补贴是指按照财政部门规定的标准领取的误餐费,单位以误餐补贴名义发放的各种补贴除外。

公司职工取得用于购买企业国有股权的劳动分红,按"工资、薪金所得"项目征税。出租车驾驶员从事客货营运采取单车承包或承租方式从事客货营运取得的收入,按"工资、薪金所得"项目征税。

(二) 劳务报酬所得

劳务报酬所得指个人从事设计、装潢、安装、制图、化验、测试、医疗、法律、会计、咨询、讲学、新闻、广告、翻译、审稿、书画、雕刻、影视、录音、录像、演出、表演、广告、展览、技术服务、介绍服务、经纪服务、代办服务及其他劳务报酬的所得。个人兼职取得的收入,应按照"劳务报酬所得"项目征税。

个人担任公司董事、监事职务且不在公司任职、受雇取得的董事、监事费,应按照"劳务报酬所得"项目征税。

商品营销中,对非本公司员工采取的营销奖励,包括以培训班、研讨会、工作考察等方式组织旅游且免收差旅费奖励,应根据所发生费用的全额作为该营销人员的劳务收入,应按照"劳务报酬所得"项目征税,由公司代扣代缴。

工资、薪金所得与劳务报酬所得的区别在于:工资、薪金所得是属于非独立个人劳务活动,即在组织中任职、受雇而得到的报酬;而劳务报酬所得是个人独立从事各种技艺、提供各种劳务取得的报酬。

(三) 稿酬所得

稿酬所得指个人因其作品以图书、报刊形式出版发表而取得的所得,包括文学作品、书画作品、摄影作品及其他作品。作者去世后,财产继承人取得的遗作稿酬也应征税。

(1)任职、受雇于报纸、杂志等单位的记者、编辑等人员,因发表作品取得所得,应合并计入当月工资薪金,按"工资、薪金所得"项目纳税;

(2)出版社的专业作者撰写、编写或翻译的作品,由本社以图书形式出版而取得的稿费收入,按照本项目计税。

(四) 特许权使用费所得

特许权使用费所得指个人提供专利权、商标权、著作权、非专利技术及其他特许权的使用费取得的所得。提供著作权的使用权取得的所得,不包括稿酬所得,对作者将作品手稿原件或复印件拍卖取得的收入,应按本项目征税。取得特许权的经济赔偿收入,应按本项目征税,由赔款单位代扣代缴。编剧从电视剧制作单位取得的剧本使用费,统一按本项目征税。

(五) 经营所得

(1)个体工商户从事生产、经营活动取得的所得,个人独资企业投资人、合伙企业的个人合伙人来源于境内注册的个人独资企业、合伙企业生产、经营的所得;

(2)个人依法从事办学、医疗、咨询以及其他有偿服务活动取得的所得;

(3) 个人对企业、事业单位承包经营、承租经营以及转包、转租取得的所得；
(4) 个人从事其他生产、经营活动取得的所得。

个人承租承包后，工商登记仍为企业，应先缴纳企业所得税，然后根据承包、承租者取得的所得，对经营成果不拥有所有权的，按"工资、薪金所得"项目征税；向发包方缴纳一定费用后，对经营成果拥有所有权的，则按本项目征税。

(六) 利息、股息、红利所得

利息、股息、红利所得指个人拥有债权、股权而取得的利息、股息、红利所得。利息一般是指存款、贷款和债券的利息。一般来说，股息是指优先股的股利，红利是指普通股的股利，股息和红利可统称为股利。除个人独资企业、合伙企业以外的其他企业的个人投资者，以企业资金为本人、家庭成员及其相关人员支付与企业生产经营无关的消费性支出及购买汽车、住房等财产性支出，视为企业对个人投资者的红利分配，依照"利息、股息、红利所得"项目计征个人所得税。股东(不含家庭成员)从企业借款，年度终了后不归还的，作为股东的股息红利所得，且该缴纳的个人所得税在企业所得税前不可扣除。

对职工个人以股份形式取得的企业量化资产参与企业分配而获得的股息、红利，应按本项目征税。

(七) 财产租赁所得

财产租赁所得指个人出租建筑物、土地使用权、机器设备、车船以及其他财产取得的所得。个人取得的财产转租收入，属于本项目的征税范围。

(八) 财产转让所得

财产转让所得指个人转让有价证券、股权、建筑物、土地使用权、机器设备、车船及其他财产取得的所得。除股票转让所得暂不征收个人所得税外，其他财产的转让都要征收个人所得税。

量化资产股份转让：集体企业改制为股份制企业时，对职工个人以股份形式取得的拥有所有权的企业量化资产，暂缓征税；待转让时，减除取得时实际支付的费用支出和合理转让费后的余额，按"财产转让所得"项目征税。

(九) 偶然所得

偶然所得指个人得奖、中奖、中彩以及其他偶然性质的所得。得奖是指参加各种竞赛获得的奖金；中奖和中彩是指参加各种有奖活动获得的奖金。偶然所得应缴纳的个人所得税款，一律由发奖组织代扣代缴。

除上述所有的应纳税项目外，其他个人取得的所得，难以界定应纳税所得项目的，由国务院税务主管部门确定。

三、征税方式

居民纳税义务人取得个人所得采用混合征收方式，不同所得的具体征税方式如图 7-1 所示。

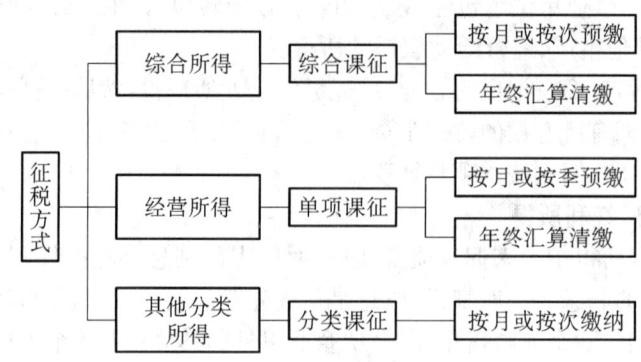

图 7-1 居民纳税义务人取得个人所得征税方式

四、税率

(一) 税率设计的原则

对个人所得征税涉及面广、政策性强,在设计税率时,需要全面衡量、通盘考虑、科学设计。我国个人所得税的设计主要体现了以下几点原则。

1. 税负从轻

现阶段我国大多数个人的所得主要来自综合所得,而且总体收入水平不高,生活费用支出占个人收入的比重比较大,因此,在设计税率时,应体现税负从轻原则。特别是综合所得适用的累进税率,其起点税率不能过高,要保证中等收入水平的纳税人负担较少的税额。

2. 区别对待、分类调节

个人所得的形式多种多样,大体可以分为四类:① 综合所得;② 经营所得;③ 资本所得;④ 偶然所得。

上述四类所得的收入性质和纳税能力各不相同。第一类所得属于个人劳动所得,其中的相当大的一部分需要用于生活支出。由于每个人的基本生计费用大体相同,因此收入越高,扣除基本生计费用后的余额越多,应采用超额累进税率进行调节。第二类所得涉及生产经营规模及效益问题,本应比照对企业利润征税的办法处理,但由于个体业主的生产经营及获利情况与企业相差悬殊,所以,也采用超额累进税率进行调节。第三类所得属于纯投资性所得,除不应扣除任何费用外,还应实行超额累进税率调节的办法。但出于简化计税方法考虑,采取按比例税率征收的办法。第四类偶然所得,主要指个人得奖、中奖、中彩以及其他偶然性质的所得。其所得的取得基本没有成本费用的开支,所以,不应扣除任何费用,适用统一的比例税率。

3. 体现国家政策

征收个人所得税最重要的目的是调节社会收入分配,尤其是要调节那些过高收入,鼓励劳动所得,降低中低收入阶层税收负担。这项原则不仅体现在分类设计税率、分项制定征税办法方面,还体现在对不同的所得项目或同一所得项目中不同来源的收入,分别采取减征和加成征税的办法,以体现国家税收的鼓励、调节政策。

(二) 适用税率

个人所得税区分不同个人所得项目,规定了超额累进税率和比例税率两种形式。

1. 居民个人综合所得适用税率

居民个人每一纳税年度的综合所得,包括工资薪金所得、劳务报酬所得、稿酬所得、特许权使用费所得,适用3%~45%的七级超额累进税率,如表7-1所示。

表7-1 个人所得税税率表(综合所得适用) 单位:亿元

级数	全年应纳税所得额	税率/%	速算扣除数
1	不超过36 000元的	3	0
2	超过36 000元至144 000元的部分	10	2 520
3	超过144 000元至300 000元的部分	20	16 920
4	超过300 000元至420 000元的部分	25	31 920
5	超过420 000元至660 000元的部分	30	52 920
6	超过660 000元至960 000元的部分	35	85 920
7	超过960 000元的部分	45	181 920

综合所得=工资薪金所得+劳务报酬所得×80%(或4 000−800)+稿酬所得×80%(或4 000−800)×70%+特许权使用费所得×80%

2. 经营所得适用税率

个人独资企业和合伙企业的个人投资者取得的生产经营所得按5%~35%的五级超额累进税率计算征收,如表7-2所示。

表7-2 个人所得税税率表(经营所得适用) 单位:亿元

级数	全年应纳税所得额	税率%	速算扣除
1	不超过30 000元的	5	0
2	超过30 000元至90 000元的部分	10	1 500
3	超过90 000元至300 000元的部分	20	10 500
4	超过300 000元至500 000元的部分	30	40 500
5	超过500 000元的部分	35	65 500

3. 财产租赁所得,财产转让所得,利息、股息、红利所得,偶然所得和其他所得适用税率

财产租赁所得,财产转让所得,利息、股息、红利所得,偶然所得和其他所得,适用比例税率,税率为20%。

4. 居民个人分月或分次取得工资、薪金所得,劳务报酬所得,稿酬所得,特许权使用费所得时,支付单位预扣预缴个人所得税的预扣率

工资、薪金所得适用3%~45%的七级超额累进预扣率,见表7-3;劳务报酬所得适用20%~40%的三级超额累进预扣率,见表7-4;稿酬所得、特许权使用费所得适用20%的比例预扣率。

表 7-3 个人所得税税率表(居民个人工资、薪金所得预扣预缴适用)   单位:亿元

级数	累计预扣预缴应纳税所得额	预扣率/%	速算扣除数
1	不超过 36 000 元的	3	0
2	超过 36 000 元至 144 000 元的部分	10	2 520
3	超过 144 000 元至 300 000 元的部分	20	16 920
4	超过 300 000 元至 420 000 元的部分	25	31 920
5	超过 420 000 元至 660 000 元的部分	30	52 920
6	超过 660 000 元至 960 000 元的部分	35	85 920
7	超过 960 000 元的部分	45	181 920

表 7-4 个人所得税税率表(居民个人劳务报酬所得预扣预缴适用)   单位:亿元

级数	预扣预缴应纳税所得额	预扣率/%	速算扣除数
1	不超过 20 000 元的	20	0
2	超过 20 000 元至 50 000 元的部分	30	2 000
3	超过 50 000 元的部分	40	7 000

5.非居民个人适用税率

非居民个人来源于境内当月取得工资、薪金所得,劳务报酬所得,稿酬所得,特许权使用费所得,以按规定计算的当月收入额,减去税法规定的减除费用后的余额,为应纳税所得额,适用表 7-5 按月换算后的综合所得税率表(也称月度税率表)计算应纳税额。

表 7-5 个人所得税税率
(非居民个人工资、薪金所得,劳务报酬所得,稿酬所得,特许权使用费所得适用)   单位:亿元

级数	月应纳税所得额	税率/%	速算扣除数
1	不超过 3 000 元	3	0
2	超过 3 000 元至 12 000 元的部分	10	210
3	超过 12 000 元至 25 000 元的部分	20	1 410
4	超过 25 000 元至 35 000 元的部分	25	2 660
5	超过 35 000 元至 55 000 元的部分	30	4 410
6	超过 55 000 元至 80 000 元的部分	35	7 160
7	超过 80 000 元的部分	45	15 160

第三节 个人所得税专项附加扣除

个人所得税专项附加扣除,是指个人所得税法规定的三岁以下子女照护支出、子女教育、继续教育、大病医疗、住房贷款利息、住房租金、赡养老人等 7 项专项附加扣除。个人所得税专

项附加扣除遵循公平合理、简便易行、切实减负、改善民生的原则。

一、子女教育

(1) 纳税人的子女接受全日制的学历教育支出,按照每个子女每月2 000元的标准定额扣除。子女,是指婚生子女、非婚生子女、继子女、养子女。

学历教育包括义务教育(小学、初中教育)、高中阶段教育(普通高中、中等职业、技工教育)、高等教育(大学专科、大学本科、硕士研究生、博士研究生教育)。

年满3岁至小学入学前处于学前教育阶段的子女,参照学历教育标准每月2 000元标准定额扣除。纳税人子女在中国境外接受教育的,纳税人应当留存境外学校录取通知书、留学签证等相关教育的证明资料查备。

(2) 扣除方式。父母可以选择由其中一方按扣除标准的100%扣除,也可以选择由双方分别按扣除标准的50%扣除,具体扣除方式在一个纳税年度内不能变更。父母,是指生父母、继父母、养父母。

(3) 除父母之外的其他人担任未成年人监护人的,比照执行。

二、继续教育

纳税人在中国境内接受学历(学位)继续教育的支出,在学历(学位)教育期间按照每月400元定额扣除。同一学历(学位)继续教育的扣除期限不能超过48个月。纳税人接受技能人员职业资格继续教育、专业技术人员职业资格继续教育的支出,在取得相关证书的当年,按照3 600元定额扣除。

个人接受本科及以下学历(学位)继续教育,符合本办法规定扣除条件的,可以选择由其父母扣除,也可以选择由本人扣除。纳税人接受技能人员职业资格继续教育、专业技术人员职业资格继续教育的,应当留存相关证书等资料备查。

三、大病医疗

在一个纳税年度内,纳税人发生的与基本医保相关的医药费用支出,扣除医保报销后个人负担(指医保目录范围内的自付部分)累计超过15 000元的部分,由纳税人在办理年度汇算清缴时,在80 000元限额内据实扣除。

纳税人发生的医药费用支出可以选择由本人或者其配偶扣除,也就是说纳税人配偶发生的医药费用支出可由纳税人扣除;未成年子女发生的医药费用支出可以选择由其父母一方扣除。纳税人应当留存医药服务收费及医保报销相关票据原件(或者复印件)等资料备查。医疗保障部门应当向患者提供在医疗保障信息系统记录的本人年度医药费用信息查询服务。

四、住房贷款利息

(1) 扣除标准。纳税人本人或者配偶单独或者共同使用商业银行或者住房公积金个人住房贷款为本人或者其配偶购买中国境内住房,发生的首套住房贷款利息支出,在实际发生贷款利息的年度,按照每月1 000元的标准定额扣除,扣除期限最长不超过240个月。纳税人只能享受一次首套住房贷款的利息扣除。首套住房贷款是指购买住房享受首套住房贷款利率的住房贷款。

(2) 扣除方式。经夫妻双方约定,可以选择由其中一方扣除,具体扣除方式在一个纳税年度内不能变更。夫妻双方婚前分别购买住房发生的首套住房贷款,其贷款利息支出,婚后可以选择其中一套购买的住房,由购买方按扣除标准的100%扣除,也可以由夫妻双方对各自购买的住房分别按扣除标准的50%扣除,具体扣除方式在一个纳税年度内不能变更。

(3) 扣除依据。纳税人应当留存住房贷款合同、贷款还款支出凭证备查。

五、住房租金

(1) 扣除标准。纳税人在主要工作城市没有自有住房而发生的住房租金支出,可以按照以下标准定额扣除:

① 直辖市、省会(首府)城市、计划单列市以及国务院确定的其他城市,扣除标准为每月1 500元;

② 除上列城市以外,市辖区户籍人口超过100万的城市,扣除标准为每月1 100元;市辖区户籍人口不超过100万的城市,扣除标准为每月800元。市辖区户籍人口,以国家统计局公布的数据为准。

纳税人的配偶在纳税人的主要工作城市有自有住房的,视同纳税人在主要工作城市有自有住房。主要工作城市是指纳税人任职受雇的直辖市、计划单列市、副省级城市、地级市(地区、州、盟)全部行政区域范围;纳税人无任职受雇单位的,为受理其综合所得汇算清缴的税务机关所在城市。

(2) 扣除方式。夫妻双方主要工作城市相同的,只能由一方扣除住房租金支出。住房租金支出由签订租赁住房合同的承租人扣除。纳税人及其配偶在一个纳税年度内不能同时分别享受住房贷款利息和住房租金专项附加扣除。

(3) 扣除依据。纳税人应当留存住房租赁合同、协议等有关资料备查。

六、赡养老人

纳税人赡养一位及以上被赡养人的赡养支出,统一按照以下标准定额扣除:

(1) 纳税人为独生子女的,按照每月3 000元的标准定额扣除;

(2) 纳税人为非独生子女的,由其与兄弟姐妹分摊每月3 000元的扣除额度,每人分摊的额度不能超过每月1 500元。可以由赡养人均摊或者约定分摊,也可以由被赡养人指定分摊。约定或者指定分摊的须签订书面分摊协议,指定分摊优先于约定分摊。具体分摊方式和额度在一个纳税年度内不能变更。

被赡养人是指年满60岁的父母,以及子女均已去世的年满60岁的祖父母、外祖父母。

七、三岁以下婴幼儿照护支出

根据《国务院关于提高个人所得税有关专项附加扣除标准的通知》(国发〔2023〕13号),3岁以下婴幼儿照护专项附加扣除为每月2 000元(注:每个婴幼儿)。父母可选择由其中一方扣除,也可选择由双方分别按50%扣除。

八、保障措施

(1) 纳税人向收款单位索取发票、财政票据、支出凭证,收款单位不能拒绝提供。

(2) 纳税人首次享受专项附加扣除,应当将专项附加扣除相关信息提交扣缴义务人或者税务机关,扣缴义务人应当及时将相关信息报送税务机关,纳税人对所提交信息的真实性、准确性、完整性负责。专项附加扣除信息发生变化的,纳税人应当及时向扣缴义务人或者税务机关提供相关信息。纳税人需要留存备查的相关资料应当留存 5 年。

专项附加扣除相关信息,包括纳税人本人、配偶、子女、被赡养人等个人身份信息,以及国务院税务主管部门规定的其他与专项附加扣除相关的信息。

(3) 有关部门和单位有责任和义务向税务部门提供或者协助核实以下与专项附加扣除有关的信息:

① 公安部门有关户籍人口基本信息、户成员关系信息、出入境证件信息、相关出国人员信息、户籍人口死亡标识等信息;

② 卫生健康部门有关出生医学证明信息、独生子女信息;

③ 民政部门、外交部门、法院有关婚姻状况信息;

④ 教育部门有关学生学籍信息(包括学历继续教育学生学籍、考籍信息)、在相关部门备案的境外教育机构资质信息;

⑤ 人力资源社会保障等部门有关技工院校学生学籍信息、技能人员职业资格继续教育信息、专业技术人员职业资格继续教育信息;

⑥ 住房城乡建设部门有关房屋(含公租房)租赁信息、住房公积金管理机构有关住房公积金贷款还款支出信息;

⑦ 自然资源部门有关不动产登记信息;

⑧ 人民银行、金融监督管理部门有关住房商业贷款还款支出信息;

⑨ 医疗保障部门有关在医疗保障信息系统记录的个人负担的医药费用信息;

⑩ 国务院税务主管部门确定需要提供的其他涉税信息。

上述数据信息的格式、标准、共享方式,由国务院税务主管部门及各省、自治区、直辖市和计划单列市税务局商有关部门确定。

有关部门和单位拥有专项附加扣除涉税信息,但未按规定要求向税务部门提供的,拥有涉税信息的部门或者单位的主要负责人及相关人员承担相应责任。

(4) 扣缴义务人发现纳税人提供的信息与实际情况不符的,可以要求纳税人修改。纳税人拒绝修改的,扣缴义务人应当报告税务机关,税务机关应当及时处理。

(5) 税务机关核查专项附加扣除情况时,纳税人任职受雇单位所在地、经常居住地、户籍所在地的公安派出所、居民委员会或者村民委员会等有关单位和个人应当协助核查。

第四节 个人所得税应纳税额的计算

一、综合所得应纳税额的计算

(一) 有住所居民个人综合所得应纳税额的计算

以纳税人每一纳税年度的综合所得收入额减除费用 6 万元以及专项扣除、专项附加扣除和依法确定的其他扣除后的余额,为应纳税所得额。

综合所得中,劳务报酬所得、稿酬所得、特许权使用费所得以收入减除20%的费用后的余额为收入额。稿酬所得的收入额减按70%计算。

(1) 费用减除标准:按照5 000元/月,每年6万元。

(2) 专项扣除:"五险一金",即基本养老保险费、基本医疗保险费、失业保险费、工伤保险费、生育保险费和住房公积金。

企事业单位按照国家或省(自治区、直辖市)人民政府规定的缴费比例或办法实际缴付的基本养老保险费、基本医疗保险费和失业保险费,免征个人所得税;个人按照国家或省(自治区、直辖市)人民政府规定的缴费比例或办法实际缴付的基本养老保险费、基本医疗保险费和失业保险费,允许在个人应纳税所得额中扣除。企事业单位和个人超过规定的比例和标准缴付的基本养老保险费、基本医疗保险费和失业保险费,应将超过部分并入个人当期的工资、薪金收入,计征个人所得税。

(3) 专项附加扣除:三岁以下子女照护支出、子女教育、继续教育、大病医疗、住房贷款利息或者住房租金、赡养老人等7项专项附加扣除。

(4) 依法确定的其他扣除:允许扣除的年金、商业健康保险、税延养老保险。

① 企业年金:个人根据国家有关政策规定缴付的年金个人缴费部分,在不超过本人缴费工资计税基数的4%标准内的部分,暂从个人当期的应纳税所得额中扣除,超标准的部分,不得从个人当期的应纳税所得额中扣除。

企业年金个人缴费工资计税基数为本人上一年度月平均工资。月平均工资按国家统计局规定列入工资总额统计的项目计算。月平均工资超过职工工作地所在设区城市上一年度职工月平均工资300%以上的部分,不计入个人缴费工资计税基数。

② 商业健康保险:对个人购买符合规定的商业健康保险产品的支出,允许在当年(月)计算应纳税所得额时予以税前扣除,扣除限额为2 400元/年(200元/月)。

取得工资薪金、连续性劳务报酬所得的个人,其缴纳的保费准予在申报扣除当月计算应纳税所得额时予以限额据实扣除,扣除限额按照当月工资薪金、连续性劳务报酬收入的6%和1 000元孰低办法确定。个人经营所得扣除限额按照不超过当年应税收入的6%和12 000元孰低办法确定。

$$\text{年综合所得额} = \text{工资薪金所得} + \text{劳务报酬所得} \times 80\% + \text{稿酬所得} \times 80\% \times 70\% + \text{特许权使用费所得} \times 80\%$$

综合所得应纳税所得额=年综合所得-6万元-专项扣除-专项附加扣除-其他扣除

【例7-1】 假设某居民个人纳税人2024年扣除"五险一金"后共取得含税工资收入15万元,该纳税人不享受任何专项附加扣除和其他扣除。

要求: 计算其当年应纳个人所得税税额。

解析: 全年应纳税所得额=150 000-60 000=90 000(元)

应纳税额=90 000×10%-2 520=6 480(元)

【例7-2】 假设某居民纳税人2024年的交完"五险一金"后的税前工资收入为35万元,劳务报酬为3万元,稿酬为2万元。该纳税人是独生子女,其父母健在且已年满60岁,还有两个4岁以上小孩且均由其扣除子女教育专项附加。

要求: 计算其当年应纳个人所得税税额。

解析： 全年应纳税所得额＝350 000＋30 000×(1－20％)＋20 000×(1－20％)×70％－60 000－36 000－24 000×2＝385 200－144 000＝241 200(元)

应纳税额＝241 200×20％－16 920＝31 320(元)

(二) 无住所居民个人综合所得应纳税额的计算

(1) 自2019年1月1日起，无住所居民个人在境内居住累计满183天的年度连续不满6年的情形。

在境内居住累计满183天的年度连续不满6年的无住所居民个人，其取得的全部工资薪金所得，除归属于境外工作期间且由境外单位或者个人支付的工资薪金所得部分外，均应计算缴纳个人所得税。

应纳税额＝(当月境内外工资、薪金应纳税所得额×适用税率－速算扣除数)×(1－当月境内支付工资÷当月境内外支付工资总额×当月境内工作天数÷当月天数)

(2) 无住所居民个人在境内居住累计满183天的年度连续满6年的情形。

在境内居住累计满183天的年度连续满6年后，其从境内、境外取得的全部工资薪金所得均应计算缴纳个人所得税。

无住所居民个人取得综合所得，年度终了后，应按年计算个人所得税；有扣缴义务人的，由扣缴义务人按月或者按次预扣预缴税款；需要办理汇算清缴的，按照规定办理汇算清缴，年度综合所得应纳税额的计算公式如下：

年度综合所得应纳税额＝(年度工资薪金收入额＋年度劳务报酬收入额＋年度稿酬收入额＋年度特许权使用费收入额－减除费用－专项扣除－专项附加扣除－依法确定的其他扣除)×适用税率－速算扣除数

无住所居民个人为外籍个人的，2022年1月1日前计算工资薪金收入额时，已经按规定减除住房补贴、子女教育费、语言训练费等八项津补贴的，不能同时享受专项附加扣除。

(三) 非居民个人的综合所得

(1) 针对无住所的非居民纳税义务人的工资薪金所得，有如下规定：

① 非居民个人境内居住时间累计不超过90天的情形。

在一个纳税年度内，在境内累计居住不超过90天的非居民个人，仅就归属于境内工作期间并由境内雇主支付或者负担的工资薪金所得计算缴纳个人所得税。

应纳税额＝(当月境内外工资、薪金应纳税所得额×适用税率－速算扣除数)×当月境内支付工资÷当月境内外支付工资总额×当月境内工作天数÷当月天数

② 非居民个人境内居住时间累计超过90天不满183天的情形。

在一个纳税年度内，在境内累计居住超过90天但不满183天的非居民个人，取得归属于境内工作期间的工资薪金所得，均应当计算缴纳个人所得税；其取得归属于境外工作期间的工资薪金所得，不征收个人所得税。

应纳税额＝(当月境内外工资、薪金应纳税所得额×适用税率－速算扣除数)×当月境内工作天数÷当月天数

(2) 非居民个人当月取得工资薪金所得，以按照上述规定计算的当月收入额，减去税法规

定的减除费用5 000元后的余额,为应纳税所得额,适用表7-3按月换算后的综合所得税率表(以下称月度税率表)计算应纳税额。非居民个人取得来源于境内的劳务报酬所得、稿酬所得、特许权使用费所得,以税法规定的每次收入额为应纳税所得额,按取得当月与工资薪金所得合并计入综合所得,计算应缴纳个人所得税。

二、工资、薪金所得个人所得税预扣预缴计算方法

扣缴义务人向居民个人支付工资、薪金所得时,应当按照累计预扣法计算预扣税款,并按月办理全员全额扣缴申报。具体计算公式如下:

$$本期应预扣预缴税额=\left(累计预扣预缴应纳税所得额\times 预扣率-速算扣除数\right)-累计减免税额-累计已预扣预缴税额$$

$$累计预扣预缴应纳税所得额=累计收入-累计免税收入-累计减除费用-累计专项扣除-累计专项附加扣除-累计依法确定的其他扣除$$

上述公式中,计算居民个人工资、薪金所得预扣预缴税额的预扣率、速算扣除数,按个人所得税税率表(居民个人工资、薪金所得预扣预缴适用)(见表7-3)执行。

【例7-3】 公司员工王五:2024年1月工资16 000元;2024年2月工资38 000元;2024年3月工资36 000元。有一个正在上小学的儿子和女儿,子女教育每月扣除4 000元;首套住房贷款利息支出每月扣除1 000元;父母健在,且是独生子女,赡养老人支出每月可以扣除3 000元。五险一金每月缴纳4 000元。购买符合条件的商业健康保险每月200元。

解析:(1)2024年1月:

应纳税所得额=16 000-5 000(累计减除费用)-4 000(累计专项扣除)-8 000(累计专项附加扣除)-200(累计依法确定的其他扣除)=-1 200(元)

本期无须纳税。

(2)2024年2月:

应纳税所得额=54 000(累计收入)-10 000(累计减除费用)-8 000(累计专项扣除)-16 000(累计专项附加扣除)-400(累计依法确定的其他扣除)=19 600(元)

应纳税额=19 600×3%=588(元)

(3)2024年3月:

应纳税所得额=90 000(累计收入)-15 000(累计减除费用)-12 000(累计专项扣除)-24 000(累计专项附加扣除)-600(累计依法确定的其他扣除)=38 400(元)

应纳税额=38 400×10%-2 520-588(已预缴预扣税额)=732(元)

三、劳务报酬、稿酬、特许权使用费所得预扣预缴计算方法

扣缴义务人向居民个人支付劳务报酬所得、稿酬所得、特许权使用费所得时,按次或者按月预扣预缴个人所得税。具体预扣预缴税款的计算方法为:

(1)劳务报酬所得、稿酬所得、特许权使用费所得以每次收入减除费用后的余额为收入额,稿酬所得的收入额减按70%计算。

(2)减除费用:劳务报酬所得、稿酬所得、特许权使用费所得预扣预缴税款时,每次收入不超过4 000元的,减除费用按800元计算;每次收入4 000元以上的,减除费用按20%计算。

(3) 应纳税所得额:劳务报酬所得、稿酬所得、特许权使用费所得,以每次收入额为预扣预缴应纳税所得额。劳务报酬所得适用20%~40%的超额累进预扣率,稿酬所得、特许权使用费所得适用20%的比例预扣率。

劳务报酬所得应预扣预缴税额＝预扣预缴应纳税所得额×预扣率－速算扣除数

稿酬所得、特许权使用费所得应预扣预缴税额＝预扣预缴应纳税所得额×20%

居民个人劳务报酬所得预扣预缴率如表7－6所示。

表7－6 居民个人劳务报酬所得预扣预缴率表

级 数	预扣预缴应纳税所得额	预扣率(%)	速算扣除数
1	不超过20 000元的	20	0
2	超过20 000元至50 000元的部分	30	2 000
3	超过50 000元的部分	40	7 000

居民个人办理年度综合所得汇算清缴时,应当依法计算劳务报酬所得、稿酬所得、特许权使用费所得的收入额,并入年度综合所得计算应纳税额,税款多退少补。

【例7－4】 2024年1月某公司正在为一消费者维权案件准备应诉资料,外聘王某为法律专家,1月底该诉讼案结案,1月份支付王某律师咨询费3万元。

要求:计算该公司应预扣预缴的个人所得税税额。

解析:应预扣预缴税额＝30 000×(1－20%)×30%－2 000＝5 200(元)

【例7－5】 某出版社需支付居民个人王某一次性税前稿酬50 000元。

要求:计算该出版社应预扣预缴的个人所得税税额。

解析:应预扣预缴税额＝50 000×(1－20%)×70%×20%＝5 600(元)

四、非居民个人综合所得的扣缴方法

非居民个人取得工资薪金所得、劳务报酬所得、稿酬所得和特许权使用费所得,有扣缴义务人的,由扣缴义务人按月或者按次代扣代缴税款,不办理汇算清缴。扣缴义务人向非居民个人支付工资薪金所得、劳务报酬所得、稿酬所得和特许权使用费所得时,个人所得税按以下方法按月或者按次代扣代缴:

非居民个人的工资、薪金所得,以每月收入额减除费用5 000元后的余额为应纳税所得额;劳务报酬所得、稿酬所得、特许权使用费所得,以每次收入额为应纳税所得额。

其中,劳务报酬所得、稿酬所得、特许权使用费所得以收入减除20%的费用后的余额为收入额。稿酬所得的收入额减按70%计算。

应纳税所得额＝每月工资、薪金所得－5 000＋劳务报酬所得×(1－20%)＋稿酬所得×(1－20%)×70%＋特许权使用费所得×(1－20%)

应纳税额＝应纳税所得额×税率－速算扣除数

【例7－6】 某钢铁公司聘请某外国专家(非居民纳税人)为其修理设备,2024年1月该钢铁公司为其发放含税工资26 000元,此外该非居民个人还从其他公司取得劳务报酬8 000元。

要求：计算该非居民个人当月应纳个人所得税税额。

解析：该非居民个人1月工资薪金应纳税额＝(26 000－5 000)×20%－1 410＝2 790(元)

该非居民个人1月劳务所得应纳税额＝8 000×(1－20%)×10%－210＝430(元)

知识链接

表7－7　扣缴义务人对居民个人和非居民个人预扣预缴的区别

日常扣缴义务人预扣预缴		
收入项目	居民个人	非居民个人
工资、薪金所得	累计预扣法，适用3%～45%的税率	按月代扣代缴，每月工资薪金减除5 000元
劳务报酬所得	减除费用后(低于4 000元减除800元，高于4 000元减除20%)，适用20%～40%的超额累进预扣率	减除20%费用
稿酬所得	减除20%费用后，再减除30%，适用20%税率	减除20%费用后，再减除30%
特许使用费所得	减除费用后(低于4 000元减除800元，高于4 000元减除20%)，适用20%税率	减除20%费用
综合所得	年度汇算清缴居民个人综合所得，适用3%～45%的居民个人税率表	前四项扣除相关费用后，加总计算每月的综合所得，适用3%～45%的非居民个人月税率表

五、经营所得的计算方式

(一) 个体工商户的生产、经营所得

查账征收的个体工商户的生产、经营所得，以每一纳税年度的收入总额，减除成本、费用、税金、损失、其他支出以及允许弥补的以前年度亏损后的余额，为应纳税所得额。个体工商户应纳税所得额的计算，以权责发生制为原则，属于当期的收入和费用，不论款项是否收付，均作为当期的收入和费用；不属于当期的收入和费用，即使款项已经在当期收付，均不作为当期收入和费用。

如果未提供完整、准确的纳税资料，无法查账征收，不能正确计算应纳税额的，其费用扣除标准统一为60 000元/年(5 000元/月)。

$$应纳税额＝应纳税所得额×适用税率－速算扣除数$$
$$＝[收入总额－(成本＋费用＋损失＋准予扣除的税金)－$$
$$规定的费用扣除标准5 000元]×适用税率－速算扣除数$$

由于个体工商户生产、经营所得的应纳税额实行按年计算、分月或分季预缴、年终汇算清缴、多退少补的方法，因此，在实际工作中，需分别计算按月预缴税额和年终汇算清缴税额。

【**例7－7**】　某市川味酒家系个体工商户，账证比较健全。2024年12月取得营业额

120 000元,购进菜、肉、蛋、面粉、大米等原料的费用为 60 000元,缴纳水电、房租、煤气等费用 15 000元,缴纳其他税费合计 6 600元。当月支付给 3 名雇员工资共 9 800元。1—11月累计应纳税所得额为 25 600元,1—11月累计已预缴个人所得税 1 280元。

要求: 计算该个体户 12 月份应缴纳的个人所得税。

解析: (1) 12月应纳税所得额＝120 000－60 000－15 000－6 600－9 800－5 000
　　　　　　　　　　＝23 600(元)

(2) 全年累计应纳税所得额＝25 600＋23 600＝49 200(元)

(3) 12月份应缴纳个人所得税＝49 200×10％－1 500－1 280＝2 140(元)

(二) 对企事业单位的承包经营、承租经营所得

以每一纳税年度的收入总额,减除必要费用后的余额,为应纳税所得额。每一纳税年度的收入总额,是指纳税义务人按照承包经营、承租经营合同规定分得的经营利润和工资薪金性质的所得;该必要费用是指按月减除 5 000元。

$$应纳税额 = 应纳税所得额 \times 适用税率 - 速算扣除数$$
$$= (个人承包、承租经营收入总额 - 每月费用扣除标准 5\,000 元 \times 实际承包或承租月数) \times 适用税率 - 速算扣除数$$

【例 7-8】 某人于 2024 年 3 月 1 日起,承包某单位门市部,经营期限 10 个月。取得的经营收入总额为 250 000元,准许扣除的与经营收入相关的支出总额为 182 000元。

要求: 计算该个人承包经营所得应缴纳的个人所得税。

解析: (1) 承包经营所得＝250 000－182 000＝68 000(元)

(2) 应纳税所得额＝68 000－5 000×10＝18 000(元)

(3) 应纳税额＝18 000×5％＝900(元)

六、财产租赁所得

财产租赁所得适用 20％的税率,但对个人出租住房取得的所得减按 10％的税率征收个人所得税。前已叙及低于 4 000元/月减除费用 800元/月,高于 4 000元/月减除费用 20％。

$$应纳税额 = (每月次收入额 - 税费 - 修缮费用(800元为限) - 800元) \times 适用税率$$

或

$$应纳税额 = (每月次收入额 - 税费 - 修缮费用(800元为限)) \times (1-20\%) \times 适用税率$$

扣除项目的顺序为:① 财产租赁过程中缴纳的税费。② 能提供有效、准确凭证,由纳税人负担的该出租财产实际开支的修缮费用,以每次 800元为限。一次扣除不完的,准予在下一次继续扣除,直到扣完为止。③ 税法规定的费用扣除标准。

【例 7-9】 郑某于 2024 年 1 月将其自有的一套面积为 120 平方米的三居室出租给张某居住,租期 1 年。郑某每月取得租金收入 5 500元,全年租金收入 66 000元。当年 2 月因下水道堵塞找人修理,修理费用为 1 500元,有维修部门的正式收据。

要求: 计算郑某全年租金收入应缴纳的个人所得税。

解析: 1月份应纳税额＝5 500×(1－20％)×10％＝440(元)

2月份应纳税额＝(5 500－800)×(1－20％)×10％＝376(元)

3月份应纳税额＝(5 500－700)×(1－20%)×10%＝384(元)

全年应纳税额＝440×10＋376＋384＝5 160(元)

特殊情况：个人房屋转租应纳税额的计算与前面大致相等。只是纳税人还可扣除向出租方支付的租金，扣除顺序在修缮费用之前。

七、财产转让所得

以转让财产的收入额减除财产原值和合理费用后的余额，为应纳税所得额。财产原值是指：

(1) 有价证券，为买入价以及买入时按照规定缴纳的有关费用。

(2) 机器设备、车船，为购进价格、运输费、安装费以及其他有关费用。

(3) 土地使用权，为取得土地使用权所支付的金额、开发土地的费用及其他有关费用。

(4) 建筑物，为建造费或者购进价格以及其他有关费用。

(5) 其他财产，参照以上方法确定。

纳税义务人未提供完整、准确的财产原值凭证，不能正确计算财产原值的，由主管税务机关核定其财产原值。

【例7－10】 刘某于2024年2月转让私有住房一套，取得转让收入1 520 000元。该套住房购进时的原价为1 180 000元，转让时支付有关税费55 000元。

要求： 计算刘某转让私有住房应缴纳的个人所得税。

解析： 应纳税额＝(1 520 000－1 180 000－55 000)×20%＝57 000(元)

八、利息、股息、红利所得和偶然所得

以每次收入额为应纳税所得额。

$$应纳税额＝每次收入额×适用税率$$

(1) 个人从公开发行和转让市场取得的上市公司股票，持股期限超过1年的，股息红利所得暂免征收个人所得税。

(2) 个人储蓄存款利息自2008年10月9日(含)起暂免征收个人所得税。

九、个人所得税的特殊计税方法

(一) 扣除捐赠款的计税方法

税法规定，个人将其所得对教育扶贫、济困等公益慈善事业捐赠的部分，允许从应纳税所得额中扣除。一般捐赠额的扣除以不超过纳税人申报应纳税所得额的30%为限。计算公式为：

$$捐赠扣除限额＝申报的应纳税所得额×30\%$$

$$允许扣除的捐赠额＝实际捐赠额\leqslant捐赠扣除限额的部分$$

$$应纳税额＝(应纳税所得额－允许扣除的捐赠额)×适用税率－速算扣除数$$

【例7－11】 某歌星参加某单位举办的演唱会，取得出场费收入80 000元，将其中30 000元通过当地教育机构捐赠给某希望小学。

要求:计算该歌星取得的出场费收入应缴纳的个人所得税。

解析:(1) 未扣除捐赠的应纳税所得额=80 000×(1-20%)=64 000(元)

(2) 捐赠扣除限额=64 000×30%=19 200(元),实际捐赠额30 000元大于19 200元,税前只能按扣除限额扣除。

(3) 应缴纳的个人所得税=(64 000-19 200)×30%-2 000=11 440(元)

(二) 境外缴纳税额抵免的计税方法

(1) **实缴境外税款**:纳税人的境外所得,依照所得来源国或地区的法律应当缴纳并实际已经缴纳的税额。

(2) **抵免限额**:准予抵免的实缴境外税款至多不能超过境外所得按我国税法计算的抵免限额。我国个人所得税的抵免限额采用分国限额法。

(3) **允许抵免额**:抵免限额与实缴境外税款之间相比较,以数额较小者作为允许抵免额。

(4) **超限额和不足限额结转**:超限额,当年不允许抵扣,但允许结转抵扣,结转期限最长为5年。

(5) **申请抵免**:由纳税人提出申请,并提供境外税务机关填发的完税凭证原件。

(6) 应纳税额的计算:

$$应纳税额 = \sum(来自某国或地区的所得 - 费用扣除标准) \times 适用税率 - 速算扣除数 - 允许抵免额$$

【例7-12】 某美籍来华人员已在中国境内居住7年。2024年10月取得美国一家公司净支付的薪金所得20 800元,已被扣缴个人所得税1 200元。同月还从加拿大取得净利息所得8 500元,已被扣缴个人所得税1 500元。经核查,境外完税凭证无误。

要求:计算境外所得在我国境内应补缴的个人所得税。

解析:该纳税人上述来源于两国的所得应分国计算抵免限额。

(1) 来自美国所得的抵免限额=(20 800+1 200-4 800)×20%-375=3 065(元)

(2) 来自加拿大所得的抵免限额=(8 500+1 500)×20%=2 000(元)

(3) 来自美国和加拿大已被扣缴的个人所得税均小于抵免限额,故来自美国和加拿大所得的允许抵免额分别为1 200元和1 500元,可全额抵扣,还需在中国补缴税款。

(4) 应补缴个人所得税=(3 065-1 200)+(2 000-1 500)=2 365(元)

十、全年一次性奖金个人所得税

(一) 全年一次性奖金的范围

全年一次性奖金是指行政机关、企事业单位等扣缴义务人根据其全年经济效益和对雇员全年工作业绩的综合考核情况,向雇员发放的一次性奖金。其也包括年终加薪、实行年薪制和绩效工资办法的单位根据考核情况兑现的年薪和绩效工资。

雇员取得除全年一次性奖金以外的其他各种名目奖金,如半年奖、季度奖、加班奖、先进奖、考勤奖等,日常一律与当月工资、薪金收入合并,年度要并入综合所得,按税法规定缴纳个人所得税。根据财政部、税务总局公告2023年第30号文件,居民个人取得全年一次性奖金,符合《国家税务总局关于调整个人取得全年一次性奖金等计算征收个人所得税方法问题的通知》(国税发〔2005〕9号)规定的,可以在2027年12月31日前,不并入当年综合所得,也可以选择并入当年综合所得计算纳税。

(二) 如果工资薪金应税所得＞0

居民个人取得全年一次性奖金,符合《国家税务总局关于调整个人取得全年一次性奖金等计算征收个人所得税方法问题的通知》(国税发〔2005〕9号)规定的,在2027年12月31日前,可不并入当年综合所得,以全年一次性奖金收入除以12个月得到的数额,按照本通知所附按月换算后的综合所得税率表(以下简称月度税率表),确定适用税率和速算扣除数,单独计算纳税。在一个纳税年度内,对每个纳税人,该计税方法只允许采用一次。计算公式为:

应纳税额＝全年一次性奖金收入×适用税率－速算扣除数

【例7-13】 某公司于2024年12月20日给员工刘某发放年终一次性资金10万元,该公司对刘某的每月工资薪金所得已按规定代扣代缴个人所得税。请问公司对该笔奖金该如何代扣代缴个人所得税?

解析: 年终一次性奖金可单独计算纳税。

应纳税额＝100 000×10%－210＝9 790(元)

(三) 如果工资薪金应税所得＜0

居民个人取得全年一次性奖金,也可以选择并入当年综合所得计算纳税。如果居民工资、薪金所得较低,全年一次性奖金也不高,年度汇算清缴计算的综合所得额减除专项扣除("五险一金")后达不到6万元,个人所得税年应纳税额为0。但如果对这些雇员发放全年一次性奖金时选择使用过渡期计税方法,则至少会缴纳3%的个人所得税,这是不公平的。因此,过渡期政策规定,扣缴义务人发放全年一次性奖金时,也可以选择不作为全年一次性奖金对待,而是并入实际发放年度的综合所得来计算。

应纳税额＝(全年一次性奖金收入＋全年工资薪金所得－6万元)×适用税率－速算扣除数

【例7-14】 某公司员工王某每月工资3 000元,公司于2024年12月20日给王某发放年终一次奖金50 000元。请问公司对该笔奖金该如何代扣代缴个人所得税?

解析: 因王某每月工资没有超过免征额,无须纳税,所以工资与奖金合并计算纳税。

应纳税额＝(50 000＋3 000×12－60 000)×3%＝780(元)

十一、减免税优惠

(一) 免税项目

下列各项个人所得,免征个人所得税:

(1) 省级人民政府、国务院部委和中国人民解放军军以上单位,以及外国组织、国际组织颁发的科学、教育、技术、文化、卫生、体育、环境保护等方面的奖金;

(2) 国债和国家发行的金融债券利息;

(3) 按照国家统一规定发给的补贴、津贴;

(4) 福利费、抚恤金、救济金;

(5) 保险赔款;

(6) 军人的转业费、复员费、退役金;

(7) 按照国家统一规定发给干部、职工的安家费、退职费、基本养老金或者退休费、离休

费、离休生活补助费;

(8) 依照有关法律规定应予免税的各国驻华使馆、领事馆的外交代表、领事官员和其他人员的所得;

(9) 中国政府参加的国际公约、签订的协议中规定免税的所得;

(10) 国务院规定的其他免税所得。由国务院报全国人民代表大会常务委员会备案。

(二) 减税项目

有下列情形之一的,可以减征个人所得税,具体幅度和期限,由省、自治区、直辖市人民政府规定,并报同级人民代表大会常务委员会备案:

(1) 残疾、孤老人员和烈属的所得;

(2) 因自然灾害遭受重大损失的。

国务院可以规定其他减税情形,报全国人民代表大会常务委员会备案。

第五节 个人所得税的会计处理

一、工资、薪金所得应纳个人所得税的会计处理

支付工资、薪金所得的单位扣缴的工资、薪金所得应纳的个人所得税税款,实际上是个人工资、薪金所得的一部分。代扣时,借记"应付职工薪酬"科目,贷记"应交税费——应交个人所得税"科目。上缴代扣的个人所得税时,借记"应交税费——应交个人所得税"科目,贷记"银行存款"科目。

【例7-15】某公司2024年4月份计算全体员工(假设全部是生产线员工)应发工资总额为994 000元,公司负担部分:公积金103 600元、基本养老保险171 906元、基本医疗保险44 754.25元、失业保险19 880元、工伤保险4 970元、生育保险7 952元。个人负担部分:公积金103 600元、基本养老保险64 488元、基本医疗保险17 267.78元、失业保险9 940元、代扣个人所得税8 645元。

解析:(1) 计提工资时。

借:生产成本 1 347 062.25
 贷:应付职业薪酬——工资 994 000
      ——住房公积金 103 600
      ——基本养老保险 171 906
      ——医疗保险费 44 754.25
      ——失业保险费 19 880
      ——工伤保险费 4 970
      ——生育保险费 7 952

(2) 发放工资时。

借:应付职业薪酬——工资 994 000
     ——住房公积金 103 600
     ——基本养老保险 171 906

——医疗保险费	44 754.25
——失业保险费	19 880
——工伤保险费	4 970
——生育保险费	7 952
贷:银行存款	790 059.22
其他应付款——住房公积金	207 200
——基本养老保险	236 394
——医疗保险费	62 022.03
——失业保险费	29 820
——工伤保险费	4 970
——生育保险费	7 952
应交税费——应交个人得税	8 645

(3) 缴纳"五险一金"时。

借:其他应付款——住房公积金	207 200
——基本养老保险	236 394
——医疗保险费	62 022.03
——失业保险费	29 820
——工伤保险费	4 970
——生育保险费	7 952
应交税费——应交个人得税	8 645
贷:银行存款	557 003.03

二、个体工商户生产经营所得应纳所得税的会计处理

个体工商户取得生产经营所得按规定计算应纳的所得税,借记"所得税费用"科目,贷记"应交税费——应交个人所得税"科目。实际上缴税款时,借记"应交税费——应交个人所得税"科目,贷记"银行存款"科目。

【例 7-16】 某个体工商户 2024 年度取得收入 400 000 元,准许扣除的与经营收入相关的支出总额为 286 500 元。

要求: 计算其应交个人所得税,并说明如何进行账务处理。

解析: 个税应税所得额 = (400 000 - 286 500 - 5 000×12)×10% - 1 500
= 53 500×10% - 1 500 = 3 850(元)

(1) 计提个人所得税费用。

借:所得税费用	3 850
贷:应交税费——应交个人所得税	3 850

(2) 缴纳个人所得税。

借:应交税费——应交个人所得税	3 850
贷:银行存款	3 850

三、对企事业单位的承包经营、承租经营所得应纳所得税的会计处理

对企事业单位的承包经营、承租经营取得的所得,如果由支付所得的单位代扣代缴的,其账务处理为:借记"应付股利"科目,贷记"应交税费——应交代扣个人所得税"科目;实际上交代扣代缴个人所得税时,借记"应交税费——应交代扣个人所得税"科目,贷记"银行存款"科目。

【例7-17】 承【例7-8】,某人于2024年3月1日起,承包某单位门市部,经营期限10个月。取得的经营收入总额为250 000元,准许扣除的与经营收入相关的支出总额为182 000元。计算得出应缴纳个人所得税900元。

解析:(1) 支付所得的单位代扣税款时:

借:应付股利 900
 贷:应交税费——应交代扣个人所得税 900

(2) 实际上缴代扣税款时:

借:应交税费——应交代扣个人所得税 900
 贷:银行存款 900

四、其他项目个人所得税的会计处理

(一) 企业支付劳务报酬所得

【例7-18】 承【例7-4】,2024年1月某公司正在为一消费者维权案件准备应诉资料,外聘王某为法律专家,1月底该诉讼案结案,1月份支付王某律师咨询费3万元。公司应预扣预缴税额5 200元。

解析:(1) 计算应预扣预缴的个人所得税、支付劳务报酬时:

借:管理费用 30 000
 贷:应交税费——应交代扣个人所得税 5 200
  银行存款 24 800

(2) 实际缴纳税款时:

借:应交税费——应交代扣个人所得税 5 200
 贷:银行存款 5 200

(二) 企业支付稿酬所得

【例7-19】 承【例7-5】,某出版社需支付居民个人王某一次性税前稿酬50 000元,已计算该出版社应预扣预缴的个人所得税税额为5 600元。

解析:(1) 计算应代扣的个人所得税、支付稿酬时:

借:其他应付款 50 000
 贷:应交税费——应交代扣个人所得税 5 600
  银行存款 44 400

(2) 实际缴纳税款时:

借:应交税费——应交代扣个人所得税 5 600
 贷:银行存款 5 600

(三)企业购入无形资产

【例 7-20】 某企业购入一高校教师的发明专利,双方协商转让价格为30万元。

要求: 计算该企业应代扣代缴个人所得税税额,并进行账务处理。

解析: 应预扣预缴税额=300 000×(1−20%)×20%=48 000(元)

(1) 计算应代扣的个人所得税、支付价款时:

借:无形资产　　　　　　　　　　　　　　　　　　　　　300 000
　　贷:应交税费——应交代扣个人所得税　　　　　　　　　　48 000
　　　　银行存款　　　　　　　　　　　　　　　　　　　　252 000

(2) 实际缴纳税款时:

借:应交税费——应交代扣个人所得税　　　　　　　　　　　48 000
　　贷:银行存款　　　　　　　　　　　　　　　　　　　　48 000

(四)企业向个人分配股息、利润

【例 7-21】 某有限公司有三位股东,其中A股东和B股东均为法人股东,共占公司股份的80%,C股东是自然人股东,占公司股份的20%。经董事会决议并批准当年度利润分配方案,当年可供分配的利润总额为1 000万元。利润分配方案为:提取盈余公积100万元,向投资者分配现金股利900万元。

要求: 计算该公司应代扣代缴个人所得税税额,并进行账务处理。

解析: 应预扣预缴C股东现金股利个人所得税额=900×20%×20%=360 000(元)

(1) 计算应代扣的个人所得税、支付股息、利润时:

借:应付股利　　　　　　　　　　　　　　　　　　　　1 800 000
　　贷:应交税费——应交代扣个人所得税　　　　　　　　　360 000
　　　　银行存款　　　　　　　　　　　　　　　　　　1 440 000

(2) 实际缴纳税款时:

借:应交税费——应交代扣个人所得税　　　　　　　　　　360 000
　　贷:银行存款　　　　　　　　　　　　　　　　　　　360 000

第六节　个人所得税纳税申报

一、扣缴义务人按月或按次代扣代缴

(1) 居民个人取得综合所得,按年计算个人所得税;有扣缴义务人的,由扣缴义务人按月或者按次预扣预缴税款;需要办理汇算清缴的,应当在取得所得的次年3月1日至6月30日内办理汇算清缴。预扣预缴办法由国务院税务主管部门制定。

(2) 居民个人向扣缴义务人提供专项附加扣除信息的,扣缴义务人按月预扣预缴税款时应当按照规定予以扣除,不得拒绝。

(3) 纳税人取得利息、股息、红利所得,财产租赁所得,财产转让所得和偶然所得,按月或者按次计算个人所得税,有扣缴义务人的,由扣缴义务人按月或者按次代扣代缴税款。

(4) 非居民个人取得工资、薪金所得,劳务报酬所得,稿酬所得和特许权使用费所得,有扣

缴义务人的,由扣缴义务人按月或者按次代扣代缴税款,不办理汇算清缴。

二、纳税人按月、按季或按次自行纳税申报

(1) 纳税人取得经营所得,按年计算个人所得税,由纳税人在月度或者季度终了后15日内向税务机关报送纳税申报表,并预缴税款;在取得所得的次年3月31日前办理汇算清缴。

(2) 纳税人取得应税所得没有扣缴义务人的,应当在取得所得的次月15日内向税务机关报送纳税申报表,并缴纳税款。

(3) 纳税人取得应税所得,扣缴义务人未扣缴税款的,纳税人应当在取得所得的次年6月30日前,缴纳税款;税务机关通知限期缴纳的,纳税人应当按照期限缴纳税款。

(4) 居民个人从中国境外取得所得的,应当在取得所得的次年3月1日至6月30日内申报纳税。

(5) 非居民个人在中国境内从两处以上取得工资、薪金所得的,应当在取得所得的次月15日内申报纳税。

(6) 纳税人因移居境外注销中国户籍的,应当在注销中国户籍前办理税款清算。

三、综合所得的汇算清缴

取得综合所得需要办理汇算清缴的情形包括:

(1) 从两处以上取得综合所得,且综合所得年收入额减除专项扣除的余额超过6万元。

(2) 取得劳务报酬所得、稿酬所得、特许权使用费所得中一项或者多项所得,且综合所得年收入额减除专项扣除的余额超过6万元。

(3) 纳税年度内预缴税额低于应纳税额。

(4) 纳税人申请退税。纳税人申请退税,应当提供其在中国境内开设的银行账户,并在汇算清缴地就地办理税款退库。

需要办理汇算清缴的纳税人,应当在取得所得的次年3月1日至6月30日内,向任职、受雇单位所在地主管税务机关办理纳税申报,并报送"个人所得税年度自行纳税申报表"。纳税人有两处以上任职、受雇单位的,选择向其中一处任职、受雇单位所在地主管税务机关办理纳税申报;纳税人没有任职、受雇单位的,向户籍所在地或经常居住地主管税务机关办理纳税申报。

四、纳税申报方式

纳税人可以采用远程办税端、邮寄等方式申报,也可以直接到主管税务机关申报。

业务拓展专题——范某某"阴阳合同"等偷逃税问题

新华社北京2018年10月3日电 记者从国家税务总局以及江苏省税务局获悉,2018年6月初,群众举报范某某"阴阳合同"涉税问题后,国家税务总局高度重视,即责成江苏等地税务机关依法开展调查核实,目前案件事实已经查清。

调查核实发现,范某某在某电影剧组拍摄过程中实际取得片酬3 000万元,其中1 000万元

已经申报纳税,其余 2 000 万元以拆分合同方式偷逃个人所得税 618 万元,少缴营业税及附加 112 万元,合计 730 万元。此外,还查出范某某及其担任法定代表人的企业少缴税款 2.48 亿元,其中偷逃税款 1.34 亿元。

对于上述违法行为,根据国家税务总局指定管辖,江苏省税务局依据《中华人民共和国税收征收管理法》第三十二、五十二条的规定,对范某某及其担任法定代表人的企业追缴税款 2.55 亿元,加收滞纳金 0.33 亿元;依据《中华人民共和国税收征收管理法》第六十三条的规定,对范某某采取拆分合同手段隐瞒真实收入偷逃税款处 4 倍罚款计 2.4 亿元,对其利用工作室账户隐匿个人报酬的真实性质偷逃税款处 3 倍罚款计 2.39 亿元;对其担任法定代表人的企业少计收入偷逃税款处 1 倍罚款计 94.6 万元;依据《中华人民共和国税收征收管理法》第六十九条和《中华人民共和国税收征收管理法实施细则》第九十三条的规定,对其担任法定代表人的两户企业未代扣代缴个人所得税和非法提供便利协助少缴税款各处 0.5 倍罚款,分别计 0.51 亿元、0.65 亿元。

范某某案警示了什么?

税务部门公布范某某案情况,范某某被责令按期缴纳税款、滞纳金、罚款 8 亿余元。此案是税务部门近年来处理的个人偷逃税款金额最大的案件,不乏深刻警示。

其一,依法纳税的底线不容触碰。税务部门依法做出处罚,体现了法治精神。诚信纳税,人人有责。公民有依法纳税的义务,影视明星作为公众人物,更应自觉承担社会责任,带头遵纪守法。法律面前人人平等,谁都不能藐视法律、心存侥幸。

其二,文艺工作者不能"掉进钱眼里"。文艺作品应该把社会效益放在首位,文艺工作者应树立正确的义利观,不能唯利是图。

其三,依法治乱、激浊扬清,影视行业才能健康发展。冰冻三尺非一日之寒。一直以来,影视圈存在天价片酬、"阴阳合同"、偷逃税等诸多问题,社会对此反映强烈。向乱象亮出法治之剑,重塑风清气正、积极向上的演艺圈,顺民意、聚民心,也是影视业健康发展的必然要求。

新华网评: 这堂"法治课"教育的不只是范某某,对范某某而言,这次处罚是一堂代价昂贵的"法治课",对那些同样无视税法、心存侥幸的人来说,则是一次信号强烈的警示。

依法诚信纳税是每个公民的责任和义务。明星作为具有很强示范效应的公众人物,承担着重要的社会责任,更应自觉纳税,严格守法。如果纵容个别人违法乱纪、无视社会责任和职业道德,带歪的将是一群人,搞乱的会是一个行业,影响的是我国税法的权威性、严肃性。

这堂"法治课"无异于一记重锤,敲打那些还在"装睡"的人,让他们认清楚自身的定位和职责,不要挑战道德和法律的底线。

这堂"法治课"堪称一场及时雨,给影视圈长久以来存在的诸如天价片酬、"阴阳合同"、偷逃税等不正常之"火"浇上了令其猛醒的冷水,让守规矩、立德行成为圈中清流,成为演艺明星的自觉追求,从而促进中国影视业规范健康发展。

本章小结

个人所得税,是以个人(自然人)取得的各项应税所得为对象征收的一种税,是调整征税机关与自然人(居民、非居民人)之间在个人所得税的征纳与管理过程中所发生的社会关系的法律规范的总称。本章重点介绍了个人所得税的发展历程及改革措施,并详细说明了个人所得税的 7 个专项附加扣除的具体规定、综合所得及全年一次性奖金的应纳税额计算方法。

本 章 练 习 题

扫二维码进行查看,下载。

第八章 资源税纳税实务

知识能力目标

1. 了解资源税的含义、纳税人、征税对象、税率、税收优惠、纳税申报等内容;
2. 理解征收资源税的目的;
3. 掌握资源税应纳税额的核算及会计处理。

案例导入

水资源税

当前,我国水资源严重短缺,用水浪费现象突出,水环境污染和水生态损害严重,已成为制约经济社会可持续发展的"瓶颈"。其中,河北省人均水资源量仅为全国平均水平的1/7,地下水超采总量及超采面积均占全国的1/3,是超采最为严重的地区,造成地下水位下降、地面沉降和地裂等问题,严重威胁生态环境和可持续发展。

2016年5月10日,财政部、税务总局宣布,将全面推进资源税改革,在煤炭、原油、天然气等已实施从价计征改革基础上,对其他矿产资源全面实施改革,自2016年7月1日起实施。河北省先行试点征收水资源税。

河北省开征水资源税试点工作,采取水资源费改税方式,将地表水和地下水纳入征税范围,对一般性取用水按实际取用水量计征,设置最低税额标准,地表水平均不低于每立方米0.4元,地下水平均不低于每立方米1.5元,具体取用水分类及适用税额标准由河北省政府提出建议,报财政部会同有关部门确定核准。为充分发挥税收杠杆调节作用,严格控制地下水过量开采,抑制不合理需求,对高耗水行业、超计划用水以及在地下水超采地区取用地下水,从高制定税额标准。正常生产生活用水维持原有负担水平不变。

2024年10月15日,财政部、税务总局、水利部发布《水资源税改革试点实施办法》宣告12月1日起水资源费改税试点全面实施。

思考: 为什么要实施资源税改革?从价计征和从量计征有什么区别吗?

第一节 资源税税法基础

一、资源税的概念

资源税是为保护国有资源,对在我国境内从事开采应税矿产品和生产盐的单位和个人,就其应税产品销售额或销售数量为计税依据而征收的一种税。自1984年开征以来,资源税历经了扩大征收范围、调整计征方式等多项重大改革。1993年12月,国务院出台资源税暂行条例,规定对开采矿产品或者生产盐的单位和个人征收资源税,资源税实行从量计征。2010年6月起,资源税从价计征改革逐步实施,国务院于2011年9月对暂行条例做了部分修改,明确资源税按照从价定率或从量定额的办法计算征收。2016年7月1日起,资源税从价计征改革全面推开。2017年,财政部、国家税务总局发布《中华人民共和国资源税法(征求意见稿)》;2018年,资源税法草案首次提交全国人大常委会会议审议,这意味着资源税暂行条例将上升为法律。资源税的改革构建了税收与资源价格挂钩的自动调节机制,规范了资源税费关系,理顺了国家与资源开采者的收益分配关系,形成了符合市场经济规律和资源价值规律的资源税制度。

目前,我国对原油、天然气、煤炭、其他非金属矿原矿、黑色金属矿原矿、有色金属矿原矿、盐等税目征收资源税。资源税分别由国家税务局和地方税务局负责征收管理,所得收入由中央政府与地方政府共享。

二、资源税税收要素

(一) 纳税人

在中华人民共和国领域及管辖海域开采应税矿产品或者生产盐的单位和个人,为资源税的纳税人。

单位包括国有企业、集体企业、私有企业、股份企业、外商投资企业和外国企业、其他企业和行政单位、事业单位、军事单位、社会团体及其他单位。

个人包括个体经营者及其他个人。

(二) 扣缴义务人

资源税的扣缴义务人是独立矿山、联合企业及其他收购未税矿产品的单位。

独立矿山是指只有采矿或只有选矿并实行独立核算、自负盈亏的单位,其生产的原矿和精矿主要用于对外销售。

联合企业是指采矿、选矿、冶炼(或加工)连续生产的企业或采矿、冶炼(或加工)连续生产的企业,其采矿单位一般是该企业的二级或二级以下的核算单位。

其他收购未税矿产品的单位包括收购未税矿产品的个体户。

(三) 征税对象

现行资源税的征税范围主要包括矿产品和盐两大类,具体征收范围限定如下:

(1) 原油,是指开采的天然原油,不包括人造石油。

(2) 天然气,是指专门开采或与原油同时开采的天然气。其中,开采海洋、陆上油气资源的中外合作油气田、自营油气田,自2011年11月1日起新签订的合同缴纳资源税,不再缴纳矿区使用费。

（3）煤炭，是指原煤和以未税原煤加工的洗选煤，不包括煤矸石。

（4）其他非金属矿原矿是指上述产品和井矿盐以外的非金属矿原矿，如宝石、玉石、大理石。

（5）黑色金属矿原矿，包括铁矿石、锰矿石、铬矿石。

（6）有色金属矿原矿，包括稀土、钨、钼等应税产品，这些产品的应税范围包括原矿和以自采原矿加工的精矿。

（7）盐，是指固体盐和液体盐。其中固体盐，包括海盐、湖盐原盐和井矿盐。液体盐，俗称卤水。

（四）税率

自2016年7月1日起，全面推开资源税从价计征改革：对铁矿、金矿、石墨、海盐等21个税目由从量定额改为从价定率计征，计税依据由原矿销售量调整为原矿、精矿（或原矿加工品）、氯化钠初级产品或金锭的销售额；对未列举名称的其他金属矿和大多数非金属矿也将改为从价计征。

对经营分散、多为现金交易且难以控管的粘土、砂石，按照便利征管原则，仍实行从量定额计征。具体税率详见表8-1。

表8-1 资源税税目税率幅度表

序号	税 目		征税对象	税率幅度
1	金属矿	铁矿	精矿	1%～6%
2		金矿	金锭	1%～4%
3		铜矿	精矿	2%～8%
4		铝土矿	原矿	3%～9%
5		铅锌矿	精矿	2%～6%
6		镍矿	精矿	2%～6%
7		锡矿	精矿	2%～6%
8		未列举名称的其他金属矿产品	原矿或精矿	税率不超过20%
9	非金属矿	石墨	精矿	3%～10%
10		硅藻土	精矿	1%～6%
11		高岭土	原矿	1%～6%
12		萤石	精矿	1%～6%
13		石灰石	原矿	1%～6%
14		硫铁矿	精矿	1%～6%
15		磷矿	原矿	3%～8%
16		氯化钾	精矿	3%～8%
17		硫酸钾	精矿	6%～12%
18		井矿盐	氯化钠初级产品	1%～6%
19		湖盐	氯化钠初级产品	1%～6%
20		提取地下卤水晒制的盐	氯化钠初级产品	3%～15%
21		煤层（成）气	原矿	1%～2%
22		粘土、砂石	原矿	每吨或立方米0.1～5元
23		未列举名称的其他非金属矿产品	原矿或精矿	从量税率每吨或立方米不超过30元；从价税率不超过20%
24		海盐	氯化钠初级产品	1%～5%

备注：
1. 铝土矿包括耐火级矾土、研磨级矾土等高铝粘土。
2. 氯化钠初级产品是指井矿盐、湖盐原盐、提取地下卤水晒制的盐和海盐原盐，包括固体和液体形态的初级产品。
3. 海盐是指海水晒制的盐，不包括提取地下卤水晒制的盐。

（五）税收优惠

有下列情形之一的，减征或者免征资源税：

（1）开采原油过程中用于加热、修井的原油，免税。

（2）对油田范围内运输稠油过程中用于加热的原油、天然气，免征资源税。

（3）纳税人开采或者生产应税产品过程中，因意外事故或者自然灾害等遭受重大损失的，由省、自治区、直辖市人民政府酌情决定减税或者免税。

（4）油气减征资源税项目：

① 油田范围内运输稠油过程中用于加热的原油、天然气，免征资源税；

② 对稠油、高凝油和高含硫天然气减征40%资源税；

③ 对三次采油、深水油气田减征30%资源税；

④ 对低丰度油气田暂减征20%资源税。

（5）煤炭减征资源税项目：

① 对实际开采年限在15年以上的衰竭期矿山开采的矿产资源，减征30%资源税；

② 对依法在建筑物下、铁路下、水体下通过充填开采方式采出的矿产资源，减征50%资源税。

（6）水资源税的税收优惠：

① 对规定限额内的农业生产取用水，免征水资源税。

② 对取用污水处理回用水、再生水等非常规水源，免征水资源税。

（7）国务院规定的其他减税、免税项目：

由于资源税是境内税，强调境内开采，因此资源税进口不征，出口不退。

纳税人的减税、免税项目，应当单独核算销售额或者销售数量；未单独核算或者不能准确提供销售额或者销售数量的，不予减税或者免税。

三、资源税改革

资源税开征于1984年，对在我国境内从事原油、天然气、煤炭等矿产资源开采的单位和个人征收。1994年国务院颁布了资源税暂行条例，确定了普遍征收、从量定额计征方法。经国务院批准，自2010年起先后实施了原油、天然气、煤炭、稀土、钨、钼6个品目资源税从价计征改革，并全面清理相关收费基金，资源税改革历程详见表8-2。改革总体运行平稳，对调节经济、规范税费关系、促进资源合理利用发挥了积极作用。资源税从开征至今已有30多年，近十年来资源税收入增长较快，年均增长率约为27%，成为资源富集地区重要税收来源。

表8-2 资源税改革历程

改革时间	具体内容
1984年	我国开始对在境内从事原油、天然气等矿产资源开采的单位和个人征收资源税
1994年	国务院颁布资源税条例，确定了普遍征收、从量定额计征方法
2010年	在新疆推出气资源税从价计征改革

续 表

改革时间	具体内容
2011年	国务院修订了资源税条例,增加了从价定率计征方式
2014年	全面实施煤炭资源税清费立税、从价计征改革
2015年	实施稀土、钨、钼资源税从价计征改革
2016年	资源税改革全面推开
2019年	第十三届全国人民代表大会常务委员会第十二次会议通过了《中华人民共和国资源税法》

(一) 改革的原因

随着我国经济社会发展,现行资源税制度已不能适应经济体制改革和"两型"社会建设的需要,主要存在以下突出问题。

1. 计税依据缺乏弹性,不能合理有效调节资源收益

之前,大部分资源品目资源税仍实行从量定额计征,相对固化的税额标准与体现供求关系、稀缺程度的资源价格不挂钩,不能随价格变化而自动调整。在资源价格上涨时不能相应增加税收,价格低迷时又难以为企业及时减负,资源税组织收入和调节经济的功能下降,与矿业市场发展不适应。

2. 征税范围偏窄,许多自然资源未纳入征收范围

之前,资源税征收范围仅限于矿产品和盐,与生产生活密切相关的水、森林、草场、滩涂等资源未纳入征收范围,不能全面发挥资源税促进资源节约保护的作用。

3. 税费重叠,企业负担不合理

各地涉及矿产资源的收费基金项目较多,许多收费基金与资源税征收对象、方式和环节相同,调节功能相似,造成资源税费重叠,加重了企业负担。

4. 税权集中,不利于调动地方积极性

除海洋原油天然气资源税外,其他资源税均为地方收入,但地方政府仅对少数矿产品的具体适用税率有确定权,多数矿产品的税率均由中央统一确定,地方政府不能因地制宜、因时制宜完善相关政策,不利于调动其发展经济和组织收入的积极性。

(二) 改革的方案

2016年7月1日,我国全面推进资源税改革。为确保《财政部 国家税务总局关于全面推进资源税改革的通知》(财税〔2016〕53号,简称《改革通知》)有效实施,财政部、国家税务总局发文就资源税改革具体政策问题给予明确。此次资源税改革主要有四个核心内容:

第一,全面推开资源税从价计征改革。此次资源税改革新增对铁矿、金矿、石墨、海盐等21个税目由从量定额改为从价定率计征,对未列举名称的其他金属矿和其他非金属矿的大多数矿种,也全部实行从价计征。

第二,资源税征收范围扩大。河北省率先开展水资源费改税试点,在试点取得经验基础上逐步向全国其他地区推开,森林、草场、滩涂等自然资源也逐步纳入征收范围。

第三,改革将全面清理涉及矿产资源的收费基金。将全部资源品目矿产资源补偿费费率降为零,停止征收价格调节基金,取缔地方针对矿产资源违规设立的收费基金项目。

第四,中央将部门权限下放地方。矿产品的税率幅度由中央统一规定,但授权省级政府在规定税率幅度内根据资源禀赋、企业承受能力等因素,对主要应税产品提出具体适用税率建议。

(三) 改革的意义

为解决上述突出问题,适应经济形势发展需要,有必要全面推进资源税改革,完善资源税制度。全面推进资源税改革,是政府主动做税收加法。从短期看,具有不让税收降幅过大的政策用意;从长期看,则是要将资源税作为推进国家绿色发展的关键性税制保障。

1. 理顺政府与企业分配关系,促进资源行业持续健康发展

建立税收与资源价格直接挂钩的调节机制,当资源价格上涨、企业效益提高时,相应增加税收;当价格下跌、效益降低时,企业少纳税。这种制度体现税收合理负担原则,既有效调节资源收益,合理筹集国家财政收入,也有利于帮助企业走出当前生产经营困境,激发市场活力。

2. 规范税费关系,减轻企业不合理负担

按照国务院确定的"清费立税"原则,资源税改革从源头上堵住乱收费的口子,为企业改善生产经营状况、提高经济效益创造良好的政策环境。

3. 强化税收调节机制,促进资源节约和高效利用

改革进一步规范了征税品目,完善了征税政策,原则上对资源赋存条件好、价格高的资源多征税,对条件差、价格低的资源少征税,并对开采难度大及综合利用的资源给予税收优惠。改革有利于建立有效的约束和激励机制,提高资源开发利用效率,增强全社会保护资源环境的意识。

第二节 资源税应纳税额的计算及会计处理

一、计税依据

根据财税〔2016〕54号文件的规定,资源税的计税依据为应税产品的销售额或销售量,各税目的征税对象包括原矿、精矿(或原矿加工品,下同)、金锭、氯化钠初级产品,具体按照《改革通知》所附《资源税税目税率幅度表》相关规定执行。对未列举名称的其他矿产品,省级人民政府可对本地区主要矿产品按矿种设定税目,对其余矿产品按类别设定税目,并按其销售的主要形态(如原矿、精矿)确定征税对象。

二、应纳税额的计算

按照从价定率或从量定额的办法,分别以应税产品的销售额乘以纳税人具体适用的应税比率或者应税产品的课税数量乘以纳税人适用的定额税率,计算应纳税额,具体计算方法如下。

(一) 实行从价定率征收的资源税计算公式

$$应纳税额=(不含增值税)销售额 \times 适用税率$$

1. 原矿

计税依据:原矿销售额;精矿销售额换算原矿销售额。

$$应纳税额=原矿销售额 \times 适用税率$$

或

$$应纳税额＝精矿销售额×换算比(或折算率)×适用税率$$

2. 精矿

计税依据：精矿销售额；原矿销售额换算精矿销售额。

$$应纳税额＝精矿销售额×适用税率$$

或

$$应纳税额＝原矿销售额×换算比(或折算率)×适用税率$$

(二)实行从量定额征收的资源税计算公式

$$应纳税额＝课税数量×单位税额$$

水资源税实行从量计征：

$$应纳税额＝取水口所在地税额标准×实际取用水量$$

【例8-1】某油田开采原油80万吨，2024年销售原油70万吨，非生产性自用5万吨，另有2万吨原油用于采油过程中的加热和修理油井，3万吨待售。已知该油田每吨原油不含税售价为5 000元，适用的资源税税率为6%。

解析：开采原油销售和非生产性自用的原油都应缴纳资源税，开采原油过程中用于加热或修井的原油免征资源税。

该油田当年应纳的资源税税额＝(70+5)×5 000×6%＝22 500(万元)

三、会计处理

(一)科目设置

依据财会〔2016〕22号文件的规定：全面试行营业税改征增值税后，"营业税金及附加"科目名称调整为"税金及附加"科目，该科目核算企业经营活动发生的消费税、城市维护建设税、资源税、教育费附加及房产税、土地使用税、车船使用税、印花税等相关税费；利润表中的"营业税金及附加"项目调整为"税金及附加"项目。

按照现行规定，企业在缴纳资源税时，应设置"应交税费——应交资源税"科目核算。该科目贷方发生额，表示企业应缴纳的资源税税额；借方发生额，表示企业已经缴纳或允许抵扣的资源税税额；期末余额在贷方，表示企业应缴而未缴的资源税税额。

(二)会计处理

资源税的账务区分不同的情况进行处理。

1. 企业销售应税产品的会计处理

月底，企业对外销售应税产品按规定应缴纳的资源税，借记"税金及附加"科目，贷记"应交税费——应交资源税"科目；实际缴纳资源税税款时，借记"应交税费——应交资源税"科目，贷记"银行存款"科目。

【例8-2】某煤矿开采企业为增值税一般纳税人，2024年12月销售原煤30万吨，开具增值税专用发票，发票上注明金额9 000万元，另领用原煤5万吨用于企业冬季取暖，该企业同类原煤最高售价为400元/吨(不含增值税)，平均售价为310元/吨(不含增值税)，当地规定煤炭资源税税率为10%。

解析： 企业领用的取暖用的原煤要缴纳资源税,煤炭资源税实行从价定率计征。

应纳资源税＝(9 000＋310×5)×10％＝1 055(万元)

该煤矿开采企业应做如下会计处理：

借：税金及附加   10 550 000

　　贷：应交税费——应交资源税   10 550 000

2. 企业自产自用应税产品的会计处理

对企业自产自用应税产品,其缴纳的资源税应计入产品的生产成本,借记"生产成本""制造费用""管理费用"等科目,贷记"应交税费——应交资源税"科目;实际缴纳资源税应纳税款时,借记"应交税费——应交资源税"科目,贷记"银行存款"科目。

3. 企业收购未税矿产品应缴资源税的会计处理

企业收购未税矿产品时应代扣代缴的资源税,计入采购成本。

四、纳税申报

(一) 纳税申报明细

1. 纳税义务发生时间

(1) 纳税人采取分期收款结算方式销售应税产品的,其纳税义务发生时间为销售合同规定的收款日期的当天。

(2) 纳税人采取预收货款结算方式销售应税产品的,其纳税义务发生时间为发出应税产品的当天。

(3) 纳税人采取除分期收款和预收货款以外的其他结算方式销售应税产品,其纳税义务发生时间为收讫销售款或者取得索取销售款凭证的当天。

(4) 纳税人自产自用应税产品的,其纳税义务发生时间为移送使用应税产品的当天。

(5) 扣缴义务人代扣代缴税款的,其纳税义务发生时间为支付首笔货款或首次开具支付货款凭据的当天。

2. 纳税环节

(1) 以自采原矿加工精矿产品的,在原矿移送使用时不缴纳资源税,在精矿销售或自用时缴纳资源税。

(2) 以应税产品投资、分配、抵债、赠与、以物易物等,移送时视同销售计算缴纳资源税。

3. 纳税期限

纳税期限是指纳税人发生应税行为后缴纳税款的期限。

根据《资源税暂行条例》规定,纳税人的纳税期限为1日、3日、5日、10日、15日或者1个月,由主管税务机关根据实际情况具体核定。不能按固定期限计算纳税的,可以按次计算纳税,如不定期开采矿产品的纳税人。

纳税人以1个月为一期纳税的,自期满之日起10日内申报纳税;以1日、3日、5日、10日或者15日为一期纳税的,自期满之日起5日内预缴税款,于次月1日起10日内申报纳税并结清上月税款。

扣缴义务人的解缴税款期限,比照前两款的规定执行。

4. 纳税地点

纳税人应纳的资源税,应当向应税产品的开采或者生产所在地主管税务机关缴纳。纳税人在本省、自治区、直辖市范围内开采或者生产应税产品,其纳税地点需要调整的,由省、自治区、直辖市税务机关决定。

跨省开采资源税应税产品:其下属生产单位与核算单位不在同一省(自治区、直辖市),对其开采的矿产品,一律在开采地或者生产地纳税。

扣缴义务人代扣代缴的资源税,也应当向收购地主管税务机关缴纳。

知识链接:水资源税如何确定纳税地点、义务发生时间?

《河北省地方税务局 河北省水利厅 河北省住房和城乡建设厅关于发布〈河北省水资源税征收管理办法(试行)〉的公告》(河北省地方税务局 河北省水利厅 河北省住房和城乡建设厅公告2016年第3号)规定如下:

1. 水资源税的纳税义务发生时间

水资源税的纳税义务发生时间为纳税人取用水资源的当日。

2. 水资源税纳税期限

水资源税按月或者按季计算征收,由主管税务机关根据实际情况确定。不能按固定期限计算纳税的,可以按次申报纳税。

纳税人以1个月或者1个季度为一个纳税期的,自期满之日起15日内申报纳税。

3. 水资源税纳税地点

水资源税由地方税务机关负责征收。纳税人向其所在地主管税务机关申报缴纳水资源税。按照国务院或其授权部门批准的跨省(区、市)水量分配方案调度的水资源,由调入区域所在地主管税务机关征收水资源税。所在地是指纳税人从事生产、经营、生活所在地。

(二)纳税人申报资料说明

资源税合并到"财产和行为税纳税申报表"中申报。

业务拓展专题——山西煤炭资源税改革

我国于1984年开征资源税,实行超率累进税率。但由于计算复杂、不便操作,1986年改为从量定额征收。1994年税制改革时我国沿用了对煤炭实行定额征收的资源税。由于煤炭资源税收入远不能满足山西扩大煤炭生产、治理由煤炭生产引发的生态环境破坏以及政府提升公共服务能力的需要。因此,经国家批准,1995年山西开征了能源基地建设基金。1996年我国开始公共收费治理整顿。考虑到山西煤炭对国家发展的贡献大,但同时自身环境破坏严重,山西省政府2004年开始研究、2007年正式向国家申请征收煤炭可持续发展基金取代之前的能源基地建设基金并获得批准,弥补了定额资源税收入太低的不足。2014年年底,山西省按要求彻底清理取消了煤炭可持续发展基金等相关涉煤收费,保留征收煤炭资源税,并实行从价计征,将煤炭资源税税率定为8%。2017年,由于煤炭价格同比大幅上涨,煤炭资源税当之无愧成为山西第一大地方税种。

煤炭资源税从价计征运行三年,经历了煤炭价格的下挫后转为高位平稳运行,其改革成效与问题基本显现。

（一）清费减负

在2014年之前，除了资源税，山西省还对煤炭征收名目较多的行政性收费和政府性基金。经过2013年对1 000多座矿井煤炭销售额和税费负担的调查，山西省煤炭企业与改革相关的9项税费实际负担率为14.6%，清理后，从价计征改革涉及的四项税费平移的负担率为9.7%。根据从低从轻征税的原则，统筹考虑煤炭市场低迷及财政和企业的承受能力，山西省确定煤炭资源税的税率为8%。以价格为计税依据，在煤炭价格下降时，税负就低。2015年煤炭价格一路下跌，从价征收的低税收负担帮助山西的众多煤炭企业渡过了难关。与定额征税时期的税费负担相比，同煤集团2015年、2016年分别节约资源税费21.5亿元、15.4亿元。即使在煤炭价格上升的2017年，若按照改革前的税费计算办法，中煤平朔集团有限公司2017年度煤炭销售应缴税费总额为13.58亿元，而按照从价计税后实际缴纳8.38亿元，较改革前减少税费5.2亿元；同期同煤集团较改革前减少税费10.2亿元。可以说，改革后山西省煤炭企业总体资源税费负担有了很大程度的减轻。

（二）效率提升

煤炭资源税从价计征后，征管效率得到很大提高，同时促进了煤炭企业效益提升。从征管角度看，实施从量征收煤炭资源税，税务机关要想核定企业的煤炭产量（或销售数量），有时需要交通运输部门提供数据，有时要通过税务人员亲自下矿测定掘进的状况，并参考矿井的设计图纸进行综合推测，耗时、耗力且准确性差。从价计征后，通过增值税一票管控，征管效率显著提高。从企业层面看，从价计征倒逼企业降低成本。从价计征也避免从量计征时，受价格利益驱动，煤炭生产企业重点选取优质资源开采，以价格优势冲抵定量征收的资源税额，造成资源浪费的现象。另外，新的煤炭资源税优惠明确，程序便利，降低了纳税人的遵从成本，较改革前的煤炭资源税是一大进步。

（三）规范公平

煤炭资源税从价计征改革后，取消了对煤炭企业的多重收费，依据煤炭价格，一律实行8%的资源税比例税率，国家与煤炭企业的分配关系得到规范，企业对经营成果有了准确的预期。相对于定额税率，从价计征的资源税与煤炭的市场价格建立了联系。当煤炭资源价格下降时，即低于当期税负平移设计时的价格，企业的税负会降低，如2015年煤炭价格不断下滑，与价格相关的资源税负担就低。当煤炭价格上升时，如2017年煤炭价格逐步回升，企业有了利润空间，吨煤税负上升。但无论煤炭售价高低，企业的负担率都是8%，这与改革的初衷相吻合。另外，从价计征可以一定程度上调节煤炭资源的级差收入。煤炭资源的级差收入部分体现在原煤的品位中。品位不同，其价格就不同。按同一比例税率纳税，资源的品位高，其价格就相应高，吨煤税负就高，相反则低。另外，对采取充填方式开采的煤炭企业以及衰竭期矿山给予资源税减免，也照顾了企业的开采成本。

知识链接

《中华人民共和国资源税法（征求意见稿）》的亮点

2017年11月20日，财政部、国家税务总局公布了《中华人民共和国资源税法（征求意见稿)》(以下简称《征求意见稿》)。《征求意见稿》充分吸收了近些年资源税改革的有效做法和成功经验,同时在立法理念上又有新的突破。与资源税暂行条例和其他规章制度相比,《征求意见稿》在多个方面表现出极其鲜明的亮点。

第一,在征税对象上,明确资源税的征税对象为矿产品和盐,其中矿产品又包括原矿和选矿产品。这是对资源税只能对原矿征税的传统观念的突破和革新,更符合市场经济实际情况,也与国际做法接轨。资源税暂行条例及其实施细则规定,资源税的征税对象是原矿和盐。然而,在现代市场经济中,大多数矿山企业都是采、洗、选一体并主要销售选矿产品,坚持资源税只能对原矿征税的理念造成了资源税在实际征收中的困难,也长期阻碍了资源税从价计征改革的推行。为此,2014年12月1日起推行的煤炭资源税改革创新性地引入精矿折算的办法,在法律允许的框架下突破了不得对精矿收入征税的观念桎梏,进而在2016年7月1日起全面实施资源税从价计征改革时,明确将计税依据由原矿销售额调整为原矿或精矿的销售额。《征求意见稿》在此基础上,把"精矿"进一步修订为"选矿产品",在用词上更加准确。在选矿产品中,不仅包括精矿,也包括洗选出来的伴生矿等产品,如用钒钛磁铁矿原矿进行选矿,得到的矿产品不仅包括铁精矿,还包括伴生的钒产品和钛产品,而且后两者的经济价值要远高于前者。因此,将矿产品的范围界定为原矿和选矿产品,其覆盖范围更为全面、合理,有利于消除税收漏洞。

第二,在税目上,细化资源税税目税率表,涵盖了《中华人民共和国矿产资源法实施细则》中列明的能源矿产、金属矿产、非金属矿产和盐等四大类、146个税目。在资源税暂行条例实施细则和财税〔2016〕53号文件中仅列举了20多种主要矿产品税目,对其他未列举名字的资源品目,则规定由省级人民政府根据实际情况确定具体税目和适用税率。在实际运行中,各地对未列举名字的其他矿产品开征品目和适用税率情况各异,差别很大,造成各地企业苦乐不均。因此,本次《征求意见稿》统一列明了全国开征的税目,有利于维护税法的规范性和严肃性,增进税收公平性。

第三,在地方税收管理权限上,明确了资源税税目税率表中规定的幅度税率,应税产品的具体适用税率,由地方自行确定。相比资源税从价计征改革中采取的"由省级政府在规定的税率幅度内提出具体适用税率建议,报财政部、国家税务总局确定批准"的方式,此次改进既明确划分了中央和地方在税率设定上的权限——中央仅规定税率幅度,而具体适用税率的制定权则完全下放给地方,不再需要中央部门批准;也使税收管理权限下放的方式更加规范、符合法律要求。税率制定权不是直接授予地方人民政府,而是授予地方人民代表大会常务委员会,省级人民政府提出的具体适用税率必须报同级人民代表大会常务委员会决定。

第四,在进一步扩大资源税征收范围的问题上,明确授权国务院可以组织开展水等资源税改革试点,待立法条件成熟后,再通过法律予以规定。这是对党的十八届三中全会提出的"逐步将资源税征收范围扩展到占用各种自然生态空间"的回应,也将使当前正在进行的水资源税改革试点和未来对森林、草原等自然资源试点征收资源税有法可依,更好地体现了税收法定原则。

(资料来源:中国财政科学研究院公共收入研究中心 施文泼)

本章小结

资源税是以部分自然资源为课税对象,对在我国境内(包括领域及管辖海域)开采应税矿产品及生产盐的单位和个人,就其应税产品销售额或销售数量和自用数量为计税依据而征收的一种税。

自1984年开征以来,资源税历经了扩大征收范围、调整计征方式等多项重大改革,特别是自2011年11月启动试点到2016年7月全面实施的资源税从价计征改革,构建了税收与资源价格挂钩的自动调节机制,规范了资源税费关系,理顺了国家与资源开采者的收益分配关系,形成了符合市场经济规律和资源价值规律的资源税制度。

资源税的纳税依据和应纳税额的计算分为两种,即从价定率征收的计税依据(销售额)、从量定额征收的计税依据(销售数量)。

本 章 练 习 题

扫二维码进行查看,下载。

第九章 其他税税法

知识能力目标

1. 了解房产税、契税、车船税、印花税和车辆购置税等的基本知识和基本法律内容;
2. 掌握房产税、契税、车船税、印花税和车辆购置税等的纳税税额的计算与会计处理;
3. 掌握房产税、契税、车船税、印花税和车辆购置税等的征收管理。

案例导入

房产过户的相关税费分析

老王将自己的两室一厅的房子无条件赠送给孙子王新,并且双方签订了"个人无偿赠与不动产登记表"。手续办完后,王新将该套房与小李的四室一厅住房进行交换,并且双方签订了房屋交换合同。甲乙丙丁四位同学针对此案例提出了各自的看法:甲同学认为王新应对老王的房屋赠予计算并缴纳契税;乙同学认为王新和小李交换房屋时,应按照各自的交换房屋的市场价格分别缴契税;丙同学认为老王应对"个人无偿赠与不动产登记表"中产权转移书据税目缴印花税;丁同学认为王新应对"个人无偿赠与不动产登记表"和跟小李签订的房屋交换合同按照产权转移书据税目缴印花税。

思考:哪个观点是错误的?

分析:乙同学的观点是错误的。因为土地使用权交换和房屋交换时如果交换价格不等的,由多付货币、实物、无形资产或者其他经济利益的一方缴纳税款。当交换价格相等时,可以免征契税。

第一节 房产税

房产税作为一种财产税,是以房产为征税对象,按照房产的计税余值或者租金收入为计税依据,向房产所有人或经营人征收的税。

1986年9月15日,国务院发布《中华人民共和国房产税暂行条例》(简称《房产税暂行条例》),并且于当年10月1日起施行。对在中国有房产的外商投资企业、外国企业和外籍人员仍征收城市房地产税。2008年12月31日,国务院第546号令宣布1951年8月8日政务院公布的《城市房地产税暂定条例》自2009年1月1日起废止。自2009年1月1日起,外商投资企业,外国企业和组织以及外籍个人,依照《房产税暂行条例》缴纳房产税。

房产税具有三个方面的特点:第一,房产税的征税对象是房屋,并属于财产税里的个别财产税。所谓个别财产税,是指对纳税人拥有的土地、房屋、资本和其他财产分别课征的税收。第二,房产税的征收范围限于城镇的经营性房屋,对于农村的房屋不征收房产税。房产税一般在城市、县城、建制镇和工矿区等地区征收。第三,区分房屋的经营使用方式,规定征税办法,对于自用的按房产计税余值征税,对于出租房屋按租金收入征税。

一、房产税纳税人

房产税由房屋的产权所有人缴纳。具体包括:

产权属于国家的,其经营管理的单位为纳税人;产权属于集体单位和个人的,集体单位和个人为纳税人。这里的个人指的是个体商户以及其他个人。集体单位包括了各种企业(如私营企业、国有企业、股份制企业和外商投资企业等)和国家机关、军队、事业单位和社会团体等。

产权出典的,承典人为纳税人。产权出典一般是指房屋出典,这里产权出典是指产权所有人将房屋等的产权,在特定时期内典当给其他人使用,从而取得资金的一种融资业务。通常情况下,产权的典价低于房屋的卖价。出典人一般是为了短时间内获得有效的资金,但又保留了房屋的产权赎回权。房屋出典是"房不计租、钱不计息"的互利、有偿法律关系。出典人若想要赎回出典的房屋,必须要在规定的时间内支付还典价和利息。

产权所有人、承典人均不在房产所在地的,房产代管人或者使用人为纳税人。

无租使用其他房产的情况。纳税单位和个人无租使用房产管理部门、免税单位及纳税单位的房产,应由使用人代为缴纳房产税。

外商投资企业、外国企业和组织以及外籍个人,要依照《房产税暂行条例》缴纳房产税。

二、房产税的征税范围

各省、自治区和直辖市人民政府可以确定具体征收房产税的范围。房产税不在农村征税是因为政府为了减轻农民的负担,促进农业的发展。房产税的征收不包括独立于房屋之外的围墙、烟囱、水塔、菜窖、室外游泳池等。房产税征税的范围是城市、县城、建制镇和工矿区等的房屋。具体规定如下:

(1) 城市是国务院批准设立的市;

(2) 县城是县人民政府所在地的地区;

(3) 建制镇是指经省、自治区、直辖市人民政府批准设立的建制镇;

(4) 工矿区是指工商业较为发达,人口比较集中,符合国务院规定的建制镇标准但尚未设立建制镇的大中型工矿企业所在地。开征房产税的工矿区必须得到省、自治区、直辖市人民政府批准。

三、房产税的计税依据、税率及计算

(一) 计税依据

房产税的计税依据有两种:从价计征和从租计征。

1. 从价计征

所谓从价计征,就是按照房产计税价值而征税。我国的《房产税暂行条例》明确规定房产税依照房产的原值一次减除 10%～30% 后的余值计算缴纳,当地省、自治区和直辖市人民政府来确定扣除的比例。具体规定如下:

房产原值是指纳税人按照会计制度规定,在账簿"固定资产"科目中记载的房屋原价。所以,在账簿中记载有房屋原价的,应以房屋原价按规定减除一定比例后的房产余值计征房产税;没有记载房屋原价的,应当参照同类房屋,确定房产原值,按规定计征房产税。

房产原值应包括与房屋不可分割的各种附属设备或一般不单独计算价值的配套设施。主要有:暖气、卫生、通风、照明、煤气等设备;各种管线,如蒸气、压缩空气、石油、给水排水等管道及电力、电讯、电缆导线;电梯、升降机、过道、晒台等。属于房屋附属设备的水管、下水道、暖气管、煤气管等应从最近的探视井或三通管起,计算原值;电灯网、照明线从进线盒联结管起,计算原值。

纳税人对原有房屋进行改建、扩建的,要相应增加房屋的原值。

对于更换房屋附属设备和配套设施的,在将其价值计入房产原值时,应扣减原来相应设备和设施的价值;对于易损坏或常更换零配件的附属设备或配套设施,更新后可不计入房产原值,原零配件的价值也不用扣掉。

2006 年 1 月 1 日起,政府规定凡在房产税征收范围内的具备房屋功能的地下建筑(如房屋的地下室、地下停车场、商场的地下部分等),应当依照相关规定征税。若是工业用途的地下建筑,以建筑物原值的 50%～60% 作为应税房产的原值;若是商业或其他用途的,以建筑物原值的 70%～80% 作为应税房产的原值。

对于以房产投资联营,投资者参与投资利润分红,共担风险的,按房产的计税余值作为计税依据计征房产税。

2. 从租计征

所谓从租计征,就是根据《房产税暂行条例》的规定,房屋出租的,以房产租金收入为房产税的计税依据。房产的租金收入,可以是货币收入,也可以是实物收入,是房屋产权所有人出租房屋使用权所取得的报酬。若是以劳务或其他形式作为报酬抵付房租收入的,应根据当地同类房屋的租金水平,确定租金标准,依率计征。对出租房产,约定免收租金期限的,在免收租金期间由产权所有人按照房产原值缴纳房产税。对于出租地下建筑的,按照出租地上房屋建筑物的有关规定来计算征收房产税。

(二) 税率

目前,我国房产税使用的是比例税率。对于从价计征和从租计征两种计税方法,分别实行两种不同标准的比例税率,具体如表 9-1 所示。

表 9-1 房产税税率表

税 率	适用范围
规定税率 1.2%	从价计征(比如自有房产用于生产经营)
规定税率 12%	从租计征(比如出租非居住的房产取得租金收入)

自 2008 年 3 月 1 日起,国家规定对于个人出租住房,不区分实际用途,按照 4% 的税率征收房产税。

(三) 应纳税额的计算及会计处理

从价计征的公式为：

$$应纳税额 = 应税房产原值 \times (1 - 扣除比例) \times 1.2\%$$

从租计征的公式为：

$$应纳税额 = 租金收入 \times 12\%(或 4\%)$$

企业按照现行的会计规定，房产税的账务处理主要针对两个账户："应交税费——应交房产税"和"税金及附加"来进行核算。税法规定，房产税按年征收，分期缴纳，因此应每期进行会计处理。

【例 9-1】 2024 年 4 月 2 日，大道公司购入价值 1 000 万元的娱乐场所并对其改造。在场所后院增加了价值 100 万元的喷水系统。花 200 万元安装了智能照明和声控设备并且拆去了价值 50 万元的照明装置。最后，公司给该场所增加了价值 300 万元的中央空调。

要求：计算该公司应缴纳的房产税。若公司每月计提并缴纳房产税，写出会计分录。(当地规定房产扣除比例为 20%)

解析：应纳房产税 = $[1\,000 + 100 + 300 + (200 - 50)] \times (1 - 20\%) \times 1.2\% = 14.88$(万元)

每月预提房产税金时做以下相同的会计分录：

借：税金及附加　　　　　　　　　　　　　　　　　　12 400
　　贷：应交税费——应交房产税　　　　　　　　　　　　12 400

缴纳税金时：

借：应交税费——应交房产税　　　　　　　　　　　　12 400
　　贷：银行存款　　　　　　　　　　　　　　　　　　12 400

四、房产税税收优惠

依据《房产税暂行条例》及有关规定，下列房产免征房产税：

(1) 国家机关、人民团体、军队自用的房产。

人民团体，是指经国务院授权的政府部门批准设立或登记备案并由国家拨付行政事业费的各种社会团体。自用的房产，是指这些单位本身的办公用房和公务用房。

(2) 国家财政部门拨付事业经费的单位自用的房产。

事业单位自用的房产，是指这些单位本身的业务用房。

实行差额预算管理的事业单位，虽然有一定的收入，但收入不够本身经费开支的部分，还要由国家财政部门拨付经费补助。因此，实行差额预算管理的事业单位，也属于由国家财政部门拨付事业经费的单位，对其本身自用的房产免征房产税。

由国家财政部门拨付事业经费的单位，其经费来源实行自收自支后，应征收房产税。但为了鼓励事业单位经济自立，由国家财政部门拨付事业经费的单位，1990 年以前经费来源实行自收自支后，从事业单位经费实行自收自支的年度起，免征房产税 3 年。1990 年 1 月 1 日后，对经费来源实行自收自支的事业单位，不再享受 3 年免税照顾，应照章征收房产税。

(3) 宗教寺庙、公园、名胜古迹自用的房产。

宗教寺庙自用的房产，是指举行宗教仪式等的房屋和宗教人员使用的生活用房屋。

公园、名胜古迹自用的房产,是指供公共参观游览的房屋及其管理单位的办公用房屋。公园、名胜古迹中附设的营业单位,如影剧院、饮食部、茶社、照相馆等所使用的房产及出租的房产,应征收房产税。

对国家机关、人民团体、军队、国家财政部门拨付事业经费的单位,以及宗教寺庙、公园、名胜古迹自用的房产免征房产税,主要是考虑到这些单位的经费来源由国家财政部门拨款,本身没有纳税能力。至于这些单位非自用的房产,例如,出租或作营业用的,因为已有收入来源和纳税能力,所以应按照规定征收房产税。

(4) 个人所有非营业用的房产。

对个人所有的非营业用房产给予免税,当时主要是为了照顾我国城镇居民住房的实际状况,鼓励个人改善居住条件,配合城市住房制度的改革。但是,对个人所有的营业用房或出租等非自用的房产,应按照规定征收房产税。

五、房产税纳税申报

所谓房产税纳税申报,就是产权所有人、经营管理单位、承典人、房产代管人或者使用人,应依照税收法律、法规、规章及其他有关规定,在规定的纳税期限内,填报"财产和行为税纳税申报表"。

第二节 契 税

契税是在土地使用权、房屋产权的权属转移过程中,向取得土地使用权、房屋产权的单位和个人征收的一种税种。

我国的契税起源悠久,最早起源于东晋。1950年4月政务院颁布了《契税暂行条例》,随后在1997年7月7日,国务院颁布了《中华人民共和国契税暂行条例》且于当年的10月1日开始执行。2021年9月1日起,《中华人民共和国契税法》(简称《契税法》)施行,1997年7月7日国务院发布的《中华人民共和国契税暂行条例》同时废止。一般来说,契税是一次性征收,属于财产转移税。

一、契税纳税人

契税纳税人指的是凡在我国境内转让土地、房屋权属,承受的单位或个人。这里"承受"指的是以受让、购买、受赠、交换等手段取得土地和房屋权属的行为;单位一般指的是企业单位、事业单位、国家机关、军事单位和社会团体等其他组织,而个人一般指的是个体经营者、中国公民和外籍人员等。

二、契税征税范围

契税的征税对象是土地、房屋权属转移的行为。土地权属转移是指国有土地使用权出让和土地使用权转让,包括土地使用权出售、土地使用权赠与和土地使用权交换,但不包括农村集体土地承包经营权的转移。房屋权属转移是指房屋买卖、房屋赠与、房屋交换。根据《中华人民共和国契税法》规定,征税范围具体包括以下内容:

(1) 土地使用权出让。这里指的是土地使用者向国家交付土地使用权出让费用,国家将国有土地使用权在一定年限内让与土地使用者的行为。

(2) 土地使用权转让,包括出售、赠与和交换。这里要注意的是土地使用权转让不包括农村集体土地承包经营权的转移。

(3) 房屋买卖。房屋所有者将其拥有的房屋出售,有承受人交付货币、实物、无形资产或其他经济利益的行为。有三种特殊情况也视为买卖房屋:第一种是以房产抵债或实物交换房屋,应由产权承受人按照房屋现值缴纳契税。第二种是以房产投资或做股权转让,由产权承受方按照契税税率来缴纳契税。如果是以自有房产作股而投入自己独资的企业的行为,可以免缴契税。第三种是买房拆料或翻建新房,应照章征收契税。

(4) 房屋赠与。房屋赠与是指房屋所有人将房屋免费转让给受赠者。赠与房屋必须是双方自愿而且无产权的纠纷。一般来说,法律要求赠与房屋有契约的书面合同,而且要到房地产管理机关或农村基层政权机关办理登记过户手续,否则赠与行为无效。若房屋赠与的行为有涉外关系,需公证处证明和外事部门认证,否则赠与行为无效。

(5) 房屋互换。房屋互换是指房屋所有人之间互相交换房屋的行为。当房屋价值不等时,按照超出部分由支付差价方缴纳契税。

三、契税的计税依据

契税的计税依据是不动产的价格,不含增值税。由于土地、房屋权属转移方式和定价方法都不同,所以具体计税的依据视不同情况而定。具体规定如下:

(1) 国有土地使用权出让、土地使用权出售、房屋买卖,以成交价格为计税依据。成交价格是指土地、房屋权属转移合同确定的价格,包括承受者应交付的货币、实物、无形资产或者其他经济利益。

(2) 土地使用权赠与、房屋赠与,由征收机关参照土地使用权出售、房屋买卖的市场价格核定。

(3) 土地使用权互换、房屋互换,为所互换的土地使用权、房屋的价格差额。也就是说,交换价格相等时,免征契税;交换价格不等时,由多交付货币、实物、无形资产或者其他经济利益的一方缴纳契税。

(4) 以划拨方式取得土地使用权,经批准改为出让方式重新取得该土地使用权的,计税依据为补缴的土地出让价款。

(5) 为了避免偷、逃税款,税法规定,成交价格明显低于市场价格并且无正当理由的,或者所交换土地使用权、房屋的价格的差额明显不合理并且无正当理由的,征收机关可以参照市场价格核定计税依据。

(6) 房屋附属设施征收契税的依据:① 采取分期付款方式购买房屋附属设施土地使用权、房屋所有权的,应按合同规定的总价款计征契税。② 承受的房屋附属设施权属如为单独计价的,按照当地确定的适用税率征收契税;如与房屋统一计价的,适用与房屋相同的契税税率。

(7) 个人无偿赠与不动产行为(法定继承人除外),应对受赠人全额征收契税。在缴纳契税时,纳税人须提交经税务机关审核并签字盖章的"个人无偿赠与不动产登记表",税务机关(或其他征收机关)应在纳税人的契税完税凭证上加盖"个人无偿赠与"印章,在"个人无偿赠与不动产登记表"中签字并将该表格留存。

四、契税的税率、计算及会计处理

(一) 税率

契税税率采用的是比例税率,幅度一般为 3%～5%。具体的执行税率情况由各省、自治区、直辖市人民政府根据当地的实际情况确定。

(二) 计算

契税的计算公式为:

$$应纳税额 = 计税依据 \times 税率$$

应纳税额需以人民币为货币符号。若转移土地和房屋权属以外汇结算,需按照纳税义务发生之日中国人民银行公布的人民币市场汇率中间价折合成人民币计算。

(三) 会计处理

在缴纳契税的核算中,主要涉及"应交税费——应交契税"账户。

【例 9-2】 2024 年 4 月 2 日,金坷公司出售价值为 1 000 万元的房屋给商旅公司。(假设当地契税为 3%)

要求: 计算该公司契税应纳税额,并做出会计分录。

解析: 商旅公司契税应纳税额 = 1 000 × 3% = 30(万元)

会计分录为:

借:固定资产　　　　　　　　　　　　　　　　　　　300 000
　　贷:应交税费——应交契税　　　　　　　　　　　　300 000

【例 9-3】 承【例 9-2】,商旅公司于 2024 年 4 月 3 日缴纳契税。

要求: 做出会计分录。

解析: 借:应交税费——应交契税　　　　　　　　　　　300 000
　　　　　贷:银行存款　　　　　　　　　　　　　　　300 000

五、契税优惠

有下列情形之一的,免征契税:

(1) 国家机关、事业单位、社会团体、军事单位承受土地、房屋权属用于办公、教学、医疗、科研、军事设施。

享受契税免税优惠的土地、房屋用途具体如下:

① 用于办公的,限于办公室(楼)以及其他直接用于办公的土地、房屋;
② 用于教学的,限于教室(教学楼)以及其他直接用于教学的土地、房屋;
③ 用于医疗的,限于门诊部以及其他直接用于医疗的土地、房屋;
④ 用于科研的,限于科学试验的场所以及其他直接用于科研的土地、房屋;
⑤ 用于军事设施的,限于直接用于《中华人民共和国军事设施保护法》规定的军事设施的土地、房屋。

(2) 非营利性的学校、医疗机构、社会福利机构承受土地、房屋权属用于办公、教学、医疗、科研、养老、救助。

享受契税免税优惠的非营利性的学校、医疗机构、社会福利机构,限于上述三类单位中依法登记为事业单位、社会团体、基金会、社会服务机构等的非营利法人和非营利组织。其中：

① 学校的具体范围为经县级以上人民政府或者其教育行政部门批准成立的大学、中学、小学、幼儿园，实施学历教育的职业教育学校、特殊教育学校、专门学校，以及经省级人民政府或者其人力资源社会保障行政部门批准成立的技工院校；

② 医疗机构的具体范围为经县级以上人民政府卫生健康行政部门批准或者备案设立的医疗机构；

③ 社会福利机构的具体范围为依法登记的养老服务机构、残疾人服务机构、儿童福利机构、救助管理机构、未成年人救助保护机构；

④ 用于养老的，限于直接用于为老年人提供养护、康复、托管等服务的土地、房屋；

⑤ 用于救助的，限于直接为残疾人、未成年人、生活无着落的流浪乞讨人员提供养护、康复、托管等服务的土地、房屋。

（3）承受荒山、荒地、荒滩土地使用权用于农、林、牧、渔业生产。

（4）婚姻关系存续期间夫妻之间变更土地、房屋权属。

（5）法定继承人通过继承承受土地、房屋权属。

（6）依照法律规定应当予以免税的外国驻华使馆、领事馆和国际组织驻华代表机构承受土地、房屋权属。

省、自治区、直辖市可以决定对下列情形免征或减征契税：

（1）因土地、房屋被县级以上人民政府征收、征用，重新承受土地、房屋权属。

（2）因不可抗力灭失住房，重新承受住房权属。

上述免征或者减征契税的具体办法，由省、自治区、直辖市人民政府提出，报同级人民代表大会常务委员会决定，并报全国人民代表大会常务委员会和国务院备案。

六、契税申报

在中华人民共和国境内转移土地、房屋权属，承受的单位和个人，应当自纳税义务发生之日起 10 日内，向土地、房屋所在地税务机关办理纳税申报，填写"财产和行为税纳税申报表"并在契税征收机关核定的期限内缴纳税款。

第三节　土地增值税

土地增值税是指转让国有土地使用权、地上的建筑物及其附着物并取得收入的单位和个人，以转让所取得的收入包括货币收入、实物收入和其他收入减除法定扣除项目金额后的增值额为计税依据向国家缴纳的一种税赋，不包括以继承、赠与方式无偿转让房地产的行为。

一、纳税人、征税对象

土地增值税的纳税人是指转让国有土地使用权及地上建筑物和其他附着物产权，并取得收入的单位和个人。土地增值税的征税对象是转让国有土地使用权、地上的建筑物及其附着物所取得的增值额。增值额为纳税人转让房地产的收入减除"条例"规定的扣除项目金额后的余额。

其中转让房地产的收入包括货币收入、实物收入和其他收入,即与转让房地产有关的经济收益。扣除项目按"条例"及"细则"规定有下列几项:

(1) 取得土地使用权所支付的金额。其包括纳税人为取得土地使用权所支付的地价款和按国家统一规定缴纳的有关费用。具体为:以出让方式取得土地使用权的,为支付的土地出让金;以行政划拨方式取得土地使用权的,为转让土地使用权时按规定补交的出让金;以转让方式得到土地使用权的,为支付的地价款。

(2) 开发土地和新建房及配套设施的成本(简称房地产开发成本)。其包括土地征用及拆迁补偿费、前期工程费、建筑安装工程费、基础设施费、公共设施配套费、开发间接费用。这些成本允许按实际发生额扣除。

(3) 开发土地和新建房及配套设施的费用(简称房地产开发费用)。其包括销售费用、管理费用、财务费用。根据新会计制度规定,与房地产开发有关的费用直接计入当年损益,不按房地产项目进行归集或分摊。为了便于计算操作,"细则"规定,财务费用中的利息支出,凡能够按转让房地产项目计算分摊,并提供金融机构证明的,允许据实扣除,但最高不能超过按商业银行同类同期贷款利率计算的金额,其他房地产开发费用按取得土地使用权所支付的金额及房地产开发成本之和的 5% 以内予以扣除。凡不能提供金融机构证明的,利息不单独扣除,三项费用的扣除按取得土地使用权所支付的金额及房地产开发成本之和的 10% 以内计算扣除。

(4) 旧房及建筑物的评估价格。它是指在转让已使用的房屋及建筑物时,由政府批准设立的房地产评估机构评定的重置成本价乘以成新度折扣率后的价值,并由当地税务机关参考评估机构的评估而确认的价格。

(5) 与转让房地产有关的税金。这是指在转让房地产时缴纳的营业税、城市维护建设税、印花税。因转让房地产缴纳的教育费附加,也可视同税金予以扣除。

(6) 加计扣除。对从事房地产开发的纳税人,可按取得土地使用权所支付的金额与房地产开发成本之和加计 20% 扣除。

二、土地增值税征税范围

(一) 一般规定

(1) 土地增值税只对"转让"国有土地使用权的行为征税,对"出让"国有土地使用权的行为不征税。

(2) 土地增值税既对转让国有土地使用权的行为征税,也对转让地上建筑物及其他附着物产权的行为征税。

(3) 土地增值税只对"有偿转让"的房地产征税,对以"继承、赠与"等方式无偿转让的房地产,不予征税。不予征收土地增值税的行为主要包括两种:

① 房产所有人、土地使用人将房产、土地使用权赠与"直系亲属或者承担直接赡养义务人"。

② 房产所有人、土地使用人通过中国境内非营利的社会团体、国家机关将房屋产权、土地使用权赠与教育、民政和其他社会福利、公益事业。

(二) 特殊规定

(1) 以房地产进行投资联营。

以房地产进行投资联营一方以土地作价入股进行投资或者作为联营条件,免征土地增值税。其中如果投资联营的企业从事房地产开发,或者房地产开发企业以其建造的商品房进行投资联营的就不能暂免征税。

(2) 房地产开发企业将开发的房产转为自用或者用于出租等商业用途,如果产权没有发生转移,不征收土地增值税。

(3) 房地产的互换,由于发生了房产转移,因此属于土地增值税的征税范围。但是,对于个人之间互换自有居住用房的行为,经当地税务机关审核,可免征土地增值税。

(4) 合作建房,对于一方出地,另一方出资金,双方合作建房,建成后按比例分房自用的,暂免征收土地增值税;但建成后转让的,应征收土地增值税。

(5) 房地产的出租,指房产所有者或土地使用者,将房产或土地使用权租赁给承租人使用,由承租人向出租人支付租金的行为。房地产企业虽然取得了收入,但没有发生房产产权、土地使用权的转让,因此,不属于土地增值税的征税范围。

(6) 房地产的抵押,指房产所有者或土地使用者作为债务人或第三人向债权人提供不动产作为清偿债务的担保而不转移权属的法律行为。这种情况下房产的产权、土地使用权在抵押期间并没有发生权属的变更,因此对房地产的抵押,在抵押期间不征收土地增值税。

(7) 企业兼并转让房地产,在企业兼并中,对被兼并企业将房地产转让到兼并企业中的,免征土地增值税。

(8) 房地产的代建行为,是指房地产开发公司代客户进行房地产的开发,开发完成后向客户收取代建收入的行为。对于房地产开发公司而言,虽然取得了收入,但没有发生房地产权属的转移,其收入属于劳务收入性质,故不属于土地增值税的征税范围。

(9) 房地产的重新评估,按照财政部门的规定,国有企业在清产核资时对房地产进行重新评估而产生的评估增值,因其既没有发生房地产权属的转移,房产产权、土地使用权人也未取得收入,所以不属于土地增值税的征税范围。

(10) 改制重组。非公司制企业整体改制为有限责任公司或股份有限公司等情况,对改制前的企业将房地产转移变更到改制后的企业,暂不征收土地增值税,但需满足双方均为非房地产开发企业等条件。

三、土地增值税计税依据、税率以及计算方法

土地增值税以纳税人转让房地产所取得的增值额为计税依据。土地增值额为纳税人转让房地产所取得的收入减去税法规定的扣除项目金额后的余额。计算公式为:

$$土地增值额 = 转让房地产的总收入 - 扣除项目金额$$

扣除项目有:取得土地使用权所支付的金额;开发土地的成本、费用;新建房及配套设施的成本、费用,或者旧房及建筑物的评估价格;与转让房地产有关的税金等。

土地增值税实行四级超额累进税率:

(1) 增值额未超过扣除项目金额50%的部分,税率为30%;

(2) 增值额超过扣除项目金额50%、未超过扣除项目金额100%的部分,税率为40%;

(3) 增值额超过扣除项目金额100%、未超过扣除项目金额200%的部分,税率为50%;

(4) 增值额超过扣除项目金额200%的部分,税率为60%。

纳税人计算土地增值税时,也可用下列简便算法:

计算土地增值税税额,可按增值额乘以适用的税率减去扣除项目金额乘以速算扣除系数的简便方法计算,具体公式如下:

(1) 增值额未超过扣除项目金额 50% 的:

$$土地增值税税额 = 增值额 \times 30\%$$

(2) 增值额超过扣除项目金额 50%,未超过 100% 的:

$$土地增值税税额 = 增值额 \times 40\% - 扣除项目金额 \times 5\%$$

(3) 增值额超过扣除项目金额 100%,未超过 200% 的:

$$土地增值税税额 = 增值额 \times 50\% - 扣除项目金额 \times 15\%$$

(4) 增值额超过扣除项目金额 200% 的:

$$土地增值税税额 = 增值额 \times 60\% - 扣除项目金额 \times 35\%$$

公式中的 5%、15%、35% 为速算扣除系数。

四、土地增值税的会计处理

企业应当在"应交税费"科目下设"应交土地增值税"明细科目,专门用来核算土地增值税的发生和缴纳情况,其贷方反映企业计算出的应交土地增值税,其借方反映企业实际缴纳的土地增值税,余额在贷方反映企业应缴而未缴的土地增值税。

土地增值税作为对企业营业收入所征收的一种税收,一般应当作为营业税金处理,具体可以分为如下三种情况:

(1) 对于专门从事房地产经营的企业,应当直接计入税金及附加科目,如房地产开发企业应当计入"税金及附加"科目,对外经济合作企业应当计入"应交税费"科目,股份制企业应当计入"税金及附加"科目。

(2) 对于非专营房地产开发的企业从事的房地产开发业务应当缴纳的土地增值税,一般应当作为其他业务支出处理,如工业企业、商业企业、农业企业、交通企业、民航企业等企业应当计入"其他业务支出"科目,如果企业不划分主营业务收入和其他业务收入,那么相应的土地增值税也应当作为营业税金的一部分计入"税金及附加"(比如旅游饮食服务企业)。

(3) 对于企业转让其已经作为固定资产等入账的土地使用权、房屋等,其应当缴纳的土地增值税应当计入"固定资产清理"等账户。

【例 9-4】 某房地产开发企业 2024 年 1 月将其开发的一幢写字楼出售,共取得收入 3 800 万元。企业为开发该项目支付土地出让金 600 万元,房地产开发成本为 1 400 万元,专门为开发该项目支付的贷款利息为 120 万元。为转让该项目应当缴纳增值税、城市维护建设税、教育费附加共计 210.9 万元。当地政府规定,企业可以按土地使用权出让费、房地产开发成本之和的 5% 计算扣除其他房地产开发费用。另外,税法规定,从事房地产开发的企业可以按土地出让费和房地产开发成本之和的 20% 加计扣除。

要求:计算其应纳税额并做出会计分录。

解析:扣除项目 = 600 + 1 400 + 120 + 210.9 + (600 + 1 400) × 5% + (600 + 1 400) × 20%
= 600 + 1 400 + 120 + 210.9 + 100 + 400 = 2 830.9(万元)

增值额=3 800-2 830.9=969.1(万元)(3 800万元的收入是含税的,应扣除税金及附加)
增值额占扣除项目比例=969.1÷2 830.9=34.23%
应纳税额=969.1×30%=290.73(万元)
则企业应做如下会计分录:
借:税金及附加　　　　　　　　　　　　　　　　　　　2 907 300
　　贷:应交税费——应交土地增值税　　　　　　　　　　　2 907 300
实际向税务机关缴纳土地增值税时做如下会计分录:
借:应交税费——应交土地增值税　　　　　　　　　　　　2 907 300
　　贷:银行存款　　　　　　　　　　　　　　　　　　　2 907 300

五、土地增值税的征收管理

(一) 征收地点

土地增值税的纳税人应向房地产所在地主管税务机关办理纳税申报,并在税务机关核定的期限内缴纳。"房地产所在地",是指房地产的坐落地。纳税人转让的房地产坐落在两个或两个以上地区的,应按房地产所在地分别申报纳税。

(二) 申报材料

纳税人应自转让房地产合同签订之日起7日内,向房地产所在地的主管税务机关办理纳税申报;纳税人因经常发生转让房地产行为而难以在每次转让后申报的,可按月或在税务机关规定期限内缴纳。申报时应随纳税申报表报送以下资料:

(1) 房屋产权、土地使用权证书。

(2) 土地转让、房产买卖合同。

(3) 与转让房地产有关的资料。包括取得土地使用权所支付的价款凭证、房地产开发成本方面的财务会计资料、房地产开发费用方面的资料、与房地产转让有关的税金的完税凭证,以及其他与房地产有关的资料。

(4) 根据税务机关要求提供房地产评估报告,即当税务机关认定纳税人提供的转让房地产取得的收入或者扣除项目金额不实,不能作为计税依据,必须进行房地产评估时,由纳税人交由政府批准设立的评估机构对房地产所做的评估报告。

(三) 优惠政策

1. 转让普通标准住宅,转让旧房作为改造安置住房、公租房、保障性住房的税收优惠

(1) 纳税人建造普通标准住宅出售,增值额未超过扣除项目金额之和20%(含20%)的,免征土地增值税;增值额超过扣除项目金额之和20%的,应就其全部增值额按规定计税(包括未超过扣除项目金额20%的部分)。

普通标准住宅,是指按所在地一般民用住宅标准建造的居住用住宅。高级公寓、别墅、度假村等不属于普通标准住宅。自2005年6月1日起,享受优惠政策的住房原则上应同时满足以下条件:住宅小区建筑容积率在1.0以上,单套建筑面积在120平方米以下,实际成交价格低于同级别土地上住房平均交易价格1.2倍。各省、自治区、直辖市要根据实际情况,制定本地区享受优惠政策普通住房的具体标准。允许单套建筑面积和价格标准适当浮动,但向上浮动的比例不得超过上述标准的20%。普通标准住宅与其他住宅的具体划分界限由各省、自治区、直辖市人民政府规定。

对纳税人既建普通标准住宅又搞其他房地产开发的,应分别核算增值额;不分别核算增值额或不能准确核算增值额的,其建造的普通标准住宅不适用该免税规定。

(2) 企事业单位、社会团体以及其他组织转让旧房作为改造安置住房房源且增值额未超过扣除项目金额20%的,免征土地增值税。

改造安置住房,是指相关部门和单位与棚户区被征收人签订的房屋征收(拆迁)补偿协议或棚户区改造合同(协议)中明确用于安置被征收人的住房或通过改建、扩建、翻建等方式实施改造的住房。

(3) 对企事业单位、社会团体以及其他组织转让旧房作为公租房房源,且增值额未超过扣除项目金额20%的,免征土地增值税。该项优惠政策执行至2025年12月31日。

享受优惠政策的公租房,是指纳入省、自治区、直辖市、计划单列市人民政府及新疆生产建设兵团批准的公租房发展规划和年度计划,或者市、县人民政府批准建设(筹集),并按照《关于加快发展公共租赁住房的指导意见》(建保〔2010〕87号)和市、县人民政府制定的具体管理办法进行管理的公租房。

(4) 自2023年10月1日起,企事业单位、社会团体以及其他组织转让旧房作为保障性住房房源且增值额未超过扣除项目金额20%的,免征土地增值税。

享受优惠政策的保障性住房项目,按照城市人民政府认定的范围确定。城市人民政府住房城乡建设部门将本地区保障性住房项目、保障性住房经营管理单位等信息及时提供给同级财政、税务部门。

2. 国家征收、收回的房地产的税收优惠

(1) 因国家建设需要依法征收、收回的房地产,免征土地增值税。

因国家建设需要依法征收、收回的房地产,是指因城市实施规划、国家建设的需要而被政府批准征收的房产或收回的土地使用权。

(2) 因城市实施规划、国家建设的需要而搬迁,由纳税人自行转让原房地产的,免征土地增值税。

因"城市实施规划"而搬迁,是指因旧城改造或因企业污染、扰民(指产生过量废气、废水、废渣和噪声,使城市居民生活受到一定危害),而由政府或政府有关主管部门根据已审批通过的城市规划确定进行搬迁的情况;因"国家建设的需要"而搬迁,是指因实施国务院、省级人民政府、国务院有关部委批准的建设项目而进行搬迁的情况。

3. 企业改制重组的税收优惠

为支持企业改制重组,优化市场环境,自2021年1月1日起至2027年12月31日止,实施以下土地增值税政策:

(1) 企业按照《中华人民共和国公司法》有关规定整体改制,包括非公司制企业改制为有限责任公司或股份有限公司,有限责任公司变更为股份有限公司,股份有限公司变更为有限责任公司,对改制前的企业将房地产转移、变更到改制后的企业,暂不征收土地增值税。

整体改制,是指不改变原企业的投资主体,并承继原企业权利、义务的行为。

(2) 按照法律规定或者合同约定,两个或两个以上企业合并为一个企业,且原企业投资主体存续的,对原企业将房地产转移、变更到合并后的企业,暂不征收土地增值税。

(3) 按照法律规定或者合同约定,企业分设为两个或两个以上与原企业投资主体相同的企业,对原企业将房地产转移、变更到分立后的企业,暂不征收土地增值税。

(4)单位、个人在改制重组时以房地产作价入股进行投资,对其将房地产转移、变更到被投资的企业,暂不征收土地增值税。

(5)上述改制重组有关土地增值税政策不适用于房地产转移任意一方为房地产开发企业的情形。

(6)改制重组后再转让房地产并申报缴纳土地增值税时,对"取得土地使用权所支付的金额",按照改制重组前取得该宗国有土地使用权所支付的地价款和按国家统一规定缴纳的有关费用确定;经批准以国有土地使用权作价出资入股的,为作价入股时县级及以上自然资源部门批准的评估价格。按购房发票确定扣除项目金额的,按照改制重组前购房发票所载金额并从购买年度起至本次转让年度止每年加计5%计算扣除项目金额,购买年度是指购房发票所载日期的当年。

(7)纳税人享受上述税收政策,应按相关规定办理。

(8)不改变原企业投资主体、投资主体相同,是指企业改制重组前后出资人不发生变动,出资人的出资比例可以发生变动;投资主体存续,是指原企业出资人必须存在于改制重组后的企业,出资人的出资比例可以发生变动。

4. 其他税收优惠

对个人销售住房暂免征收土地增值税。

第四节 城镇土地使用税

城镇土地使用税是指国家在城市、县城、建制镇、工矿区范围内,对使用土地的单位和个人,以其实际占用的土地面积为计税依据,按照规定的税额计算征收的一种税。开征城镇土地使用税,有利于通过经济手段,加强对土地的管理,变土地的无偿使用为有偿使用,促进合理、节约使用土地,提高土地使用效益;有利于适当调节不同地区、不同地段之间的土地级差收入,促进企业加强经济核算,理顺国家与土地使用者之间的分配关系。

一、城镇土地使用税纳税人

(1)拥有土地使用权的单位和个人是纳税人。

(2)拥有土地使用权的单位和个人不在土地所在地的,其土地的实际使用人和代管人为纳税人。

(3)土地使用权未确定的或权属纠纷未解决的,其实际使用人为纳税人。

(4)土地使用权共有的,共有各方都是纳税人,由共有各方分别纳税。例如,几个单位共有一块土地使用权,一方占60%,另两方各占20%,如果算出的税额为100万元,则分别按60万元、20万元、20万元的数额负担土地使用税。

二、城镇土地使用税征税范围

城镇土地使用税的征税范围为城市、县城、建制镇和工矿区的国家所有、集体所有的土地。从2007年7月1日起,外商投资企业、外国企业和在华机构的用地也要征收城镇土地使用税。

三、城镇土地使用税计税依据

城镇土地使用税以实际占用的土地面积为计税依据。

（1）凡有由省、自治区、直辖市人民政府确定的单位组织测定土地面积的，以测定的面积为准。

（2）尚未组织测量，但纳税人持有政府部门核发的土地使用证书的，以证书确认的土地面积为准。

（3）尚未核发出土地使用证书的，应由纳税人申报土地面积，据以纳税，待核发土地使用证书以后再作调整。

注意：税务机关不能核定纳税人实际使用的土地面积。

四、城镇土地使用税税率、应纳税额的计算及会计处理

（一）税率

城镇土地使用税适用地区幅度差别定额税率。

城镇土地使用税采用定额税率，即采用有幅度的差别税额。按大、中、小城市和县城、建制镇、工矿区分别规定每平方米城镇土地使用税年应纳税额。城镇土地使用税每平方米年应纳税额标准具体规定如下：

（1）大城市为 1.5～30 元；

（2）中等城市为 1.2～24 元；

（3）小城市为 0.9～18 元；

（4）县城、建制镇、工矿区为 0.6～12 元。

（二）应纳税额的计算

$$应纳税额 = 实际占用的土地面积 \times 适用税额$$

（三）会计处理

企业按规定计算出应缴纳的城镇土地使用税时，借记"管理费用——城镇土地使用税"科目，贷记"应交税费——应交城镇土地使用税"科目。在实际缴纳的时候，借记"应交税费——应交城镇土地使用税"科目，贷记"银行存款或库存现金"科目。

五、城镇土地使用税征收管理

城镇土地使用税纳税义务发生时间的规定如下：

（1）经批准开山填海整治的土地和改造的废弃土地，从使用的月份起免缴城镇土地使用税 5 年至 10 年。

（2）纳税人新征用的耕地，自批准征用之日起满一年时开始缴纳城镇土地使用税，其余都是从次月起缴纳，如出租、出借房产，自交付出租、出借房产之次月起计征城镇土地使用税；购置新建商品房，自房屋交付使用之次月起计征城镇土地使用税；购置存量房，自办理房屋权属转移、变更登记手续，房地产权属登记机关签发房屋权属证书之次月起计征城镇土地使用税。

六、城镇土地使用税减免政策

下列土地由省、自治区、直辖市地方税务局确定减免土地使用税：

（1）个人所有的居住房屋及院落用地。

(2) 免税单位职工家属的宿舍用地。
(3) 民政部门举办的安置残疾人占一定比例的福利工厂用地。
(4) 集体和个人办的各类学校、医院、托儿所、幼儿园用地。
(5) 房地产开发公司建造商品房的用地,原则上应按规定计征城镇土地使用税。

第五节 耕地占用税

耕地占用税是对占用耕地建房或从事其他非农业建设的单位和个人征收的税。采用定额税率,其标准取决于人均占有耕地的数量和经济发展程度。目的是合理利用土地资源,加强土地管理,保护农用耕地。

一、耕地占用税纳税人

负有缴纳耕地占用税义务的单位和个人,包括在境内占用耕地建房或者从事其他非农业建设的单位和个人。具体可分为三类:① 企业、行政单位、事业单位;② 乡镇集体企业、事业单位;③ 农村居民和其他公民。

二、耕地占用税征税范围

耕地占用税的征税范围包括纳税人为建房或从事其他非农业建设而占用的国家所有和集体所有的耕地。

所谓"耕地"是指种植农业作物的土地,包括菜地、园地。其中,园地包括花圃、苗圃、茶园、果园、桑园和其他种植经济林木的土地。

占用鱼塘及其他农用土地建房或从事其他非农业建设,也视同占用耕地,必须依法征收耕地占用税。占用已开发从事种植、养殖的滩涂、草场、水面和林地等从事非农业建设,由省、自治区、直辖市本着有利于保护土地资源和生态平衡的原则,结合具体情况确定是否征收耕地占用税。

此外,在占用之前三年内属于上述范围的耕地或农用土地,也视为占用耕地。

三、耕地占用税计税依据

耕地占用税以纳税人占用耕地的面积为计税依据,以平方米为计量单位。

(一) 税率

由于在中国的不同地区之间人口和耕地资源的分布极不均衡,有些地区人烟稠密,耕地资源相对匮乏;而有些地区则人烟稀少,耕地资源比较丰富。各地区之间的经济发展水平也有很大差异。考虑到不同地区之间客观条件的差别以及与此相关的税收调节力度和纳税人负担能力方面的差别,耕地占用税在税率设计上采用了地区差别定额税率。税率规定如下:
(1) 人均耕地不超过 1 亩的地区(以县级行政区域为单位,下同),每平方米为 10~50 元;
(2) 人均耕地超过 1 亩但不超过 2 亩的地区,每平方米为 8~40 元;
(3) 人均耕地超过 2 亩但不超过 3 亩的地区,每平方米为 6~30 元;
(4) 人均耕地超过 3 亩以上的地区,每平方米为 5~25 元。
经济特区、经济技术开发区和经济发达、人均耕地特别少的地区,适用税额可以适当提高,但最多不得超过上述规定税额的50%(见表9-2)。

表9-2 各省、自治区、直辖市耕地占用税平均税额

地 区	每平方米平均税额(单位:元)
上海	45
北京	40
天津	35
江苏、浙江、福建及广东	30
辽宁、湖北、湖南	25
河北、安徽、江西、山东、河南、重庆、四川	22.5
广西、海南、贵州、云南、陕西	20
山西、吉林、黑龙江	17.5
内蒙古、西藏、甘肃、青海、宁夏、新疆	12.5

(二)应纳税额的计算

耕地占用税以纳税人实际占用的耕地面积为计税依据,以每平方米土地为计税单位,按适用的定额税率计税。其计算公式为:

应纳税额＝实际占用耕地面积(平方米)×适用定额税率

(三)会计处理

企业征用耕地获得批准后,按规定缴清耕地占用税,应借记"在建工程"科目,贷记"银行存款"科目。如果因结算差错等,需要补缴耕地占用税,分别以下两种情况进行会计处理:

(1)工程未完工或已经完工尚未投入生产经营的,应借记"在建工程"科目,贷记"银行存款"科目。

(2)工程已经完工并投入生产经营的,应借记"在建工程"科目,贷记"银行存款"科目。同时,由于工程完工并投入生产经营,在建工程成本已形成固定资产价值,因此,还应转入"固定资产"科目,借记"固定资产"科目,贷记"在建工程"科目。

四、耕地占用税征收管理

耕地占用税由地方税务机关负责征收。土地管理部门在通知单位或者个人办理占用耕地手续时,应当同时通知耕地所在地同级地方税务机关。

国家对一些特殊行业占地、农村居民建房用地应缴纳的耕地占用税给予减征照顾,具体包括:

(1)农村革命烈士家属、革命残废军人、鳏寡孤独以及革命老根据地、少数民族聚居地和边远贫困山区生活困难的农户,在规定的用地标准内,新建住房纳税确有困难的,可在减半征收的基础上,进一步给予减免照顾。减免税额,一般应控制在农村居民新建住宅用地计征税额总额的10%以内;少数省、自治区贫困地区较多的,减免比例最高不得超过15%。

(2)对民政部门所办的福利工厂,确属安置残疾人就业的,可按残疾人占工厂人员的比例,酌情给予减税照顾。

(3)国家在"老、少、边、穷"地区采取以公代赈办法修筑公路,缴税确有困难的,由省、自治

区审查核定,提出具体意见报经财政部批准后,可酌情给予减税照顾。

(4) 农村居民在规定的用地标准内新建住房,按规定税额减半征税。

(5) 对于公路建设耕地占用税,可在国务院规定的适用税额范围内,按低限税额征收。1990 年,财政部统一了公路建设耕地占用税税额标准,原核定的平均税额在每平方米 5 元以上的,按每平方米 2 元计征;平均税额每平方米不足 5 元的,按每平方米 1.5 元计征。

五、耕地占用税减免审批

耕地占用税的减免,必须按有关规定严格审批,不得越权审批。为严格执行减免政策,从严控制减免范围,财政部于 2019 年 8 月 30 日发布《国家税务总局关于耕地占用税征收管理有关事项的公告》,规定了耕地占用税减免优惠实行"自行判别、申报享受、有关资料留存备查"的办理方式。同时,还应按以下审批权限进行:

(1) 占用耕地 1 000 亩以上的,报财政部批准,并报省、自治区、直辖市人民政府备案。

(2) 占用耕地 30 亩以上、不足 1 000 亩的,报省、自治区、直辖市人民政府批准,并报财政部备案。

(3) 占用耕地 3 亩以上、不足 30 亩的,报地、市、自治州人民政府批准,并报省、自治区财政厅备案。

(4) 占用耕地不足 3 亩的,报县(市)人民政府审批,并报上一级财政局备案。

(5) 计划单列市耕地占用税减免审批权限,按照同级土地管理部门占用耕地的审批权限确定,由计划单列市财政局审核后,报同级人民政府批准,并报财政部备案。

第六节 车船税

车船税,是按照《中华人民共和国车船税法》,向中华人民共和国境内的车辆和船舶的所有人或者是管理人所缴纳的一种税种。换句话说,车船税是以车船为征税对象,向拥有车船的单位和个人按照规定的税额标准计算征收的财产税。

1986 年 9 月 15 日,国务院发布了《中华人民共和国车船使用税暂行条例》,并于当年 10 月 1 日在全国范围内执行。随后在 2007 年 1 月,针对涉外企业和外籍个人车船的《车船税暂行条例》开始实行。2011 年 2 月 25 日,第十一届全国人大常委会第十九次会议通过《中华人民共和国车船税法》。在 2011 年 12 月 5 日国务院正式发布《中华人民共和国车船税法实施条例》(简称《实施条例》),并于 2012 年 1 月 1 日执行。

一、车船税纳税人

在我国境内的车辆和船舶的所有人或管理人就是纳税人,纳税人应按照《中华人民共和国车船税法》缴纳车船税。这里的"所有人"指的是在我国境内拥有车船的单位和个人;"管理人"指的是对车船具有管理权或使用权的人或单位。其中,"个人"包括个体工商户及其他个人,"单位"包括我国境内的行政机关、企业、事业单位、社会团体等组织。

二、车船税征税范围

车船税征税的范围是指依法在中华人民共和国车船管理部门登记的车辆和船舶。车辆,包括机动车辆和非机动车辆。机动车辆,指依靠燃油、电力等能源作为动力运行的车辆,如汽车、拖拉机、无轨电车等;非机动车辆,指依靠人力、畜力运行的车辆,如三轮车、自行车、畜力驾驶车等。船舶,包括机动船舶和非机动船舶。机动船舶,指依靠燃料等能源作为动力运行的船舶,如客轮、货船、气垫船等;非机动船舶,指依靠人力或者其他力量运行的船舶,如木船、帆船、舢板等。

三、车船税计税依据

在我国,车船税实行分类定额征税,不同的车辆有不同的计税依据,具体如下:

（1）按辆计征。比如乘用车、客车、摩托车等。

（2）按照自重吨位计征。自重指的是机动车整车的质量。按自重吨位计征的有货车、挂车、专用作业车和轮式专用机械车等。

（3）按净吨位计征。比如机动船舶等。

（4）按艇身长度计征。游艇一般按照艇身长度来计征,计征单位为米。

四、车船税税率、应纳税额的计算及会计处理

（一）税率

车船税实行定额税率（固定税率）。车辆的具体适用税率由各省、自治区、直辖市人民政府依照《车船税税目税额表》所规定的税率幅度和国务院的规定确定,而船舶的具体适用税率由国务院在《车船税税目税额表》规定的税率幅度内确定。

（1）乘用车应依排气量从小到大递增税额,车船税采用定额税率,具体情况如表9-3所示。

表9-3 车船税税目税额表

税 目		计税单位	年基准税额	备 注
乘用车[按发动机汽缸容量（排气量）分档]	1.0升（含）以下的	每辆	60元至360元	核定载客人数9人（含）以下
	1.0升以上至1.6升（含）的		300元至540元	
	1.6升至2.0升（含）的		360元至660元	
	2.0升至2.5升（含）的		660元至1 200元	
	2.5升至3.0升（含）的		1 200元至2 400元	
	3.0升至4.0升（含）的		2 400元至3 600元	
	4.0升以上的		3 600元至5 400元	
商用车	客车	每辆	480元至1 440元	核定载客人数9人以上,包括电车
	货车	整备质量每吨	16元至120元	包括半挂牵引车、三轮汽车和低速载货汽车等

续　表

税　目		计税单位	年基准税额	备　注
挂车		整备质量每吨	按照货车税额的50％计算	
其他车辆	专用作业车	整备质量每吨	16元至120元	不包括拖拉机
	轮式专用机械车	整备质量每吨	16元至120元	
摩托车		每辆	36元至180元	
船舶	机动船舶	净吨位每吨	3元至6元	拖船、非机动驳船分别按机动船舶税额的50％计算
	游艇	艇身长度每米	600元至2 000元	

（2）机动船舶具体适用税额为：净吨位不超过200吨的，每吨3元；净吨位超过200吨但不超过2 000吨的，每吨4元；净吨位超过2 000吨但不超过10 000吨的，每吨5元；净吨位超过10 000吨的，每吨6元。拖船按照发动机功率每千瓦折合净吨位0.67吨计算征收车船税。

（3）游艇具体适用税额为：艇身长度不超过10米的，每米600元；艇身长度超过10米但不超过18米的，每米900元；艇身长度超过18米但不超过30米的，每米1 300元；艇身长度超过30米的，每米2 000元；辅助动力帆艇，每米600元。

（4）摩托车，每辆36至180元；其他车辆（专用作业车或轮式专用机械车等）整备质量每吨为16元至120元；挂车按相同整备质量的货车税额的50％计算应纳税额。

（二）应纳税额的计算

（1）2018年车船税新标准计算办法如下：

① 对车辆净吨位尾数在半吨以下的按半吨计算，超过半吨的按1吨计算；

② 从事运输业务的拖拉机所挂的拖车，均按载重汽车的净吨位的5折计征车船使用税；

③ 机动车挂车，按照货车税额的50％计算；

④ 客货两用汽车，载人部分按乘人汽车税额减半征税，载货部分按机动载货汽车税额征税；

⑤ 船舶不论净吨位或载重吨位，其尾数在半吨以下的不计算，超过半吨的按1吨计算；

⑥ 不及1吨的小型船只，一律按1吨计算；

⑦ 拖轮计算标准可按每马力折合净吨位的5折计算；

⑧ 拖船、非机动驳船分别按照机动船舶税额的50％计算。

（2）乘用车、客车和摩托车应纳税额＝车辆数×适用单位税率。

（3）船舶应纳税额＝船舶的净吨位数量×单位税额。

（4）货车、其他车辆应纳税额＝整备质量吨位数×应用单位税额。

（5）挂车应纳税额＝整备质量吨位数×应用单位税额×50％。

（6）游艇应纳税额＝艇身长度×使用单位税额。

（三）会计处理

车船税的会计处理主要涉及"应交税费——应交车船税"账户。纳税人按规定缴纳的车船税,应放入"税金及附加"这个账户里。

当纳税人预提税金时,会计分录如下:

借:税金及附加 ×××
　　贷:应交税费——应交车船税 ×××

当纳税人缴纳车船税时,会计分录如下:

借:应交税费——应交车船税 ×××
　　贷:银行存款 ×××

五、车船税减免

(一)车船税法定减免车辆

(1)捕捞、养殖渔船,是指在渔业船舶管理部门登记为捕捞船或者养殖船的船舶。

(2)军队、武装警察部队专用的车船,是指按照规定在军队、武装警察部队车船管理部门登记,并领取军队、武警牌照的车船。

(3)警用车船,是指公安机关、国家安全机关、监狱、劳动教养管理机关和人民法院、人民检察院领取警用牌照的车辆和执行警务的专用船舶。

(4)依照法律规定应当予以免税的外国驻华使领馆、国际组织驻华代表机构及其有关人员的车船。

(5)对节约能源、使用新能源的车船可以减征或者免征车船税;对受严重自然灾害影响纳税困难以及有其他特殊原因确需减税、免税的,可以减征或者免征车船税。节约能源、使用新能源的车辆包括纯电动汽车、燃料电池汽车和混合动力汽车。纯电动汽车、燃料电池汽车和插电式混合动力汽车免征车船税,其他混合动力汽车按照同类车辆适用税额减半征税。

(6)省、自治区、直辖市人民政府根据当地实际情况,可以对公共交通车船,农村居民拥有并主要在农村地区使用的摩托车、三轮汽车和低速载货汽车定期减征或者免征车船税。

(二)车船税特定减免车辆

(1)经批准临时入境的外国车船和香港特别行政区、澳门特别行政区、台湾地区的车船,不征收车船税;

(2)按照规定缴纳船舶吨税的机动船舶,自车船税法实施之日起5年内免征车船税;

(3)依法不需要在车船登记管理部门登记的机场、港口、铁路站场内部行驶或者作业的车船,自车船税法实施之日起5年内免征车船税。

六、车船税申报

车船税按年申报(公历1月1日起至12月31日),按月计算,一次性缴纳。具体的申报纳税期限由各省、自治区、直辖市人民政府规定。属于《中华人民共和国车船税法》所附《车船税税目税额表》规定的车辆、船舶的所有人或者管理人,依照税收法律法规及相关规定确定的申报期限、申报内容,就其应税项目向税务机关申报缴纳车船税。

车船税纳税义务时间为取得车船所有权或者管理权的当月,以购买车船的发票或者其他证明文件所载日期为准。纳税地点为车船的登记地或者是车船税扣缴义务人的所在地。依法不需要办理等级的车船,车船税的纳税地点为车船的所有人或者管理人的所在地。扣缴义务人代收代缴车船税的,纳税地点为扣缴义务人的所在地。

第七节 车辆购置税

车辆购置税,是指对我国境内购置应税车辆的单位和个人所征收的一种税。车辆购置税是由车辆购置附加费演变过来的。《中华人民共和国车辆购置税暂行条例》于2001年1月1日起施行;2014年11月,国家税务总局修改了《车辆购置税征收管理办法》,并于2015年2月1日开始实施;2017年8月7日,财政部公布了《中华人民共和国车辆购置税法(征求意见稿)》;2018年12月29日,通过了《中华人民共和国车辆购置税法》,于2019年7月1日起施行,同时废止了《中华人民共和国车辆购置税暂行条例》。

一、车辆购置税纳税人

根据《中华人民共和国车辆购置税法》规定,在中华人民共和国境内购置规定的车辆(简称应税车辆)(包括汽车、有轨电车、汽车挂车、排气量超过一百五十毫升的摩托车)的单位和个人,为车辆购置税的纳税人。这里的单位包括国有企业、集体企业、私营企业、股份制企业、外商投资企业、外国企业以及其他企业和事业单位、社会团体、国家机关、部队以及其他单位;所称个人,包括个体工商户以及其他个人。

二、车辆购置税征税范围

车辆购置税的征收范围比较单一,是以购置的特定车辆为课税的对象。所谓的购置,包括购买、进口、自产、受赠、获奖或者以其他方式取得并自用应税车辆的行为。车辆购置税的征收范围包括汽车、摩托车、电车、挂车、农用运输车,具体如下:

(1) 汽车,包含了各类汽车。

(2) 摩托车,包括三种摩托车:轻便摩托车(最高设计车速不大于50千米/小时,发动机气缸总排量不大于50的两个或三个车轮的机动车)、二轮摩托车(最高设计车速大于50千米/小时,或发动机气缸总排量大于50的两个车轮的机动车)和三轮摩托车(最高设计车速大于50千米/小时,发动机气缸总排量大于50,空车质量不大于400千克的三个车轮的机动车)。

(3) 电车,包括两种电车:无轨电车(以电能为动力,由专用输电电缆供电的轮式公共车辆)和有轨电车(以电能为动力,在轨道上行驶的公共车辆)。

(4) 挂车,包括两种挂车:全挂车(无动力设备,独立承载,由牵引车辆牵引行驶的车辆)和半挂车(无动力设备,与牵引车共同承载,由牵引车辆牵引行驶的车辆)。

(5) 农用运输车,包括两种运输车:三轮农用运输车(柴油发动机,功率不大于7.4千瓦,载重量不大于500千克,最高车速不大于40千米/小时的三个车轮的机动车)和四轮农用运输车(柴油发动机,功率不大于28千瓦,载重量不大于1 500千克,最高车速不大于50千米/小时的四个车轮的机动车)。

三、车辆购置税税率及计税依据

(一) 税率

我国车辆购置税实行统一比例税率,税率为10%。车辆购置税税率的调整,由国务院决定并公布。特定车辆,比如依照法律规定应当予以免税的外国驻华使馆、领事馆和国际组织驻华机构及其有关人员自用的车辆免征车辆购置税。

(二) 计税依据

根据应税车辆购置的来源不同,我国的车辆购置税的计税价格组成也不相同。具体的计税依据如下:

(1) 购买自用的应税车辆的计税价格,为纳税人购买应税车辆而支付给销售者的全部价款和价外费用,不包括增值税税款。此时计税依据包括价外收入(如基金、手续费、保管费、装饰费、工具件费等),但是不包括代办保险费、代收牌照费、代收购置税。使用委托方票据收取,受托方只履行代收义务的款项,一般不应并入计税价格计税。一般情况下计算公式为:

$$计税价格=含增值税的销售发票价格\div(1+13\%)$$

(2) 进口自用:以组成计税价格为计税依据。进口自用的应税车辆是指纳税人直接从境外进口或委托代理进口自用的应税车辆。进口自用的应税车辆的计税依据应根据纳税人所提供的,并且由海关审查无误的有关完税证明资料来确定。计算公式为:

$$计税价格=关税完税价格+关税+消费税$$

(3) 其他自用:比如自产、受赠、获奖和以其他方式取得并自用的,以国家税务总局核定的最低计税价格为依据。未核定最低计税价格的,需以纳税人提供的有效价格证明注明的价格为依据。有效价格证明注明的价格明显偏低的,税务机关有权进行核定。

(4) 下列按有效价格证明上注明的价格或税务机关核定的价格为计税依据:进口旧车;不可抗力因素导致受损的车辆;库存超过3年的车辆;行驶80 000千米以上的试验车辆;国家税务总局规定的其他车辆。

(5) 最低计税价格作为计税依据的确定:国家规定,纳税人购买自用或者进口自用应税车辆,申报的计税价格低于同类型应税车辆的最低计税价格,又无正当理由的,按照最低计税价格征收车辆购置税。

应税车辆的最低计税价格规定有三种特殊情形,具体为:① 对已缴纳并办理了登记注册手续的车辆,其底盘和发动机同时发生更换,其最低计税价格按同类型新车最低计税价格的70%计算;② 非贸易渠道进口车辆的最低计税价格,为同类型新车最低计税价格;③ 免税、减税条件消失的车辆,其最低计税价格的确定方法为最低计税价格=同类型新车最低计税价格$\times[1-(已使用年限\div规定使用年限)]\times100\%$(其中,规定使用年限:国产车辆按10年计算,进口车辆按15年计算;如果未满1年,为免税车辆的原计税价格;每满1年扣减10%,依据为免税车辆的原计税价格;如果超过使用年限,不再征收车辆购置税。即满10年的,计税价格为0)。

四、车辆购置税应纳税额的计算及会计处理

(一) 应纳税额的计算

车辆购置税实行从价定率的办法计算应纳税额,计算公式为:

$$应纳税额=计税价格\times税率$$

(1) 购买自用应税车辆应纳税额的计算:

应注意表 9-4 所示费用的计税规定。

表 9-4 费用的计税规定

计税价格的项目	计税价格的项目不包含
● 购买者随购买车辆支付的工具件和零部件价款 ● 支付的车辆装饰费 ● 销售单位开展优质销售活动所开票收取的有关费用 （各项费用在一张发票上难以划分）	● 支付的控购费（政府部门的行政性收费） ● 销售单位开给购买者的各种发票金额中包含的增值税税款

(2) 进口自用应税车辆应纳税额的计算，计算公式为：

$$应纳税额=(关税完税价格+关税+消费税)\times 税率$$

(3) 其他自用应税车辆应纳税额的计算，计算公式为：

$$应纳税额=最低计税价格\times 税率$$

(4) 特殊情形自用应税车辆应纳税额的计算。特殊情形分为两种。

第一种为免税、减税条件消失的车辆：

$$应纳税额=同类型新车最低计税价格\times[1-(已使用年限\div 规定使用年限)]\times 100\%\times 税率$$

第二种为未按规定纳税：

$$车辆应补税额=最低计税价格\times 税率$$

(二) 会计处理

购买车辆缴纳的车辆购置税，应当计入固定资产成本。一般情况下，应纳税额直接代扣代缴。在购买时，会计分录如下：

借：固定资产　　　　　　　　　　　　　　　　　　　　　　　×××
　　贷：银行存款　　　　　　　　　　　　　　　　　　　　　　×××

【例 9-5】 高效公司于 2024 年 3 月 1 日给销售部门购买了一辆 1.6 升排量的汽车，价格为 10 万元（包含增值税）。

要求：计算该公司的车辆购置税纳税金额并写出会计分录。

解析：应纳税额 = 100 000 ÷ (1 + 13%) × 10% = 8 849.56(元)

会计分录为：

借：固定资产　　　　　　　　　　　　　　　　　　　　　　　8 849.56
　　贷：银行存款　　　　　　　　　　　　　　　　　　　　　8 849.56

五、车辆购置税的申报

(一) 申报期限和地点

纳税人购买自用应税车辆的，应当自购买之日起 60 天以内申报；进口自用应税车辆的，应当自进口之日起 60 天以内申报纳税；自产、受赠、获奖和以其他方式取得并自用应税车辆的，应当自取得之日起 60 天以内申报纳税。

申报地点一般为车辆登记注册地的主管税务机关。

（二）纳税申报表

车辆购置税实行一车一申报的制度，纳税人申报时应如实填写纳税申报表，同时需要提供车主身份证明、车辆价格证明、车辆合格证明和税务机关要求提供的其他数据的原件和复印件，经车购办审核后，由税务机关保存有关复印件。"车辆购置税纳税申报表"由车辆购置税纳税人（或代理申报人）在办理纳税申报时填写，具体内容如表9-5所示。

表9-5 车辆购置税纳税申报表

填表日期：　年　月　日　　　　　　　　　　　　　　　　　　　　　金额单位：元

纳税人名称				证件名称		
				证件号码		
行业代码				注册类型代码		
联系电话				地　　址		
车辆类别代码		生产企业名称				
合格证编号（或货物进口证明书号）				厂牌型号		
车辆识别代号（车架号）				发动机号		
座位		吨位			排量(cc)	
机动车销售统一发票	代码		机动车销售统一发票价格		价外费用合计	
	号码					
其他有效凭证名称		其他有效凭证号码		其他有效凭证价格		
进口自用车辆纳税人填写右侧项目		海关进口关税专用缴款书（或进出口货物征免税证明）号码				
		关税完税价格		关税	消费税	
购置日期				申报计税价格		
委托代办授权声明				申报人声明		
为办理车辆购置税涉税事宜，现授权（　　）为代理申报人，提供的凭证、资料是真实、可靠、完整的。任何与本申报表有关的往来文件，都可交予此人。授权人（签名或盖章）：				此纳税申报表是根据《中华人民共和国车辆购置税法》的规定填报的，提供的凭证、资料是真实、可靠、完整的。声明人（签名或盖章）：		
如属委托代办的，应填写以下内容				代理人（签名或盖章）		
代理人名称						
经办人姓名						
经办人证件名称						
经办人证件号码						

续 表

核定计税价格	税率	应纳税额	免(减)税额	实纳税额	滞纳金金额
	10%				
接收人： 接收日期： 年 月 日			主管税务机关(章)：		
备注：车辆类别代码为：1.汽车；2.摩托车；3.电车；4.挂车；5.农用运输车。					

知识链接：车船税和车辆购置税的区别

1. 基本定义不同

车船税：以车船为特征对象，向车辆、船舶(以下简称车船)的所有人或者管理人征收的一种税。此处所称车船是指依法应当在车船管理部门登记的车船。其适用税额，依照《车船税税目税额表》执行。财政部门、税务主管部门可以根据实际情况，在规定的税目范围和税额幅度内，划分子税目，并明确车辆的子税目税额幅度和船舶的具体适用税额。车辆的具体适用税额由省、自治区、直辖市人民政府在规定的子税目税额幅度内确定。车辆购置税是对在境内购置规定车辆的单位和个人征收的一种税，它由车辆购置附加费演变而来。

2. 征收对象不同

车船税的征收范围，是指依法应当在我国车船管理部门登记的车船(除规定减免的车船外)。车辆，包括机动车辆和非机动车辆。机动车辆，指依靠燃油、电力等能源作为动力运行的车辆，如汽车、拖拉机、无轨电车等；非机动车辆，指依靠人力、畜力运行的车辆，如三轮车、自行车、畜力驾驶车等。船舶，包括机动船舶和非机动船舶。机动船舶，指依靠燃料等能源作为动力运行的船舶，如客轮、货船、气垫船等；非机动船舶，指依靠人力或者其他力量运行的船舶，如木船、帆船、舢板等。车辆购置税以列举的车辆作为征税对象，未列举的车辆不纳税。其征税范围包括汽车、摩托车、电车、挂车、农用运输车。

3. 缴费标准不同

4. 征税时间不同

车船税是每年都需要征收的，从2007年7月1日开始需要在投保交强险时缴纳车船税。车辆购置税是在购车时一次性缴纳，以后在车辆使用过程中无须再缴纳购置税。

第八节 印花税

印花税，是指国家制定的用以调整印花税征收与缴纳权利及义务关系的法律规范。印花税是对经济活动和经济交往中书立、领受、使用具有法律效力的凭证的单位和个人征收的一种行为目的税。经济学家称印花税为税负轻微、税源广泛、手续简便和成本低廉的良税。

在我国，1988年8月6日国务院颁布了《中华人民共和国印花税暂行条例》，并于当年10月1日起执行。2016年1月1日起，国务院调整证券交易印花税中央与地方分享比例。国务院决定将证券交易印花税由按中央97%、地方3%比例分享全部调整为中央收入。2021年6

月10日,第十三届全国人民代表大会常务委员会第二十九次会议通过了《中华人民共和国印花税法》,自2022年7月1日起施行,同时废止了《中华人民共和国印花税暂行条例》。

一、印花税纳税人

在中华人民共和国境内书立、领受本条例所列举凭证的单位和个人,都是印花税的纳税义务人,应当按照本条例规定缴纳印花税。这里单位和个人,指的是国内各类企业、事业、机关、团体、部队以及中外合资企业、合作企业、外资企业、外国公司企业和其他经济组织及其在华机构等单位和个人。

印花税纳税人具体可以包括以下六种:

(1) 立合同人。立合同人指合同的当事人,即对凭证有直接权利义务关系的单位和个人,但是不包括合同的担保人、证人、鉴定人。

(2) 立据人。这里指的是订立产权转移数据的单位和个人。

(3) 立账簿人,指的是设立并使用营业账簿的单位和个人。营业账簿的纳税人是立账簿人。

(4) 证券交易人。证券交易人是指出让证券的当事人,在中华人民共和国境内进行证券交易的单位和个人。注意:对受让方不征收。

(5) 使用人。在国外书立、领受,但在国内使用的应税凭证,其纳税人(单位和个人)是使用人。

需要注意的是:纳税人为境外单位或个人,在境内有代理人的以其境内代理人为扣缴义务人,在境内没有代理人的,纳税人应自行申报缴纳印花税。

二、印花税征税范围

根据《中华人民共和国印花税法》及比照我国《民法典》的部分合同,具体的征税范围包括以下方面:

(一) 书面合同

(1) 购销合同。购销合同包括供应、预购、采购、购销结合及协作、调剂、补偿、易货等合同,另外也包括了出版单位与发行单位之间订立的图书、报纸、报刊和音像制品的应税凭证(如订购单和订单数等)。

(2) 承揽合同。其包括加工、定作、修缮合同,同时印刷、广告、测绘、测试等合同也属于加工承揽合同。

(3) 建设工程合同。其是指承包人进行工程建设,发包人支付价款的合同,包括勘察、设计、施工合同。

(4) 融资租赁合同。其是指出租人根据承租人对出卖人、租赁物的选择,向出卖人购买租赁物,提供给承租人使用,承租人支付租金的合同。

(5) 租赁合同。其包括租赁房屋、船舶、飞机、机动车辆、机械、器具、设备等合同,另外也包括企业、个人出租门店、柜台等签订的合同。

(6) 借款合同。其包括银行及其他金融组织和借款人所签订的借款合同,但不包括银行同业拆借合同。

(7) 财产保险合同。其包括财产、责任、信用、保证等保险合同,但只对财产保险合同征收印花税,人寿保险合同不征收印花税。财产保险合同分为企业财产保险、机动车辆保险、货物运输保险、家庭财产保险和农牧业保险五类。

(8) 技术合同。其包括技术开发、转让、咨询、服务等合同,以及作为合同使用的单据。其中,技术转让合同包括专利申请权转让、专利实施许可和非专利技术转让;技术咨询合同是指当事人就有关项目的分析、论证、预测和调查订立的技术合同。

(9)运输合同。其是指货运合同和多式联运合同,包括民用航空运输、铁路运输、海上运输、内河运输、公路运输和联运合同,以及作为合同使用的单据,不包括管道运输合同。

(10)仓储合同。其包括仓储、保管合同,以及作为合同使用的仓单和栈单等。

(11)保管合同。其是指双方约定一方将物交付他方保管的合同。

(二)产权转移书据

产权转移即财产权利关系的变更行为,表现为产权主体发生变更。产权转移书据是在产权的买卖、交换、继承、赠与、分割等产权主体变更过程中,由产权出让人与受让人之间所订立的民事法律文书。产权转移书据包含财产所有权、版权、商标专用权、专利权、专有技术使用权等转移书据和专利实施许可合同、土地使用权出让合同、土地使用权转让合同、商品房销售合同等权利转移合同等。

(三)营业账簿

营业账簿是指单位和个人从事生产经营活动时设立的记载生产经营活动的财务会计核算账簿,可以分为两类:记载资金的账簿(简称资金账簿)和其他营业账簿。

(四)证券交易

证券交易是指证券持有人依照交易规则,将证券转让给其他投资者的行为。

三、印花税税率

现行印花税采用比例税率。比例税率一般分为0.05‰、0.25‰、0.3‰、0.5‰和1‰。印花税税目税率表如表9-6所示。

表9-6 印花税税目税率表

序号	税目		税率	备注
1	合同(指书面合同)	借款合同	借款金额的万分之零点五	指银行业金融机构、经国务院银行业监督管理机构批准设立的其他金融机构与借款人(不包括同业拆借)的借款合同
2		融资租赁合同	租金的万分之零点五	
3		买卖合同	价款的万分之三	指动产买卖合同
4		承揽合同	报酬的万分之三	
5		建设工程合同	价款的万分之三	
6		运输合同	运输费用的万分之三	指货运合同和多式联运合同(不包括管道运输合同)
7		技术合同	价款、报酬或使用费的万分之三	不包括专利权、专有技术使用权转让书据
8		租赁合同	租金的千分之一	
9		保管合同	保管费的千分之一	
10		仓储合同	仓储费的千分之一	
11		财产保险合同	保险费的千分之一	不包括再保险合同

续　表

序　号	税　目		税　率	备　注
12	产权转移书据	土地使用权出让书据	价款的万分之五	转让包括买卖（出售）、继承、赠与、互换、分割
13		土地使用权、房屋等建筑物和构筑物所有权转让书据（不包括土地承包经营权和土地经营权转移）	价款的万分之五	
14		股权转让书据	价款的万分之五	
15		商标专用权、著作权、专利权、专有技术使用权转让书据	价款的万分之三	
16	营业账簿		实收资本、资本公积合计金额的万分之二点五	
17	证券交易		成交金额的千分之一	

四、印花税应纳税额的计算及会计处理

（一）应纳税额的计算

在我国，印花税的计算与计税依据有密切的联系，故而计税依据不同，印花税的税额计算方法也不同。印花税应纳税额分为按比例税率计算和按定额税率计算两种方法，具体如下：

（1）按比例税率计算：

$$应纳税额 = 计税金额 \times 应用税率$$

（2）按定额税率计算：

$$应纳税额 = 凭证数量 \times 单位税额$$

（二）会计处理

根据《中华人民共和国印花税法》的规定："印花税实行由纳税人根据规定自行计算应纳税额，购买并一次贴足印花税票（以下简称贴花）的缴纳办法。为简化贴花手续，应纳税额较大或者贴花次数频繁的，纳税人可向税务机关提出申请，采取以缴款书代替贴花或者按期汇总缴纳的办法。"因此，纳税人缴纳的印花税，一般是自行计算、购买、贴花和注销，可以不通过"应交税费"这个账户，而直接放入"税金及附加"账户中。会计处理如下：

借：税金及附加　　　　　　　　　　　　　　　　　　　　　×××
　　贷：库存现金/银行存款　　　　　　　　　　　　　　　　　×××

【例 9-6】　宏达公司于 2024 年 3 月 1 日跟方通运输公司签订了运输保管合同。合同里写明运输的货物价值为 100 万元，运输费 50 万元，装卸费 17 万元，保险费 20 万元和保管费 10 万元。

要求：计算该公司应缴纳的印花税，并写出会计分录。

解析：根据规定，货物运输合同不包括运输货物的金额、保险费和装卸费，所以应缴纳印花税为 350 元（＝500 000×0.000 5＋100 000×0.000 1）。

借：税金及附加　　　　　　　　　　　　　　　　　　　　　　　　　350
　　贷：银行存款　　　　　　　　　　　　　　　　　　　　　　　　　350

五、印花税优惠

（一）减免税基本优惠

（1）应税凭证的副本或者抄本。

（2）依照法律规定应当予以免税的外国驻华使馆、领事馆和国际组织驻华代表机构为获得馆舍书立的应税凭证。

（3）中国人民解放军、中国人民武装警察部队书立的应税凭证。

（4）农民、家庭农场、农民专业合作社、农村集体经济组织、村民委员会购买农业生产资料或者销售农产品书立的买卖合同和农业保险合同。

上述享受印花税免税优惠的家庭农场，具体范围为以家庭为基本经营单元，以农场生产经营为主业，以农场经营收入为家庭主要收入来源，从事农业规模化、标准化、集约化生产经营，纳入全国家庭农场名录系统的家庭农场。

（5）无息或者贴息借款合同、国际金融组织向中国提供优惠贷款书立的借款合同。

（6）财产所有权人将财产赠与政府、学校、社会福利机构、慈善组织书立的产权转移书据。

上述享受印花税免税优惠的学校，具体范围为经县级以上人民政府或者其教育行政部门批准成立的大学、中学、小学、幼儿园，实施学历教育的职业教育学校、特殊教育学校、专门学校，以及经省级人民政府或者其人力资源社会保障行政部门批准成立的技工院校。

上述享受印花税免税优惠的社会福利机构，具体范围为依法登记的养老服务机构、残疾人服务机构、儿童福利机构、救助管理机构、未成年人救助保护机构。

上述享受印花税免税优惠的慈善组织，具体范围为依法设立、符合《中华人民共和国慈善法》规定，以面向社会开展慈善活动为宗旨的非营利性组织。

（7）非营利性医疗卫生机构采购药品或者卫生材料书立的买卖合同。

上述享受印花税免税优惠的非营利性医疗卫生机构，具体范围为经县级以上人民政府卫生健康行政部门批准或者备案设立的非营利性医疗卫生机构。

（8）个人与电子商务经营者订立的电子订单。

上述享受印花税免税优惠的电子商务经营者，具体范围按《中华人民共和国电子商务法》有关规定执行。

根据国民经济和社会发展的需要，国务院对居民住房需求保障、企业改制重组、破产、支持小型微型企业发展等情形可以规定减征或者免征印花税，报全国人民代表大会常务委员会备案。

（二）减免税其他优惠

（1）个人销售或购买住房签订的产权转移书据暂免征收印花税；对个人出租、承租住房签订的租赁合同，免征印花税。

（2）对农牧业保险合同免税。对该类合同免税，是为了支持农村保险事业的发展，减轻农牧业生产的负担。

(3) 凡附有军事运输命令或使用专用的军事物资运输结算凭证货物运输和附有县级以上(含县级)人民政府抢险救灾物资运输证明文件的运费结算凭证,免征印花税。

(4) 对经国务院和省级人民政府决定或批准进行的国有(含国有控股)企业改组改制而发生的上市公司国有股权无偿转让行为,暂不征收证券(股票)交易印花税。

(5) 对经县级以上人民政府及企业主管部门批准改制的企业因改制签订的产权转移书据免征印花税。

(6) 自2019年1月1日至2027年12月31日,对与高校学生签订的高校学生公寓租赁合同,免征印花税。高校学生公寓,是指为高校学生提供住宿服务,按照国家规定的收费标准准收取住宿费的学生公寓。

(7) 为支持国家商品储备业务发展,对商品储备管理公司及其直属库资金账簿免征印花税;对其承担商品储备业务过程中书立的购销合同免征印花税,对合同其他各方当事人应缴纳的印花税照章缴纳。

商品储备管理公司及其直属库,是指接受县级以上人民政府有关部门委托,承担粮(含大豆)、食用油、棉、糖、肉5种商品储备任务,取得财政储备经费或者补贴的商品储备企业。

(8) 在棚户区改造过程中,对改造安置住房经营管理单位、开发商与改造安置住房有关的印花税以及购买安置住房的个人涉及的印花税予以免征。

在商品住房等开发项目中配套建造安置住房的,依据政府部门出具的相关材料、房屋征收(拆迁)补偿协议或棚户区改造合同(协议),按改造安置住房建筑面积占总建筑面积的比例免征印花税。

(9) 自2018年1月1日至2027年12月31日,对金融机构与小型、微型企业签订的借款合同免征印花税。

(10) 支持公共租赁住房建设和运营的税收优惠。

① 对公共租赁住房经营管理单位免征建设、管理公租房涉及的印花税。在其他住房项目中配套建设公租房,按公租房建筑面积占总建筑面积的比例免征建设、管理公租房涉及的印花税。

② 对公共租赁住房经营管理单位购买住房作为公租房,免征印花税;对公租房租赁双方免征签订租赁协议涉及的印花税。

上述税收优惠执行至2025年12月31日。

(11) 各类发行单位之间,以及发行单位与订阅单位或个人之间书立的征订凭证,暂免征收印花税。

(12) 关于全国社会保障基金有关证券交易的优惠政策。

① 对社保理事会委托社保基金投资管理人运用社保基金买卖证券应缴纳的印花税实行先征后返。

② 对社保基金持有的证券,在社保基金证券账户之间的划拨过户,不属于印花税的征税范围,不征收印花税。

(13) 对被撤销金融机构接收债权、清偿债务过程中签订的产权转移书据,免征印花税。

(14) 为继续支持银行业金融机构、金融资产管理公司处置不良债权,有效防范金融风险,对银行业金融机构、金融资产管理公司接收、处置抵债资产过程中涉及的合同、产权转移书据和营业账簿免征印花税,对合同或产权转移书据其他各方当事人应缴纳的印花税照章征收。

(15) 为促进资本市场发展和股市全流通,推动股权分置改革试点的顺利实施,经国务院批准,股权分置改革过程中因非流通股股东向流通股股东支付对价而发生的股权转让,暂免征收印花税。

(16) 我国银行业开展信贷资产证券化业务试点中的优惠政策。

我国银行业开展信贷资产证券化业务试点中,可享受如下税收优惠政策:

① 发起机构、受托机构在信贷资产证券化过程中,与资金保管机构、证券登记托管机构以及其他为证券化交易提供服务的机构签订的其他应税合同,暂免征收发起机构、受托机构应缴纳的印花税。

② 受托机构发售信贷资产支持证券以及投资者买卖信贷资产支持证券暂免征收印花税。

③ 发起机构、受托机构因开展信贷资产证券化业务而专门设立的资金账簿暂免征收印花税。

上述所称发起机构,是指通过设立特定目的信托项目(简称信托项目)转让信贷资产的金融机构;上述所称受托机构,是指因承诺信托而负责管理信托项目财产并发售资产支持证券的机构;上述所称资金保管机构,是指接受受托机构委托,负责保管信托项目财产账户资金的机构;上述所称证券登记托管机构,是指中央国债登记结算有限责任公司。

(17) 关于证券投资者保护基金的税收优惠。

经国务院批准,证券投资者保护基金有限责任公司(简称保护基金公司)及其管理的证券投资者保护基金(简称保护基金)的下列应税凭证,可享受如下印花税优惠政策:

① 对保护基金公司新设立的资金账簿免征印花税。

② 对保护基金公司与中国人民银行签订的再贷款合同、与证券公司行政清算机构签订的借款合同,免征印花税。

③ 对保护基金公司接收被处置证券公司财产签订的产权转移书据,免征印花税。

④ 对保护基金公司以保护基金自有财产和接收的受偿资产与保险公司签订的财产保险合同,免征印花税。

(18) 在上海证券交易所、深圳证券交易所转让创新企业CDR,按照实际成交金额,由出让方按1‰的税率缴纳证券交易印花税。

(19) 关于廉租住房、经济适用住房、保障性住房建设的优惠政策。

① 对廉租住房、经济适用住房经营管理单位与廉租住房、经济适用住房相关的印花税以及廉租住房承租人、经济适用住房购买人涉及的印花税予以免征。

开发商在经济适用住房、商品住房项目中配套建造廉租住房,在商品住房项目中配套建造经济适用住房,如能提供政府部门出具的相关材料,可按廉租住房、经济适用住房建筑面积占总建筑面积的比例免征开发商应缴纳的印花税。

② 自2023年10月1日起,对保障性住房经营管理单位与保障性住房相关的印花税,以及保障性住房购买人涉及的印花税予以免征。

在商品住房等开发项目中配套建造保障性住房的,依据政府部门出具的相关材料,可按保障性住房建筑面积占总建筑面积的比例免征印花税。

(20) 关于保险保障基金公司相关应税凭证的税收优惠。

自2018年1月1日至2027年12月31日,对保险保障基金公司涉及的下列应税凭证,免征印花税:

① 新设立的资金账簿。

② 在对保险公司进行风险处置和破产救助过程中签订的产权转移书据。

③ 在对保险公司进行风险处置过程中与中国人民银行签订的再贷款合同。

④ 以保险保障基金自有财产和接收的受偿资产与保险公司签订的财产保险合同。

需要注意的是,对与保险保障基金公司签订上述产权转移书据或应税合同的其他当事人照章征收印花税。

(21) 关于基本养老保险基金有关投资业务的税收优惠。

对社保基金会及养老基金投资管理机构运用养老基金买卖证券应缴纳的印花税实行先征后返;养老基金持有的证券,在养老基金证券账户之间的划拨过户,不属于印花税的征收范围,不征收印花税。对社保基金会及养老基金投资管理机构管理的养老基金转让非上市公司股权,免征社保基金会及养老基金投资管理机构应缴纳的印花税。

(22) 关于易地扶贫搬迁安置住房的税收优惠。

自2018年1月1日至2025年12月31日,易地扶贫搬迁安置住房,可享受如下印花税优惠政策:

① 对易地扶贫搬迁项目实施主体(简称项目实施主体)取得用于建设安置住房的土地,免征印花税。

② 对安置住房建设和分配过程中应由项目实施主体、项目单位缴纳的印花税,予以免征。

③ 在商品住房等开发项目中配套建设安置住房的,按安置住房建筑面积占总建筑面积的比例,计算应予免征的项目实施主体、项目单位相关的印花税。

④ 对项目实施主体购买商品住房或者回购保障性住房作为安置住房房源的,免征印花税。

(23) 关于农村饮水安全工程的税收优惠。

自2019年1月1日至2027年12月31日,对农村饮水安全工程运营管理单位为建设饮水工程取得土地使用权而签订的产权转移书据,以及与施工单位签订的建设工程合同,免征印花税。

饮水工程,是指为农村居民提供生活用水而建设的供水工程设施。饮水工程运营管理单位,是指负责饮水工程运营管理的自来水公司、供水公司、供水(总)站(厂、中心)、村集体、农民用水合作组织等单位。

对于既向城镇居民供水,又向农村居民供水的饮水工程运营管理单位,依据向农村居民供水量占总供水量的比例免征印花税。无法提供具体比例或所提供数据不实的,不得享受优惠政策。

(24) 关于划转部分国有资本充实社保基金的税收优惠。

为全面推开划转部分国有资本充实社保基金工作,在国有股权划转和接收过程中,划转非上市公司股份的,对划出方与划入方签订的产权转移书据免征印花税;划转上市公司股份和全国中小企业股份转让系统挂牌公司股份的,免征证券交易印花税;对划入方因承接划转股权而增加的实收资本和资本公积,免征印花税。

(25) 自2023年1月1日至2027年12月31日,由省、自治区、直辖市人民政府根据本地区实际情况,依据"六税两费"[包括资源税(不含水资源税)、城市维护建设税、房产税、城镇土地使用税、印花税(不含证券交易印花税)、耕地占用税和教育费附加、地方教育费附加]优惠政策相关规定,对增值税小规模纳税人、小型微利企业和个体工商户减半征收印花税(不含证券交易印花税)。

增值税小规模纳税人、小型微利企业和个体工商户已依法享受印花税其他优惠政策的,可叠加享受本项优惠政策。

(26)为活跃资本市场、提振投资者信心,自 2023 年 8 月 28 日起,证券交易印花税实施减半征收。

对应税凭证适用印花税减免优惠的,书立该应税凭证的纳税人均可享受印花税减免政策,明确特定纳税人适用印花税减免优惠的除外。

《印花税法》实施后,纳税人享受印花税优惠政策,继续实行"自行研判、申报享受、有关资料留存备查"的办理方式。纳税人对留存备查资料的真实性、完整性和合法性承担法律责任。

六、印花税申报

(一)纳税时间、地点和期限

印花税应当在书立或领受时贴花。具体是指在合同签订时、账簿启用时和证照领受时贴花。如果合同是在国外签订,并且不便在国外贴花的,应在将合同带入境时办理贴花纳税手续。地点一般是就地纳税。期限一般在书立、领受时即行贴花完税,不得延至凭证生效日期贴花。

(二)纳税方法

纳税方法有自行贴花、汇贴汇缴和委托代征三种缴纳方法。所谓自行贴花,就是纳税人在书立、领受应税凭证时,自行计算应纳印花税额,向当地纳税机关或印花税票代售点购买印花税票,自行在应税凭证上一次贴足印花并自行注销。自行贴花是缴纳印花税的基本方法。汇贴汇缴一般是一份凭证应纳税额超过 500 元的,纳税人应当向当地税务机关申请填写缴款书或完税证;同一类应纳税凭证,需频繁贴花的,纳税人应向当地税务机关申请按期汇总缴纳印花税,但最长期限不得超过 1 个月。

(三)申报表

印花税合并到"财产和行为税纳税申报表"中申报。

第九节 环境保护税

2016 年 12 月 25 日,《中华人民共和国环境保护税法》获全国人大常委会表决通过,自 2018 年 1 月 1 日起施行。国务院公布的《中华人民共和国环境保护税法实施条例》细化了有关规定,并与环境保护税法同步实施。

一、环境保护税纳税人

根据环境保护税法,环境保护税的纳税人指的是,在中华人民共和国领域和中华人民共和国管辖的其他海域,直接向环境排放应税污染物的企业事业单位和其他生产经营者。"谁污染、谁缴税",这是一个基本原则。

二、环境保护税征税范围

征税范围上,一是明确了"其他固体废物"的具体范畴需要地方人大常委会决定后报全国人大常委会备案。二是明确了为工业园区、开发区等工业聚集区域内的企业事业单位和其他生产经营者提供污水处理服务的场所,以及企业事业单位和其他生产经营者自建自用的污水处理场所,不属于超过排放标准才征税的"城乡污水集中处理、生活垃圾集中处理场所"的范围。三是明确了对畜禽养殖废弃物进行综合利用和无害化处理的,不属于环境保护税的征税范围,同时,删去了征求意见稿中关于地方政府可以在环境保护税法所附的畜禽种类之外另外规定排放量计算方法的规定。

为了减少污染物直接向环境排放,鼓励企业和单位将污水和生活垃圾进行集中处理,税法规定两种情形不用缴纳环境保护税,一是企业事业单位和其他生产经营者向依法设立的污水、垃圾集中处理场所排放污染物的,不缴纳环境保护税;二是企业事业单位和其他生产经营者在符合国家和地方环境保护标准的设施、场所贮存或者处置固体废物的,不缴纳环境保护税。除上述两种情况外,其他排放污染物的情况一律纳入征税范围,照章征税。同时,税法规定依法设立的城乡污水集中处理、生活垃圾集中处理场所超过国家和地方规定的排放标准向环境排放应税污染物的,应当缴纳环境保护税。

三、环境保护税税率及计税依据

(一)税率

根据《中华人民共和国环境保护税法》规定,环境保护税实行定额税,具体如表9-7所示。

表9-7 环境保护税税目税率表

税 目		计税单位	税 额
大气污染物		每污染当量	1.2元到12元
水污染物			1.4元到14元
固体废物	煤矸石	每吨	5元
	尾矿		15元
	危险废物		1 000元
	冶炼渣、粉煤灰、炉渣、其他固体废物(含半固态、液态废物)		25元
噪声	工业噪声	超标1至3分贝	每月350元
		超标4至6分贝	每月700元
		超标7至9分贝	每月1 400元
		超标10至12分贝	每月2 800元
		超标13至15分贝	每月5 600元
		超标16分贝以上	每月11 200元

注意:
1. 一个单位边界上有多处噪声超标,根据最高一处超标声级计算应纳税额,当沿边界长度超过100米有两处以上噪声超标,按照两个单位计算应纳税额。
2. 一个单位有不同地点作业场所的,应当分别计算应纳税额,合并计征。
3. 昼、夜均超标的环境噪声,昼、夜分别计算应纳税额,累计计征。
4. 声源一个月内超标不足15天的,减半计算应纳税额。
5. 夜间频繁突发和夜间偶然突发厂界超标噪声,按等效级和峰值噪声两种指标中超标分贝值高的一项计算应按税额。

（二）计税依据

根据《环境保护税法》规定，环境保护税应税污染物的计税依据按照此方法确定：① 应税大气污染物按照污染物排放量折合的污染当量数确定；② 应税水污染物按照污染物排放量折合的污染当量数确定；③ 应税固体废物按照固体废物的排放量确定；④ 应税噪声按照超过国家规定标准的分贝数确定。

应税大气污染物、水污染物的污染当量数，以该污染物的排放量除以该污染物的污染当量值计算。每种应税大气污染物、水污染物的具体污染当量值，依照税法所附《应税污染物和当量值表》执行。

四、环境保护税应纳税额的计算及会计处理

（一）大气污染物和水污染物

大气污染物按照污染排放量折合的污染当量数确定，即大气污染物应纳税额＝排污量×每污染当量。污染量指向大气排放有害或有毒物质或超标热量等，经专门检测测算的，可以考虑在成本核算对象中计入产品的制造成本。核算时在原有的基础上增加直接污染项目，借记"生产成本"科目，贷记"应交税费——应交环境保护税（大气污染物税）"科目。如果该排污与生产产品数量无明显正相关关系，应借记"制造费用"科目，贷记"应交税费——应交环境保护税（大气污染物税）"科目。实际支付时，借记"应交税费——应交环境保护税（大气污染物税）"科目，贷记"银行存款"（或"库存现金"）科目。若与产品数量有关，计入"制造费用"中，还要分配结转，借记"生产成本"科目，贷记"制造费用"科目。对于水污染的税务处理和会计处理同大气污染物相似，在此不再赘述。

（二）固体废弃物

对于固体废弃物，《中华人民共和国环境保护税法（征求意见稿）》（简称《征求意见稿》）将固体废弃物的单位全部统一为吨，便于税额计算。会计处理上应按是否能够分清对象加以区分，对于工业的固体废弃物，如果能分清对象的，直接计入"生产成本"，不能分清对象的先计入"制造费用""在建工程"，再转入"生产成本"，借记"生产成本"科目，贷记"应交税费——应交环境保护税（固体废弃物税）"科目。但对于商业废弃物，如产品包装因未回收利用而引起的污染，应在销售时，借记"销售费用"科目，贷记"应交税费——应交环境保护税（固体废弃物税）"科目。

（三）建筑施工噪声和工业噪声

环境保护税中的噪声在《征求意见稿》中明确为建筑施工噪声和工业噪声两个大类税目，从《环境保护税税目税额表》的表现形式可以看出，建筑施工噪声的环境保护税率与前面的固体废弃物、水污染物和大气污染物一样，是一种定额税率，应纳税额＝建筑面积每平方米×单位税额×噪声污染天数。而工业噪声的环境保护税率其实表现出一种明显的累进税率的形式，应纳工业噪声污染税＝噪音排放单位噪声超国家标准分贝数×对应超标税率。鉴于工业噪音排放涉及的原因较多，且通常与所生产的产品无直接关系等多方面的特殊因素，排放单位可将其计入损益类性质的"管理费用——噪声税"科目。计提应纳噪音税保护时，借记"管理费用——噪声税"科目，贷记"应交税费——应交环境保护税（工业噪音税）"科目。实际支付时，借记"应交税费——应交环境保护税（工业噪音税）"科目，贷记"银行存款"（或"库存现金"）科目，期末转入本年利润，减少企业当期利润。而对于建筑施工噪声税，由于与生产有较为直接的联系，可以在成本中列支。

五、环境保护税申报和缴纳

(一)申报表

环境保护税合并到"财产和行为税纳税申报表"中申报。

(二)缴纳

按照《环境保护税法》规定:环境保护税按月计算,按季申报缴纳。不能按固定期限计算缴纳的,可以按次申报缴纳。纳税人按季申报缴纳的,应当自季度终了之日起15日内,向税务机关办理纳税申报并缴纳税款。纳税人按次申报缴纳的,应当自纳税义务发生之日起15日内,向税务机关办理纳税申报并缴纳税款。

第十节 烟叶税

一、烟叶税的概念

烟叶税是以纳税人收购烟叶的价款总额为计税依据征收的一种税。

二、烟叶税的发展历程

中国对烟草征税始于明朝末年。后来一直保持对烟叶征税,工商统一税和产品税都有对烤烟征税的规定。1994年的税制改革中,取消了原产品税和工商统一税,将原农林特产农业税与原产品税和工商统一税中的农林牧水产品税目合并,改为统一征收农业特产农业税,并于同年1月30日发布《国务院关于对农业特产收入征收农业税的规定》(国务院令第143号),其中规定对烟叶在收购环节征收,税率为31%。1999年,烟叶特产农业税的税率下调至20%。2004年6月,财政部、国家税务总局下发《关于取消除烟叶外的农业特产税有关问题的通知》(财税〔2004〕120号),规定从2004年起,除对烟叶暂保留征收农业特产农业税外,取消对其他农业特产品征收的农业特产农业税。2006年4月28日,《中华人民共和国烟叶税暂行条例》公布施行。2017年12月27日,《中华人民共和国烟叶税法》颁布,自2018年7月1日起施行,《中华人民共和国烟叶税暂行条例》同时废止。

三、纳税义务人

在中华人民共和国境内收购烟叶的单位为烟叶税的纳税人,烟叶的生产销售方不是烟叶税的纳税人,烟叶的收购方是烟叶税的纳税人。

四、征税对象和计税依据

烟叶税的征税对象是烟叶,包括烤烟叶、晾晒烟叶。烟叶税的计税依据是收购烟叶实际支付的价款总额。实际支付的价款总额,包括纳税人支付给烟叶生产销售单位和个人的烟叶收购价款和价外补贴。其中,价外补贴统一按烟叶收购价款的10%计算。计税依据的计算公式如下:

$$实际支付的价款总额 = 收购价款 \times (1 + 10\%)$$

五、税率

烟叶税实行比例税率,税率为20%。

六、应纳税额的计算

烟叶税应纳税额的计算公式为：

$$应纳税额 = 实际支付的价款总额 \times 税率$$

【例9-7】 2024年5月,某烟草公司向烟农收购一批烟叶,收购价款为200万元(不含价外补贴),另外支付的价外补贴为烟叶收购价款的10%,烟叶税税率为20%。

要求:计算该烟草公司应缴纳的烟叶税。

解析:应纳税额 = 200×(1+10%)×20% = 44(万元)

七、征收管理

(一) 纳税义务发生时间

烟叶税的纳税义务发生时间为纳税人收购烟叶的当天。

(二) 纳税地点

纳税人收购烟叶,应当向烟叶收购地的主管税务机关申报纳税。

(三) 纳税期限

烟叶税按月计征,纳税人应当于纳税义务发生月终了之日起15日内申报并缴纳税款。

第十一节　船舶吨税

一、船舶吨税的概念

船舶吨税简称吨税,是海关对来自境外港口进入境内港口的船舶所征收的一种税。作为一国船舶使用了另一国家的助航设施而向该国缴纳的一种税,船舶吨税专项用于港口建设维护及海上干线公用航标的建设维护。我国船舶吨税的现行征收法律依据是2017年12月27日第十二届全国人民代表大会常务委员会第三十一次会议通过的《中华人民共和国船舶吨税法》,自2018年7月1日起施行。

二、船舶吨税的特点

(1) 船舶吨税主要是对进出中国港口的国际航行船舶征收;
(2) 以船舶的净吨位为计税依据,实行从量定额征收;
(3) 对不同的船舶分别适用普通税率或优惠税率;
(4) 所征税款主要用于港口建设维护及海上干线公用航标的建设维护。

三、纳税人、征税范围与税率

(一) 纳税人

属于《船舶吨税法》所附《船舶吨税税目、税率表》规定的应税船舶负责人,为船舶吨税的纳税人,应当依照《船舶吨税法》缴纳船舶吨税。

(二) 征税范围

自中华人民共和国境外港口进入境内港口的船舶(简称应税船舶),应当缴纳船舶吨税。船舶吨税的税目、税率依照《船舶吨税税目、税率表》执行。

(三) 税率

船舶吨税设置优惠税率和普通税率。中华人民共和国籍的应税船舶,船籍国(地区)与中华人民共和国签订含有相互给予船舶税费最惠国待遇条款的条约或者协定的应税船舶,适用优惠税率。其他应税船舶,适用普通税率。《船舶吨税税目、税率表》的具体内容如表9-8所示。

表9-8 船舶吨税税目、税率表

税目 (按船舶吨位划分)	税率(单位:元/净吨)						备注
	普通税率 (按执照期限划分)			优惠税率 (按执照期限划分)			(1) 拖船按照发动机功率每千瓦折合净吨位0.67吨; (2) 无法提供净吨位证明文件的游艇,按照发动机功率每千瓦折合净吨位0.05吨; (3) 拖船和非机动驳船分别按照相同净吨位船舶税率的50%计征税款; (4) 拖船,是指专门用于拖(推)动运输船舶的专业作业船舶;非机动驳船,是指在船舶登记机关登记为驳船的非机动船舶
	1年	90日	30日	1年	90日	30日	
不超过2 000净吨	12.6	4.2	2.1	9.0	3.0	1.5	
超过2 000净吨,但不超过10 000净吨	24.0	8.0	4.0	17.4	5.8	2.9	
超过10 000净吨,但不超过50 000净吨	27.6	9.2	4.6	19.8	6.6	3.3	
超过50 000净吨	31.8	10.6	5.3	22.8	7.6	3.8	

四、应纳税额的计算

船舶吨税按照船舶净吨位和船舶吨税执照期限征收,应纳税额按照船舶净吨位乘以适用税率计算。计算公式为:

$$应纳税额 = 船舶净吨位 \times 定额税率$$

应税船舶在进入港口办理入境手续时,应当向海关申报纳税领取船舶吨税执照,或者交验船舶吨税执照(或者申请核验船舶吨税执照电子信息)。应税船舶负责人在每次申报纳税时,可以按照《船舶吨税税目、税率表》选择申领一种期限的船舶吨税执照。应税船舶负责人缴纳船舶吨税或者提供担保后,海关按照其申领的执照期限填发船舶吨税执照。

应税船舶负责人申领船舶吨税执照时,应当向海关提供下列文件:

(1) 船舶国籍证书或者海事签发的船舶国籍证书收存证明;

(2) 船舶吨位证明。

应税船舶在船舶吨税执照期限内,因税目税率调整或者船籍改变而导致适用税率变化的,船舶吨税执照继续有效。应税船舶在离开港口办理出境手续时,应当交验船舶吨税执照(或者申请核验船舶吨税执照电子信息)。

【例9-8】 2024年10月20日,A国某运输公司一艘货轮驶入我国某港口,该货轮净吨位为40 000吨,货轮负责人已向我国该海关领取了吨税执照,在港口停留期限为30天,A国已与我国签订有相互给予船舶税费最惠国待遇条款。

要求:计算该货轮负责人应向我国海关缴纳的船舶吨税。

解析:(1)根据船舶吨税的相关规定,该货轮应享受优惠税率,每净吨位为3.3元。

(2)应缴纳船舶吨税=40 000×3.3=132 000(元)

五、征收管理

(一)纳税义务发生时间及纳税期限

(1)船舶吨税纳税义务发生时间为应税船舶进入港口的当日。

(2)船舶吨税由海关负责征收。海关征收船舶吨税应当制发缴款凭证。

(3)应税船舶在船舶吨税执照期满后尚未离开港口的,应当申领新的船舶吨税执照,自上一次执照期满的次日起续缴船舶吨税。

(4)应税船舶负责人应当自海关填发船舶吨税缴款凭证之日起15日内缴清税款。未按期缴清税款的,自滞纳税款之日起至缴清税款之日止,按日加收滞纳税款0.5‰的滞纳金。

(二)纳税担保

应税船舶到达港口前,经海关核准先行申报并办结出入境手续的,应税船舶负责人应当向海关提供与其依法履行船舶吨税缴纳义务相适应的担保;应税船舶到达港口后,向海关申报纳税。下列财产、权利可以用于担保:

(1)人民币、可自由兑换货币;

(2)汇票、本票、支票、债券、存单;

(3)银行、非银行金融机构的保函;

(4)海关依法认可的其他财产、权利。

(三)其他管理

(1)应税船舶在船舶吨税执照期限内,因修理、改造导致净吨位变化的,船舶吨税执照继续有效。应税船舶办理出入境手续时,应当提供船舶经过修理、改造的证明文件。因船籍改变而导致适用税率变化的,应税船舶在办理出入境手续时,应当提供船籍改变的证明文件。

(2)船舶吨税执照在期满前毁损或者遗失的,应当向原发照海关书面申请核发船舶吨税执照副本,不再补税。

(3)海关发现少征或者漏征税款的,应当自应税船舶应当缴纳税款之日起1年内,补征税款。但因应税船舶违反规定造成少征或者漏征税款的,海关可以自应当缴纳税款之日起3年内追征税款,并自应当缴纳税款之日起按日加征少征或者漏征税款0.5‰的滞纳金。海关发现多征税款的,应当在24小时内通知应税船舶办理退还手续,并加算银行同期活期存款利息。应税船舶发现多缴税款的,可以自缴纳税款之日起3年内以书面形式要求海关退还多缴的税款并算银行同期活期存款利息;海关应当自受理退款申请之日起30日内查实并通知应税船舶办理退还手续。应税船舶应当自收到退税通知之日起30日内办理有关退还手续。

(4) 应税船舶有下列行为之一的,由海关责令限期改正,处 2 000 元以上 3 万元以下罚款;不缴或者少缴应纳税款的,处不缴或者少缴税款 50% 以上 5 倍以下的罚款,但罚款不得低于 2 000 元:

① 未按照规定申报纳税、领取船舶吨税执照;

② 未按照规定交验船舶吨税执照(或者申请核验船舶吨税执照电子信息)以及提供其他证明文件。

(5) 船舶吨税税款、税款滞纳金、罚款以人民币计算。

业务拓展专题——房产税之争

【基本案情】

某村村民李某利用自家宅基地上的房屋开办了一家旅店,对外进行经营。其居住的村落系镇政府所在地,区地方税务局某税务所向李某征收旅店经营用房的房产税 420 元。李某对此不服,以农村不应收取房产税、旅店所用房屋系其自有住宅、不属于房产税征收范围为由,先后提起行政复议和诉讼。

【法院审判】

经一审法院审理判决后,李某不服,提起上诉。

中院经查,终审驳回了李某上诉,维持原判,支持了税务机关的征税行为。

【法官释法】

根据有关规定,房产税的征收范围是城市、县城、建制镇和工矿区;凡坐落在本市城区、郊区所属的街道办事处、县城(含卫星城)、建制镇辖区内和工矿区范围内的房产,均应缴纳房产税;建制镇是指经省级人民政府批准设立的建制镇;建制镇的征税范围为镇人民政府所在地,不包含所辖行政村。

本案中,李某经营的旅店属于镇人民政府所在地,是建制镇的征税范围。李某具备房产税纳税人主体资格,税务所向其征收房产税的行为并无不当。据此,中院做出上述判决。

附件 1

财产和行为税纳税申报表

纳税人识别号(统一社会信用代码)：□□□□□□□□□□□□□□□□□□

纳税人名称：　　　　　　　　　　　　　　　金额单位：人民币元(列至角分)

序号	税种	税目	税款所属期起	税款所属期止	计税依据	税率	应纳税额	减免税额	已缴税额	应补(退)税额
1										
2										
3										
4										
5										
6										
7										
8										
9										
10										
11	合计	—	—	—	—	—				

声明：此表是根据国家税收法律法规及相关规定填写的,本人(单位)对填报内容(及附带资料)的真实性、可靠性、完整性负责。

　　　　　　　　　　　　　　　纳税人(签章)：　　　　　　年　月　日

经办人： 经办人身份证号： 代理机构签章： 代理机构统一社会信用代码：	受理人： 受理税务机关(章)： 受理日期：　年　月　日

填表说明：

1. 本表适用于申报城镇土地使用税、房产税、契税、耕地占用税、土地增值税、印花税、车船税、烟叶税、环境保护税、资源税。

2. 本表根据各税种税源明细表自动生成,申报前需填写税源明细表。

3. 本表包含一张附表《财产和行为税减免税明细申报附表》。

4. 纳税人识别号(统一社会信用代码)：填写税务机关核发的纳税人识别号或有关部门核发的统一社会信用代码。纳税人名称：填写营业执照、税务登记证等证件载明的纳税人名称。

5. 税种：税种名称,多个税种的,可增加行次。

6. 税目：税目名称,多个税目的,可增加行次。

7. 税款所属期起：纳税人申报相应税种所属期的起始时间,填写具体的年、月、日。

8. 税款所属期止：纳税人申报相应税种所属期的终止时间,填写具体的年、月、日。

9. 计税依据：计算税款的依据。

10. 税率：适用的税率。

11. 应纳税额：纳税人本期应当缴纳的税额。

12. 减免税额：纳税人本期享受的减免税金额,等于减免税附表中该税种的减免税额小计。

13. 已缴税额：纳税人本期应纳税额中已经缴纳的部分。

14. 应补(退)税额：纳税人本期实际需要缴纳的税额。应补(退)税额＝应纳税额－减免税额－已缴税额。

财产和行为税减免税明细申报附表

纳税人识别号(统一社会信用代码):□□□□□□□□□□□□□□□□□□

纳税人名称:　　　　　　　　　　　　　　　金额单位:人民币元(列至角分)

本期是否适用增值税小规模纳税人减征政策	□是　□否	本期适用增值税小规模纳税人减征政策起始时间	年　　月
		本期适用增值税小规模纳税人减征政策终止时间	年　　月
合计减免税额			

城镇土地使用税

序号	土地编号	税款所属期起	税款所属期止	减免性质代码和项目名称	减免税额
1					
2					
小计	—			—	

房产税

序号	房产编号	税款所属期起	税款所属期止	减免性质代码和项目名称	减免税额
1					
2					
小计	—			—	

车船税

序号	车辆识别代码/船舶识别码	税款所属期起	税款所属期止	减免性质代码和项目名称	减免税额
1					
2					
小计	—			—	

印花税

序号	税目	税款所属期起	税款所属期止	减免性质代码和项目名称	减免税额
1					
2					
小计	—			—	

资源税

序号	税目	子目	税款所属期起	税款所属期止	减免性质代码和项目名称	减免税额
1						
2						
小计	—	—			—	

续　表

耕地占用税					
序号	税源编号	税款所属期起	税款所属期止	减免性质代码和项目名称	减免税额
1					
2					
小计	—			—	

契税					
序号	税源编号	税款所属期起	税款所属期止	减免性质代码和项目名称	减免税额
1					
2					
小计	—			—	

土地增值税					
序号	项目编号	税款所属期起	税款所属期止	减免性质代码和项目名称	减免税额
1					
2					
小计	—			—	

环境保护税						
序号	税源编号	污染物类别	污染物名称	税款所属期起	税款所属期止	减免性质代码和项目名称	减免税额
1						
2						
小计	—	—	—			—	

声明:此表是根据国家税收法律法规及相关规定填写的,本人(单位)对填报内容(及附带资料)的真实性、可靠性、完整性负责。

纳税人(签章):　　　　　年　月　日

经办人: 经办人身份证号: 代理机构签章: 代理机构统一社会信用代码:	受理人: 受理税务机关(章): 受理日期:　年　月　日

填表说明:

1. 本表为《财产和行为税纳税申报表》的附表,适用于申报城镇土地使用税、房产税、契税、耕地占用税、土地增值税、印花税、车船税、环境保护税、资源税的减免税。

2. 纳税人识别号(统一社会信用代码):填写税务机关核发的纳税人识别号或有关部门核发的统一社会信用代码。纳税人名称:填写营业执照、税务登记证等证件载明的纳税人名称。

3. 适用增值税小规模纳税人减征政策的,需填写"本期是否适用增值税小规模纳税人减征政策""本期适用增值税小规模纳税人减征政策起始时间""本期适用增值税小规模纳税人减征政策终止时间"。其余项目根据各税种税源明细表自动生成,减免税申报前需填写税源明细表。

4. 本期是否适用增值税小规模纳税人减征政策:适用增值税小规模纳税人减征政策的,填写本项。纳税人在税款所属内适用增值税小规模纳税人减征政策的,勾选"是";否则,勾选"否"。纳税人自增值税一般纳税人按规定转登记为小规模纳税人的,自成为小规模纳税人的当月起适用减征优惠。增值税小规模纳税人按规定登记为一般纳税人的,自一般纳税人生效之日起不再适用减征优惠;增值税年应税销售额超过小规模纳税人标准应当登记为一般纳税人而未登记,经税务机关通知,逾期仍不办理登记的,自逾期次月起不再适用减征优惠。

5. 本期适用增值税小规模纳税人减征政策起始时间:适用增值税小规模纳税人减征政策的,填写本项。如果税款所属期内纳税人一直为增值税小规模纳税人,填写税款所属期起始月份;如果税款所属期内纳税人由增值税一般纳税人转登记为增值税小规模纳税人,填写成为增值税小规模纳税人的月份。

6. 本期适用增值税小规模纳税人减征政策终止时间:适用增值税小规模纳税人减征政策的,填写本项。如果税款所属期内纳税人一直为增值税小规模纳税人,填写税款所属期终止月份,如同时存在多个税款所属期,则填写最晚的税款所属期终止月份;如果税款所属期内纳税人由增值税小规模纳税人登记为增值税一般纳税人,填写增值税一般纳税人生效之日上月;经税务机关通知,逾期仍不办理增值税一般纳税人登记的,自逾期次月起不再适用减征优惠,填写逾期当月所在的月份。

7. 税款所属期起:指纳税人申报相应税种所属期的起始时间,具体到年、月、日。

8. 税款所属期止:指纳税人申报相应税种所属期的终止时间,具体到年、月、日。

9. 减免性质代码和项目名称:按照税务机关最新制发的减免税政策代码表中最细项减免项目名称填写。

10. 减免税额:减免税项目对应的减免税金额。

附件2 财产和行为税税源明细表(扫码查看)

本章小结

本章介绍了房产税、契税、车船税、印花税、环境保护税和车辆购置税的基本知识、基本法律内容、各自的税率与征收。

本章练习题

扫二维码进行查看,下载。

第十章 税收征收管理法

知识能力目标

1. 了解税收征收管理法的立法意义和范围;
2. 了解税务管理中税务登记、纳税人账簿和凭证、纳税申报事宜;
3. 了解和掌握税款征收;
4. 了解和掌握税务检查的形式和方法;
5. 了解税务行政处罚;
6. 了解和掌握纳税人通过税务行政复议主张自身权利。

税收征收管理法是有关税收征收管理法律规范的总称,包括税收征收管理法及税收征收管理有关的法律、法规和规章。《中华人民共和国税收征收管理法》(简称《征管法》),于1992年9月4日第七届全国人民代表大会常务委员会第二十七次会议通过。其间进行多次修订,2015年4月24日第十二届全国人民代表大会常务委员会第十四次会议通过修订法案,对《征管法》进行了修正。

2024年12月25日,第十四届全国人民代表大会常务委员会第十三次会议对《征管法》进行了再次修订。

第一节 总 则

一、税收征收管理法的立法目的

(1) 为了加强税收征收管理;
(2) 规范税收征收和缴纳行为;
(3) 保障国家税收收入;
(4) 保护纳税人的合法权益;
(5) 促进经济和社会发展。

二、税收征收管理法的适用范围

凡依法由税务机关征收的各种税收的征收管理,均适用本法。

国务院税务主管部门主管全国税收征收管理工作。各地国家税务局和地方税务局应当按照国务院规定的税收征收管理范围分别进行征收管理。

我国的税收征收机关除了税务部门，还有海关、财政部门，《征管法》不适用于海关、财政部门。农税征收机关负责征收的耕地占用税、契税的征收管理，由国务院另行规定；海关征收的关税及代征的增值税、消费税，适用其他法律法规的规定。目前还有教育费附加和城建税等由税务机关征收，但其具体管理办法由各种税费的条例和规章决定。

三、税收征收管理法的遵守主体

（一）税务行政主体——税务机关

国务院税务主管部门主管全国税收征收管理工作。各地国家税务局和地方税务局应当按照国务院规定的税收征收管理范围分别进行征收管理。税务机关指各级税务局、税务分局、税务所和省以下税务局的稽查局。稽查局专司偷税、逃避追缴欠税、骗税、抗税案件的查处。

（二）税务行政管理相对人——纳税人、扣缴义务人和其他有关单位

法律、行政法规规定负有纳税义务的单位和个人为纳税人。法律、行政法规规定负有代扣代缴、代收代缴税款义务的单位和个人为扣缴义务人。纳税人、扣缴义务人必须依照法律、行政法规的规定缴纳税款、代扣代缴税款、代收代缴税款。

（三）有关单位部门

地方各级人民政府应当依法加强对本行政区域内税收征收管理工作的领导或者协调，支持税务机关依法执行职务，依照法定税率计算税额，依法征收税款。各有关部门和单位应当支持、协助税务机关依法执行职务。

第二节 税务管理

一、税务登记管理

（一）办理税务登记

企业，企业在外地设立的分支机构和从事生产、经营的场所，个体工商户和从事生产、经营的事业单位（以下统称从事生产、经营的纳税人）自领取营业执照之日起30日内，持有关证件，向税务机关申报办理税务登记。如实填写税务登记表，并按照税务机关的要求提供有关证件、资料。

（二）变更或注销税务登记

从事生产、经营的纳税人，税务登记内容发生变化的，自工商行政管理机关办理变更登记之日起30日内或者在向工商行政管理机关申请办理注销登记之前，持有关证件向税务机关申报办理变更或者注销税务登记。

纳税人在办理注销税务登记前，应当向税务机关结清应纳税款、滞纳金、罚款、缴销发票、税务登记证件和其他税务证件。

（三）税务登记证件的使用

纳税人按照国务院税务主管部门的规定使用税务登记证件。税务登记证件不得转借、涂改、损毁、买卖或者伪造。纳税人应当将税务登记证件正本在其生产、经营场所或者办公场所

公开悬挂,接受税务机关检查。

纳税人办理下列事项时,必须持税务登记证件:

(1) 开立银行账户。

(2) 申请减税、免税、退税。

(3) 申请办理延期申报、延期缴纳税款。

(4) 领购发票。

税务机关是发票的主管机关,负责发票印制、领购、开具、取得、保管、缴销的管理和监督。单位、个人在购销商品、提供或者接受经营服务以及从事其他经营活动中,应当按照规定开具、使用、取得发票。发票的管理办法由国务院规定。

增值税专用发票由国务院税务主管部门指定的企业印制;其他发票,按照国务院税务主管部门的规定,分别由省、自治区、直辖市国家税务局、地方税务局指定企业印制。未经前款规定的税务机关指定,不得印制发票。

(5) 申请开具外出经营活动税收管理证明。

(6) 办理停业、歇业。

(7) 其他有关税务事项。

二、账簿、凭证管理

从事生产、经营的纳税人应当自领取营业执照或者发生纳税义务之日起15日内,按照国家有关规定设置账簿。账簿,是指总账、明细账、日记账以及其他辅助性账簿。总账、日记账应当采用订本式。

从事生产、经营的纳税人、扣缴义务人必须按照国务院财政、税务主管部门规定的保管期限保管账簿、记账凭证、完税凭证及其他有关资料。账簿、记账凭证、完税凭证及其他有关资料不得伪造、变造或者擅自损毁。

纳税人、扣缴义务人会计制度健全,能够通过计算机正确、完整计算其收入和所得或者代扣代缴、代收代缴税款情况的,其计算机输出的完整的书面会计记录,可视同会计账簿。

账簿、记账凭证、报表、完税凭证、发票、出口凭证以及其他有关涉税资料应当保存10年;但是,法律、行政法规另有规定的除外。

三、纳税申报管理

纳税人必须依照法律、行政法规规定或者税务机关依照法律、行政法规的规定确定的申报期限、申报内容如实办理纳税申报,报送纳税申报表、财务会计报表以及税务机关根据实际需要要求纳税人报送的其他纳税资料。扣缴义务人必须依照法律、行政法规规定或者税务机关依照法律、行政法规的规定确定的申报期限、申报内容如实报送代扣代缴、代收代缴税款报告表以及税务机关根据实际需要要求扣缴义务人报送的其他有关资料。

纳税人、扣缴义务人可以直接到税务机关办理纳税申报或者报送代扣代缴、代收代缴税款报告表,也可以按照规定采取邮寄、数据电文或者其他方式办理上述申报、报送事项。

纳税人、扣缴义务人不能按期办理纳税申报或者报送代扣代缴、代收代缴税款报告表的,经税务机关核准,可以延期申报。经核准延期办理前款规定的申报、报送事项的,应当在纳税期内按照上期实际缴纳的税额或者税务机关核定的税额预缴税款,并在核准的延期内办理税款结算。

四、税款征收

税款征收是税收征收管理工作中的中心环节,全部税收征管工作就是为税款征收服务,保证税款能足额按时上交国库。

(一) 税款征收的原则

(1) 税务机关是征税的唯一行政主体。

(2) 税务机关只能按照法律、行政法规的规定征收税款。

(3) 税务机关依照法律、行政法规的规定征收税款,不得违反法律、行政法规的规定开征、停征、多征、少征、提前征收、延缓征收或者摊派税款。农业税应纳税额按照法律、行政法规的规定核定。

(4) 税务机关征收税款必须遵守法定权限和法定程序。

(5) 税务机关征收税款时,必须给纳税人开具完税凭证。扣缴义务人代扣、代收税款时,纳税人要求扣缴义务人开具代扣、代收税款凭证的,扣缴义务人应当开具。

(6) 税款、滞纳金、罚款统一由税务机关上缴国库。

(7) 税款优先:

① 税务机关征收税款,税收优先于无担保债权,法律另有规定的除外;纳税人欠缴的税款发生在纳税人以其财产设定抵押、质押或者纳税人的财产被留置之前的,税收应当先于抵押权、质权、留置权执行。纳税人欠缴税款,同时又被行政机关决定处以罚款、没收违法所得的,税收优先于罚款、没收违法所得。税务机关应当对纳税人欠缴税款的情况定期予以公告。

② 纳税人有欠税情形而以其财产设定抵押、质押的,应当向抵押权人、质权人说明其欠税情况。抵押权人、质权人可以请求税务机关提供有关的欠税情况。

③ 税收优先于罚款、没收非法所得。

纳税人欠缴税款,同时又被税务机关决定处以罚款、没收非法所得的,税收优先于罚款、没收非法所得。

纳税人欠缴税款,同时又被税务机关以外的其他行政部门处以罚款、没收非法所得的,税收优先于罚款、没收非法所得。

(二) 税款征收的方式

税款征收方式是指税务机关根据各税种的不同特点、征纳双方的具体条件而确定的计算征收税款的方法和形式。税款征收的方式主要有以下几种。

1. 查账征收

查账征收指税务机关按照纳税人提供的账表所反映的经营情况,依照适用税率计算缴纳税款的方式。该方式适用于财务会计制度较为健全,能够认真履行纳税义务的纳税单位。

2. 查定征收

查定征收指税务机关根据纳税人的从业人员、生产设备、采用原材料等因素,对其生产的应税产品查实核定产量、销售额并据以征收税款的方式。这种方式一般适用于账册不够健全,但是能够控制原材料或进销货的纳税单位。

3. 查验征收

查验征收指税务机关对纳税人应税商品,通过查验数量,按市场一般销售单价计算其销售收入并据以征税的方式。该方式一般适用于经营品种比较单一,经营地点、时间和商品来源不固定的纳税单位。

4. 定期定额征收

定期定额征收指税务机关通过典型调查,逐户确定营业额和所得额并据以征税的方式,这种方式主要适用于无完整考核依据的小型纳税单位。

5. 委托代征税款

委托代征税款指税务机关委托代征人以税务机关的名义征收税款,并将税款缴入国库的方式。该方式主要适用于小额、零散税源的征收。

6. 邮寄纳税

邮寄纳税是一种新的纳税方式,主要适用于那些有能力按期纳税,但采用其他方式纳税又不方便的纳税人。

7. 其他方式

如利用网络申报,用 IC 卡、U 盘纳税等方式。

五、税款征收制度

(一) 代扣代缴、代收代缴税款制度

(1) 对法律、行政法规没有规定负有代扣、代收税款义务的单位和个人,税务机关不得要求其履行代扣、代收税款义务。

(2) 税法规定的扣缴义务人必须依法履行代扣、代收税款义务。如果不履行义务要承担法律责任。特别是应当责成扣缴义务人限期将应扣未扣、应收未收的税款补扣或补收。

(3) 扣缴义务人依法履行代扣、代收税款义务时,纳税人不得拒绝。纳税人拒绝的,扣缴义务人应当在1日之内报告主管税务机关处理。不及时向主管税务机关报告的,扣缴义务人应承担应扣未扣、应收未收税款的责任。

(4) 对法律、法规没有规定代扣、代收的,扣缴义务人不能超越范围代扣、代收税款,扣缴义务人也不得提高或降低标准代扣、代收税款。

(5) 税务机关按照规定付给扣缴义务人代扣、代收手续费。代扣、代收税款手续费只能由县(市)以上税务机关统一办理退库手续,不得在征收税款过程中坐支。

(二) 延期缴纳税款制度

纳税人需要延期缴纳税款的,应当在缴纳税款期限届满前提出申请,并报送下列材料:申请延期缴纳税款报告,当期货币资金余额情况及所有银行存款账户的对账单,资产负债表,应付职工工资和社会保险费等税务机关要求提供的支出预算。

税务机关应当自收到申请延期缴纳税款报告之日起 20 日内做出批准或者不予批准的决定;不予批准的,从缴纳税款期限届满之日起加收滞纳金。

纳税人因有特殊困难,不能按期缴纳税款的,经省、自治区、直辖市国家税务局、地方税务局批准,可以延期缴纳税款,但是最长不得超过 3 个月。

(三) 税收滞纳金征收制度

纳税人未按照规定期限缴纳税款的,扣缴义务人未按照规定期限解缴税款的,税务机关除责令限期缴纳外,从滞纳税款之日起,按日加收滞纳税款 0.5‰的滞纳金。

拒绝缴纳滞纳金的,可以按不履行纳税义务实行强制执行措施,强行划拨或者强制征收。

(四)减免税收制度

减免税是指国家对特定纳税人或征税对象,给予减轻或者免除税收负担的一种税收优惠措施,包括税基式减免、税率式减免和税额式减免三类,不包括出口退税和财政部门办理的减免税。

减免税分为核准类减免税和备案类减免税。核准类减免税是指法律、法规规定应由税务机关核准的减免税项目;备案类减免税是指不需要税务机关核准的减免税项目。

(1) 法律、行政法规规定或者经法定的审批机关批准减税、免税的纳税人,应当持有关文件到主管税务机关办理减税、免税手续。减税、免税期满,应当自期满次日起恢复纳税。

(2) 享受减税、免税优惠的纳税人,减税、免税条件发生变化的,应当自发生变化之日起15日内向税务机关报告;不再符合减税、免税条件的,应当依法履行纳税义务;未依法纳税的,税务机关应当予以追缴。

(3) 纳税人享受核准类减免税,应当提交核准材料,提出申请,经依法具有批准权限的税务机关按本办法规定核准确认后执行。未按规定申请或虽申请但未经有批准权限的税务机关核准确认的,纳税人不得享受减免税。

(4) 纳税人享受备案类减免税,应当具备相应的减免税资质,并履行规定的备案手续。

(5) 纳税人依法可以享受减免税待遇,但是未享受而多缴税款的,纳税人可以在税收征管法规定的期限内申请减免税,要求退还多缴的税款。

(6) 纳税人实际经营情况不符合减免税规定条件的或者采用欺骗手段获取减免税的、享受减免税条件发生变化未及时向税务机关报告的,以及未按照本办法规定履行相关程序自行减免税的,税务机关依照税收征管法有关规定予以处理。

(7) 纳税人申请核准类减免税的,应当在政策规定的减免税期限内,向税务机关提出书面申请,并按要求报送相应的材料。纳税人对报送材料的真实性和合法性承担责任。

(8) 备案类减免税的实施可以按照减轻纳税人负担、方便税收征管的原则,要求纳税人在首次享受减免税的申报阶段在纳税申报表中附列或附送材料进行备案,也可以要求纳税人在申报征期后的其他规定期限内提交报备资料进行备案。

(9) 纳税人随纳税申报表提交附送材料或报备材料进行备案的,应当在税务机关规定的减免税期限内,报送以下资料:

① 列明减免税的项目、依据、范围、期限等;

② 减免税依据的相关法律、法规规定要求报送的材料。

纳税人对报送材料的真实性和合法性承担责任。

(10) 税务机关需要对纳税人提交的减免税材料内容进行实地核实的,应当指派2名以上工作人员按照规定程序进行实地核查,并将核查情况记录在案。上级税务机关对减免税实地核查工作量大、耗时长的,可委托企业所在地的区县税务机关具体组织实施。

(11) 因税务机关的责任批准或者核实错误,造成企业未缴或少缴税款的,依照税收征管法的有关规定处理。

(12) 税务机关越权减免税的,除依照税收征管法规定撤销其擅自做出的决定外,补征应征未征税款,并由上级机关追究直接负责的主管人员和其他直接责任人员的行政责任;构成犯罪的,依法追究刑事责任。

(五) 税额核定和税收调整制度

1. 税额核定制度

(1) 纳税人有下列情形之一的,税务机关有权核定其应纳税额:

① 依照法律、行政法规的规定可以不设置账簿的;

② 依照法律、行政法规的规定应当设置账簿但未设置的;

③ 擅自销毁账簿或者拒不提供纳税资料的;

④ 虽设置账簿,但账目混乱或者成本资料、收入凭证、费用凭证残缺不全,难以查账的;

⑤ 发生纳税义务,未按照规定的期限办理纳税申报,经税务机关责令限期申报,逾期仍不申报的;

⑥ 纳税人申报的计税依据明显偏低,又无正当理由的。

(2) 税务机关有权采用下列任何一种方法核定其应纳税额:

① 参照当地同类行业或者类似行业中经营规模和收入水平相近的纳税人的税负水平核定;

② 按照营业收入或者成本加合理的费用和利润的方法核定;

③ 按照耗用的原材料、燃料、动力等推算或者测算核定;

④ 按照其他合理方法核定。

采用上述所列一种方法不足以正确核定应纳税额时,可以同时采用两种以上的方法核定。纳税人对税务机关采取本条规定的方法核定的应纳税额有异议的,应当提供相关证据,经税务机关认定后,调整应纳税额。

2. 税收调整制度

企业或者外国企业在中国境内设立的从事生产、经营的机构、场所与其关联企业之间的业务往来,应当按照独立企业之间的业务往来收取或者支付价款、费用;不按照独立企业之间的业务往来收取或者支付价款、费用,而减少其应纳税的收入或者所得额的,税务机关有权进行合理调整。

(1) 关联企业,是指有下列关系之一的公司、企业和其他经济组织:

① 在资金、经营、购销等方面,存在直接或者间接的拥有或者控制关系;

② 直接或者间接地同为第三者所拥有或者控制;

③ 在利益上具有相关联的其他关系。

纳税人可以向主管税务机关提出与其关联企业之间业务往来的定价原则和计算方法,主管税务机关审核、批准后,与纳税人预先约定有关定价事项,监督纳税人执行。

(2) 纳税人与其关联企业之间的业务往来有下列情形之一的,税务机关可以调整其应纳税额:

① 购销业务未按照独立企业之间的业务往来作价;

② 融通资金所支付或者收取的利息超过或者低于没有关联关系的企业之间所能同意的数额,或者利率超过或低于同类业务的正常利率;

③ 提供劳务,未按照独立企业之间业务往来收取或者支付劳务费用;

④ 转让财产、提供财产使用权等业务往来,未按照独立企业之间业务往来作价或者收取、支付费用;

⑤ 未按照独立企业之间业务往来作价的其他情形。

(3) 税务机关可以按照下列方法调整计税收入额或者所得额：
① 按照独立企业之间进行的相同或者类似业务活动的价格；
② 按照再销售给无关联关系的第三者的价格所应取得的收入和利润水平；
③ 按照成本加合理的费用和利润；
④ 按照其他合理的方法。

纳税人与其关联企业未按照独立企业之间的业务往来支付价款、费用的，税务机关自该业务往来发生的纳税年度起 3 年内进行调整；有特殊情况的，可以自该业务往来发生的纳税年度起 10 年内进行调整。

（六）未按照规定办理税务登记的从事生产、经营的纳税人，以及临时从事经营的纳税人的税款征收制度

对未按照规定办理税务登记的从事生产、经营的纳税人以及临时从事经营的纳税人，由税务机关核定其应纳税额，责令缴纳；不缴纳的，税务机关可以扣押其价值相当于应纳税款的商品、货物。扣押后缴纳应纳税款的，税务机关必须立即解除扣押，并归还所扣押的商品、货物；扣押后仍不缴纳应纳税款的，经县以上税务局（分局）局长批准，依法拍卖或者变卖所扣押的商品、货物，以拍卖或者变卖所得抵缴税款。

（七）税收保全

税务机关有根据认为从事生产、经营的纳税人有逃避纳税义务行为的，可以在规定的纳税期之前，责令限期缴纳应纳税款；在限期内发现纳税人有明显的转移、隐匿其应纳税的商品、货物以及其他财产或者应纳税的收入的迹象的，税务机关可以责成纳税人提供纳税担保。如果纳税人不能提供纳税担保，经县以上税务局（分局）局长批准，税务机关可以采取下列税收保全措施：

（1）书面通知纳税人开户银行或者其他金融机构冻结纳税人的金额相当于应纳税款的存款。

（2）扣押、查封纳税人的价值相当于应纳税款的商品、货物或者其他财产。

纳税人在前款规定的限期内缴纳税款的，税务机关必须立即解除税收保全措施；限期期满仍未缴纳税款的，经县以上税务局（分局）局长批准，税务机关可以书面通知纳税人开户银行或者其他金融机构从其冻结的存款中扣缴税款，或者依法拍卖或变卖所扣押、查封的商品、货物或者其他财产，以拍卖或者变卖所得抵缴税款。

税务机关采取税收保全措施和强制执行措施必须依照法定权限和法定程序，不得查封、扣押纳税人个人及其所扶养家属维持生活必需的住房和用品。

采取税收保全措施的前提和条件：

（1）税务机关有根据认为从事生产经营的纳税人有逃避纳税义务的行为。没有逃避纳税义务行为的，税务机关不能采取税收保全措施。

（2）责令纳税人在规定的纳税期之前和责令限期缴纳应纳税款的限期内。如果限期届满，纳税人没有缴纳的，税务机关可按规定采取强制执行措施。

（八）税收强制执行措施

从事生产、经营的纳税人、扣缴义务人未按照规定的期限缴纳或者解缴税款，纳税担保人未按照规定的期限缴纳所担保的税款，由税务机关责令限期缴纳，逾期仍未缴纳的，经县以上税务局（分局）局长批准，税务机关可以采取下列强制执行措施：

（1）书面通知其开户银行或者其他金融机构从其存款中扣缴税款。

（2）扣押、查封、依法拍卖或者变卖其价值相当于应纳税款的商品、货物或者其他财产，以拍卖或者变卖所得抵缴税款。

税务机关采取强制执行措施时,对前款所列纳税人、扣缴义务人、纳税担保人未缴纳的滞纳金同时强制执行。

个人及其所扶养家属维持生活必需的住房和用品,不在强制执行措施的范围之内。

(九) 欠税清缴制度

欠税是指纳税人未按照规定期限缴纳税款,扣缴义务人未按照规定期限解缴税款的行为。

从事生产、经营的纳税人、扣缴义务人未按照规定的期限缴纳或者解缴税款的,纳税担保人未按照规定的期限缴纳所担保的税款的,由税务机关发出限期缴纳税款通知书,责令缴纳或者解缴税款的最长期限不得超过15日。

欠缴税款的纳税人或者其法定代表人在出境前未按照规定结清应纳税款、滞纳金或者提供纳税担保的,税务机关可以通知出入境管理机关阻止其出境。

县级以上各级税务机关应当将纳税人的欠税情况,在办税场所或者广播、电视、报纸、期刊、网络等新闻媒体上定期公告。

(十) 税款的退还和追征制度

纳税人超过应纳税额缴纳的税款,税务机关发现后应当立即退还;纳税人自结算缴纳税款之日起3年内发现的,可以向税务机关要求退还多缴的税款并加算银行同期存款利息,税务机关及时查实后应当立即退还;涉及从国库中退库的,依照法律、行政法规有关国库管理的规定退还。

因税务机关的责任,致使纳税人、扣缴义务人未缴或者少缴税款的,税务机关在3年内可以要求纳税人、扣缴义务人补缴税款,但是不得加收滞纳金。

因纳税人、扣缴义务人计算错误等失误,未缴或者少缴税款的,税务机关在3年内可以追征税款、滞纳金;有特殊情况的,追征期可以延长到5年。

对偷税、抗税、骗税的,税务机关追征其未缴或者少缴的税款、滞纳金或者所骗取的税款,不受前款规定期限的限制。

(十一) 税款入库制度

审计机关、财政机关依法进行审计、检查时,对税务机关的税收违法行为做出的决定,税务机关应当执行;发现被审计、检查单位有税收违法行为的,向被审计、检查单位下达决定、意见书,责成被审计、检查单位向税务机关缴纳应当缴纳的税款、滞纳金。税务机关应当根据有关机关的决定、意见书,依照税收法律、行政法规的规定,将应收的税款、滞纳金按照国家规定的税收征收管理范围和税款入库预算级次缴入国库。

税务机关应当自收到审计机关、财政机关的决定、意见书之日起30日内将执行情况书面回复审计机关、财政机关。

有关机关不得将其履行职责过程中发现的税款、滞纳金自行征收入库或者以其他款项的名义自行处理、占压。

第三节 税务检查和法律责任

税务人员进行税务检查时,应当出示税务检查证和税务检查通知书;无税务检查证和税务检查通知书的,纳税人、扣缴义务人及其他当事人有权拒绝检查。税务机关对集贸市场及集中经营业户进行检查时,可以使用统一的税务检查通知书。

一、税务检查的形式

(一)重点检查

重点检查指对公民举报、上级机关交办或有关部门转来的有偷税行为或偷税嫌疑的,纳税申报与实际生产经营情况有明显不符的纳税人及有普遍逃税行为行业的检查。

(二)分类计划检查

分类计划检查指根据纳税人历来纳税情况、纳税人的纳税规模及税务检查间隔时间长短等综合因素,按事先确定的纳税人分类、计划检查时间及检查频率而进行的检查。

(三)集中性检查

集中性检查指税务机关在一定时间、一定范围内,统一安排、统一组织的税务检查,这种检查一般规模比较大,如以前年度的全国范围内的税收、财务大检查。

(四)临时性检查

临时性检查指由各级税务机关根据不同的经济形势、偷逃税趋势、税收任务完成情况等综合因素,在正常的检查计划之外安排的检查。比如行业性解剖、典型调查性的检查等。

(五)专项检查

专项检查指税务机关根据税收工作实际,对某一税种或税收征收管理某一环节进行的检查。比如增值税一般纳税专项检查、漏征漏管户专项检查等。

二、税务检查的方法

(一)详查法

详查法是对被查纳税人一定期间内的所有的会计凭证、账簿、报表及各种存货进行全面、系统检查的一种方法。

(二)抽查法

抽查法是对被查纳税人一定时期内的一部分会计凭证、账簿、报表及各种存货进行检查的一种方法。

(三)顺查法

顺查法是对被查纳税人按照其会计核算的顺序,依次检查会计凭证、账簿、报表,并将其相互核对的一种检查方法。

(四)逆查法

逆查法是指逆会计核算的顺序,依次检查财务报表、账簿和凭证,并将其相互核对的一种稽查方法。

(五)现场检查法

现场检查法与调账检查法相对,现场检查法指税务机关派人员到被查纳税人的机构办公地点对其账务资料进行检查的一种方法。

(六)调账检查法

调账检查法与现场检查法相对,调账检查法指将被查纳税人的账务资料调到税务机关进行检查的一种方法。

(七)比较分析法

比较分析法是指将被查纳税人检查期有关财务指标的实际完成数进行纵向或横向比较,分析其异常变化情况,从中发现纳税人问题线索的一种方法。

(八)控制计算法

控制计算法也称逻辑推算法,是指根据被查纳税人财务数据的相互关系,用可靠或科学测定的数据,验证其检查期账面记录可申报的资料是否正确的一种检查方法。

(九)审阅法

审阅法是指对被查纳税人的会计账簿、凭证等账务资料,通过直观地审查阅览,发现在纳税方面存在问题的一种方法。

(十)核对法

核对法是指通过对被查纳税人的各种相关联的会计凭证、账簿、报表及实物进行相互核对,验证其纳税方面存在问题的一种方法。

(十一)观察法

观察法是指到被查纳税人的生产经营场所、仓库、工地等现场实地观察其生产经营及存货等情况,以发现纳税问题或验证账中可疑问题的一种检查方法。

(十二)外调法

外调法是指对被查纳税人有怀疑或已掌握一定线索的经济事项,通过向与其有经济联系的单位或个人进行调查,予以查证核实的一种方法。

(十三)盘存法

盘存法是指通过对被查纳税人的货币资金、存货及固定资产等实物进行盘点清查,核实其账实是否相符,进而发现纳税问题的一种检查方法。

(十四)交叉稽核法

税务局利用"金三"系统进行大数据比对,将增值税专用发票抵扣联与存根联进行交叉稽核,以查出虚开及假开发票行为。

三、税务检查的职责

税务机关有权进行下列税务检查:

(1)检查纳税人的账簿、记账凭证、报表和有关资料,检查扣缴义务人代扣代缴、代收代缴税款账簿、记账凭证和有关资料。

(2)到纳税人的生产、经营场所和货物存放地检查纳税人应纳税的商品、货物或者其他财产,检查扣缴义务人与代扣代缴、代收代缴税款有关的经营情况。

(3)责成纳税人、扣缴义务人提供与纳税或者代扣代缴、代收代缴税款有关的文件、证明材料和有关资料。

（4）询问纳税人、扣缴义务人与纳税或者代扣代缴、代收代缴税款有关的问题和情况。

（5）到车站、码头、机场、邮政企业及其分支机构检查纳税人托运、邮寄应纳税商品、货物或者其他财产的有关单据、凭证和有关资料。

（6）经县以上税务局（分局）局长批准，凭全国统一格式的检查存款账户许可证明，查询从事生产、经营的纳税人、扣缴义务人在银行或者其他金融机构的存款账户。税务机关在调查税收违法案件时，经设区的市、自治州以上税务局（分局）局长批准，可以查询案件涉嫌人员的储蓄存款。税务机关查询所获得的资料，不得用于税收以外的用途。

税务机关依法进行税务检查时，有权向有关单位和个人调查纳税人、扣缴义务人和其他当事人与纳税或者代扣代缴、代收代缴税款有关的情况，有关单位和个人有义务向税务机关如实提供有关资料及证明材料。

税务机关调查税务违法案件时，对与案件有关的情况和资料，可以记录、录音、录像、照相和复制。

税务机关派出的人员进行税务检查时，应当出示税务检查证和税务检查通知书，并有责任为被检查人保守秘密；未出示税务检查证和税务检查通知书的，被检查人有权拒绝检查。

四、税收征收管理法中的法律责任

（一）违反税务管理基本规定行为的处罚

（1）纳税人有下列行为之一的，由税务机关责令限期改正，可以处 2 000 元以下的罚款；情节严重的，处 2 000 元以上 10 000 元以下的罚款：

① 未按照规定的期限申报办理税务登记、变更或者注销登记的。

② 未按照规定设置、保管账簿或者保管记账凭证和有关资料的。

③ 未按照规定将财务、会计制度或者财务、会计处理办法和会计核算软件报送税务机关备查的。

④ 未按照规定将其全部银行账号向税务机关报告的。

⑤ 未按照规定安装、使用税控装置，或者损毁或擅自改动税控装置的。

（2）纳税人不办理税务登记的，由税务机关责令限期改正；逾期不改正的，经税务机关提请，由工商行政管理机关吊销其营业执照。

（3）纳税人未按照规定使用税务登记证件，或者转借、涂改、损毁、买卖、伪造税务登记证件的，处 2 000 元以上 10 000 元以下的罚款；情节严重的，处 10 000 元以上 50 000 元以下的罚款。

（二）扣缴义务人违反账簿、凭证管理的处罚

扣缴义务人未按照规定设置、保管代扣代缴、代收代缴税款账簿或者保管代扣代缴、代收代缴税款记账凭证及有关资料的，由税务机关责令限期改正，可以处 2 000 元以下的罚款；情节严重的，处 2 000 元以上 5 000 元以下的罚款。

（三）未按规定进行纳税申报的法律责任

纳税人未按照规定的期限办理纳税申报和报送纳税资料的，或者扣缴义务人未按照规定的期限向税务机关报送代扣代缴、代收代缴税款报告表和有关资料的，由税务机关责令限期改正，可以处 2 000 元以下的罚款；情节严重的，可以处 2 000 元以上 10 000 元以下的罚款。

(四) 对偷税的处罚

纳税人伪造、变造、隐匿、擅自销毁账簿、记账凭证,或者在账簿上多列支出或者不列、少列收入,或者经税务机关通知申报而拒不申报或者进行虚假的纳税申报,不缴或者少缴应纳税款的,是偷税。对纳税人偷税的,由税务机关追缴其不缴或者少缴的税款、滞纳金,并处不缴或者少缴的税款50%以上5倍以下的罚款;构成犯罪的,依法追究刑事责任。

扣缴义务人采取前款所列手段,不缴或者少缴已扣、已收税款,由税务机关追缴其不缴或者少缴的税款、滞纳金,并处不缴或者少缴的税款50%以上5倍以下的罚款;构成犯罪的,依法追究刑事责任。

(五) 虚假申报或不申报的处罚

纳税人、扣缴义务人编造虚假计税依据的,由税务机关责令限期改正,并处50 000元以下的罚款。

纳税人不进行纳税申报,不缴或者少缴应纳税款的,由税务机关追缴其不缴或者少缴的税款、滞纳金,并处不缴或者少缴的税款50%以上5倍以下的罚款。

(六) 逃避追缴欠税的处罚

纳税人欠缴应纳税款,采取转移或者隐匿财产的手段,妨碍税务机关追缴欠缴的税款的,由税务机关追缴欠缴的税款、滞纳金,并处欠缴税款50%以上5倍以下的罚款;构成犯罪的,依法追究刑事责任。

(七) 骗取出口退税的处罚

以假报出口或者其他欺骗手段,骗取国家出口退税款的,由税务机关追缴其骗取的退税款,并处骗取税款1倍以上5倍以下的罚款;构成犯罪的,依法追究刑事责任。

对骗取国家出口退税款的,税务机关可以在规定期间内停止为其办理出口退税。

(八) 抗税的处罚

以暴力、威胁方法拒不缴纳税款的,是抗税,除由税务机关追缴其拒缴的税款、滞纳金外,依法追究刑事责任。情节轻微,未构成犯罪的,由税务机关追缴其拒缴的税款、滞纳金,并处拒缴税款1倍以上5倍以下的罚款。

(九) 在规定期限内不缴税款的处罚

纳税人、扣缴义务人在规定期限内不缴或者少缴应纳或者应解缴的税款,经税务机关责令限期缴纳,逾期仍未缴纳的,税务机关除依照本法第40条的规定采取强制执行措施追缴其不缴或者少缴的税款外,可以处不缴或者少缴的税款50%以上5倍以下的罚款。

扣缴义务人应扣未扣、应收而不收税款的,由税务机关向纳税人追缴税款,对扣缴义务人处应扣未扣、应收未收税款50%以上3倍以下的罚款。

(十) 不配合税务机关依法检查的处罚

纳税人、扣缴义务人逃避、拒绝或者以其他方式阻挠税务机关检查的,由税务机关责令改正,可以处10 000元以下的罚款;情节严重的,处10 000元以上50 000元以下的罚款。

到车站、码头、机场、邮政企业及其分支机构检查纳税人有关情况时,有关单位拒绝的,由税务机关责令改正,可以处10 000元以下的罚款;情节严重的,处10 000元以上50 000元以下的罚款。

逃避、拒绝或者以其他方式阻挠税务机关检查的情形:

（1）提供虚假资料，不如实反映情况，或者拒绝提供有关资料的；
（2）拒绝或者阻止税务机关记录、录音、录像、照相和复制与案件有关的情况和资料的；
（3）在检查期间，纳税人、扣缴义务人转移、隐匿、销毁有关资料的；
（4）有不依法接受税务检查的其他情形的。

（十一）非法印制发票的法律责任

非法印制发票的，由税务机关销毁非法印制的发票，没收违法所得和作案工具，并处10 000元以上50 000元以下的罚款；构成犯罪的，依法追究刑事责任。

从事生产、经营的纳税人、扣缴义务人有本法规定的税收违法行为，拒不接受税务机关处理的，税务机关可以收缴其发票或者停止向其发售发票。

业务拓展专题——金税四期税收管理系统

一、金税四期的含义、发展历程

金税四期是金税工程的第四期，是国家推行的国家级电子政务工程，也是税收管理信息系统工程的总称。金税四期纳入了税务及"非税"业务，实现对业务更全面的监控。同时，搭建了各部委、人民银行以及银行等参与机构之间信息共享和核查的通道，实现企业相关人员手机号码、企业纳税状态、企业登记注册信息核查三大功能。

金税工程1994年分税制改革后启动，金税一期于1995年在50个试点城市上线，聚焦增值税专用发票和"以票管税"；金税二期于2001年全面开通，促成了"以票控税"格局；金税三期于2009年启动，确立了"一个平台、两级处理、三个覆盖、四类系统"的构成体系；2023年，金税四期在广东、重庆、河南等15个城市试点上线，2024年全电发票在全国推广，金税四期将发挥更重要作用。

二、金税四期的核心特点

1. 以数控税

利用AI、大数据、云计算等先进技术挖掘数据，通过建立纳税人"一人式档案"，实时归集和分析数据，感知风险并自动预警，实现从"人找数"填报到"数找人"确认的转变。

2. 发票电子化

推动全面数字化的电子发票，使企业财务全流程电子化并上云，其法律效力、基本用途等与纸质发票相同，通过"赋码制""赋额制"等，新办纳税人可"开业即可开票"。

3. 信息共享与核查

搭建各部委、人民银行及银行等参与机构间的信息资源共享和核查通道，实现企业相关人员手机号码、纳税状态、登记注册信息核查等功能。

三、金税四期的主要影响

1. 对企业的影响

数电发票使发票全面数字化，企业开票更便捷，但税局对企业经营数据的监管更严格，通过数字信息账户归集数据，进行横向、纵向比对分析；确认制申报使企业经营成果更透明；银税联网让资金流向无死角，企业的资金流动受到更严格的监管。

2. 对个人的影响

个人卡收款受到严查，微信、支付宝等第三方支付平台被纳入监管，个人单笔交易超过

3 000元将可能被抽查,个人名下银行卡涉案会有诸多限制,并计入征信,影响信用卡使用和房贷申请等。

本章小结

本章重点介绍了税收征收管理法的立法目的、适用范围、遵守主体;税务管理过程中的税务登记、账簿、凭证管理、纳税申报、税款征收;税务检查形式、方法以及税务检查的职责、承担的相应法律责任等。

本 章 练 习 题
扫二维码进行查看,下载。

参考文献

[1] 中国注册会计师协会.税法[M].北京:中国财政经济出版社,2024.

[2] 全国税务师职业资格考试教材编写组.税法:Ⅱ[M].北京:中国税务出版社,2024.

[3] 全国税务师职业资格考试教材编写组.税法:Ⅱ[M].北京:中国税务出版社,2024.

[4] 张守文.税法原理[M].11版.北京:北京大学出版社,2024.

[5] 陈少英.税法学教程[M].3版.北京:北京大学出版社,2024.

[6] 蔡昌.税收与公司财务[M].北京:中国财政经济出版社,2021.

[7] 高金平.税收疑难案例分析:第7辑[M].北京:中国财政经济出版社,2020.

[8] 梁文涛.税务会计:简明版[M].3版.北京:中国人民大学出版社,2024.

[9] 盖地.税务会计学:立体化数字教材版[M].15版.北京:中国人民大学出版社,2022.